美国外资安全审查法和外国代理人登记法述评：文本和解读

沈伟◎主编

上海交通大学出版社
SHANGHAI JIAO TONG UNIVERSITY PRESS

内容提要

美国于 2018 年通过了《外国投资风险审查现代化法》，对外资国家安全审查制度进行了全面更新和改革，在外资审查范围、强制申报、审查时限等方面作出一系列重要调整和详细规定，体现出美国在推动外资国家安全审查"现代化"方面的变化取向。修订后的外资安全审查制度的特点是：审查对象更加明确、审查范围更加宽泛、审查条件更加严格、审查程序更加烦琐、审查权限更加扩充等。美国还有《外国代理人登记法》，对外国机构进行有效管理。本书汇集了《外国投资风险审查现代化法》和《外国代理人登记法》主要法律文件的中译本，并对该两法的相关内容进行评述，以期对我国涉外法治相关法律制度的构建提供借鉴。

图书在版编目(CIP)数据

美国外资安全审查法和外国代理人登记法述评：文本和解读 / 沈伟主编. 一上海：上海交通大学出版社，2023.11

（涉外法治论丛）

ISBN 978－7－313－29286－5

Ⅰ.①美… Ⅱ.①沈… Ⅲ.①外资利用－安全管理－审查－法规－美国②外资管理－代理－企业登记－法规－美国 Ⅳ.①D971.222.97

中国国家版本馆 CIP 数据核字(2023)第 153259 号

美国外资安全审查法和外国代理人登记法述评：文本和解读

MEIGUO WAIZIANQUAN SHENCHAFA HE WAIGUO DAILIREN DENGJIFA SHUPING: WENBEN HE JIEDU

主　编：沈　伟
出版发行：上海交通大学出版社　　　　地　　址：上海市番禺路 951 号
邮政编码：200030　　　　　　　　　　电　　话：021－64071208
印　　制：苏州市古得堡数码印刷有限公司　经　　销：全国新华书店
开　　本：710 mm×1000 mm　1/16　　　印　　张：29.5
字　　数：492 千字
版　　次：2023 年 11 月第 1 版　　　　　印　　次：2023 年 11 月第 1 次印刷
书　　号：ISBN 978－7－313－29286－5
定　　价：118.00 元

序

PREFACE

2018 年 8 月，时任美国总统特朗普签署《外国投资风险审查现代化法草案》，全面修改了第二次世界大战后美国建立的外国投资风险审查制度，收紧了对来自中国的直接投资的安全审查。2016 年，中国对美直接投资一度超过日本，成为美国最大的资本输入国。由于《外国投资风险审查现代化法》的通过，2019 年中国对美直接投资"断崖式"减少 90％。更糟糕的是，美国除了在本国收紧对来自中国的直接投资的安全审查制度之外，还鼓励欧盟等盟国如法炮制，对来自中国的直接投资进行安全审查。欧盟、英国、加拿大等地区和国家相继建立或者修改本国的外资国家安全审查制度，例如，欧盟通过了《欧盟外商直接投资审查条例》。中国对这些国家的直接投资相继减少。当然，从2018 年中美贸易摩擦之后的发展来看，《外国投资风险审查现代化法》的出台是美国采取的一系列对华遏制措施的一部分。

美国在外国代理人管理方面的法律为《外国代理人登记法》，该法于 1938年获得通过。该法是美国"识别外国在美国的影响力和应对国家安全威胁的重要工具"，其核心目的是"通过确保美国的政府和公众了解旨在影响美国公众舆论、政策和法律的外国代理人的某些信息的来源，进而促进对这些信息的知情评估，从而提高美国境内外国影响的透明度。"国内对美国此法及其适用研究甚少。

上述两法及其相关法规和行政命令基本信息见下表。

《外国投资风险审查现代化法》《外国代理人登记法》相关法规

序号	法 案	日 期	发布机构
1	《2018 年外国投资风险审查现代化法》（FIRRMA）	2018.6.27	国会
2	《外国人在美国某些投资的规定》[Provisions Pertaining to Certain Investments in the United States by Foreign Persons（31 C.F.R. part 800）]	2020.1.17	财政部投资安全办公室
3	《强制性申报规定的最后规则》[Final Rule on Mandatory Declaration Provisions（31 C.F.R. part 800）]	2020.7.28	财政部投资安全办公室
4	《关于审查涉及外国人和关键技术的某些交易的试点方案的确定和临时规定》[Determination and Temporary Provisions Pertaining to a Pilot Program to Review Certain Transactions Involving Foreign Persons and Critical Technologies（31 C.F.R. part 801）]	2018.10.11	财政部投资安全办公室
5	《关于外国人在美国从事房地产的某些交易的规定》[Provisions Pertaining to Certain Transactions by Foreign Persons Involving Real Estate in the United States（31 C.F.R. part 802）]	2020.1.17	财政部投资安全办公室
6	"主要营业地"的定义：外国人在美国进行某些投资通知和外国人在美国从事房地产的某些交易的申报费（Definition of "Principal Place of Business"; Filing Fees for Notices of Certain Investments in the United States by Foreign Persons and Certain Transactions by Foreign Persons Involving Real Estate in the United States）	2020.7.28	财政部投资安全办公室
7	修订的《11858 号行政命令》（Executive Order 11858，as amended）	2008.11.14	总统行政命令
8	《美国外国投资委员会国家安全审查指南》（Guidance on National Security Considerations）	2008.12.8	财政部
9	《2007 年外国投资与国家安全法》[The Foreign Investment & National Security Act of 2007（FINSA）]	2007.7.26	国会

续　表

序号	法　案	日　期	发布机构
10	《2007 年外国投资与国家安全法实施细则》	2008.4.28	财政部
11	《1938 年外国代理人登记法》(Foreign Agent Registration Act of 1938)	1938.9.6	国会
12	《〈1938 年外国代理人登记法〉的管理和实施》[Administration and Enforcement of Foreign Agents Registration Act of 1938, as amended (28 C.F.R. part 5)]	1981.10.27	司法部
13	《外国关系和交往》(Foreign Relations And Intercourse)	2007.9.14	国会

本书主要分两部分。第一部分是以上两法的中文翻译。限于本书的版面，仅将两法的主要内容纳入本书(尽管编者已经有全部中文翻译)。

本书第二部分是关于上述两法的述评，其中三篇文章是对美国外国投资国家安全审查制度的述评；一篇是对欧盟外资国家安全审查制度的述评；一篇是对美国《外国代理人登记法》的述评。这些评论和分析可以为读者提供相关的背景信息和部分内容的深度分析。

本书涉及的美国两法在外国直接投资和外国机构管理方面具有重要理论和实践价值。尽管本书字数较多，但是对美国两法的翻译和解读只是初步的开始。言不达意，还请读者海涵。

是为序。

沈　伟

2023 年 7 月 30 日

目录
CONTENTS

第1章　外国投资风险审查现代化法

第 2 章　外国代理人登记法

第 3 章　评　　述

3.1　此消彼长：经济自由主义与经济民族主义视角下美国外国投资

第 1 章
外国投资风险审查现代化法

1.1

美国《2018 年外国投资风险审查现代化法》摘要

《2018 年外国投资风险审查现代化法》(FIRRMA)旨在扩大美国外国投资委员会(CFIUS)的管辖范围,以解决针对外国利用历来不在 CFIUS 管辖范围内的某些投资结构所可能造成的国家安全问题。此外,FIRRMA 使 CFIUS 的流程变得现代化,以便能更及时有效地审查范围内的交易。

1.1.1　FIRRMA 的关键规定

1.1.1.1　扩大范围内交易的范围——FIRRMA 通过明确增加以下四种新的范围内交易类型,扩大 CFIUS 的职权范围:① 外国人购买、租赁或特许位于敏感性政府设施附近的房地产或向外国人租赁或特许该等房地产;② 对某些美国企业的"其他投资",该类投资允许外国人获得美国企业拥有的重要非公开技术信息、董事会成员资格或其他决策权,但不包括通过股份投票;③ 外国投资者权利的任何变更,导致外国人控制美国企业或对某些美国企业进行"其他投资";④ 旨在规避 CFIUS 管辖权的任何其他交易、转让、协议或安排。

1.1.1.2　申报——通过新的"申报"程序,提供简化提交或"简易提交"流程,从而缩短所需审查时间。申报还允许 CFIUS 具有部分自由裁量权,要求当事方在交易结束前向 CFIUS 提交。

1.1.1.3　延长 CFIUS 时间表——将 CFIUS 的审查期从 30 天延长至 45 天,并允许在特殊情况下将审查期再延长 15 天。

1.1.1.4　缓解——加强对使用缓解协议的要求,包括增加合规计划,以便为使用该等协议提供信息。

1.1.1.5　特殊雇用权限和提供资金——授予 CFIUS 特殊雇用权限,并设立一个基金会来收取新的 CFIUS 申报费。

1.1.1.6 延迟生效日期和试点方案——将法案中的部分最重要规定的适用性延迟至 FIRRMA 颁布后 18 个月，或财政部长在《联邦公报》上公布确定对管理该等规定必要的法规、组织结构、人员及其他资源已到位后 30 天（以较早者为准）。本节还授权 CFIUS 开展试点方案，以实施本法中规定的任何权限。

1.2

FIRRMA 常见问题

1.2.1 常规常见问题

1.2.1.1 何为 FIRRMA？2018 年 8 月 13 日，美国总统签署 FIRRMA 的执行力，使之成为法律。FIRRMA 加强 CFIUS 的执行力并使其现代化。CFIUS 是一个多机构政府机关，由财政部长担任主席，负责出于国家安全考虑而进行外国投资审查。

1.2.1.2 为何需要 FIRRMA？FIRRMA 通过使 CFIUS 现代化，加强政府保护国家安全的能力，同时维护美国长期开放的投资政策。本法的核心是扩大 CFIUS 可审查的交易范围，以更有效地解决当前的国家安全问题。CFIUS 最近一次更新是在十多年前，自国会首次通过《埃克森-弗洛里奥修正案》（创立《1950 年国防生产法》第 721 节，即 CFIUS 的法定基石）以来的 30 年里，其管辖范围一直保持不变。此后，美国的外国投资性质和国家安全格局均发生了重大变化。

1.2.1.3 CFIUS 是否会继续仅侧重于国家安全？FIRRMA 是否将 CFIUS 范围扩展至国家安全外，以将经济问题包括在内？CFIUS 仍然仅侧重于国家安全。CFIUS 审查交易所产生的效应，并评估该等效应对美国国家安全的影响。FIRRMA 将帮助 CFIUS 保护我们的国家安全免受新风险的影响。

1.2.1.4 新法规的适用对象是谁？是否针对特定国家？类似于 CFIUS 先前的法规，FIRRMA 并未挑出任何特定国家。CFIUS 的权限可用于解决外国投资对美国造成的国家安全风险，无论投资来自哪里。

1.2.1.5 FIRRMA 将如何影响美国盟友和伙伴的投资？美国有一项长期开放的投资政策，因此我们与盟友和伙伴在投资方面保持着牢固的关系。我们期望 FIRRMA 允许美国在与投资相关的国家安全问题上与盟友和伙伴更密切地合作，从而加强这些方面的关系。这将增强盟友和伙伴现在和未来在美国进行投资的信心。

1.2.1.6　美国是否仍对外国投资开放？美国欢迎外国投资，并继续作为世界上对外国投资者最开放的国家之一。美国也是世界上最适合投资的国家，因为美国采取强有力的经济增长政策（包括实施新的低企业税率和取消许多无效条例），并保持强大的创新生态系统和高度发达的市场。我们预计，随着FIRRMA 对 CFIUS 流程进行现代化和完善，CFIUS 流程将继续仅限制构成国家安全问题的外国投资，从而增加人们对美国长期开放的投资政策的信心。

1.2.1.7　外国投资者能否继续在美国投资科技行业？美国欢迎科技行业的外国投资，并保持对法治和保护知识产权的坚定承诺。美国为利用先进研究和创新以及熟练、充满活力和乐观的员工提供独特的机会。《外国投资风险审查现代化法》不会改变这一点。CFIUS 将继续根据具体情况评估特定交易（无论行业如何）是否对美国国家安全构成风险。

1.2.2　关于提交的常见问题

1.2.2.1　FIRRMA 扩大 CFIUS 可审查的交易范围。扩大的管辖范围何时生效？FIRRMA 的某些规定立即生效，而其他规定（包括与 CFIUS 扩大范围有关的部分规定）将在晚些时候生效。2018 年 10 月 11 日，财政部（作为 CFIUS 主席）公布实施试点方案的暂行条例（根据 FIRRMA 授权），以审查涉及外国人和关键技术的某些交易。该试点方案将于 2018 年 11 月 10 日生效，最迟将于实施FIRRMA 的全部条例生效之日结束，无论如何不得晚于 FIRRMA 颁布后 570天（即 2020 年 3 月 5 日）。在同样于 2018 年 10 月 11 日公布的一套单独的暂行条例中，财政部对 31 CFR 第 800 部分做出某些修订，以实施并做出符合FIRRMA 某些规定的更新。两套暂行条例和相关文件均可在以下网址上查阅：https://home.treasury.gov/policy-issues/international/the-committee-on-foreign-investment-in-the-united-states-cfius。

1.2.2.2　我的交易将必须遵守《外国投资风险审查现代化法》规定的强制性申报要求。我现在是否需向 CFIUS 提交申报？试点方案已于 2018 年 11 月 10日生效，要求就某些涉及外商在某些生产、设计、测试、制造、制作或开发关键技术的美国企业中的投资的交易发表声明。根据 31 CFR 第 801.401 部分，在试点方案特定范围内的所有外国投资者均须遵守强制性申报要求。不在该试点方案范围内的交易目前无需提交申报。

1.2.2.3　我可否提交自行申报？CFIUS 尚未接受自行申报。

1.2.2.4　CFIUS 的审查时间表有无变更？有。颁布 CFIUS 后，CFIUS 的审查时间表发生变更。FIRRMA 生效后接受的任何通知的审查期最长为 45 天，而非 30 天。如果需要展开调查，则将在《外国投资风险审查现代化法》规定的 45 天审查期结束前开始。在 FIRRMA 生效之日或之前接受的通知仍需接受 30 天审查。2018 年 10 月 11 日发布的暂行条例修订 31 CFR 第 800 部分，以反映更新后的审查时间表。

1.2.2.5　CFIUS 的调查时间表有无变更？有。更新调查时间表，以允许财政部长在"特殊情况"下批准延长 15 天（即调查从 45 天延长至 60 天）。该规定适用于 2018 年 10 月 11 日或之后提交的通知。

1.2.2.6　是否将接受这些规定？规定存在哪些影响？是。两套暂行条例（即实施该试点方案的条例和更新第 800 部分的条例）均考虑到这些规定。总体而言，规定可加快 CFIUS 的审查和行动速度，因为可简化 CFIUS 审查的某些方面。此外，规定也可能减少委员会的后续问题。如果试点方案涵盖通过通知提交的交易，则规定控制将减少某些信息要求。

提交规定的当事方应意识到，委员会及委员会主席有权依据这些规定来决定交易是否包含在相关条例和/或外国政府控制的交易中，且制定规定的当事方均放弃质疑这些决定的权利。此外，委员会及委员会主席均不受任何此类规定的约束，任何此类规定也不限制委员会及委员会主席根据第 721 节规定的权限就任何受管辖交易采取行动的能力。

1.2.2.7　当事方目前是否需要支付申报费？CFIUS 目前尚未要求缴纳申报费。CFIUS 将提供申报费实施指导。

1.2.2.8　何为"试点方案"以及"试点方案"将如何改变 CFIUS 流程？FIRRMA 允许 CFIUS 开展试点方案，以实施未立即生效的法规的规定。有关与关键技术相关的试点方案的信息可在以下网址上查阅：https://home.treasury. gov/policy-issues/international/the-committee-on-foreign-investment-in-the-united-states-cfius.

1.2.2.9　实施 FIRRMA 需要多长时间？FIRRMA 的部分规定立即生效，而其他规定可能需要从颁布之日起 18 个月才能生效。如上所述，财政部已公布实施《外国投资风险审查现代化法》某些规定的暂行条例。

1.3

FIRRMA

本法使美国外国投资委员会现代化并加强该委员会，以便进一步有效防范某些类型的外国投资对美国国家安全构成风险，并用于其他目的。

分目录（1.3）

1.3.1　第 1 编——国会的调查结果与判断

1.3.1.1　第 101 节　国会的调查结果与判断。(a) 国会的调查结果：

(1) 根据商务部国际贸易管理局 2016 年 2 月的一份报告，美国 1 200 万名工人——相当于 8.5% 的劳动力，获得了来自外国投资的就业机会，其中仅制造业就创造了 350 万个就业岗位。

(2) 2016 年，美国制造业新增外国直接投资总额为 1 294 亿美元。

(3) 商务部经济分析局的结论是：2015 年，在美外资子公司：

(A) 为美国经济贡献了 8 945 亿美元的增值；

(B) 其价值 3 528 亿美元的出口货物，占美国货物出口总额的近 1/4；

(C) 承担 567 亿美元用于研发；

(D) 7 个最大投资国：英国、日本、德国、法国、加拿大、瑞士、荷兰均为美国盟国——占美国子公司增加值的 72.1%，占子公司研发支出的 80% 以上。

(4) 根据政府问责局 (GAO) 的数据，从 2011—2016 年，美国外国投资委员会 (CFIUS) 审查的交易数量增长了 55%，而负责审查的机构工作人员数量增长了 11%。

(5) 2018 年 2 月的一份报告 (GAO - 18 - 249) 指出："财政部和其他成员机构的官员意识到，当前的工作量对 CFIUS 工作人员所带来的压力，并表达了对工作量可能增加的担忧。"结论是:"如果不了解应对 CFIUS 当前和未来工作量所需的人员配置水平,特别是如果 CFIUS 权限的立法变化进一步扩大其工作量,CFIUS 实现其目标和应对美国国家安全威胁的能力可能会受到限制。"

(6) 1954 年 3 月 30 号,五星上将、盟军最高司令——美国第 34 任总统德怀特·大卫·艾森豪威尔在"给国会的关于对外经济政策的特别讲话"中建议:"高水平的贸易和投资将为买方和卖方、生产者和消费者、投资者和所投资的业界带来巨大的互惠互利";"美国经济的内部实力就是从这样一个互惠互利的体系中演变而来的。在其他问题的压力下,在急于求成的紧急情况下,这个国家和西方许多其他国家常常忽视了这一中心事实。"他总结说:"如果我们在贸易政策上失败,我们可能在所有方面都失败。我们的国内就业、生活水平、安全,以及美国各盟国的团结——所有这些都涉及其中。"

(b) 国会的判断:

(1) 外国投资为美国提供实质性利益,包括促进经济增长,提高生产力、创新能力、竞争力,以及创造就业机会,从而增强美国国家安全;

(2) 保持美国对开放投资政策的承诺,鼓励其他国家采取类似行动,有助于为美国企业拓展外国市场;

(3) 同时,与外国投资有关的国家安全风险,特别是来自中国和俄罗斯等国的风险,要求将美国外国投资委员会的程序和权限进行适当的现代化;

(4) 美国外国投资委员会作为国内和多边出口管制制度的补充,在保护美国国家安全方面发挥着关键性作用;

(5) 为了保持美国外国投资委员会的有效性并防止任务偏离轨道,CFIUS 应继续专注于对抗与国家安全有关的风险;

(6) 至关重要的是,委员会成员机构有充足的资源并能够及时雇用适当与合格的个人,以便 CFIUS 能够迅速完成交易审查,识别和应对不断演变的国家安全风险,并有效执行缓解协定;

(7) 总统应开展国际外联活动,促进外国投资对全球经济增长的事宜,同时协助美国伙伴应对国家安全风险;

(8) 热情欢迎和支持外国投资是美国的政策,这与国家安全考虑相一致。

1.3.2 第 2 编——定义

1.3.2.1 第 201 节 定义。《1950 国防生产法》第 721 节第(a)条[《美国法典》第 50 编第 4565 节第(a)条]修正如下：

(1) 删去第(2)、(3)及(4)款,插入以下内容：

(2) "控制——'控制'一词是指根据委员会规定的条例,直接或间接决定,指导或决定影响实体的重要事项的权力,不论是否行使。"

(3) 所涉交易：

(A) 一般而言——"所涉交易"是指在 FIRRMA 颁布之日或之后所提出、待决或已完成的(B)项或(C)项中所述的任何交易。

(B) 所述交易——本项所述交易为下列任何一项：

(i) 在 1988 年 8 月 23 日以后,由任何外国人员或与任何外国人员一起提议的或正在进行的任何合并、收购、接管或合资企业,可能导致外国对任何美国企业的控制。

(ii) 由外国人员购买、出租或特许外国人员的私人或公共地产,而该等私人或公共地产：

(I) 位于美国,且(aa) 属于或紧邻美国军事设施,或者属于或紧邻涉及国家安全的美国政府另一敏感设施或建筑物,且(AA) 可以合理地使该外国人员有能力收集关于在这种装置、设施或建筑物进行活动的情报;"(BB) 可能使这种装置、设施或建筑物内的国家安全活动面临外国监视的危险;(bb) 本身是航空港或海港,或位于航空港或海港并可作为航空港或海港的一部分发挥作用。

(II) 非人口普查局所定义的单一住房单元;

(III) 非人口普查局最近一次人口普查所列的城市化地区,但委员会与国防部长协商后在条例中另有规定的除外;

(IV) 符合委员会通过法规规定的其他标准,但该等标准不得将本条款所适用的房地产类别扩大到本条款所描述的类别之外。

(iii) 外国人员对其投资的美国企业所拥有的权利的任何改变,如果该改变可能导致：

(I) 外国对美国业务的控制;

(II) (C)项所描述的投资。

(iv) 为规避本节而进行或采用的任何交易或其他手段,但须符合委员会所订的条例。

(C) 敏感交易所涉特别关注国：

(i) 一般而言——本款所述交易是指外国人员对无关联的美国企业的任何

投资

　　(I)为(aa)特别关注国的国民或政府,或根据该国法律组建的外国实体;(bb)外国实体——(AA)其控制权由一个特别关注国的政府或由一个根据该国法律组建的外国实体行使或可行使;(BB)特别关注国的政府在其中有重大利益。

　　(II)由于交易的结果,可获得:(aa)委员会规定的条例所界定的美国公民的数据,若这些数据可能被以威胁国家安全的方式加以利用;(bb)通过股份投票以外的方式参与美国企业有关以下事项的实质性决策:(AA)使用、开发、获取或发布美国公民的敏感性个人数据[例如第(aa)子目所述];(BB)关键技术的使用、开发、获取或发布;(CC)委员会订明的条例中指明的美国关键基础设施的管理或运营。(cc)美国企业拥有的重大非公开技术信息。

　　(ii)特别关注国——在本款中,"特别关注国"一词是指——

　　(I)《联邦法规汇编》第 15 编第 744.21 节下受到出口限制的任何外国;

　　(II)国务院确定的任何资助恐怖主义的国家;

　　(III)任何国家,其(aa)如《联邦法规汇编》第 15 编第 740 部分第 1 号附录"国家地区组"(Country Group)D:5 所列,受到美国武器禁运;和(bb)由委员会所订的条例指明。

　　(iii)所定义的投资——就本款而言,"投资"一词是指收购股本权益,包括或有股本权益,如委员会规定的条例进一步界定的。

　　(iv)所定义的重要非公开技术信息:

　　(I)一般而言——就本款而言,在不违反委员会规定的情况下,"重大非公开技术信息"是指(aa)根据委员会规定的条例,可能建立或泄露美国重要的关键基础设施的信息;(bb)对设计、开发、试验、生产或制造委员会在条例中规定的关键技术可能起到不可或缺作用的信息。

　　(II)财务信息的豁免——尽管有(i)列项的规定,就本款而言,"重大非公开技术信息"不包括有关美国企业业绩的财务信息。

　　(v)关于关键基础设施的条例——就本款而言,委员会就美国关键基础设施制定的条例应包括限制适用于可能对美国国家安全具有重要意义的关键基础设施的标准。

　　(vi)所定义的非关联企业——就本款而言,对于(i)列项中描述的投资,以及委员会规定的条例中进一步定义的投资,"非关联的美国企业"是指不受从事投资的外国人员的相同最终所有权约束的美国企业。

(vii) 豁免——总统在向众议院金融服务委员会和外交事务委员会以及参议院银行、住房和城市事务委员会和外交关系委员会报告豁免对美国国家利益重要并详细说明理由后，可不受"(ii)列项所述特别关注国的定义豁免一个国家，每次最多一年"的限制。

(D) 航空承运人的例外情况——(B)项(iii)列项不适用于任何人就涉及航空承运人的投资而享有的权利的改变[《美国法典》第 49 编第 41102 节第(a)条第(2)款所定义的]。

(E) 根据破产程序或其他违约转让某些资产——委员会应制定条例，澄清"担保交易"包括(B)项或(C)项所述的，根据破产程序或其他形式的债务违约而产生的任何交易。

(F) 近距离的定义——委员会在制定有关(B)项(ii)列项(i)列项第(aa)子目的条例时，应确保"近距离"一词仅适用于购买、租赁或特许不动产可能对美国军事设施或美国政府的另一设施或建筑物构成国家安全风险的一个或多个距离。

(4) 外国政府控制的交易——"外国政府控制的交易"是指可能通过以下方式控制美国业务的任何所涉交易：

(A) 外国政府；

(B) 受外国政府控制或代表外国政府行事的人；

(C) 特别关注国的外国公司或实体[根据第(3)款(C)项(ii)列项的定义]，其住所或主要营业地点设在属于非市场经济的特别关注国，除非委员会颁布条例，免除任何此类公司，实体或国家的这一推定。

修正第(7)条如下：

第(7)条关键技术——"关键技术"是指：

(A) "国际武器贩运条例"(ITAR，International Traffic in Arms Regulations)所列的"美国军品管制清单"(USML，United States Munitions List)所涵盖的国防物品或国防服务（《联邦法规汇编》第 22 编第 120—130 部分）；

(B) 《出口管理条例》(EAR，Export Administration Regulations)第 774 部分第 1 号附录（《联邦法规汇编》第 15 编第 730 部分至 774 部分）所列"商业管制清单"(CCL，Commerce Control List)所列，根据多边制度（即出于国家安全，化学和生物武器扩散，核不扩散或导弹技术的原因）加以管制的物项，以及出于区

域稳定或秘密监听的原因而加以管制的物项;

(C)《援助外国原子能活动条例》(Assistance to Foreign Atomic Energy Activities regulations)(《联邦法规汇编》第 10 编第 810 部分)规定的专门设计和制备的核设备、零部件、材料、软件和技术,以及《核设备和材料进出口条例》(《联邦法规汇编》第 10 编第 110 部分)规定的核设施、设备和材料;

(D)《生物国防条例》(Select Agents and Toxins regulations)(《联邦法规汇编》第 7 编第 331 部分,《联邦法规汇编》第 9 编第 121 部分和《联邦法规汇编》第 42 编第 73 部分)中规定的"布萨特"生物制剂和毒素;

(E) 根据《2018 外国投资风险审查现代化法》第 818 节控制的新兴技术、基础技术或其他关键技术。

(3) 在末尾增加以下内容:

(9) 外国人员——"外国人员"是指:

(A) 任何外国国民、外国政府或外国实体;

(B) 外国国民、外国政府或外国实体对其行使或可行使控制权的任何实体。

(10) 实质性权益。"实质性权益"一词的含义与委员会规定的规章中赋予该词的含义相同,但不包括少于 10% 的投票权或仅为被动投资目的而持有或获得的所有权权益。

(11) 美国企业——"美国企业"一词是指在美国从事州际商业活动的任何实体,不论其控制人是何国籍,但仅限于其州际商业活动的范围。

1.3.3　第 3 编——改进美国外国投资委员会的运作

1.3.3.1　第 301 节　在通知中列入合伙协议和附属协议。对《1950 国防生产法案》第 721 节第(b)条第(1)款(C)项[《美国法典》第 50 编第 4565 节第(b)条第(1)款(C)项]进行修正,在末尾增加如下内容:"(iv) 包括合伙协议和附属协议——根据委员会规定的条例,委员会可要求所涉交易的一方根据(i)列项提交书面通知,包括任何合伙协议、整合协议或与该交易有关的其他附属协议的副本。"

1.3.3.2　第 302 节　与某些承保交易有关的申报。(a) 一般而言——"1950 国防生产法"[《美国法典》第 50 编第 4565 节第(b)条第(1)款(C)项]经第 301 节修正后,在末尾增加以下内容,以进一步修正:

(v) 对某些承保交易的担保——

（I）自愿申报——为了加速审查委员会确定可能构成有限风险的某些所涉交易，委员会可制定条例，允许交易各方提交载有交易基本信息的申报，除非各方根据(i)列项提交发出的书面通知。

（II）强制性声明——

（aa）一般而言——如果交易涉及的投资导致非关联的美国企业〔例如第(a)条第(3)款(C)项(vi)列项所定义〕向外国政府直接或间接拥有实质性利益的外国人员释放关键技术，委员会应制定条例，要求所涉交易的各方根据(i)列项提交关于该交易的申报条款。

（bb）提交书面通知作为替代——根据本条款要求进行申报的承保交易的当事方可以根据(i)列项选择提交书面通知。

（cc）提交的时间——关于(i)列项所述条例，委员会不得要求在交易完成前45天之前提交申报。

（III）处罚——委员会可根据第(h)条第(3)款(A)项对未能遵守本条款的一方进行处罚。

（IV）委员会对声明的答复——

（aa）一般而言——在收到根据本条款作出的有关交易的声明后，委员会可酌情决定——

（AA）要求交易各方根据(i)列项提交书面通知，同时委员会应对请求理由进行解释；

（BB）告知交易各方，委员会无法根据声明完成本节规定的有关交易的行动，各方可根据(i)列项提交书面通知，以寻求委员会书面通知，说明委员会已完成本节规定的有关交易的所有行动；

（CC）根据(D)项对交易发起单方面审查；

（DD）以书面形式通知双方，委员会已完成本节规定的与交易有关的所有行动。

（bb）时间——委员会应在收到本条规定的申报后30天内根据第(aa)子目采取行动。

（cc）申报的重新提交——委员会不得要求或建议撤回和重新提交申报，除非交易各方须更正重大错误或遗漏。

（V）条例——在规定关于根据本目提交申报的要求的条例时，委员会应确保此类申报以简短通知的形式提交，其长度一般不超过5页。

（VI）所定义的投资——就本条而言，"投资"一词是指收购股权，包括或有股权，如委员会规定的条例中进一步定义的。

（b）有关交易的规定——《1950 国防生产法》第 721 节第（b）条第（1）款（C）项〔《美国法典》第 50 编第 4565 节第（b）条第（1）款（C）项〕经本节修正后，在末尾增加了以下内容：

（vi）关于交易的规定——

（I）在根据（i）列项提交的有关交易的书面通知或根据（v）列项提交的声明中，交易的一方可以——

（aa）规定该交易为所涉交易；

（bb）如果该方规定该交易是第（aa）子目下的所涉交易，则规定该交易是外国交易。

（II）规定依据——根据（i）列项提交的书面通知或根据（v）列项提交的包含（i）列项规定的声明，应包括对该规定的依据的描述。

1.3.3.3　第 303 节　审查和调查的时间安排。《1950 国防生产法》第 721 节第（b）条〔《美国法典》第 50 编第 4565 节第（b）条〕修正如下：

（1）在第（1）款（E）项中，删去"30 天"，改为"45 天"；

（2）在第（2）款中，删去（C）项，插入以下内容：

（C）时间——

（i）一般而言——除（ii）列项另有规定外，根据（A）项进行的任何调查应在调查开始之日起的 45 天期限结束前完成。

（ii）特殊情况下的延期——

（I）一般而言——在特殊情况下（委员会在条例中所定义），主席可应牵头机构首长的请求，将（A）项下的调查延长不超过 15 天。

（II）不授权——（i）列项中提到的主席和领导机构负责人的权力视情况不得授权给财政部副部长或领导机构的副负责人（或其等同人员）以外的任何人。

（III）对各方的通知——如果根据（i）列项就所涉交易规定的截止日期，委员会应将延期通知交易各方。

（3）在末尾增加以下内容：

（8）在拨款失效期间对截止日期的收费——本款规定的任何截止日期或时限应在拨款失效期间收费。

1.3.3.4　第 304 节　向国会提交证书。《1950 国防生产法》第 721 节第（b）

条第(3)款(C)项[《美国法典》第 50 编第 4565 节第(b)条第(3)款(C)项]修正
如下：

(1) 在(i)列项中,(ii)列项修正如下：

(II) 证明所有相关的国家安全因素,包括第(f)条所列举的因素,均已得到
充分考虑。

(2) 在末尾增加以下内容：

(v) 合并文件的权力——委员会可以每月向(iii)列项规定的国会议员提交
合并文件,而不是根据(A)或(B)项就每笔交易单独发送经核证的通知或经核证
的报告。

1.3.3.5　第 305 节　国家情报总监的分析。《1950 国防生产法》第 721 节第
(b)条第(3)款(C)项[《美国法典》第 50 编第 4565 节第(b)条第(3)款(C)项]修
正如下：

(1) 删去(i)列项,插入以下内容：

(A) 所需分析——

(i) 一般而言——国家情报总监应迅速对任何所涉交易对美国国家安全构
成的任何威胁进行彻底分析,其中应包括查明与分析有关的情报收集方面的任
何公认漏洞。

(ii) 情报机构的意见——总监应征求所有受影响的或适当的情报机构对交
易的意见,并将其纳入第(i)条所要求的分析。

(iii) 更新——在牵头机构的要求下,总监应更新根据(i)列项进行的分析,
该分析涉及根据第(l)条第(3)款(A)项订立的协议所涉及的交易。

(iv) 独立性和客观性——委员会应确保其在本节下的程序保持总监根据
(i)列项进行分析的能力,该分析独立客观,且符合所有适用的指令、政策和情报
界的分析技术标准。

(2) 将(B)(C)和(D)项分别重新指定为(C)(D)和(E)项。

(3) 在(A)项之后插入：

(B) 基本威胁信息——

(i) 一般而言——国家情报总监可向委员会提供关于第(II)目下所涉交易
对美国国家安全构成的任何威胁的基本资料,而不进行(A)项所要求的分析。

(ii) 描述的承保交易——本条款描述承保交易,如果——

(I) 该交易在第(a)条第(3)款(B)项(ii)列项中描述；

（II）国家情报总监根据（A）项完成了一项分析，涉及在根据本节审查或调查交易之前 12 个月内作为交易当事方的每一外国人员；

（III）交易在其他方面符合委员会和国家情报总监在本项下商定的标准。

（4）在重新指定的（C）项中，将"20 天"改为"30 天"；以及（5）在末尾增加以下内容：

（F）对业务影响的评估——国家情报总监可向委员会提供一份与（A）和（B）项下的分析分开的评估，评估某项所涉交易对情报界的任何业务影响，并说明为减轻任何此类影响已经或将要采取的任何行动。

（G）提交予国会——委员会应在第（m）条第（1）款所要求的报告中提交（A）项所要求的关于所涉交易的分析，但须符合第（m）条第（5）款的要求。

1.3.3.6　第 306 节　信息共享。《1950 国防生产法》第 721 节第（c）条［《美国法典》第 50 编第 4565 节第（c）条］修正如下：

删去"任何信息"并增添以下内容：

（1）一般而言——任何信息；在末尾增加以下内容：

（2）例外情况——第（1）款不应禁止披露提交信息或材料的一方同意向第三方披露的信息或文件材料。

1.3.3.7　第 307 节　总统采取的行动：

（a）一般而言——对《1950 国防生产法》第 721 节第（d）条第（2）款［《美国法典》第 50 编第 4565 节第（d）条第（2）款］进行修正，删去"不迟于 15 天"及以下所有内容，并插入以下内容："对于承保交易，不迟于以下日期后 15 天（以较早者为准）——

（A）根据（b）条完成对交易的调查的日期；或（B）委员会根据第（l）条第（4）款将交易提交总统的日期。

（b）民事处罚——对《1950 国防生产法》第 721 节第（h）条第（3）款（A）项［《美国法典》第 50 编第 4565 节第（h）条第（3）款（A）项］进行修正，删除"包括任何减轻责任"以及所有"第（l）条"之后的内容，并插入"包括根据本节订立的任何减轻责任协议，施加的条件或发布的命令"。

1.3.3.8　第 308 节　待考虑的因素：《1950 国防生产法》第 721 节第（f）条［《美国法典》第 50 编第 4565 节第（f）条］修正如下——

（1）在第（3）款中，在末尾增加以下内容："包括人力资源、产品、技术、材料和其他供应和服务的可用性；"

（2）在第（4）款中，删去"提议的或待决的"；

（3）删去第（5）款；

（4）将第（6）（7）（8）（9）（10）及（11）款分别重新指定为第（5）（6）（7）（8）（9）及（16）款；

（5）在重新指定的第（9）款中，在结尾处删去"和"；

（6）在重新指定的第（9）款之后插入：

（10）所涉交易可能威胁美国政府获取或维护国防、情报或其他国家安全职能所必需的设备和系统的能力的程度；

（11）外国人员累计控制任何一种关键基础设施、能源资产、材料或关键技术对国家安全的潜在影响；

（12）任何将通过所涉交易获得美国企业控制权的外国人员是否——（A）遵守美国法律法规，如适用，事先遵守第（l）条第（1）款（A）项下所述的任何协议或条件；（B）遵守与美国政府实体签订的合同或其他协定；

（13）所涉交易可能直接或间接地向外国人员泄露美国公民的敏感性个人数据的程度，而外国人员可能以威胁国家安全的方式利用这些信息；

（14）所涉交易是否可能加剧网络安全漏洞，或可能导致外国政府获得从事针对美国的恶意网络活动的重大新能力，包括旨在影响任何联邦职位选举结果的此类活动；

（15）所涉交易是否可能向未获授权接收有关敏感性国家安全事项或负有国家安全责任的联邦执法机构的敏感性程序或操作的任何信息的外国人员暴露该信息；在末尾加上下列左齐平文本："就本条而言，短语'人力资源的可利用性'应被解释为考虑因其知识或技能对国家安全至关重要的美国人员就业减少而导致的这种可利用性的潜在损失，包括继续在美国生产国防部或其他联邦部门或机构为促进美国国家安全而可能获得的物品。"

1.3.3.9　第309节　委员会为应对国家安全风险而采取的缓解行动和其他行动。《1950国防生产法》第721节第（l）条[《美国法典》第50编第4565节第（l）条]修正如下：

（1）在第（l）款中——

（A）在（A）项中——

（i）删去标题里的"一般"，插入"协议和条件"；

（ii）删去"委员会"，插入以下内容：

（i）一般而言——委员会；

（iii）在末尾增加以下内容：

（ii）豁免交易——如果保障交易的一方自愿选择豁免交易，委员会或牵头机构（视情况而定）可与保障交易的任何一方谈判，订立或强制执行任何协议或条件，以实现此类豁免并减轻保障交易对美国国家安全造成的任何威胁。

（iii）与已完成交易有关的协议和条件——委员会或牵头机构（视情况而定）可与已完成的所涉交易的任何一方谈判，订立或强制执行任何协议或条件，以减轻因所涉交易而可能对美国国家安全造成的任何临时威胁，直至委员会根据第（b）条完成行动或总统根据第（d）条就该交易采取行动为止。

（B）（B）项修正如下：

（B）对过时协定或条件的处理——主席和任何适用牵头机构的负责人应定期审查（A）项所述协定或条件的适当性，如果威胁不再需要通过协定或条件来缓解，则应终止、逐步取消或以其他方式修正任何协定或条件；（C）在末尾增加以下内容：

（C）限制——不得根据（A）项就所涉交易订立协议或施加条件，除非委员会确定该协议或条件解决了该交易引起的国家安全问题，并考虑到该协议或条件经过合理计算后是否——

（i）有效；

（ii）允许以适当可核实的方式遵守协议或条件的条款；（iii）能够有效监测协议或条件条款的遵守和执行情况。

（D）管辖权——第 706 节第（b）条的规定应适用于根据（A）项订立的任何缓解协议或施加的条件。在末尾增加以下内容：

（4）提交总统——委员会可以在根据（b）条审查或调查所涉交易期间的任何时候，完成委员会对该交易的行动，并根据（d）条将该交易提交总裁采取行动。

（5）需要基于风险的分析——

（A）一般而言——委员会根据第（4）款将所涉交易提交总统，根据第（6）款暂停所涉交易，或根据第（1）款（A）项就所涉交易谈判、订立、实施或执行任何协议或条件的任何决定，应基于委员会对所涉交易对美国国家安全的影响进行的基于风险的分析，其中应包括——

（i）评估交易对国家安全造成的威胁、脆弱性和后果，这些术语在委员会发布的指导意见和条例中有定义或得到澄清；（ii）明确第（f）条中描述的交易可能实质上涉及的每个相关因素。

（B）合规计划——

（i）一般情况——在根据第（1）款（A）项订立协议或条件的所涉交易的情况下，委员会或牵头机构（视情况而定）应制定、遵守并不断更新一项计划，以监测协议或条件的遵守情况。

（ii）要素——（i）列项所要求的与根据第（1）款（A）项订立的协议或条件有关的每份计划应包括以下内容的解释：

（I）委员会的哪一名成员将对监测协定或条件的遵守情况负主要责任；

（II）如何监测协议或条件的遵守情况；

（III）合规审查的频率；

（IV）是否将根据（D）项利用独立实体进行遵约审查；（V）如果双方未能在监督遵守协议或条件方面进行合作，将采取何种行动。

（C）不遵守规定的影响——如果在根据第（1）款（A）项订立或施加缓解协议或条件后的任何时候，委员会或牵头机构（视情况而定）确定协议或条件的一个或多个当事方不遵守协议或条件的条款，委员会或牵头机构除了有权根据第（h）条第（3）款（A）项施加处罚和根据第（b）条第（1）款（D）项（iii）列项第（I）目单方面启动对任何所涉交易的审查外，还拥有以下权力：

（i）谈判一项一个或多个缔约方补救不遵守情况的行动计划，并将未能遵守该计划或以其他方式补救不遵守情事的行为作为委员会认定重大违反协议或条件的依据；

（ii）要求该缔约方或多个缔约方将在确定不遵守情事之日之后至确定之日之后5年之前启动的任何所涉交易提交委员会，以便根据第（b）条进行审查；或

（iii）寻求禁令救济。

（D）使用独立实体监督遵守情况——如果根据第（1）款（A）项订立的协议或条件的各方为了监督协议或条件的遵守情况而与美国政府以外的独立实体订立合同，委员会应采取必要的行动，防止该实体和交易各方产生任何重大利益冲突。

（E）继承人和受让人——根据第（1）款（A）项订立或施加的任何协议或条件应被认为对所有继承人和受让人具有约束力，除非和直到该协议或条件自行终止或由委员会全权决定终止。

（F）其他遵守措施——在（A）—（D）项的情况下，委员会应制定并商定用于

评估与所涉交易有关的任何协议或条件的遵守情况的方法,该方法将允许委员会充分确保遵守情况,而不会不必要地转移委员会的资源来评估任何新的所涉交易,该新的所涉交易已根据第(b)条第(1)款(C)项的(i)列项提交了书面通知,或已根据第(b)条第(1)款(C)项的(v)列项提交了声明,以及如有必要,与该所涉交易或所有因任何原因而重新启动审查的所涉交易的一方达成缓解协议或对其施加条件。

(6)暂停交易——委员会通过主席,可以暂停可能对美国国家安全构成风险的拟议或未决的所涉交易,直至该所涉交易正在根据第(b)条进行审查或调查。

1.3.3.10　第 310 节　通知和信息的认证。《1950 国防生产法》第 721 节第(n)条[《美国法典》第 50 编第 4565 节第(n)条]修正如下:

将第(1)款和第(2)款分别重新指定为(A)项和(B)项,并将重新指定的这两项移至右边;

删去"每份通知"并插入以下内容:

(1)一般而言——每份通知;在末尾增加以下内容:

(2)未提交的影响——如果委员会确定交易的一方已经出现下列情况,委员会可以不完成本节规定的对该所涉交易的审查,并且可以建议总统暂停或禁止该交易,或者根据第(d)条要求撤资:

(A)未提交第(1)款所要求的陈述;(B)在第(1)款所述通知或信息中包含虚假或误导性信息,或在该通知或信息中遗漏重要信息。

(3)关于欺诈和虚假陈述的法律的适用性——委员会应制定条例,明确规定《美国法典》第 18 编第 1001 节的适用范围,适用于所涉交易的任何一方根据本节向委员会提供的所有信息。

1.3.3.11　第 311 节　附加规定。《1950 国防生产法》第 721 节第(h)条第(3)款[《美国法典》第 50 编第 4565 节第(h)条第(3)款]修正如下:

(1)在(B)项(ii)列项中,在末尾删去"和";

(2)在(C)项中,在末尾增加"",以及在末尾增加以下内容:

(D)规定在委员会对某项所涉交易进行的任何国家安全审查或调查中,委员会应——

(i)考虑第(f)条第(2)款和第(3)款所述的因素;(ii)酌情要求缔约方提供考虑这些因素所需的资料。

1.3.4　第4编——年度报告的修改

1.3.4.1　第401节　年度报告的修改。《1950国防生产法》第721节第（m）条[《美国法典》第50编第4565节第（m）条]修正如下：

（1）将第（2）款中的（A）项修正如下：

（A）在此期间提交的所有通知和完成的所有对所涉交易的审查或调查的清单，其中——

（i）每次审查或调查结果的说明，包括是否根据(l)(3)(a)条就正在审查或调查的交易订立了协议或施加了条件，以及总裁是否根据本节就该交易采取了任何行动；

（ii）与之达成或打算达成交易的美国企业的业务活动或产品的性质；

（iii）关于任何退出进程的信息；

（iv）在此期间完成审查和调查所需的平均数和中位数。

（2）在第（3）款中——

（A）将"关键技术"及其后的"以便协助"改为"关键技术，以便协助"；

（B）删去（B）节；

（C）将第（i）及（ii）条分别重新指定为（A）及（B）分段，并将经重新指定的分段2移至左边；

（3）在末尾增加以下内容：

（4）报告的附加内容——第（1）款要求的每份年度报告应包含以下附加内容：

（A）在此期间委员会根据第(l)条第(6)款，包括第(l)条第(6)款（D）项进行的遵约审查和采取的行动的统计数字，以及委员会根据第（b）条第（1）款（D）项(iii)列项第（I）目为实施处罚或发起单方面审查而采取的任何行动的说明。

（B）根据第（b）条第（1）款（C）项（v）列项提交的申报数量的累积和趋势信息，委员会针对申报采取的行动，申报涉及的商业部门，申报涉及的国家，以及在此期间对第（b）条第（1）款（C）项（v）列项第（IV）目所述的申报做出答复所需的天数的平均数和中位数。

（C）自上次报告以来，通过第（q）条所述权限进行的新雇用的数量，以及此类雇用的汇总统计数据，职位名称和相关薪级，以及此类雇用在管理本节中的责任的汇总。

（5）保密；报告的提供情况：

（A）保密——第（1）款要求的年度报告的所有适当部分均应保密。

（B）非保密版本的公众可得性——第（1）款所要求的报告的非保密版本，在适当且符合保障国家安全和隐私的情况下，应向公众提供。有关商业秘密或商业机密信息的内容可以包含在机密版本中，而不可以在非机密版本中向公众提供。

（C）《信息自由法》的特殊情况——《美国法典》第 5 编第 552 节第（a）条的特殊情况，在该节第（b）条下规定的，应适用于第（1）款所要求的报告。

1.3.4.2　第 402 节　涉及审查的交易报告。在本法颁布之日起不迟于一年，美国外国投资委员会应向国会提出一份关于外国人员在美国娱乐和信息部门的投资的报告，报告的适当部分可加以保密，其中应分析这些投资在多大程度上造成了或可能导致美国境内的直接或间接审查，包括自我审查。

1.3.4.3　第 403 节　委员会对国会的通知。《1950 国防生产法》第 721 节（《美国法典》第 50 编第 4565 节）经第 503 节修正，在末尾增加了以下内容：

（v）委员会通知国会——

如果委员会建议总统暂停或禁止某项涉及的交易，因为该交易有损害美国国家安全的危险，委员会应在第（m）条所述年度报告的保密版本中，将每一项此类建议通知国会，并应要求提供关于该建议的保密简报。

1.3.5　第 5 编——资源、特别雇用权与外联

1.3.5.1　第 501 节　委员会某些职能的集中。对《1950 国防生产法》第 721 节（《美国法典》第 50 编第 4565 节）进行修正，在末尾增加以下内容：

某些委员会职能的集中：

（1）一般而言——主席在与委员会协商后，可将委员会的某些职能集中在财政部内，以加强机构间的协调和合作，履行本节规定的委员会职能。

（2）解释规则——本条的任何规定均不得解释为限制委员会中的任何部门或机构在委员会中代表其自身利益的权力。

1.3.5.2　第 502 节　CFIUS 的资源需求：

（a）统一预算要求——对第 501 节修正的《1950 国防生产法》第 721 节（《美国法典》第 50 编第 4565 节）进行修正，在末尾增加以下内容：

（p）统一预算请求；年度开支计划。

（1）统一预算请求：

（A）一般而言——总统可在财政部某一财政年度的预算［根据《美国法典》第 31 编第 1105 节第（a）条与总统预算一起提交国会］中列入一项统一请求，为委员会中所有部门和机构根据本节开展的所有行动提供资金。

（B）预算请求的格式——（A）项下的统一请求应详细说明，并包括为在委员会中有代表的每个部门或机构履行本节规定的该部门或机构的职能而请求的数额和人员配置水平。

（2）年度开支计划——不迟于本条颁布之日起 90 天内，并在此后每年，委员会主席应向众议院拨款和金融服务委员会以及参议院拨款和银行、住房和城市事务委员会递交一份详细的开支计划，以迅速满足第（b）条、第（l）条和第（m）条的要求，包括委员会每个成员机构在不少于下一个财政年度的委员会运作所需的估计开支和人员配备水平。

（3）豁免——主席可豁免第（2）款规定的报告要求，涉及已提交第（1）款所述统一预算请求的财政年度。

（b）特别雇用权——《1950 国防生产法》第 721 节（《美国法典》第 50 编第 4565 节）经第（a）条进一步的修正，在末尾增加了以下内容：

（q）特别雇用权——在委员会中有代表的各部门和机构的负责人可以不考虑《美国法典》第 5 编第 3309 节至 3318 节的规定，直接任命候选人担任其各自部门和机构中管理本编的竞争性服务（如该编第 2102 节所定义）的职位。

（c）要求提供证言——经第（d）条修正的《1950 国防生产法》第 721 节（《美国法典》第 50 编第 4565 节）进一步修正，在末尾增加了以下内容：

（r）证言：

（1）一般而言——在提交第（p）条第（1）款所述的统一预算请求或第（p）条第（2）款所述的支出计划（视情况而定）后，主席或主席指定的人应在每年 3 月 31 日之前出席众议院金融服务委员会并就以下事项提供证言：

（A）委员会每个成员机构下一个财政年度委员会业务所需的预期资源；

（B）委员会在本财政年度和上一财政年度的拨款是否足以满足以下需要：

（i）确保尽快完成彻底的审查和调查；

（ii）监测和执行缓解协议；

（iii）确定未向委员会提交第（b）条第（1）款（C）项（i）列项下的通知或第（b）条第（1）款（C）项（v）列项下的声明的所涉交易。

（C）管理层努力加强委员会满足本款要求的能力；

（D）委员会的职能如下所述：

（i）面向教育企业界，特别是技术部门和对国家安全具有重要意义的其他部门，使其了解委员会的目标和业务；

（ii）向美国盟国政府传播委员会的最佳实践而开展的活动：

（I）加强对相关投资交易的国家安全审查；

（II）酌情加快此类审查；

（iii）在符合国家安全考虑的情况下，促进对外国投资的开放。

（2）日落法规——本条在《2018 外国投资风险审查现代化法》颁布之日起 7 年后失效。

1.3.5.3　第 503 节　财政支持

（1）设立基金——在美国财政部设立一项基金，称为"美国基金外国投资委员会"（本条简称为"基金"），由主席管理。

（2）授权为委员会拨款——授权为 2019—2023 年财政年度的每个财政年度向基金拨款 20 000 000 美元，以履行委员会的职能。

（3）档案费：

（A）一般而言——委员会可以根据委员会在条例中确定的数额评估和收取费用，而不考虑《美国法典》第 31 编第 9701 节，并受（B）项的约束，对于根据第（b）条第（1）款（C）项（i）列项向委员会提交书面通知，或根据第（b）条第（1）款（C）项（v）列项向委员会提交声明的每一项所涉交易。

（B）费用数额的厘定：

（i）一般而言——根据（A）项就一项所涉交易评估的费用数额。

（I）不得超过以下两者中较小者的数额：

（aa）交易价值的 1%；

（bb）30 万美元，根据委员会规定的条例，每年对该数额进行通货膨胀调整；

（II）须由委员会考虑以下因素后再做决定：

（aa）该费用对小企业的影响，例如《小型企业法案》（《美国法典》第 15 编第 632 节所定义）；

（bb）委员会与进行本节规定的活动有关的费用；

（cc）费用对外国投资的影响；

（dd）《2018 外国投资风险审查现代化法》第 502 节所述的统一预算请求或

年度支出计划（视情况而定）；

（ee）委员会认为适当的其他事项。

（ii）更新——委员会应定期重新考虑和调整根据（A）项就所涉交易评估的费用金额，以确保费用金额保持适当数量。

（C）费用的交存和可得性——尽管有《美国法典》第 31 编第 3302 节的规定，根据（A）项收取的费用应满足以下需要：

（i）存入基金，用于开展本节规定的活动；

（ii）在拨款法案中预先规定的范围和数额内，向主席提供；

（iii）在使用之前保持可用；

（iv）除向委员会成员提供的任何拨款外。

（4）资金的转移——在拨款法案预先规定的范围内，主席可将资金中的任何数额转移到委员会中有代表的任何其他部门或机构，以满足在开展本节规定的活动中出现的需要。该转移数额应是该部门或机构为此目的可动用的任何其他数额之外的金额。

1.3.6   第 6 编——财务报告和风险评估的杂项规定

1.3.6.1   第 601 节   符合修正。《1950 国防生产法》第 721 节第（d）条第（4）款（A）项〔《美国法典》第 50 编第 4565 节第（d）条第（4）款（A）项〕修正，删去"行使控制权的外国利益"，插入"由于所涉交易将获得美国企业或其资产的利益的外国人员"。

1.3.6.2   第 602 节   美国企业的监管确定性。《1950 国防生产法》第 721 节（《美国法典》第 50 编第 4565 节）经第 502 节修正后，在末尾增加了以下内容：

（s）美国企业的监管确定性。

（1）一般而言——为减轻因外国人员对美国企业的投资或与美国企业的合资而造成的国家安全风险，委员会的成员机构不得规定或实施要求美国企业撤资的条例，除非由于以下原因：

（A）条例是根据本节或根据《国际紧急经济权力法》规定的总统权力而制定的；

（B）总统向国会书面报告规定：

（i）在适用的情况下，符合本节规定的法规，包括与以下方面有关的任何此类法规：

(I) 外国对美国企业的控制或影响；

(II) 确定新兴技术、基础技术或其他关键技术；

(III) 有关美国企业的信息和文件材料的保密要求；

(ii) 在本条生效日期之后制定或最后确定的条例的情况下，是在与委员会主席和总统确定受条例影响的任何成员机构的首长协商后制定的。

(2) 采购权限的例外情况——如果成员机构的首长确定，为该机构的采购目的或与该机构的供应链管理有关的事项，该成员机构的行动是必要的，则第 (1) 款不适用于该成员机构的行动。

1.3.6.3　第 603 节　与美国盟国和伙伴的合作。《1950 国防生产法》第 721 节（《美国法典》第 50 编第 4565 节）经第 602 节修正，在末尾增加了以下内容：

(t) 与美国盟国和伙伴的合作：

(1) 一般而言——主席经与委员会其他成员协商，有权领导一个正式进程，根据主席的酌处权，与美国的盟国或伙伴国家政府定期交换信息，以保护美国和这些国家的国家安全。

(2) 要求——根据主席的酌处权，第 (1) 款所述的程序应满足以下需要：

(A) 旨在促进协调针对可能对美国和美国的盟国或伙伴国家的国家安全构成危险的投资和技术趋势的行动；

(B) 规定分享有关具体技术和为确保国家安全而酌情获取此种技术的实体的信息；

(C) 包括定期与这些国家政府代表进行协商和举行会议。

1.3.7　第 7 编——常识信用合作社资本减免

1.3.7.1　第 701 节　生效日期延迟。　尽管由国家信用合作社管理局发布的名为"基于风险的资本"的规则［公布于 80 F Ed. Reg. 66626 (2015.10.29)］中规定了生效日期，但该最终规则于 2021 年 1 月 1 日生效。

1.3.8　第 8 编——出口管制改革

1.3.8.1　第 801 节　短标题。本编可引称为《2018 年出口管制改革法》。

1.3.8.2　第 802 节　定义。本编中：

(1) 被管制——"被管制"系指第 1 分编下物项受美国司法权管辖。

(2) 两用——"两用"一词，就某一物品而言，是指该物品既有民用用途，也有军事、恐怖主义、大规模杀伤性武器或与执法有关的用途。

（3）出口——"出口"一词，就第1分编下受管制的物项而言，包括：

（A）以任何方式将该物项运出或转出美国，包括将该物项送出或带出美国；

（B）向美国境内的外国人员发放或转让与该物项有关的技术或源代码。

（4）出口管理条例——"出口管理条例"是指以下事宜：

（A）本法颁布之日前，《联邦法规汇编》第15编第7章第C分章中，根据《国际紧急经济权力法》授权颁布、维护、修订并编为法典的《出口管理条例》。

（B）在本法颁布之日或之后，根据第1分编的授权颁布、维持和修正的条例。

（5）外国人员——"外国人员"是指以下人士和机构：

（A）任何不是美国合法永久居民、美国公民或任何其他受保护个人的自然人，该术语定义见《移民与国籍法》第274B节第（a）条第（3）项[《美国法典》第8编第1324b节第（a）条第（3）款]；

（B）任何不是在美国注册成立的或不计划在美国开展业务的公司、商业协会、合伙企业、信托、社团、任何其他实体或集团，以及国际组织、外国政府和外国政府的任何代理机构或分支机构（例如外交使领馆）。

（6）物项——"物项"是指商品、软件或技术。

（7）人——"人"一词是指以下人士和机构：

（A）自然人；

（B）公司、商业协会、合伙企业、社团、信托、金融机构、承保人、核保人、担保人和任何其他商业组织、非政府实体、组织或团体，或任何政府或政府机构；

（C）（B)项所述任何实体的任何继任者。

（8）再出口——"再出口"，就受第1分编管制的物项而言，包括以下含义：

（A）以任何方式将物项从一外国运至另一外国，包括将物项从外国送出或带出至另一外国；

（B）向美国境外的外国人员发放或转让与该物项有关的技术或源代码。

（9）部长——除另有规定外，"部长"一词是指商务部长。

（10）技术——"技术"包括一物项的基础信息和（批量生产前所有阶段的）发展所必需的信息与专业知识，生产，使用，操作，安装，保养，维修，改造或翻修。

（11）转让——"转让"，就第1编下的物项而言，指在同一外国境内的应用范围或最终用户发生变化。

(12) 美国——"美国"指美国各州,哥伦比亚特区,波多黎各自治政区,北马里亚纳群岛联邦,美属萨摩亚,关岛,美属维尔京群岛,以及美国的任何其他领土或属地。

(13) 美国人员——"美国人员"意指下列人员:

(A) 就第 1 分编和第 3 分编而言:

(i) 美国公民、国民或《移民与国籍法》第 274B 节第(a)条第(3)款(B)项中定义的任何个人[《美国法典》第 8 编第 1324b 节第(a)条第(3)款];

(ii) 依照美国、其任何州或地区、或哥伦比亚特区法律组建的公司或其他法律实体;

(iii) 在美国境内人员;

(B) 就第 2 分编而言,所有美国居民或公民(不包括居住在美国境外并受雇于非美国人员的个人),任何国内企业(包括外国企业在美常设机构)以及国内企业设立的外国子公司或附属公司(包括外国常设机构),这些企业实际由该国内企业掌控,根据商务部长签发的条例确定。

(14) 大规模杀伤性武器——"大规模杀伤性武器"指核、放射性、化学和生物武器及其运载系统。

1.3.8(1) 第 1 分编——管制权力及管理

1.3.8(1).1 第 811 节 短标题。本分编可引称为《2018 年出口管制法》。

1.3.8(1).2 第 812 节 政策声明。以下为美国政策:

(1) 只有在充分考虑对美国经济的影响后,并在必要的范围内才使用出口管制:

(A) 限制将对其他国家或国家联盟的军事潜力有重要贡献的物项出口到对美国国家安全不利的国家或国家联盟;

(B) 限制出口对美国外交政策有重要意义的或美国履行国际责任需用的物项。

(2) 美国的国家安全和外交政策规定,对美国人员在任何地方出于下列目的的物项出口、再出口和转让以及具体活动实行管制:

(A) 管制用于以下情况的物项:

(i) 大规模杀伤性武器或常规武器扩散;

(ii) 获取破坏稳定的数量或类型的常规武器;

（iii）恐怖主义行为；

（iv）可能对美国或其盟国的安全构成威胁的军事计划；

（v）专门为严重干扰或破坏关键基础设施而开展的活动。

（B）为保持美国在质量上的军事优势。

（C）为加强美国工业基地建设。

（D）为执行美国外交政策，包括保护人权，宣传民主。

（E）为履行国际协议和管理中的义务与承诺，包括双边出口管制体制。

（F）为促进美国与北大西洋公约组织（北约）和其他亲密盟友之间的军事互操作性。

（G）要确保国家安全管制专用来重点关注于能用来严重威胁美国国家安全的核心技术和其他物项。

（3）美国国家安全要求美国保持其在科学、技术、工程和制造业领域的领导地位，包括用于创新的关键基础技术。保持这种领导地位需要美国人员在全球市场上具有竞争力。实施本分编对美国这种领导地位和竞争力的影响须在不断发展的基础上进行评估，并应用于第 813 和 814 节中的管制施行，以避免对这种领导地位产生不利影响。

（4）美国的国家安全和外交政策要求美国参加有关下列物项出口管制的多边组织和协定，并采取一切必要方式，确保这些国家的政府对符合这种政策的物项实行且一贯执行出口管制。

（5）出口管制应与多边出口管制体制协调。多边出口管制是最有效的，且应作出专门调整来重点关注于能用来严重威胁美国及其盟国的国家安全的核心技术和其他物项。

（6）单方面对广泛从外国来源获得的物项实行出口管制，通常在防止最终用户获得这些物项方面效果较差。

（7）出口管制的有效管理要求对美国政府对内对外管制何种物项有清晰的了解，且需建立有效流程以更新管制，例如通过增加或移除此类物项。

（8）出口管制体系必须保证其透明性、可预见性和及时性，且有一定灵活性以在未来适应处理新的威胁，同时允许出口管制信息在所有与美国国家安全和外交政策相关的机构之间实现无障碍获取与分享。

（9）美国出口管控的实施与执行需要有强大的监测、情报和调查能力，还需对违反行为有合适的惩罚，以及对未经批准的转让有快速阻断的能力。

（10）出口管制既是国家安全政策的补充，也是其一大关键要素，国家安全政策是管理外国在美直接投资的法律法规的基础。出口管制包括控制关键技术转让给某些外国人员。因此，总统应酌情与商务部长、国防部长、国务卿、能源部长和其他联邦机构负责人协调，建立规律且稳健的过程以鉴别相关关键技术的出现和其他类型，且不管基础交易的性质如何，都依照安排管理此类技术向外国人员的泄露。此类识别工作应利用美国政府、工业界和学术界所有相关组成单位的资源与专长。这些工作应在传统识别的基础上在多边出口管制体制下将受管制物项清单进行现代化与更新。

（11）只有在促进第（1）款至第（10）款规定的所有目标时，才可行使本分编下的权力。

1.3.8（1）.3　第 813 节　总统的权力：

（a）权力——为执行第 812 节第（1）款—（10）款设立的政策，总统应管制以下事项：

（1）由美国人员或外国人员进行的受美国司法权管辖的物项的出口、再出口和转让；

（2）美国人员无论在何处进行的尤其与以下相关的活动：

（A）核爆炸装置；

（B）导弹；

（C）化学或生物武器；

（D）化学武器前身整体工厂；

（E）外国海上核项目；

（F）外国军事情报服务。

（b）要求——为行使本分编下的权力以执行第 812 节第（1）款—（10）款设立的政策，总统应履行以下职能：

（1）控制由美国人员或外国人员进行的对第（a）条第（1）款中所述物项的出口、再出口和转让；

（2）控制第（a）条第（2）款中提及的美国人员在各处进行的活动；

（3）保护其他政府和多边组织的合作以在可能范围内推行符合第（a）条施行管控的管制体系；

（4）保持美国在科学、工程、技术研究与发展、制造业和对创新至关重要的基础技术方面的领导地位；

（5）保护美国技术进步，禁止将未经许可的技术转让给在美国境内或境外的外国人员，尤其是可能对美国国家安全产生严重威胁的国家。

（6）根据当前及未来防御要求，加强美国工业基地建设；

（7）以各种方式加强管控，例如通过条例、遵守要求、受管制物项清单和对美国国家安全或外交政策产生威胁的外国人员清单，并引导促进美国人员和外国人员遵从要求，尤其是各学术机构、科研机构及中小企业的相关人员。

（c）管制生效——总统可对以第（b）条（1）款或第（b）条（2）款中所述目标为目的的物项出口、再出口或转让实施管制，无论基础交易或关于活动情况的性质如何，无论这类出口、再出口或转让的产生是否基于采购订单或其他合同要求，还是自愿决定、公司间安排、市场营销策略，或发生在合资企业内，或产生于联合开发协议或类似的合作协议。

1.3.8(1).4　第814节　附加权力：

（a）一般而言——商务部长，在代表总统执行这一分编时，经与国务卿、国防部长、能源部长及其他联邦机构负责人酌情磋商后，应履行以下职能：

（1）制定并维护受本分编管制的物项清单。

（2）根据第812节第（2）款第（A）项中制定的政策，制定并维护对美国国家安全或外交政策产生威胁的外国人员和最终用户清单。

（3）禁止未经许可将受管制物项出口、再出口及转让给在美国境内或境外的外国人员。

（4）限制把任何受管制物项出口、再出口及转让给第（2）款列出的任何外国人员或最终用户。

（5）要求对受管制物项的出口、再出口及传输应有许可证或其他批准文件，包括对美国人员和外国人员在获取此类许可证或其他批准文件时施加条件和限制。

（6）建立评估流程包括差距解决机制，以判断一外国物项是否在质量上与本分编下受管制的物项相当，且可大量获得，使得美国对该物项的出口管制或拒绝签发许可证等措施失效。

（7）制定与本分编建立的出口管制相配套的措施。

（8）从美国人员和外国人员处获取执行本分编时必要的信息。

（9）在可行范围内，识别受本分编管制的物项，以推动此类管制的实施。

（10）对受本分编管制的物项进行检查、搜寻、扣留或扣押，或只要认定运输行为违反本分编规定,曾进行、正在进行或将要进行受管制物项的出口、再出口和转让,即可对任何形式的运输执行临时拒绝令。

(11) 监控运输的货物或其他转让方式。

(12) 充分告知公众本分编确立的政策、条例及流程变化。

(13) 根据《联邦咨询委员会法》,任命技术咨询委员会。

(14) 按照约定,确定许可证要求例外情况,以进一步实现本分编中的目标。

(15) 制定并维护各流程,告知人们出口需要获得商务部工业和安全局发放的许可证。

(16) 采取其他必要且未被法律禁止的行动以执行本分编。

(b) 与《国际紧急经济权力法》的关系——本分编规定的权力不可用于约束或禁止本分编规定的未被《国际紧急经济权力法》第 203 节第(b)条约束或禁止的物项的出口、再出口或转让[《美国法典》第 50 编第 1702 节第(b)条],但由总统做出必要决定以在本节第(2)款第(A)(B)或(C)项规定下实行管制的除外。

(c) 支持国际恐怖主义的国家。

(1) 商业许可证要求:

(A) 一般而言——如果国务卿已作出下列决定,则向一国出口、再出口或转让国务卿根据第(a)条实施管制的物项时,应要求有许可证:

(i) 该国政府一再支持国际恐怖主义行为。

(ii) 这类物项的出口、再出口或转让可明显提高该国的军事潜力,包括其军事后勤能力,或可加强该国支持国际恐怖主义行为的能力。

(B) 根据其他法律规定作出的决定——国务卿根据《1961 对外援助法》第 620A 节(《美国法典》第 22 编第 2371 节)和《武器出口管制法》第 40 节(《美国法典》第 22 编第 2780 节),或任何其他法律规定认定第(A)项所述国家政府一再为国际恐怖主义行为提供支助,应视为就(A)项(i)列项而言对该国政府作出的认定。

(2) 通知国会:

(A) 一般而言——国务卿和商务部长应在按第(1)款的要求颁发任何许可证之前至少 30 天通知众议院外交事务委员会,银行、住房和城市事务委员会以及参议院外交关系委员会。

(B) 内容——第(A)项所要求的国务卿作出的通知应涵盖以下方面:

(i) 对拟提供物项的详细说明,包括对申请出口、再出口或转让许可证的任何物项的能力作出的简要说明;

(ii) 拟向其出口、再出口或转让的外国、个人或实体请求出口、再出口或转让物项的理由，并说明该国家、个人或实体计划使用这些物项的方式；

(iii) 提议的出口、再出口或转让符合美国国家利益的理由；

(iv) 分析拟议的出口、再出口或转让对将进行此种转让的外国、个人或实体的军事能力的影响；

(v) 分析拟议的出口、再出口或转让将以何种方式影响物项出口、再出口或转让到的区域内各国的相对军事实力，以及该区域其他国家是否拥有类似的物项种类和数量情况；

(vi) 分析拟议的出口、再出口或转让对美国与物项出口、再出口或转让到的区域各国的关系的影响。

(3) 在《联邦公报》上发表——国务卿根据第(1)款(A)项(i)列项所作的每一项决定均应在《联邦公报》上公布，但国务卿可排除此类决定中包含的机密信息和商业秘密。

(4) 撤销决定——国务卿根据第(1)款(A)项(i)列项作出的决定不得撤销，除非总统向众议院议长、外交事务委员会主席、银行、住房和城市事务委员会主席和参议院外交关系委员会主席移交。

(A) 在建议的撤销生效前，一份报告以证明以下事实：

(i) 有关国家政府的领导和政策发生了根本变化；

(ii) 有关政府没有支持国际恐怖主义行为；

(iii) 有关政府保证今后不再支持国际恐怖主义行为；

(B) 在建议的撤销生效前至少 90 天，提交一份说明撤销理由的报告，并证明以下事实：

(i) 有关政府在过去 24 个月期间没有为国际恐怖主义行为提供任何资助；

(ii) 有关政府已保证今后不再支持国际恐怖主义行为。

(5) 不批准撤销——如果国会在收到根据第(4)款(B)项提出的报告后 90 天内，颁布了《武器出口管制法》第 40 节第(f)条第(2)款所述的关于根据该节第(f)条第(1)款撤销有关政府的决定的联合决议，则不得根据第(4)款(B)项撤销根据第(1)款(A)项作出的关于该国政府的决定。

(6) 通知和简报——不迟于以下时间：

(A) 在第(4)款(B)项(i)列项提及的 24 个月期限内开始审查有关国家政府活动后的 10 天，国务卿应将这一审查的启动通知众议院外交事务委员会和参议院外交关系委员会；

（B）第（1）款所述通知后 20 天,国务卿应向第（1）款所述的国会委员会简要说明该审查的状况。

（7）放弃——总统可放弃第（1）款规定的向一个国家出口、再出口或转让第（a）条下由商务部长实施管制的物项需要许可证的要求,前提是总统履行了下列职能：

（A）确定这样做对美国的国家安全利益至关重要；

（B）在豁免生效前至少 15 天与众议院外交事务委员会、银行、住房和城市事务委员会以及参议院外交关系委员会协商。

（d）加强管制：

（1）一般而言——为贯彻第 813 节第（a）条,除商务部以外的联邦部门或机构实施的法规或条例授权外,总统应要求美国人员,无论身在何处,都须向商务部申请并领取用于以下情况的许可证：

（A）第（2）款所述物项的出口、再出口或转让,包括不受本分编管制的物项；

（B）可能支持任何此类物项的设计、开发、生产、使用、操作、安装、维护、修理、改造或翻修,或提供与之相关服务的其他活动。

（2）所述项目——本款所述项目包括以下方面。

（A）核爆炸装置；

（B）导弹；

（C）化学或生物武器；

（D）化学武器前身整体工厂；

（E）对美国国家安全或外交政策带来风险的外国海上核项目。

（e）其他禁令——商务部长可以,或单独地,或通过修订本分编提及发布的任何条例或命令,通知美国人员,如果从事任何活动涉及第（d）条所述的活动、服务或支持,则需要获得商务部工业和安全局的许可证。未收到任何此类通知并不能作为美国人员的借口而不遵守第（d）条的许可证要求或根据本分编发布的任何法规或命令。

（f）许可证审查标准——若某活动将对第（d）条第（2）款小节所述的任何物项作出重大贡献,商务部长应拒绝从事第（d）条中任何活动的申请。

1.3.8(1).5 第 815 节 出口管制管理：

（a）一般而言——总统应依靠包括酌情委托,商务部长、国防部长、国务卿、能源部长、国家情报总监和其他有关的联邦机构负责人来行使权力，以实现第 (b)条规定的目的。

（b）目的：

（1）一般而言——本款目的包括以下方面：

（A）就以下事项向总统提供以下意见：

（i）确定本分编的权力可用来处理的对国家安全和外交政策的具体威胁；

（ii）行使本分编下的权力，执行为有效应对这些威胁所必需的政策、条例、程序和行动；

（B）审查与批准：

（i）在本分编下确定的受管制物项清单中，列入和移除该物项的标准；

（ii）用于编制和修订(i)列项所述清单的机构间程序；

（iii）将某人列入禁止或限制向其出口、再出口和转让物项的人员名单的标准；

（iv）受本分编管制的人应遵守的标准；

（v）监测本分编下管制物项的出口、再出口和转让的最终用户的政策及程序；

（C）定期获取独立评价，包括有关部门或机构的监察长对执行第 812 节规定的政策方面及执行本分编的有效性进行评价；

（D）从第(a)条所述的联邦官员的固有权益、经验和能力中获益，包括以下方面：

（i）国防部就某一管制或决定对国家安全的影响所给出的意见；

（ii）国务院就某一特定管制或决定所涉外交政策问题，包括与国家安全有关的问题所给出的意见；

（iii）能源部对某一管制或决定对核扩散的影响所给出的意见；

（iv）商务部关于管理一个有效、连贯、可靠、可执行和可预测的出口管制制度所给出的意见，包括与国家安全有关的意见，以及解决第 812 节所述的相互竞争或政策目标的意见；

（v）其他联邦机构，包括国土安全部和司法部，对某一特定管制或决定的可执行性所给出的意见。

（2）评估的递交和实施——根据第(1)款(A)项进行的独立评估的结果应递交给总统和国会，必要时应以机密形式递交。根据总统的授权，第(A)条所述的联邦官员应确定、指导并确保实施评估建议的改进。

(c) 国会的判断——国会认为,本分编下的出口管制管理应符合第 12981 (1995)号行政命令所述的出口许可证申请程序。

1.3.8(1).6　第 816 节　许可证:

(a) 一般而言——总统应按照第 815 节第(a)条的规定,为商务部制定一项程序,以许可证或其他方式授权出口、再出口和转让受本分编管制的物项,以执行第 812 节规定的政策和第 813 节第(b)条规定的要求。该程序应确保落实以下方面:

(1) 酌情在有关联邦机构的参与下审议许可证申请和其他授权请求并作出决定;

(2) 迅速作出许可决定,并以透明的方式向申请人说明许可决定和其他处理情况,以及拒绝任何许可证或授权请求的理由。

(b) 国会的判断——国会认为,总统应尽最大努力,确保准确、一致且及时地评估和处理许可证或本分编所管制物项的其他出口、再出口或转让授权请求,一般在此类许可证请求提出之日起 30 天内完成。

(c) 费用——在提交、处理或审议任何许可证申请或其他授权或与根据本分编授权实施的任何法规有关的其他请求时,不得收取任何费用。

(d) 其他程序要求:

(1) 一般而言——第(a)条所要求的程序应规定提交对某一物项的拟议出口对美国国防工业基地的影响评估,以及如第(3)款所述,拒绝对该国防工业基地具有重大负面影响的任何出口的许可证申请或授权请求。

(2) 申请人提供的信息——第(a)条规定的程序还应要求许可证申请人提供必要的信息,以进行第(1)款所规定的评估,包括出口的目的或效果,是否允许在美国境外生产与国防工业基地有关的物项。

(3) 显著的负面影响定义——对美国国防工业基础的重大负面影响如下:

(A) 以下物项的可获得性减少:国防部或其他联邦部门或机构可能为促进美国国家安全而获得的在美国生产的物项,或为促进美国国家安全而在美国为国防部或其他机构生产的物项。

(B) 由国防部或其他联邦部门或机构,或由联邦资助的研究和发展中心为促进美国国家安全而进行的研究和发展结果,在美国的生产有所减少。

(C) 所雇用的拥有必要知识和技能的美国人员减少,这些知识和技能对于继续在美国生产国防部或其他联邦部门或机构为促进美国国家安全而可能获得的物项是必要的。

1.3.8(1).7 第817节 遵行协助：

（a）寻求协助制度——总统可授权国务卿建立一项制度，协助美国人员遵行本分编，其中可包括一种机制，用于酌情以机密形式提供关于本分编所管制物项的潜在客户、供应商或商业伙伴的信息，以进一步确保防止可能对美国国家安全或外交政策构成威胁的物项的出口、再出口或转让。

（b）安全许可——为执行第（a）条，总统可向该条所述的应遵行本分编的人员颁发适当的安全许可。

（c）对相关企业的援助：

（1）一般而言——在本法颁布之日起120天内，总统应制定并向国会提交一份计划，以协助美国中小型企业依照本分编办理出口许可证和其他手续。

（2）内容——除其他外，该计划还应包括安排商务部向第（1）款所述企业提供咨询服务，帮助它们提交申请和识别本分编下受管制的物项，并建议举办研讨会和会议，向这些企业介绍出口管制、许可证程序和相关义务。

1.3.8(1).8 第818节 在《出口管制条例》中确定和管制新兴、基础和其他关键技术的要求：

（a）技术识别：

（1）一般而言——总统应协同商务部长、国防部长、能源部长、国务卿及其他联邦机构的负责人，建立并牵头建立一个稳定且持续的跨机构流程，以确定新兴的和基础的技术，这些技术的特点和范围如下所述：

（A）对美国的国家安全至关重要；

（B）不是《1950国防生产法》第721节第（a）条第（7）款（A）至（D）项所述的关键技术［《美国法典》第50编第4565节第（a）条第（7）款］。

（2）跨机构流程——第（1）款所要求的跨机构流程：

（A）从多种信息来源获得信息，包括以下方面：

（i）可公开获取的信息；

（ii）机密信息，包括国家情报总监提供的有关信息；

（iii）与美国外国投资委员会根据《1950国防生产法》第721条对交易进行审查和调查有关的信息（《美国法典》第50编第4565节）；

（iv）商务部长设立的咨询委员会，包括新兴技术及研究咨询委员会，就《出口管理条例》下的管制事宜,向负责工业和安全的助理部长提供意见。

(B) 考虑到以下方面:

(i) 其他国家新兴技术和基础技术的发展;

(ii) 根据本节实施的出口管制对美国技术开发可能产生的影响;

(iii) 本节规定的限制新兴技术和基础技术向外国扩散的出口管制的有效性;

(C) 规定由商务部长、国防部长、国务卿、能源部长或其他有关的联邦机构负责人提名根据第(a)条确定的新兴技术或基础技术;

(D) 确保在根据(C)项提名一项新兴技术或基础技术后60天内,商务部长,协同国防部长、国务卿、能源部长以及其他有关的联邦机构负责人,确定是否有必要根据本节对技术进行额外管制或修改管制,包括通知某人出口技术需要许可证,或最终决定发布对此类技术管制的规则之前,投入更多时间和本项所述资源;

(E) 包括通知和评论期。

(b) 商业管制:

(1) 一般而言——除与第(a)条第(1)款(B)项所述权力不一致的情况外,商务部长应根据第(a)条对确定的技术的出口、再出口或转让建立适当管制,并遵守《出口管理条例》,包括公布的其他条例。

(2) 管制程度:

(A) 一般而言——商务部长,酌情与国防部长、能源部长、国务卿和其他联邦机构负责人协调,具体规定根据第(1)款对该款所述技术的出口实行的管制程度,包括对出口、再出口或转让该技术要求获得许可证或其他授权。

(B) 考虑因素——在根据(A)项决定适用于第(1)款所述技术的管控程度时,商务部长须考虑以下事宜:

(i) 限制美国对其出口的国家名单;

(ii) 技术的潜在应用范围和最终用户。

(C) 最低要求——除第(4)款规定的最低要求外,对于美国实施禁运包括武器禁运的国家,若将第(1)款所述技术出口、再出口或转让到上述国家,商务部长应要求该行为获得许可证。

(3) 许可证申请审查:

(A) 程序——第12981号行政命令(《美国法典第50编第4603节注;与出

口管制管理相关》）或任何后续命令规定的程序应适用于第（1）款所述技术出口、再出口或转让许可证申请的审查。

（B）审议国家安全相关信息——在审查第（1）款所述技术出口、再出口或转让的许可证或其他授权申请时，商务部长应考虑国家情报总监提供的关于拟议的出口、再出口或转让对美国国家安全构成的任何威胁的信息。国家情报总监应商务部长的要求提供此类信息。

（C）与合作项目有关的披露——若由合资企业、联合开发协议或类似的合作安排提交或代表提交第（1）款所述的技术出口、再出口或转让的许可证或其他授权申请，商务部长可要求申请人，除参与该项目的外国人员，还应指明所有与参与该项目的外国人员有重大所有权利益的外国人员。

（4）例外情况：

（A）强制性例外——如果第（1）款所述任何技术的管制是任何其他法律规定禁止的，则商务部长不得根据本款管制该技术的出口。

（B）监管豁免——在根据第（1）款规定进行监管时，商务部长可适当豁免对第（1）款所述技术的出口、再出口或转让的要求。

（c）多边管制：

（1）一般而言——国务卿应与商务部长、国防部长、能源部长以及其他有关的联邦机构负责人协调，在下一年向相关的多边出口管制制度提出建议，将根据第（a）条规定的跨机构流程确定的技术列入这些制度管制的技术清单。

（2）审查继续实行的单方面出口管制——商务部长协同国防部长、能源部长和国务卿，对于根据《联邦法规汇编》第15编第774部分维护的商业管制清单上的物项，国务卿协同国防部长其他有关的联邦机构负责人，就美国军品管制清单上的物项，应确定，若相关多边管制出口管制制度不允许在美国提出建议后三年内将这种技术列入其管制清单，出于国家安全考虑，是否需要对根据第（1）款提议的多边管制的技术继续实行单方面出口管制。

（d）报告——本法颁布之日后180天内，且此后至少每180天内，商务部长应与国防部长、国务卿、能源部长及其他有关的联邦机构负责人协调，每半年向美国外国投资委员会提交一份报告，说明根据本节采取的任一关键行动的最新情况。

（e）规则解释——本条不得解释为更改或限制。

（1）总统和国务卿有权就《武器出口管制法》（《美国法典》第50编第2751

节及以下)而言,指定被视为国防物品或国防服务的物项,或以其他方式管制这些物项;

(2) 总统根据《1954 原子能法》(《美国法典》第 42 编第 2011 节及以下)、《1978 核不扩散法》(《美国法典》第 22 编第 3201 节及以下)、《1974 能源重组法》(《美国法典》第 42 编第 5801 节及以下)、本编或与出口管制有关的任何其他法律规定所拥有的权力。

(f) 国会的判断——国会认为,总统应在根据《美国法典》第 31 编第 1105 节第(a)条提交的总统年度预算中要求提供足够的资源,以使有关部门和机构能够有效地执行本分编。

1.3.8(1).9　第 819 节　审查美国实施广泛武器禁运的国家:

(a) 一般而言——商务部长、国防部长、能源部长、国务卿以及其他联邦机构的负责人(视情况而定)应对以下事项进行审查。

(1)《联邦法规汇编》第 15 编第 744.21 部分,包括评估当前和预期的直接或间接转移的风险,例如从有效混淆民用和军用应用范围和最终用户之间区别的政策和做法角度转移的风险,是否需要扩大该节规定的管制范围,以适用于以美国实施广泛武器禁运的国家和联合国实施武器禁运的国家为军事应用范围和军事最终用户的出口、再出口或转让;

(2)《联邦法规汇编》第 15 编第 774 部分维护的商业管制清单上,对向美国实施广泛武器禁运的国家出口、再出口或转让物项不规定许可证要求的条目;

(3) 根据"出口管理条例"第 742 部分受国家安全管制或区域稳定管制的商业管制清单上的物项,如果该物项有合理的可能直接或间接有助于美国对其实施武器禁运、制裁或类似限制的任何国家的军事或情报能力,包括出口至"出口管理条例"第 1 号附录到第 740 部分规定的国家地区组 D: 5 国家内,是否应推定拒绝出口、再出口或转让许可证的申请。

(4) 是否应推定拒绝向《联邦法规汇编》第 15 编第 744.21 部分所述国家或《出口管理条例》第 1 号附录到第 740 部分中国家地区组 E 组出口、再出口或转让第 818 节第(a)条所述新兴技术或基础技术的许可证申请;

(5) 在不限制第(3)款和第(4)款效力的情况下,如果商业管制清单上的某一物项用于民用目的,是否应推定该物项的出口、再出口或转让许可证申请已获批准。

(b) 审查结果的实施——从本法颁布之日起 270 天内,商务部长应实施根据第(a)条进行的审查结果。

1.3.8(1).10 第820节 处罚：

(a) 非法行为：

(1) 一般而言——任何人违反、企图违反、合谋违反或导致违反本分编或根据本分编颁发的任何条例、命令、许可证或其他授权，包括第(2)款所述的任何非法行为，均属非法。

(2) 具体非法行为——本款所述的非法行为如下：

(A) 任何人不得从事本分编、《出口管理条例》或据此发布的任何命令、许可证或授权所禁止或与之相悖的任何行为，或不从事本分编、《出口管理条例》或据此发布的任何命令、许可证或授权所要求的任何行为。

(B) 任何人不得导致或协助、教唆、指使、指挥、诱使、促致、允许或批准作出本分编、《出口管理条例》或据此发布的任何命令、许可证或授权所禁止的任何行为，或不作出本分编、《出口管理条例》或据此发布的任何命令、许可证或授权所要求的任何行为。

(C) 任何人不得要求改变或企图违反本分编、《出口管理条例》或据此发布的任何命令、许可证或授权。

(D) 任何人不得以任何方式或为任何目的与一人或多人共谋或协同行动，以导致或实施任何违反本分编、"出口管理条例"或据此发布的任何命令、许可证或授权的行为。

(E) 除非获得有效授权，否则任何人不得全部或部分订购、购买、移去、隐藏、储存、使用、出售、出借、处置、转让、运输、资助、转交或以其他方式为从美国出口或将出口受《出口管理条例》约束的物项的活动提供便利，不得明知违反本分编、"出口管理条例"或据此发布的任何命令、许可证或授权的行为已经发生、即将发生或打算发生，还为该物项订购、购买、移走、隐藏、储存、使用、出售、出借、处置、转让、运输、资助、转交或以其他方式提供服务，或为便利此类活动而进行谈判。

(F) 任何人不得直接向商务部或包括国土安全部和司法部在内的任何其他美国机构的官员，或通过任何其他人间接作出任何虚假或误导性的申述、陈述或证明，或伪造或隐瞒任何重大事实：

(i) 在进行调查或采取其他符合《出口管理条例》规定行动的过程中；

(ii) 与准备、提交、签发、使用或保存根据《出口管理条例》已发或将发的任

何出口管制文件或报告有关的;

(iii) 以出口、再出口或转让受《出口管理条例》管制的物项或第 814 节所述美国人员的服务或其他活动为目的的或与之有关的。

(G) 任何人不得从事任何交易或采取任何其他行动,意图逃避本分编的规定、"出口管理条例"或据此发布的任何命令、许可证或授权。

(H) 任何人不得不遵守或拒绝遵守《出口管理条例》或据此颁发的任何命令、许可证或授权要求的任何报告或记录。

(I) 除《出口管理条例》特别授权或商务部书面授权外,任何人不得更改依据《出口管理条例》签发的任何许可证、授权书、出口管制文件或命令。

(J) 任何人不得进行商务部发布的拒绝令所禁止的任何行动,以防止违反本分编、"出口管理条例"或据此发布的任何命令、许可证或授权。

(3) 附加要求——就(G)项而言,任何人作出的任何陈述、声明或证明应视为持续有效。每一个已就根据本分编签发的任何命令、许可证或其他授权向商务部作出陈述、声明或证明的人,若有任何重大事实或意图与先前所陈述、声明或证明的事实或意图相比发生了任何变化,在收到任何将可使谨慎的人士知道重大事实或意图已经发生或未来可能发生的信息后,应立即以书面形式通知商务部。

(b) 刑事处罚——对于故意实施、故意企图实施、故意共谋实施或协助和教唆实施第(a)条所述非法行为的人:

(1) 将被处以 100 万美元以下的罚款;

(2) 就个人而言,应处以不超过 20 年监禁,或两款同时处罚。

(c) 民事处罚明细内容:

(1) 权力——总统可对某人违反本分编或根据本分编颁发的任何条例、命令或许可证的每一次违反行为处以下列民事处罚:

(A) 罚款金额不超过 30 万美元,或罚款金额为被处以罚款的违规行为所依据的交易价值的两倍,两者以较大数额为准。

(B) 撤销根据本分编发给该人的许可证。

(C) 禁止该人出口、再出口或转让任何物项,不论物项是否受本分编下的管制。

(2) 程序——本款下的任何民事处罚,只能在根据《美国法典》第 5 编第 554—557 节的规定发出通知并有机会将机关听证记录在案后才可实施。

(3) 民事处罚程度的标准——商务部长可根据违法行为的严重程度、违规者的罪责以及违规者在披露违法行为方面与政府合作的记录等减轻处罚因素，通过规章规定，根据本款确定民事处罚程度的标准。

(d) 刑事没收财产、利息和收益：

(1) 没收——根据第(b)条被判定违反根据第 813 节实施的管制(或有关此类管制的任何法规、命令或许可证)的任何人，除其他处罚外，美国还应收回以下权利或财产。

(A) 该人的违法行为所涉有形物项中的任何权益、担保、索赔或财产或任何种类的合同权利；

(B) 该人在违法行为中使用的有形财产中的所有权益、担保、索赔或任何种类的财产或合同权利；

(C) 该人构成或源自因违法行为直接或间接获得的所有收益的任何财产。

(2) 程序——根据本小节进行的任何没收程序，以及美国法院和司法部长在根据本节进行的任何没收行动或根据本节可能被没收的任何财产方面的职责和权限，应受《美国法典》第 18 编 1963 节的规定管辖。

(e) 以往定罪：

(1) 许可证栏。(A) 一般而言——商务部长可履行以下职能：

(i) 拒绝任何被判定犯有(B)项所述刑事违法行为的人拥有将任何物项出口、再出口或转移到美国境外的资格，从定罪之日起最多 10 年内，不论物项是否受本分编下的管制；

(ii) 撤销根据本分编颁发的、在定罪时该人与之有利害关系的任何出口、再出口或转让物项的许可证或其他授权。

(B) 违法行为——(A)项所述违法行为是任何刑事违法行为，或企图或共谋违反以下内容的犯罪行为——

(i) 本分编(或根据本分编发布的任何规例、许可证或命令)；

(ii) 根据《国际紧急经济权力法》颁布的任何条例、许可证或命令；

(iii)《美国法典》第 18 编第 371、554、793、794 节或第 798 节；

(iv)《美国法典》第 18 编第 1001 节；

(v)《1950 国内安全法》第 4 节第(b)条[《美国法典》第 50 编第 783 节第(b)条]；

(vi)《武器出口管制法案》第 38 节(《美国法典》22 编第 2778 节)。

(2) 对其他当事人的应用——商务部长可根据第(1)款对任何通过从属关

系、所有权、控制权、责任地位或在贸易或商业行为中的其他联系而与任何被判定违反第(1)款所述法律的人有关的人行使权力,但须证明其与被判定有罪的当事人有此种关系,并须遵守第(c)条第(2)款所规定的程序。

(f) 其他权力——第(c)款、(d)款或(e)款中的任何规定均不限制以下方面:

(1) 对于违反本分编或根据本分编颁发的任何条例、命令、许可证或其他授权的行为,其他行政或司法补救措施的可获得性;

(2) 就违反本分编或根据本分编颁发的任何条例、命令、许可证或其他授权而提起的行政诉讼进行妥协和解决的权力;

(3) 根据 1917 年 6 月 15 日法案第 6 编第 1 节第(b)条[《美国法典》第 22 编第 401 节第(b)条],折中、免除或减轻扣押和没收的权力。

1.3.8(1).11　第 821 节　强制执行:

(a) 权力——为执行本分编,除其他联邦机构的相关执行权力外,商务部长应代表总统行使以下权力:

(1) 发布命令和准则;

(2) 要求、检查以及从任何受本分编规定约束的人处获取账簿、记录和任何其他信息;

(3) 监督或宣誓,并通过传票要求任何人出庭作证或出庭出示账簿、记录和其他文字,或两者兼行;

(4) 根据《美国法典》第 18 编第 119、121 和 206 节授权,在美国和其他国家使用美国所有适用法律进行调查(包括卧底),截获任何有线、电话和电子通信,进行电子监视,使用笔式记录器和陷阱与追踪装置,以及收购;

(5) 对于受本分编管制的物项,或据信载有违反本分编,或违反根据本分编颁发的任何条例、命令、许可证或其他授权的已经、正在或即将出口、再出口或转移的物品的运输工具,以任何形式检查、搜查、起获、扣押或发布临时拒绝令;

(6) 携带枪支;

(7) 进行许可前检查和装运后验证;

(8) 执行逮捕令和逮捕。

(b) 传票的执行——若不满或拒绝服从根据第(a)条第(3)款对任何人发出的传票,在此种情况下,美国地区法院在通知该人并举行听证会后,有权发布命令,要求该人出庭作证或出庭并出示与传票内容相关的账簿、记录和其他文字,不论其格式如何。任何不服从法院命令的行为，可被法院作为藐视法院的行为予以惩罚。

（c）最佳实践准则：

（1）一般而言——商务部长应与其他有关的联邦机构首长协商，公布和更新"最佳实践"准则，以协助人们在自愿的基础上，按照本分编下发布的条例，制定和执行有效的出口管制方案。

（2）出口合规方案——某人执行有效的出口合规方案，以及对高质量的全面出口合规的努力，通常应作为在本分编下对其提起民事处罚诉讼的减轻因素并加以重视。

（d）执行提及——就本节而言，对本分编的执行或违反的提及，包括提及根据本分编发布的任何法规、命令、许可证或其他授权的执行或违反。

（e）豁免权——一人不应因其享有不自证其罪的特权而免于遵守本节规定的任何要求，但《美国法典》第18编第6002节的豁免权规定应适用于任何具体要求享有这种特权的个人。

（f）信息保密性：

（1）豁免披露：

（A）一般而言——根据本分编获得的信息只有在法规允许的范围内才可以不公开，但（B）项所述的信息应不公开，并且不应根据《美国法典》第5编第552节第（b）条第（3）款的规定进行公开，除非该信息的发布经商务部长认定符合国家利益。

（B）所述信息——本项所述信息是指，在申请许可证或其他授权以出口、再出口或转让物项、从事其他活动、保存记录或报告要求、执法活动或本分编下的其他业务方面，提交或获得的信息，包括以下方面：

（i）许可证申请、许可证或其他授权本身；

（ii）分类或咨询意见请求及其答复；

（iii）许可决定及其相关信息；

（iv）在任何调查过程中取得的信息或证据；

（v）就任何国际协定、条约或其他义务获得或提供的信息。

（2）向国会和政府问责局提供的信息：

（A）一般而言——本节的任何规定不得被解释为授权向国会或政府问责局隐瞒信息。

(B) 国会对其可获取性：

(i) 一般而言——根据《1979 出口管理法》(在本法颁布前一天有效，并根据《国际紧急经济权力法》继续有效)的任何规定，若国会具有相关管辖权的委员会或小组委员会的主席或少数党成员要求获得，根据《出口管理条例》或本分编在任何时间获得的任何信息，包括据任何此类规定所要求的任何报告或许可证申请，则应提供上述信息给该委员会或小组委员会。

(ii) 禁止进一步披露——任何委员会或小组委员会或其成员不得披露根据 (i) 列项提供的、在保密基础上提交的任何信息，除非委员会全体成员确定不披露该信息有悖于国家利益。

(C) 政府问责局对其可获取性：

(i) 一般而言——(B) 项 (i) 列项所述信息应受《美国法典》第 31 编第 716 节内容的限制。

(ii) 禁止进一步披露——政府问责局的官员或雇员不得披露在保密基础上提交的或可从中确定任何个人身份的此类信息，但根据本款向国会披露的情况除外。

(3) 信息共享：

(A) 一般而言——第 815 节第 (a) 条所述的任何联邦官员，如果获得与执行本分编有关的信息，包括与任何调查有关的信息，应将这些信息提供给根据本节负有执行责任的每个部门、机构或办公室，以符合对情报、反情报和执法来源、方法和活动的保护。

(B) 例外——本款的规定不适用于受《美国法典》第 13 编第 9 节所述限制的信息，1986 年《国内税收法典》第 6103 节第 (b) 条 [《美国法典》第 26 编第 6103 节第 (b) 条] 所定义的返还信息只能在该节授权的情况下披露。

(C) 信息交换——总统应确保在本分编下拥有执法权力的部门、机构和办事处的负责人，在保护执法及其来源和方法的前提下进行。

(i) 彼此交换任何必要的许可和执法信息，以方便根据本节进行的执法工作；

(ii) 定期相互协商，并与获得受本款管制的信息的其他部门、机构和办事处的负责人协商，以方便交流此类信息。

(D) 与联邦机构的信息共享——在本分编下获得的许可或执法信息可在个案基础上与没有本分编下执法权限的部门、机构和办事处共享。

（g）报告要求——在本节的管理中，报告要求的设计应在符合有效执行和汇编有用贸易统计数据的前提下，降低报告、记录和文件的成本。应根据信息技术领域的发展要求定期审查和修订报告、记录保存和文件。

（h）民事没收：

（1）一般而言——由指定的官员或雇员根据第（a）条扣押的任何有形物项应根据适用的法律由美国没收，但如果财产所有人未被认定犯有第 819 节规定的民事或刑事违法行为，则被扣押的财产应归还。

（2）程序——根据本条进行的任何扣押或没收，应按照《美国法典》第 18 编第 981 节规定的程序进行。

规则解释——本法案的任何规定不得被解释为限制或以其他方式影响国土安全部的执行权力，国土安全部的执行权力也可补充本法案所规定的权力。

1.3.8（1）.12　第 822 节　行政程序：

（a）一般而言——在本分编下行使的职能不受《美国法典》第 5 编第 551、553—559 和 701—706 节的约束。

（b）行政法法官——商务部长有权任命一名行政法法官，并可从其他联邦机构中指定行政法法官，这些法官是根据与商务部达成合法授权的机构间协议提供的，并符合《美国法典》第 5 编第 3105 节的规定。

（c）条例修订——总统应提前把对《出口管理条例》作出的任何拟议修订告知参议院、银行、住房和城市事务委员会和众议院外交事务委员会，并解释这些修订的意图和理由。

1.3.8（1）.13　第 823 节　审查机构间争议解决程序：

（a）一般而言——总统应酌情审查和评估商务部或任何其他联邦机构许可管辖范围内的两用物项和弹药的跨部门出口许可证移交、审查和升级程序，以确定目前的做法和程序是否符合既定的国家安全和外交政策目标。

（b）报告——本法颁布后 180 天内，总统应向有关的国会委员会提交一份报告，其中应有根据第（a）条进行的审查结果。

（c）出口政策实操委员会——在根据第 12981 号行政命令（1991 年 12 月 5日；有关出口管制管理）设立的出口政策实操委员会举行会议，就根据《出口管理条例》申请出口许可证的问题进行机构间争议解决的任何情况下，有关喷气发动机热端技术、商业通信卫星和新兴技术或基础技术的事项应以多数票决定。

（d）有关的国会委员会定义——在本节中，"有关的国会委员会"是指以下方面：

（1）众议院军事委员会和外交委员会；

（2）参议院军事委员会和银行、住房和城市事务委员会。

1.3.8（1）.14 第 824 节 与其他机构就商品分类和取消出口管制进行协调：

（a）一般而言——尽管有其他法律规定，商务部长在采取第（b）条所述的任何行动之前，应与国防部长、国务卿和能源部部长协调。

（b）所述行动——本小节所述行动如下：

（1）修订《出口管理条例》第 1 号附录至第 740 部分中的商业管制清单，将某一项从清单中删除。

（2）根据《出口管理条例》第 748.3 部分提供商品分类决定，包括关于下列事项：

（A）"600 系列"项目；

（B）商业通信卫星（出口管制分类号 9x515）；

（C）第 818 节第（a）条确定的新兴技术和基础技术；

（D）《联邦法规汇编》第 15 编第 774 部分规定的"特别设计"项目；

（E）商务部长，协同国防部长、国务卿和能源部长，确定并共同决定的任何其他具有重大意义的物项，该物项足以在商务部长决定将该物项列入商业管制清单并为该物项提供出口管制分类号（ECCN）之前进行跨机构协商。

（3）修改商业管制清单，以取消根据第 818 节第（b）条对该节第（a）条确定的新兴技术或基础技术的出口、再出口或转让实施的任何管制。

（4）修改《出口管理条例》，扩大《出口管理条例》第 740 部分授权的许可例外情况的范围或适用范围。

1.3.8（1）.15 第 825 节 向国会提交的年度报告：

（a）一般而言——总统应在每年 12 月 31 日前，向国会提交一份关于上一财政年度本分编执行情况的报告。报告应包括对以下方面的审查。

（1）本分编下对出口、再出口和转让物项的管制措施的影响，以应对对美国国家安全或外交政策的威胁，包括许可证处理时间的说明；

（2）此类管制对美国科技领导地位的影响；

（3）其他国家实施的出口管制与此类管制的一致性；

（4）为出口商提供遵行协助所做的努力，包括协助小型企业而采取的具体行动；

（5）与上一财政年度相比的监管变化汇总表；

（6）出口实施行动总结，包括为监测对受《出口管理条例》约束的军民两用、军用和其他物项的最终用户而采取的行动；

（7）汇总已批准的被禁人员许可证申请；

（8）前一年为遵行第819节的要求所作的努力，包括据该节确定的任何关键技术，以及如何或是否对这些关键技术进行出口管制；

（9）商务部上一年度进行的工业基础评估概要，包括仿冒电子产品、基础技术，以及对重点国防相关部门的关键技术和工业能力的其他研究和分析。

（b）形式——第（a）条要求的报告应以非机密形式提交，但可包含机密附件。

1.3.8（1）.16　第826节　废除：

（a）一般而言——《1979出口管理法》（《美国法典》第50编附录第2401条及以下）（根据"国际紧急经济权力法案"继续有效）被废除。

（b）实施——总统应通过行使《国际紧急经济权力法》（《美国法典》第50编第1701节及以下）规定的总统职权，实施第（a）条所作的修订。

1.3.8（1）.17　第827节　对其他行为的影响：

（a）一般而言——除非本分编另有规定，本分编中的任何内容不得解释为修改、废除、取代或以其他方式影响其他法律对受《出口管理条例》管制的任何物项的出口、再出口或转让或美国人员的活动的授权规定。

（b）管制协调：

（1）一般而言——总统在行使本分编权力时，应与本分编授权的联邦各部门和机构，特别是国务院、财政部和能源部行使的所有出口管制和制裁权力进行有效协调。

（2）国会的判断——国会认定，为实现第（1）款所述的有效协调，这类联邦部门和机构——

（A）应继续努力为外交政策和国家安全制定关于美国和外国人员向各种应用范围和最终用户出口、再出口和转让商品、软件、技术和服务的可强制执行的条例；

（B）应定期努力减少该制度的复杂性，包括仅由不同出口管制和制裁制度之间存在结构、定义和其他非政策性差异而造成的复杂性；

（C）应协调对有关出口、再出口或转让物项的管制，根据《武器出口管制法》

第 2 节进行的对外军事销售或根据《武器出口管制法》第 38 节进行的商业销售，以尽可能减少由于这两种权力行使之间的差异而造成的不必要的管理负担。

（c）不扩散管制——本分编中的任何内容不得解释为取代总统根据《1978 核不扩散法》第 309 节第（c）条公布的程序。

1.3.8(1).18　第 828 节　过渡条款：

（a）一般而言——根据《1979 出口管理法》（在本法颁布之日前一天有效，并根据"国际紧急经济权力法案"继续有效）或《出口管理条例》制定、发布、实施或允许生效的所有代表团、规则、条例、命令、决定、许可证或其他形式的行政行为，截至本法颁布之日起有效的，应按其条款继续生效，直至根据本分编的授权修改、取代、撤销或废除为止。

（b）行政和司法程序——本分编不影响根据《1979 出口管理法》（在本法颁布前一天有效，并根据《国际紧急经济权力法》继续有效）或《出口管理条例》启动的任何行政或司法程序或提出的任何许可证申请。

（c）某些决定及提及：

（1）支持恐怖主义的国家——根据《1979 出口管理法》（在本法颁布之日前一天有效，并根据《国际紧急经济权力法》继续有效）第 6 节第（j）条作出的任何裁定应继续有效，同根据本法第 814 节第（c）条作出的裁定一样。

（2）提及——在任何其他法律条款中提及国家政府，就《1979 出口管理法》第 6 节第（j）条而言（在本法颁布前一天有效，并根据《国际紧急经济权力法》继续有效），是指国务卿已确定其政府一再为国际恐怖主义行为提供资助的国家，这类国家应被视为国务卿就第 814 节第（c）条确定为其政府一再为国际恐怖主义行为提供资助的国家。

1.3.8(2)　第 2 分编——《2018 年反抵制法案》

1.3.8(2).1　第 831 节　短标题。本分编可引称为《2018 年反抵制法案》。

1.3.8(2).2　第 832 节　政策声明。国会宣布美国政策要求：

（1）反对任何外国对其他与美国友好的国家或对任何美国人员扶植或实施的限制性贸易做法进行抵制；

（2）鼓励并在特定情况下要求从事货物或技术或其他信息出口的美国人员拒绝采取提供信息或签订或执行协议等行动以促进或支持任何外国对美国友好国家或任何美国人员所扶植或实施的限制性贸易做法进行抵制；

（3）促进国际合作和国际规则和机构的发展，以确保合理地获得世界供应。

1.3.8（2）.3　第833节　外国抵制：

（a）禁止和例外情况：

（1）禁止情况——为执行第832节规定的政策，总统应颁布条例，禁止任何美国人员就其在美国州际贸易或外国贸易中的活动采取或故意采取下列任何行动，企图迎合、推动或支持任何外国对一个与美国友好的国家进行的任何抵制，而该国家本身并非美国法律或条例规定需进行任何形式抵制的对象。

（A）拒绝或要求任何其他人拒绝根据与抵制国达成的协议、抵制国的要求或代表抵制国提出的要求，与被抵制国或在被抵制国境内、根据被抵制国法律组织的任何企业、被抵制国的任何国民或居民、或与任何其他人做生意。与被抵制国或在被抵制国境内与根据被抵制国法律组建的任何企业、与被抵制国的任何国民或居民、或与任何其他人不存在商业关系，并不表明有意违反为执行本分编而颁布的条例。

（B）拒绝或要求任何其他人拒绝雇用任何美国人员，或基于该美国人员或该美国人员的任何所有者、高级职员、董事或雇员的种族、宗教、性别或民族血统而歧视该美国人员。

（C）提供关于任何美国人员或该美国人员的任何所有者、高级职员、董事或雇员的信息。

（D）提供信息，说明任何人是否与被抵制国或在被抵制国境内、与根据被抵制国法律组织的任何商业机构、与被抵制国的任何国民或居民、或与已知或据信被限制与被抵制国或在被抵制国境内有任何商业关系的任何其他人现有、曾经有或打算有任何商业关系（包括通过销售、购买、法律或商业代表、航运或其他运输、保险、投资或供应的关系）。本项并不禁止在商务部长界定的商业范围内提供正常的商业信息。

（E）提供信息，说明任何人是否支持被抵制国家的任何慈善组织或兄弟组织的成员、是否向其提供捐助、是否与之有关联或参与其活动。

（F）支付、兑付、保兑或以其他方式执行包含据本款颁布的条例所禁止遵守的任何条件或要求的信用证，且任何美国人员不应因本款生效而有义务支付或以其他方式兑付或执行该信用证。

（2）例外情况——据第（1）款发布的规例须就以下情况例外处理：

（A）遵守或同意遵守以下要求：

(i) 禁止从被抵制国进口货物或服务,或禁止根据被抵制国法律组织的任何企业或被抵制国国民或居民生产的货物或提供的服务;

(ii) 禁止将货物由被抵制国的承运人运到抵制国,或经由抵制国或货物接收人规定路线以外的路线运到抵制国。

(B) 遵守或同意遵守关于原产地、承运人名称和装运路线、货物供应商名称或其他服务提供商名称的进口和装运单据要求,但为应这些要求而有意提供或传递的信息不得以否定、黑名单或类似的排除性条款写明,且为遵守防范战争风险和被没收的要求而允许的承运人或装运路线除外。

(C) 在正常业务过程中服从或同意服从抵制国或抵制国国民或居民单方面和特意选择的承运人、保险人、在抵制国境内提供服务的供应商或在正常业务过程中进口到抵制国时可按来源确定特定的货物。

(D) 遵守或同意遵守抵制国关于向被抵制国、被抵制国的任何商业机构或被抵制国法律下组织的任何商业机构或被抵制国的任何国民或居民运送或转运出口品的出口要求。

(E) 个人遵守或个人同意遵守任何国家对其个人或其家庭成员的移民或护照要求,或提供在抵制国雇用此类个人所要求的资料。

(F) 居住在外国的美国人员遵守或同意就其在外国的活动遵守该国的法律,该等条例可包括该居民遵守该外国法律或条例规定的关于将注册商标、贸易名称或类似的可具体识别的产品或供其自用的产品的部件进口到该国的例外情况,包括在该国履行该等条例可能界定的合同规定的服务。

(3) 特别规定——根据第(2)款(C)项和第(2)款(F)项发布的条例不得规定第(1)款(B)项和第(1)款(C)项的例外情况。

(4) 规则解释——本条不得解释为取代或限制美国反托拉斯法或民权法的实施。

(5) 适用——本节适用于由美国人员或任何其他人进行的或通过美国人员或任何其他人进行的任何交易或活动,其目的是规避根据本条颁布的规例所实施的本节规定,且该规例应明确规定,第(2)款规定的例外情况不得允许其他(通过应对模式在内的行为过程明示或暗示)另外禁止的活动或协议,而这些活动或协议不在此种例外的范围内。

(b) 外交政策管制:

(1) 一般而言——除根据第(a)条发布的法规外,为执行第 812 节第(1)款第(D)项中规定的政策而根据第1分编发布的法规应执行本节中规定的政策。

（2）要求——此类规章应要求，任何接到要求提供信息、签订或执行协议或采取第(a)条所述任何其他行动的美国人员，应向商务部长报告这一事实，同时报告与该要求有关的其他信息，商务部长采取适用于执行该节政策的行动时可能需要这些信息。该人亦须向商务部长报告该人是否打算遵从及该人是否已遵从该要求。依据本款提交的任何报告，除该报告提到的任何货物或技术的数量、说明和价值有关的资料外，均应迅速提供给公众查阅和备份，如果商务部长确定披露信息会使所涉美国人员处于竞争劣势，则可予以保密。国务卿在与商务部长协商后，认定该行动对执行第832条规定的政策为适当时，商务部长则应定期将这些报告所涉信息的汇总转交给国务卿。

（c）优先进行——本节的规定以及根据本节颁布的条例应优先于美国各州，哥伦比亚特区，以及美国任何其他领土或属地，或其任何政府分支机构的任何法律、规则或条例，这些法律、规则或条例适用于参与、遵守、实施或提供有关外国对与美友好的其他国家扶植或实施的限制性贸易做法或抵制的信息。

1.3.8(2).4　第834节　强制执行：

（a）刑事处罚——故意实施、故意企图实施、故意合谋实施、或协助或教唆实施第833节中非法行为的人。

（1）一经定罪，应被处罚款不超过100万美元；

（2）如果是自然人，可处以20年以下监禁，或两款兼行。

（b）民事处罚——对违反第833节或在本分编下颁布的任何条例的人，总统可处以下列民事处罚：

（1）罚款金额不超过30万美元，或罚款金额为被处以罚款的违规行为所依据的交易价值的两倍，两者以较大数额为准。

（2）撤销根据第1编发给该人的许可证。

（3）禁止该人出口、再出口或转让第1分编所管制的任何物项。

（c）程序——本节规定的任何民事处罚或行政制裁（包括暂缓或撤销出口授权），只能在根据《美国法典》第5编第554—557节的规定发出通知并有机会将机关听证记录在案后才可实施，并应根据该编第7节接受司法审查。

（d）民事处罚程度的标准——总统可根据违法行为的严重程度、违规者的罪责以及违规者在披露违法行为方面与政府合作的记录等因素，通过规章规定，根据本节确定民事处罚程度的标准。

1.3.8(3)　第 3 分编——对导弹扩散和生物与化学武器扩散的制裁

1.3.8(3).1　第 841 节　违反导弹扩散管制：

(a) 美国人员的侵权行为。

(1) 制裁：

(A) 应受制裁的活动——若总统确定美国人员明知而出现以下情况,总统应实施(B)项所述的适用制裁：

(i) 违反《武器出口管制法》第 38 节第 7 章第 1 分编(《美国法典》第 22 编第 2778 节)的规定,或根据任何此类规定发布的任何条例或命令,出口、再出口或转计导弹技术管制制度附件上的任何物项;

(ii) 串谋或企图从事此种出口、再出口或转让。

(B) 制裁——根据(A)项对美国人员适用的制裁如下：

(i) 若涉及出口、再出口或转让的导弹技术管制制度附件上的物项是导弹技术管制制度附件第二类的导弹设备或技术,则总统应在两年内拒绝向该美国人员发放转让第一分编所管制的导弹设备或技术的许可证。

(ii) 若出口、再出口或转让涉及的导弹技术管制制度附件上的物项是导弹技术管制制度附件第一类内的导弹设备或技术,则总统应在不少于两年的期间内,拒绝向该美国人员发放在第一分编下管制转让的物项的所有许可证。

(2) 酌处性制裁——在第(1)款所述的任何决定的情况下,总统可根据第 820 条执行任何其他适当的处罚。

(3) 豁免——若总统向国会证明以下情况,则可以豁免根据第(1)款对一个人就某一产品或服务实施的制裁。

(A) 该产品或服务对美国的国家安全是必不可少的;

(B) 该人是该产品或服务的唯一来源供应商,该产品或服务无法从任何可靠的替代供应商获得,并且对该产品或服务的需求不能通过改进的制造工艺或技术发展及时满足。

(b) 外国人员转让导弹设备或技术。

(1) 制裁：

(A) 应受制裁的活动——在不违反第(3)款至第(7)款的情况下,总统应根据(B)项对外国人员实施适用的制裁,若总统履行以下职能：

(i) 确定一名外国人员明知以下事实：

（I）出口、再出口或转让任何有助于在未加入导弹技术管制制度的国家设计、发展或生产导弹的导弹技术管制制度设备或技术，若是原产于美国的设备或技术，则应根据第一分编受到美国的管辖；

（II）密谋或企图从事此类出口、再出口或转让；

（III）为任何其他人的出口、再出口或转让提供便利；

（ii）已根据《武器出口管制法》第 38 节第（a）条对该外国人员作出决定。

（B）制裁——根据（A）项适用于外国人员的制裁如下：

（i）若出口、再出口或转让所涉物项属于导弹技术管制制度附件第二类，总统应在两年内拒绝向该外国人员转让受第一分编管制的导弹设备或技术的许可证。

（ii）若出口、再出口或转让所涉物项属于导弹技术管制制度附件第一类，总统应在不少于两年的期间内，拒绝向该外国人员转让第一分编管制的物项的许可证。

（2）不适用于导弹技术管制制度遵守国——第（1）款不适用于以下情况：

（A）经导弹技术管制制度遵守国法律授权的任何出口、再出口或转让，若这种授权不是通过虚假陈述或欺诈获得的；

（B）向导弹技术管制制度遵守国的最终用户出口、再出口或转让物项。

（3）导弹技术管制制度遵守国执行行动的影响——不得根据本条就该款所述行为对某人实施第（1）款规定的制裁，或者若该制裁因该行为而对某人实施，若该遵守国就该行为对该人采取司法或其他执行行动，或该人被该遵守国政府认定在该行动方面没有不法行为，则该制裁应终止。

（4）豁免并向国会报告：

（A）豁免——若总统确定第（1）款对外国人员的适用会对美国的国家安全产生重大影响，则总统可豁免该款对外国人员的适用。

（B）通知并向国会报告——若总统决定适用（A）项所述的豁免，总统应在发布豁免至少 20 个工作日之前通知适当的国会委员会。此种通知应包括一份报告，充分阐明导致主席适用豁免的理由和情况。

（5）额外豁免——若总统向适当的国会委员会证明——总统可以豁免根据第 1 款对一个人就某一产品或服务实施的制裁：

（A）该产品或服务对美国的国家安全是必不可少的；

（B）该人是该产品或服务的唯一来源供应商，该产品或服务无法从任何可靠的替代供应商处获得,并且对该产品或服务的需求不能通过改进的制造工艺或技术发展而及时得到满足。

(6) 例外情况——总统不得将本款规定的禁止进口外国人产品的制裁适用于以下场合:

(A) 在采购国防物品或国防服务的情况下:

(i) 根据现有合同或分包合同,包括为满足对美国国家安全至关重要的要求而选择生产数量;

(ii) 若总统确定将对其实施制裁者为国防物品或国防服务的唯一来源供应商,同时该国防物品或国防服务对美国的国家安全至关重要,且不容易或难以合理地获得替代来源;

(iii) 若总统确定,根据国防联合生产协定或北约合作计划,这些物品或服务对美国的国家安全必不可少。

(B) 根据在总统公布其实施制裁的意图之日前签订的合同里提供的产品或服务;

(C) 适用于以下方面:

(i) 备件;

(ii) 美国产品或生产所必需的组成部分,但不是制成品;

(iii) 产品的日常服务和维护,但以不容易或不合理地获得替代来源为限;

(iv) 对美国产品或生产至关重要的信息和技术。

(c) 定义——在本节中:

(1) 有关的国会委员会。"有关的国会委员会"是指以下方面:

(A) 众议院外交事务委员会;

(B) 参议院外交关系委员会和银行、住房和城市事务委员会。

(2) 国防物品,国防部。术语"国防物品"和"国防服务"是指《武器出口管制法》第 47 节第(7)款(《美国法典》第 22 编第 2794 节)所定义的"美国军品管制清单"上的物品。

(3) 导弹。"导弹"一词是指导弹技术管制制度附件所界定的第一类系统。

(4) 导弹技术管制制度。"导弹技术管制制度"是指美国、联合王国、德意志联邦共和国、法国、意大利、加拿大和日本于 1987 年 4 月 16 日宣布的政策声明,根据导弹技术管制制度附件及其任何修正案,限制与导弹有关的敏感性技术转让。

（5）导弹技术管制制度遵守国。"导弹技术管制制度遵守国"一词是指参加导弹技术管制制度或根据美国加入的国际谅解，按照导弹技术管制制度规定的准则和标准控制导弹技术管制制度设备或技术的国家。

（6）导弹技术管制制度附件。"导弹技术管制制度附件"一词是指导弹技术管制制度的指导方针、设备和技术附件及其所有修正。

（7）导弹装备或技术，导弹技术管制制度设备或技术。"导弹设备或技术"和"导弹技术管制制度设备或技术"是指导弹技术管制制度附件第一类或第二类所列的物项。

1.3.8(3).2　第 842 节　生物与化学武器扩散的制裁：

（a）实施制裁：

（1）总统的决定——除第（b）条第（2）款另有规定外，若总统确定一名外国人员有意且有实质性的以下行为，总统应实施（c）条所述的制裁：

（A）通过从美国出口本分编下受美国管辖的任何物项；

（B）从任何其他国家出口任何物项，若这些物项是美国货物或技术，则应受美国在本分编下的管辖，以供第（2）款所述任何外国国家、项列项或实体使用、发展、生产、储存或以其他方式获取化学或生物武器。

（2）接受援助的国家、项列项或实体——第（1）款适用于以下方面：

（A）总统确定的任何外国国家在 1980 年 1 月 1 日以后的任何时候：

（i）违反国际法使用化学或生物武器；

（ii）对本国国民使用致命化学或生物武器；

（iii）为从事第（i）列项或第（ii）列项所述活动做了大量准备。

（B）根据第 914 节第（c）条，其政府被确定为一再支持国际恐怖主义行为的任何外国国家。

（C）总统依据本节所指定的任何其他外国国家、项列项或实体。

（3）将对其实施制裁者——应依据第（1）款对以下情况实施制裁：

（A）总统对其作出该条所述裁定的外国人员；

（B）该外国人员的任何继承实体；

（C）作为该外国人员的母公司、子公司或附属公司的任何外国人员，若该母公司、子公司或附属公司有意协助过可作为确定依据的活动。

（b）与外国管辖政府的协商和外国管辖政府的行动：

（1）磋商——若总统对外国人作出第（a）条第（1）款所述的决定，国会敦促总统立即与对该外国人员具有主要管辖权的政府就根据本节实施制裁进行磋商。

（2）管辖区政府的行动——为了与管辖区政府进行此种磋商，总统可将根据本节实施的制裁推迟至多 90 天。经此种磋商后，总统应实施制裁，除非总统确定并向有关的国会委员会证明，政府已采取具体和有效的行动，包括适当的惩罚，以终止该外国人员参与第（a）条第（1）款所述的活动。若总统确定并向国会证明政府正在采取上一句所述的行动，总统可将实施制裁的时间再延长 90 天。

（3）向国会报告——总统应在根据第（a）条第（1）款作出决定后不迟于 90 天，向有关的国会委员会报告根据本条与相关政府进行磋商的情况，以及根据本条第（2）款确定该政府已采取具体纠正行动的依据。

（c）制裁：

（1）制裁的说明——根据第（a）条第（1）款实施的制裁是，除非美国政府规定不得从第（a）条第（3）款所述的任何人处采购或订立任何采购货物或服务的合同。

（2）例外情况——总统无需根据本节适用或维持制裁。

（A）在采购国防物品或国防服务的情况下：

（i）根据现有合同或分包合同，包括为满足美国军事行动需要而选择生产数量；

（ii）须由总统确定，否则必须证实对其实施制裁的个人或其他实体是国防物品或国防服务的唯一来源供应商，同时该国防物品或国防服务是必要的，且不容易或难以合理地获得替代来源；

（iii）须由总统确定这些物品或服务对国防合作生产协定下的国家安全至关重要。

（B）根据在总统公布其实施制裁的意图之日前签订的合同提供的产品或服务。

（C）适用于以下方面：

（i）备件；

（ii）美国产品或生产所必需的组成部分，但不是制成品；

（iii）产品的例行维修和保养，但以不容易或不合理地获得替代来源为限。

（D）对美国产品或生产至关重要的信息和技术。

（E）医疗或其他人道主义物品。

（d）终止制裁——根据本节实施的制裁应在实施一项制裁后至少12个月内适用，只有总统确定并向有关的国会委员会证明，有可靠资料表明，根据第（a）条第（1）款作出决定所针对的外国人已停止协助或教唆任何外国政府、项列项或实体努力获取该条所述的化学或生物武器能力时，才停止适用。

（e）豁免：

（1）豁免标准——若总统确定并向有关的国会委员会证明这种豁免对美国的国家安全利益是重要的，总统可以豁免对任何人实施根据本节施加的任何制裁。

（2）通知国会并向国会报告——若总统决定行使第（1）款规定的豁免权，总统应在豁免权生效前不少于20天通知有关的国会委员会。这种通知应包含一份充分阐明总统行使豁免的理由和情况的报告。

（f）定义——在本节中：

（1）有关的国会委员会——"有关的国会委员会"是指以下方面：

（A）众议院外交事务委员会；

（B）参议院外交关系委员会和银行、住房和城市事务委员会。

（2）国防物品；国防服务——"国防物品"和"国防服务"是指美国军需品清单上的物品或受《武器出口管制法》管制的物品。

1.3.8(4)　第4分编——行政当局

1.3.8.(4).1　第851节　负责工业和安全的商务部副部长：

（a）一般而言——总统应根据参议院的意见和肯定，任命一名负责工业和安全事务的商务部副部长，由他履行该职位和与实施双重用途出口制度有关的其他法律所规定的商务部副部长的所有职能。

（b）助理商务部长——总统应在参议院的建议和同意下任命两名助理商务部长，协助副部长履行第（1）款所述的职能。

2018年6月26日众议院通过

证明人：凯伦·L.哈斯（书记员）

1.4

外国人在美国某些投资的规定

1.4.1　简介

机构： 财政部投资安全办公室

行动： 最后规则，以及征求意见的暂行规则。

概要： 最终规则修订关于实施经 FIRRMA 修订之《1950 年国防生产法》第 721 节中的某些规定。暂行规则还添加了"主要营业地"一词的新定义，财政部正在征求对该定义的意见。虽然本规则保留先前法规的许多特征，但也做出许多重大变更，主要旨在实施《外国投资风险审查现代化法》。

日期：

生效日期： 最终规则于 2020 年 2 月 13 日生效。关于 §800.239 的暂行规则于 2020 年 2 月 13 日生效。

适用日期： 见第 800.104 节。

意见日期： 财政部正在征求公众对 §800.239 中"主要营业地"定义的书面意见，该等意见必须在 2020 年 2 月 18 日之前收到。

地址： 可通过下述两种方法之一提交关于 §800.239 的书面意见：

● 电子提交：可通过联邦政府电子立法门户网站（https://www.regulations.gov）以电子方式提交意见。通过电子方式提交意见，留给意见发表者准备和提交意见的时间最长，可确保及时收到意见，财政部也得以向公众提供评论。

● 邮件：发送至美国财政部，收件人：Laura Black，投资安全政策和国际关系部主任，1500 Pennsylvania Avenue NW, Washington, DC 20220。

请只提交意见，包括您的姓名和公司名称（如有），并在所有通信中引用"外国人在美国某些投资的规定"。财政部通常会将所有意见不加更改地发布到

https://www.regulations.gov，包括所提供的任何商业或个人信息，例如姓名、地址、电子邮箱地址或电话号码。收到的所有意见（包括附件和其他支持材料）均将成为公共记录的一部分，需要公开披露。请仅提交您希望公开的信息。

1.4.2　详情请联系

Laura Black，投资安全政策和国际关系部主任；Meena R. Sharma，投资安全政策和国际关系部副主任；David Shogren，高级政策顾问；Alexander Sevald，美国财政部高级政策顾问，地址：1500 Pennsylvania Avenue NW，Washington，DC 20220；电话：(202)622-3425；电子邮箱：CFIUS.FIRRMA@ treasury.gov。

1.4.3　详细信息

1.4.3.1　背景

A. 法规和拟议规则

2018年8月13日，美国颁布FIRRMA、115-232号公法第XVII编第A子编、2173，成为法律。FIRRMA修订和更新《1950年国防生产法》(DPA)第721节，其中规定美国外国投资委员会（CFIUS或委员会）的权限和管辖权。FIRRMA保持委员会对任何可能致使外国控制任何美国企业的交易的管辖权，并根据第721节扩大总统和CFIUS的权限，以审查和采取行动解决由某些非控制性投资和房地产交易引起的国家安全问题。此外，FIRRMA对美国外国投资委员会的流程进行了现代化改革，以更好地对其管辖范围内的交易进行及时有效的审查。在FIRRMA中，国会承认外国投资在美国经济中的重要作用，并重申美国的开放投资政策，这与保护国家安全的政策一致。见FIRRMA第1702(b)节。

FIRRMA要求发布实施其规定的条例。在13456号行政命令73 FR 4677（2008年1月23日）中，总统指示财政部长发布实施第721节的法规。2018年10月11日，财政部根据FIRRMA发布第一项规则制定（采用暂行规则的形式），本规则旨在修订第800部分中的法规，以实施并做出符合立即生效的FIRRMA某些规定的更新（2018年10月暂行规则）。见83 FR 51316（2018年10月11日）。2018年10月暂行规则于2018年11月10日生效。

2018年10月11日，财政部根据FIRRMA第1727(c)节发布第二项暂行规则，其中规定审查涉及外国人和关键技术的某些交易的试点方案的范围和程序

(试点方案暂行规则)。见 83 FR 51322(2018 年 10 月 11 日)。试点方案暂行规则于 2018 年 11 月 10 日生效,管辖涉及外国人在生产、设计、测试、制造、制作或开发一种以上关键技术的某些美国企业中投资的某些交易并制定针对该等交易的强制性申报。

2019 年 9 月 24 日,财政部公布了两项拟议规则,以实施 FIRRMA 的规定。见 84 FR 50174(2019 年 9 月 24 日);84 FR 50214(2019 年 9 月 24 日)。(联邦公报局于 2019 年 9 月 17 日提供了供公众查阅的版本。)公众对拟议规则的意见必须在 2019 年 10 月 17 日前提交。

84 FR 50174 中的拟议规则提出修订在《美国联邦法规》(CFR)第 31 编第 800 部分编撰成法典的 CFIUS 条例。该等规定具体涉及 CFIUS 审查以下各项的权限以及流程和程序：① 由外国人或与外国人合并、收购或接管(可能导致外国控制美国企业);② 非控制性"其他投资",让外国人有机会获取某些美国企业在关键技术、关键基础设施或敏感性个人数据方面所拥有的信息、权利或参与其实质性决策;③ 外国人权利的任何变更,如果该等变更可能导致外国控制美国企业或对某些美国企业进行"其他投资";④ 结构旨在或意图避免适用第 721 节的任何其他交易、转让、协议或安排。关于《外国投资风险审查现代化法》和拟议规定的进一步解释见 84 FR 50147 中的拟议规则;下文将进一步详细说明对拟议规则的改动。

84 FR 50214 中的拟议规则提出旨在实施 FIRRMA 中与 CFIUS 的新管辖范围相关的规定的法规,以审查美国涉及房地产的某些类型的交易,并在一项单独的并行规则制定中最终确定。本规则在 CFR 第 31 编第 VIII 章中增加第 802 部分,以通过 FIRRMA 扩大 CFIUS 对涉及外国人购买、租赁或特许经营在美国的某些房地产交易的管辖范围。

FIRRMA 还授权委员会对已提交书面通知的受管辖交易进行评估和收费。财政部将在晚些时候公布一项单独的拟议规则,以实施委员会的收费权限。

B. FIRRMA 规则制定和本规则的结构

与美国外国投资委员会流程大体一致,本规则反映了与美国外国投资委员会成员机构以及其他相关美国政府机构的广泛协商。鉴于本规则中某些规定的特殊性,财政部预计将定期审查法规并在必要时加以修订,以应对技术、数据使用和更广泛的国家安全格局的变更。

该行动最终确定对第 800 部分的修订。本规则保留第 800 部分规定在经

2018 年 10 月暂行规则和本规则修订之前的许多特征。见 73 FR 70702（2008 年 11 月 21 日）（先前法规），同时实施《外国投资风险审查现代化法》对 CFIUS 的管辖范围和流程所做的变更。修订第 800 部分以纳入 CFIUS 对某些非控制性"其他投资"（本规则称为"受管辖投资"）的新管辖范围时，对现有规定做出某些合规性修订。例如，"受管辖控制权交易"相关规则第 C 子部分中的涵盖章节基于先前法规中的"受管辖交易"一节，并举例说明属于受管辖控制权交易和不属于受管辖控制权交易的交易。在第 C 子部分的范围章节中，目前依然存在受管辖投资章节，旨在举例说明新管辖范围所涵盖的交易。本规则旨在向商业界和投资界明确说明《外国投资风险审查现代化法》"其他投资"权限所涵盖的美国企业类型。

另外，本规则还纳入在 2018 年 10 月发布的 2018 年 10 月暂行规则 83 FR 51316（2018 年 10 月 11 日）中对第 800 部分所做的变更，并更新某些其他规定（通常由于在本规则的公众意见征询期和试点方案暂行规则的公众意见征询期内收到的书面意见导致），例如修订"例外投资者"和"敏感性个人数据"定义、澄清"渐进式收购规则"应用、提炼若干示例并调整申报和通知的信息要求。作为对公众意见的回应，这项行动还实施了涉及 §800.239 中"主要营业地"定义的暂行规则，财政部正在征求公众对该定义的意见。

在本拟议规则中，财政部指出，其正在考虑是否保留试点方案暂行规则规定的强制性申报要求。本规则纳入试点方案暂行规则的许多规定，包括涉及关键技术的受管辖交易的强制性提交要求。

但财政部预计将发布一份拟议规则制定通知，将 §800.401（c）中关于关键技术的强制性申报要求从基于北美行业分类系统（NAICS）法规的要求修订为基于出口管制许可要求的要求。

类似于试点方案暂行规则中所述，试点方案仅为暂时性方案，FIRRMA 要求在 2020 年 3 月 5 日前结束。本规则修改试点方案的适用性，使之仅适用于在本规则生效之日前予以采取特定行动的交易。由于委员会保留对试点方案对受管辖交易（在试点方案暂行规则生效期间须遵守本规则）的管辖权，因此第 801 部分的法规将保留在 CFR 第 31 编第 VIII 章中，以供参考。因此，本规则修订 §801.103 第 801 部分中的适用性规则，以规定第 801 部分仅适用于在 2018 年 11 月 10 日—2020 年 2 月 12 日予以采取特定行动的试点方案受管辖交易（定义见第 801 部分）。

1.4.3.2　对拟议规则和试点方案暂行规则的意见概述。在公众意见征询期内,财政部收到多份有关拟议规则的意见书,反映了广泛的意见。在意见征询期结束前收到的所有意见参见 https://www.regulations.gov 的公共规则制定案卷。此外,财政部于 2019 年 9 月 27 日主持了一次公开电话会议,以讨论拟议规则,财政部网站的委员会部分提供了一份摘要。

于 2018 年 10 月发布试点方案暂行规则后,财政部还收到关于本规则的许多书面意见,该等意见同样参见公共规则制定记事表,并在此加以阐述。

财政部考虑到所提交的各项意见。一些意见具有一般性,例如,支持财政部在拟议规则各个方面所做的努力和采取的方法。其他意见发表者指出本拟议规则和试点方案暂行规则对美国的外国投资有潜在影响。财政部认识到外国投资对美国经济至关重要。财政部起草拟议规则和试点方案暂行规则,并在最终确定规则时进行了修订,以保护美国国家安全免受某些外国投资带来的风险,同时保持美国的开放外国投资政策。财政部已确定,本规则中所载规定的特殊性(例如,关于确定附录中的受管辖投资关键基础设施和敏感性个人数据的具体分类)向商业界和投资界明确说明了《外国投资风险审查现代化法》规定的委员会新权限所涵盖的交易类型。财政部将评估规则的实施情况,并将酌情提供附加信息以帮助公众提交意见。

一些意见发表者要求澄清具体规定。财政部酌情在规则文本中提供了补充说明,并包括更多说明性示例。然而,在与《外国投资风险审查现代化法》项下委员会法定权限相冲突的普遍适用性条例和修订条款中,一些意见发表者要求更大程度的特殊性属于可行情况。下文逐节分析包括对意见的回应。为确保一致性和明确性,对规则进行了进一步订正。

除对本规则的实质内容发表意见外,两位意见发表者还要求延长本拟议规则的公众意见征询期。财政部未根据《外国投资风险审查现代化法》规定的固定生效日期延长公众意见征询期。财政部预计,其将定期审查并在必要时根据适用法律对条例(及任何附录)进行变更,并在适当时向公众提供发表意见的机会。

1.4.3.3　规则的讨论。

1. 与第 802 部分的关系

在处理意见中提出的或对拟议规则进行修订的规则各章节之前,必须处理本规则与本章第 802 部分中所载新规则之间的关系,如前所述,第 800 部分规则与本规则同时发布。

新第 802 部分澄清第 800 部分中定义的"受管辖交易"（同时也包括第 802 部分定义的"受管辖房地产"购买、租赁或特许经营）不属于第 802 部分中定义的"受管辖房地产交易"。如果一方打算通知 CFIUS 受第 800 部分约束的某项交易，则不应根据第 802 部分通知该交易。第 802 部分的并行规则制定更详细论述这两项规则之间的关系。

2. 暂行规则：第 800.238 节——主要营业地

本规则包括"主要营业地"定义，作为暂行规则。暂行规则自 2020 年 2 月 13 日起生效，财政部正在征求公众对新定义的意见，截止日期为 2020 年 2 月 18 日。下文将结合根据§800.220（"外国实体"定义）收到的意见论述新定义的实质内容。

3. 拟议规则意见和变更总结

1）第 A 子部分——总则

（1）第 800.104 节——适用性规则。本规则通过插入法规生效日期（2020 年 2 月 13 日）对§800.104 做出澄清性编辑，并澄清试点方案暂行规则未来将仅适用于在试点方案暂行规则生效日期或之后至本规则生效日期之前予以采取特定措施的交易。本规则制定包括§801.104 第 801 部分的合规性修订，以规定哪些交易仍受第 801 部分约束。如下文进一步所述，试点方案暂行规则的强制性申报规定的某些方面已通过本规则纳入第 800 部分中。

（2）第 800.105 节——解读和解释规则。规则添加了新的章节，以澄清条例中包含的示例仅供参考，不应解释为改变此部分条例文本的含义，并澄清在整个条例中使用的术语"包括"是指"包括但不限于"。

2）第 B 子部分——定义。本拟议规则对先前法规中的定义做出若干变更，并增加广泛适用于受管辖控制权交易和受管辖投资的若干新定义。

阐述各项定义之前，财政部指出，一位意见发表者评论称，该等法规未定义"国家安全"。作为对该意见的回应，本规则未更改第 B 子部分。评价任何交易时，CFIUS 的分析以法律为指导，包括适用法规。《外国投资风险审查现代化法》指出，国会认为，委员会"应继续审查交易，以保护国家安全，且不应考虑无国家安全联系的国家利益问题。"见《外国投资风险审查现代化法》第 1702（b）（9）节。DPA 第 721（f）节提供了一份说明性因素名单，供委员会和总统在确定受管辖交易是否构成国家安全风险时考虑。此外，财政部此前已发布 CFIUS 国家安全审查指南，即 73 FR 74567（2008 年 12 月 8 日），本指南目前仍然有效。

（1）第 800.206 节——完成日期。本拟议规则包括"完成日期"定义，以澄清如果将通过多次结束或分阶段结束完成受管辖交易，则完成日期是发生构成受管辖交易的任何权益转让或权利变更的最早日期。

意见发表者担心，当事方可能需要在完成或有股本权益收购前 30 天提交申报，但根据 §800.308（即或有股本权益的时间规则），委员会可能会认为在权益转换前无受管辖交易。意见发表者建议进一步完善"完成日期"的定义，以明确排除不受符合 §800.308 CFIUS 管辖的或有股本权益转让。

作为对该等意见的回应，本规则未更改 §800.206。仅收购或有股本权益但不收购 §800.211（b）中规定的控制权或访问权、权利或参与权不属于受管辖交易。如果一方后来收购 §800.211（b）中规定的与先前收购或有股本权益有关的控制权或访问权、权利或参与权，则需在收购 §800.211（b）中规定的该等控制权或访问权、权利或参与权前 30 天提交强制性申报（如适用）。§800.308 下的时间规则规定了何时视为一方收购 §800.211（b）中规定的控制权或访问权、权利或参与权（即实际转换或有股本权益，或者，如果存在某些因素，则为初始收购或有股本权益）。

（2）第 800.208 节——控制。尽管本拟议规则并未显著修改先前法规中的"控制"定义，但意见发表者认为控制门槛过低，阻碍对美国公司的外国投资。此外，意见发表者还要求进行额外澄清，例如是否应在 §800.208 中增加 §800.307（a）（4）中所述的权利。最后，意见发表者建议将例外投资者概念纳入"控制"的定义。

作为对该等意见的回应，本规则未更改 §800.208。如本拟议规则序言中所述，FIRRMA 保留委员会对任何可能导致外国控制任何美国企业的交易的管辖权，且未提供任何法规指导来实质性地缩小"控制"的现有定义。此外，鉴于 FIRRMA 要求对法规做出许多变更，财政部确定，目前对既定控制标准做出实质性修订不会推进交易确定性目标。此外，财政部还指出，有关控制交易的附加信息见财政部网站的委员会部分中对某些常见问题的答复。

此外，如本拟议规则序言所述，例外投资者概念阐述 FIRRMA 的要求，即委员会仅将 FIRRMA 扩大的受管辖投资管辖范围适用于某些类别的外国人。财政部遵循该法规指导，将例外投资者概念限制在受管辖投资，而非将其扩大至控制交易，从而使对控制交易的管辖范围与先前法规相同。

关于 §800.307（a）（4）中所述的有限合伙人权利，§800.208（a）中已实质上涵盖每项权利。虽然本规则未具体修订§800.208中关于有限合伙人的内容，但本规则确实另外澄清其他规定（包括"主要营业地"和"实质权益"定义以及§800.401）中的投资基金。

最后，本规则对§800.208（c）（4）做出技术性修正，以澄清将反稀释保护描述为权利更加准确，而非权力。

（3）第800.211节——受管辖投资。本拟议规则使用"受管辖投资"一词来记录外国人在某些类型美国企业中的允许该等外国人获得该等美国企业所拥有的信息、权利或参与其实质性决策，但不能控制美国企业的投资。一位意见发表者要求澄清§800.211（b）中所述的访问权、权利或参与权是否适用于以下情况：生产、设计、测试、制造、制作或开发关键技术的美国企业属于外国人投资的美国企业的子公司。本规则增加证明§800.211（b）适用于以下情况的示例：投资使外国人在通过子公司作为TID美国企业运营的美国企业的董事会或同等管理机构中拥有成员资格或权利。

其他意见发表者要求另外澄清"访问重要非公开技术信息"的含义，包括访问时间以及是否应包括理论或潜在访问。作为对该等意见的回应，本规则未更改§800.211。TID美国企业的外国投资者获得重要非公开技术信息的访问权后（无论投资者是否或何时行使访问权），即可确立《外国投资风险审查现代化法》规定的CFIUS新管辖范围。

（4）第800.212节——受管辖投资关键基础设施。为更广泛地区分与委员会对受管辖投资的管辖权相关的关键基础设施子集与关键基础设施，本拟议规则创建一个新术语"受管辖投资关键基础设施"。该定义引用了本规则附录A中的特定系统和资产清单。如本拟议规则序言中所述，附录A中确定的关键基础设施子集不改变任何其他监管制度或环境中使用的"关键基础设施"定义。意见发表者给出建议的不尽相同——有些建议缩小该子集，有些建议扩大（例如，包括轨道车和通信设备）。作为对该等意见的回应，本规则未更改§800.212或附录A。附录A反映与CFIUS成员机构以及其他相关美国政府机构的主题专家进行的广泛协商，该等专家在制定附录A时，除其他因素外，还考虑到其他美国政府机构是否为国家安全提供足够保护。财政部将评价本规则的实施情况，并在必要时修订法规（及任何附录），以应对国家安全格局的变更。

（5）第800.213节——受管辖交易。本拟议规则将"受管辖交易"定义为包括受管辖控制权交易、受管辖投资、外国人在美国企业中的权利变更（可能导致外国控制美国企业或某些美国企业中的受管辖投资)以及旨在规避 CFIUS 审查的交易。意见发表者希望获得更多信息,了解哪些类型的权利变更触发 CFIUS 对受管辖交易的管辖权,包括在美国企业的外国投资者行使购买额外权益的权利以防稀释其比例权益的情况。意见发表者还建议,低于美国企业投资金额或年收入最低门槛的交易应免除"受管辖交易"的定义。

作为对该等意见的回应,本规则未更改§800.213。就导致"受管辖交易"的权利变更而言,本规则分别在§800.213(e)(1)和(2)中提供示例(请注意,为清楚起见,该等示例和某些其他示例已从第 C 子部分移至§800.213)。此外,§800.304(f)(2)和(5)中的示例阐述额外股本权益收购。就对受管辖交易实施最低门槛而言,财政部确定,不必对低于最低门槛的交易给予绝对豁免。委员会基于具体事实和情况评价每笔交易,包括投资规模及其他因素。

(6)第 800.215 节——关键技术。本拟议规则定义了"关键技术",如 FIRRMA 中所述。意见发表者建议缩小定义范围,并指出,在发布本拟议规则时,商务部尚未根据《2018 年出口管制改革法》(export control reform act, ECRA)第 1758 节定义新兴技术和基础技术。作为对该等意见的回应,本规则未更改§800.215。FIRRMA 定义"关键技术",且未授予财政部通过该等法规变更该法定定义的自由裁量权。因此,本规则未独立定义新兴技术和基础技术。取而代之的是,本规则通过相互参照纳入商务部根据单独规则制定确定的新兴技术和基础技术,如 ECRA 所要求的技术。

(7)第 800.218 节——例外外国国家。本拟议规则将"例外外国国家"定义为一组合格外国,以便实施 FIRRMA 的要求,即委员会仅将 FIRRMA 扩大的受管辖投资管辖范围适用于某些类别的外国人。财政部收到有关该定义的若干意见,包括要求委员会公布将外国确定为合格外国的标准。其他意见发表者建议委员会将某些国家或某些定义国家清单确定为例外外国。部分意见发表者建议反对例外外国国家和例外投资者规定,他们认为该等规定对待美国盟友的态度不同于其他国家。

作为对该等意见的回应,本规则未更改§800.218。如上所述,FIRRMA 指示,实施法规必须将"其他投资"管辖权的适用范围限制于某些类别的外国人,因此,财政部不能在不采用替代限制的情况下完全取消例外外国国家和例外投资者概念。关于符合资格的外国国家,委员会最初选择澳大利亚、加拿大和大不列颠及北爱尔兰联合王国。委员会确定该等国家的原因在于,该等国家与美国建立了强大的情报共享和国防工业基础整合机制。

另外，如拟议规则序言中所述，"例外外国国家"的概念和定义是新定义，其广泛应用可能对美国的国家安全产生重大影响。因此，委员会最初确定的合格外国国家数量有限，今后可能会扩大名单。

规则对§800.218进行修订，以澄清"例外外国国家"定义是双标准联合检验，第二个标准具有延迟效力。因此，截至2020年2月13日，委员会确定为合格外国国家的三个外国国家将是例外外国国家，而不考虑第二项标准（即根据§800.1001做出有利决定）。为使该等国家在两年延迟效力期限结束后（即2022年2月13日）仍然是例外外国国家，委员会必须根据§800.1001做出决定。这一两年期限旨在为该等初始合格外国国家提供时间，以确保其基于国家安全的外国投资审查流程以及与美国在基于国家安全的投资审查方面的双边合作符合§800.1001的要求。这一两年期限还为委员会提供了时间来制定根据§800.1001作出决定的流程和程序，该等流程和程序将来可以适用于更广泛的国家群体。在选择初始合格外国国家时，委员会对外国国家目前是否符合下文§800.1001中讨论的决定因素不做任何表态。最后，规则删除关于内部委员会流程的语言（§800.1001也对此进行一致性变更），并修订§802.214的注1，以澄清用于识别满足"例外外国国家"定义的两个独立标准的外国国家的公布机制。

（8）第800.219节——例外投资者。本拟议规则规定"例外投资者"的定义，并已考虑到日益复杂的所有权结构以及在适用委员会管辖权时对该等结构的解释。意见发表者建议放宽标准，允许更多实体有资格成为例外投资者，包括与董事会成员和观察员国籍有关的标准、个人投资者在例外投资者中的所有权百分比限制以及最低例外所有权。作为对该等意见的回应，本规则修改"例外投资者"的定义。首先，对董事会成员国籍标准进行修订，即允许非例外外国国家的外籍成员比例最多为25%；其次，个人投资者在例外投资者中的持股比例限制从5%修订为10%；最后，§800.233中"最低例外所有权"的定义修订如下：

一位意见发表者建议委员会将取消投资者作为例外投资者的资格的重罪类型缩小至与国家安全有关的重罪。作为对该意见的回应，本规则未更改§800.219。由于例外投资者身份限制委员会的管辖权，因此法规适当保留对在交易完成日前五年内因任何重罪而定罪或与司法部达成延缓起诉协议或不起诉协议的外国投资者所展开的交易的管辖权。

部分意见发表者要求委员会将特定意见发表者本身视为例外投资者,或者寻求有关符合例外投资者资格的流程的附加信息,包括例外投资者如何证明其具有此身份,或者例外投资者是否会收到委员会确定此身份的表格或证书。作为对该等意见的回应,本规则未更改§800.219。委员会未实施单独的程序来确定潜在投资者是否有资格成为例外投资者。与其他管辖权决定一样,当事方应自行评估是否有资格作为例外投资者。

意见发表者建议委员会采用类似例外投资者的类别,部分人称之为"受信任投资者",该等别将允许某些与例外外国国家无关联的投资者获得例外投资者身份的益处。意见发表者还建议针对该"受信任投资者"概念的各种标准,包括个人投资者先前与委员会的互动、投资者遵守缓解协议的记录以及投资者是否必须遵守根据国家工业安全方案法规缓解外国所有权、控制权或影响力(FOCI)的协议。

作为对该等意见的回应,本规则未更改§800.219。与《外国投资风险审查现代化法》一致,"例外投资者"的定义侧重于投资者与例外外国国家的联系,这为工商界和投资界提供了最大的明确性,同时保护了国家安全利益。这一定义还进一步推动了委员会鼓励伙伴国实施强有力的程序,审查其国内的外国投资情况,并加强与美国的合作。值得注意的是,"例外投资者"的定义取消了委员会对某些投资者所展开的特定交易的管辖权。因此,意见发表者建议的一些标准(作为"受信任投资者"概念的一部分)不太适合确定管辖权,而是更适合本规则的其他方面,例如确定哪些当事方必须进行§800.401规定的强制性提交。例如,如下所述,本规则现在给出通过§800.401规定的FOCI缓解实体进行外国投资的强制性提交的例外情况。

一位意见发表者警告称,公众可能会将例外投资者身份等同于信任,可能误解为不符合例外投资者资格的投资者不可信任,并且可能带来更大的国家安全问题。就此而言,值得一提的是,不符合例外投资者的资格不应被解释为对特定外国人就国家安全构成威胁的个人评估。

意见发表者对最低例外所有权标准在外国人所有权链中的应用表达的观点不准确。§800.219(a)(3)中的所有条件均适用于外国人的每一个母公司(定义见第800.235节),包括最低例外所有权条件。最后,规则对§800.219(b)进行修订,以具体说明出于§800.219(a)(3)(iv)的目的,将汇总不同外国人的所有权权益的时间。规则还对§800.219(d)进行修改,以包括§802.215(c)(1)(i)—(iii)中的标准,从而保留对某些交易的管辖权,在该等交易中,由于总统根据第

721 节采取的行动，或者委员会根据本部分、第 801 或 802 部分或第 721 节对违规行为的强制执行，外国投资者被认为不是交易后的例外投资者。

（9）第 800.220 节——外国实体/新第 800.239 节——主要营业地。本拟议规则未更改先前法规中"外国实体"的定义。意见发表者要求进一步澄清 CFIUS 对投资基金所展开的交易的管辖权，并建议修订"外国实体"的定义，以将重点放在外国人的控制方面，而非外国人持有的股权数量方面。其他意见发表者敦促委员会定义"主要营业地"，进一步澄清该问题。本规则未更改§800.220，但作为对该等意见的回应，在§800.239 中包含"主要营业地"的新定义作为暂行规则。

本拟议规则使用"主要营业地"一词，但未加以定义。意见发表者建议法规包括定义，还有一名意见发表者建议美国法院用于评价联邦多元化管辖权的"神经中枢"测试。根据§800.239 的新定义，一方的"主要营业地"是指"实体管理层指导、控制或协调实体活动的主要地点，或者就投资基金而言，基金的活动和投资主要由普通合伙人、管理成员或同等人员或其代表指导、控制或协调的主要地点"，必须符合§800.239(b)中规定的资格。对于"神经中枢"位于美国的实体，§800.239(b)中限定条件的目的仍然是确保根据其对政府实体的主张一致对待实体的主要营业地，前提是自该等主张以来，事实未发生改变。财政部认为，此定义的结果与意见发表者建议对"外国实体"定义的潜在修订后内容基本相同，以解决美国人在美国管理和控制的投资基金。

由于§800.239 中的"主要营业地"是新定义，因此该定义由本规则在暂行的基础上生效，并且可以根据收到的意见进行修订。作为暂行规则，§800.239 将于本规则其他规定生效的同一天（2020 年 2 月 13 日）生效，以便为交易各方提供明确性和确定性。财政部邀请意见发表者对该暂行规则发表意见，特别是关于§800.239 是否充分解决由寻求进一步澄清由美国人管理和控制的投资基金的意见发表者提出的问题。

（10）第 800.224 节——外国人。本拟议规则使用先前法规中的"外国人"定义。本规则增加新第（b）小节，以澄清由"外国人"控制的实体本身属于"外国人"。

（11）第 800.225 节——可识别数据。本拟议规则将术语"可识别数据"定义为可用于区分或追踪个人身份的数据，包括通过使用任何个人标识符。此定义指出，为免生疑问，汇总数据或匿名数据为"可识别数据"，但前提是交易的任何一方已经能够或因交易而将能够分解或匿名化数据，或者数据另外能够用于区分或追踪个人身份。意见发表者在此定义的背景下阐述数据汇总和匿名化。部分意见发表者认为,财政部错误地考虑到外国收购者分解或去匿名数据的能力;他们建议,委员会应把调查重点放在所收购或投资的美国企业是否可分解或去匿名化合伙数据。收到关于加密和解密能力的类似意见。作为对该等意见的回应,本规则未做更改。将获得对已加密或匿名数据的访问权并能够重新识别该数据的外国收购者是委员会风险评估中的相关因素。如果外国收购者能够重新识别数据,则去识别所产生的任何效果均会消失。

(12)第 800.232 节——重要非公开技术信息。本拟议规则提供“重要非公开技术信息”的定义,与《外国投资风险审查现代化法》中的定义一致。意见发表者要求澄清重要非公开技术信息的定义范围,例如是否仅限于对技术或产品进行反向工程所需的信息、是否包含常提供给少数投资者的信息(例如技术里程碑)以及“不在公共领域提供”的含义。

作为对该等意见的回应,本规则增加关于技术里程碑的例证。未作出其他变更。构成“重要非公开技术信息”的信息将取决于特定事实和情况。“重要非公开技术信息”可能包括但不限于对公司产品组件进行反向工程所需的信息。相反,与 TID 美国企业无关联的人可轻易获得的信息很可能属于公共领域,因此不属于重要非公开技术信息。但任何该等决定均需对可能提供的信息进行特定事实评价。

(13)第 800.233 节——最低例外所有权。本拟议规则定义“最低例外所有权”及其他术语,该等术语共同将符合某些标准并与某些外国建立足够密切联系的某些外国人的受管辖投资排除在 CFIUS 的管辖范围外。意见发表者建议应降低最低例外所有权的百分比门槛;对私人持有和公开上市实体一视同仁;就投资基金而言,最低例外所有权要求应仅适用于普通合伙人。此外,意见发表者还要求澄清,以阐述实体中的权益不是有投票权权益的情况,并帮助实体确定 § 800.233(a)或 § 800.233(b)是否适用。

作为对该等意见的回应,本规则修订 § 800.233,即将 § 800.233(b)中的最低例外所有权百分比从 90% 降至 80%。本规则未采纳对私人持有和公开上市实体一视同仁的建议。不同待遇反映公开上市公司(通常是一股一票)和私人控股公司(差异可能很大,可能为少数股东提供相对于其股权的超大权利)之间的治理现实差异。本规则也未采纳将最低例外所有权标准仅适用于基金环境中的普通合伙人的建议。投资基金结构可能有很大的差别,有限合伙人可能对其投资权益有很大的权利,反之亦然。

就非有投票权权益而言,请注意,该等法规已考虑到解散(该表达方式自先前法规以来便存在于"母公司"的定义中)时的利润获取权或资产权,从而适应不同结构。最后,为符合§800.233(a)中的较低门槛[这反过来又用于适用§800.219(a)(3)(v)中的标准],实体的大部分流通股必须在美国或例外外国的一个或多个交易所上交易。

(14)第800.235节——母公司。本拟议规则未更改先前法规中"母公司"的定义。但一位意见发表者提问,该等法规是否应澄清合伙企业(或同等企业)的普通合伙人是否属于该合伙企业的"母公司"。本规则在§800.235(a)(2)中增加一项规定,明确包括"母公司"定义中实体的普通合伙人、管理成员或同等人员。规则还进行了一些次要的技术性编辑,并添加了示例来说明具有多个母公司的实体。

(15)第800.236节——交易方。在§800.236(a)(1)中,本拟议规则规定交易方包括其所有权权益正在第三方之间转移的目标美国企业。一位意见发表者要求进一步澄清,受管辖交易的哪一方需要提交§800.401规定的强制性申报。作为对该意见的回应,本规则未更改§800.236的文本。提交强制性申报的义务由该等交易的当事方承担。最后,部分意见发表者似乎对哪个实体属于基金环境中交易的当事方感到困惑。请注意,§800.236提供"交易方"的定义,其中包括获得所有权权益的人。对于基金,通常是基金本身(而非普通合伙人),但如§800.401(j)(3)中所述,在某些情况下,有限合伙人可能根据其间接投资负有强制性申报义务,而基金本身无该等义务。

(16)第800.241节——敏感性个人数据。本拟议规则给出"敏感性个人数据"的详细定义。意见发表者认为,本拟议规则中定义的"敏感性个人数据"范围可能超过保护国家安全所需的范围。意见发表者还指出,不必要的繁重监管会对人工智能等技术进步产生负面影响。财政部认识到 CFIUS 流程对外国投资的潜在影响,并在适当和符合国家安全的情况下,具体而谨慎地定义委员会对受管辖投资的新权限。

一位意见发表者建议进一步缩小定义范围,即将"针对或定制"方向的重点放在支持国家安全职能的国家安全机构的承包商或员工方面,而非该等机构的所有员工。作为对该意见的回应,本规则未做更改。某些美国政府员工可能无直接维护国家安全的职能,但可能支持该机构的关键任务,并对敏感性个人数据表现出与具有直接维护国家安全职能的同事同等的敏感度。在许多情况下,当事方将很难确定美国政府员工在各自机构内可能具有的具体职能。

此外,意见发表者还建议,CFIUS 应豁免符合某些国际公认数据保护标准[例如美国国家标准与技术研究院(NIST)或国际标准化组织制定的标准]的公司持有的定义数据。但该等标准本质上凭自愿遵守,目前并无强制机制要求企业遵守该等标准。财政部不是监督该等自愿标准遵守情况的适当实体,且作为对此意见的回应,本规则未做出任何变更。

意见发表者认为"证明企业目标"概念很模糊,会阻碍对初创企业的投资。作为对此意见的回应,在 §800.241(c)(5) 的规则中增加示例,说明在 §800.241(a)(1)(i)(C) 下存在"证明企业目标"的情况。

作为对请求澄清的意见的回应,本规则规定,§800.241(a)(1)(ii)(A) 仅适用于可用于确定个人财务困境或困难的财务数据。

另外,意见发表者还论述了企业收集和维护数据的人数门槛。部分意见发表者建议将获取敏感个人数据的门槛从 100 万人提高至 500 万名美国公民等。该等意见发表者认为,本拟议规则中的较低门槛可能会获取太多不会构成国家安全风险的企业。其他意见发表者表示,该等法规可能会阻碍社交网络公司或金融技术初创企业的发展。一位意见发表者提问,对于有既定业务计划来维护或收集超过 100 万人的数据的公司而言,本规则是否要求业务计划详细描述维护或收集该等数据的目标,或者仅仅描述拥有 100 万用户(偶然收集或维护其数据)的目标。

本规则未更改 100 万人门槛。第 800.241(a)(1)(i)(B) 和(C)节说明美国企业持有敏感个人的敏感性个人数据的可能性,尽管未针对敏感人群或未为敏感人群定制产品或服务。根据《外国投资风险审查现代化法》,本规则要求美国企业收集或维护美国公民的"敏感性个人数据"。见 §800.248(c)。但门槛是指个人,而非美国公民,原因在于在大多数情况下,美国企业无法确认个人(维护或收集敏感其个人数据)的公民身份。100 万人门槛将确保包括大量数据收集者,在许多行业中,该等数据收集者占所收集数据的绝大多数。相反,对于偶然收集或维护少量个人数据的许多小企业和公司而言,该门槛将尽量减少额外监管负担。

本规则对 §800.241(a)(1)(i) 做出澄清性编辑,并在 §800.241(c)(1)—(5) 中增加示例,以进一步说明本规则的适用情况。§800.241(c) 中的示例 1—3 说明了 100 万人门槛的时间因素,表明如果美国企业在过去 12 个月的任何时间收集或维护超过 100 万人的适用数据,则满足§800.241(a)(1)(i)(A)中的要求。示例 4 澄清,当事方应考虑在列举类别中维护或收集敏感个人数据的总人数。如上所述,示例 5 说明"证明企业目标"规定的范围。

意见发表者还阐述本拟议规则对遗传数据的处理。部分意见发表者建议,拟议遗传信息范围太广,应缩小范围,使之与国家安全保持一致。其他意见发表者建议缩小定义范围,将重点放在可识别数据或个人全基因组信息等信息上,以便更好地根据国家安全问题调整定义。其他意见发表者建议修改定义,以排除从药物发现或临床试验中获得的匿名数据,或者来自大型异质群体的汇总数据。

作为对该等意见的回应,本规则以两种方式重新校正关于基因检测数据的规定:首先,将定义重点放在"基因检测"上,因为此术语在《2008 年遗传信息反歧视法》(GINA)中有定义;其次,通过将本规则的覆盖范围限制在可识别数据。为说明研究中常用的数据集,本规则还获取来源于美国政府维护的数据库的基因检测数据,并出于研究之目的定期提供给私人机构。

(17) 第 800.244 节——实质权益。本拟议规则为"实质权益"的定义设定有投票权权益门槛。意见发表者要求进一步澄清其适用情况(包括对投资基金有限合伙人的适用情况),提问该规定是否仅适用于单个外国政府,并询问§800.244 关于母公司有投票权权益的机制。

作为对该等意见的回应,本规则修订§800.244。本规则澄清,在§800.244(a)中,实质权益适用于单个外国政府,这与§800.222 中的"外国政府"定义一致,后者又包括国家和次国家政府,包括其各自部门、机构和媒介。在§800.244(a)中,本规则还将例外外国政府排除在外,以便更好地同步§800.401 下的两项强制性提交要求的适用情况。

此外,本规则修订§800.244(b),以便在某些情况下将"实质权益"定义为外国政府在普通合伙人(或同等人员)中的权益,而不考虑其有限合伙人权益。这为投资基金背景中的当事方提供明确指示,并把实质权益分析重点放在通常负责有关投资基金的日常决策的实体上。

最后,本规则增加若干例证。

(18) 第 800.248 节——TID 美国业务。本拟议规则定义了在关键技术、关键基础设施和敏感性个人数据方面有一定参与的企业类型,投资该等企业可能构成受管辖投资。

意见发表者要求澄清本规则适用于间接维护或收集敏感性个人数据的美国

企业。作为对该等意见的回应,本规则增加若干示例,其中阐述美国企业通过中介机构间接维护或收集敏感性个人数据的场景。

此外,本规则还增加关键技术方面的例证(由委员会在针对涉及外国人和关键技术的某些交易的试点方案方面的经验提供信息)。其中一个示例说明,仅仅验证相关关键技术的适合性和形式不属于§800.248(a)规定的"测试"。另一示例说明,停止采取§800.248(a)中列出的某项行动但仍能够采取针对关键技术的相关行动的美国企业属于 TID 美国企业。

最后,就§800.252(a)中所述的 TID 美国企业(即与关键技术相关的企业)而言,当事方必须要意识到,本规则确立委员会对任何"生产、设计、测试、制造、制作或开发"一种或多种关键技术的美国企业中的受管辖投资的管辖权。但如下文结合§800.401所述,本规则要求对仅涉及该等 TID 美国企业子集的交易进行强制性申报。

(19)第800.251节——美国。本规则修订"美国"定义,以便与 FIRRMA 中的定义保持一致。

(20)第800.252节——美国企业。本拟议规则通过排除短语"但仅限于其在美国州际商业中的活动",修订先前法规中的"美国商业"定义。意见发表者要求委员会恢复先前的"美国企业"定义,或者澄清委员会对该术语的预期解读。本规则未更改拟议定义。拟议定义沿用了《外国投资风险审查现代化法》使用的语言,这并不意味着企业在美国州际商务中的业务活动范围与委员会对国家安全风险的分析无关。

本规则还修订了§800.252(b)的示例 2,以说明企业可向美国出口和许可技术并提供服务,但就本规则而言,不具备美国企业的资格。

(21)第800.254节——有投票权权益。本拟议规则未更改先前法规中"有投票权权益"的定义。意见发表者寻求进一步澄清所涉有投票权权益的范围,包括是否包含同意权、否决权或其他特殊权利,或者在存在不同级别有投票权权益类型(如优先股)的情况下,当事方应如何计算有投票权权益。另外,意见发表者还建议该术语仅限于重大决策中的表决权。

作为对该等意见的回应,本规则未更改§800.254。"有投票权权益"的定义由来已久,正如许多意见发表者所指出的那样,任何修订均将在整个法规中产生广泛影响,因为已将有投票权权益纳入其他定义术语(例如母公司)中了。在适当情况下,财政部通过修订法规的其他部分提供澄清,例如澄清上述§800.244

中的"实质权益"定义。

3）第 C 子部分——范围。本拟议规则第 C 子部分包括具体描述属于或不属于"受管辖控制权交易"或"受管辖投资"的交易的规定。该等规定包含若干说明不同场景的示例，但意见发表者要求提供更多示例，包括说明本规则如何处理出口协议或技术转让的具体示例。

作为对该等意见的回应，本规则修订并补充了§800.305 至§800.307 中的示例，如下文进一步论述。本规则还对§800.301—§800.304 和§800.308 做出技术性修订。请注意，商务部和国务院颁布的出口管制条例单独阐述技术转让。财政部向公众公布 15 CFR 第 730—774 部分中的《出口管理条例》和 22 CFR 第 120—130 部分中的《国际武器贩运条例》。

（1）第 800.305 节——渐进式收购。本拟议规则提供肯定性保证，即在受管辖控制权交易后的某些交易（委员会就此根据通知结束第 721 节下的所有行动）不属于受管辖交易。意见发表者要求做出多项澄清，包括已控制美国企业的外国人对该企业进行增量投资或收购其额外权利是否构成受管辖交易。其他意见发表者询问，委员会是否会向当事方传达委员会是否对作为受管辖控制权交易或受管辖投资的特定投资拥有管辖权，或者渐进式收购规则如何适用于相关但非全资拥有的实体。

作为对部分意见的回应，做出修订。本规则旨在扩大渐进式收购规则，使本规则适用于在通过申报提交给委员会的受管辖控制权交易后展开的交易，以及委员会根据该申报结束行动的交易。另外，本规则还做出技术性编辑，并增加关于相关实体的示例。此外，请注意，委员会在回复通知时，会告知当事方某项投资属于受管辖控制权交易还是受管辖投资。

（2）第 800.306 节——借贷交易。本拟议规则扩大先前法规中关于"贷款交易"的规定，以阐述受管辖投资。一位意见发表者指出，在贷款交易的背景下，强制性申报要求可能会带来挑战，并建议财政部不得针对涉及拖欠贷款的交易使贷款人遵守强制申报要求，或者要求处于这种情况的当事方尽快提交。

作为对该意见的回应，本规则未做更改。贷款人通常不会在拖欠贷款的情况下自动获得资产所有权。在该等情况下，贷款人必须首先实施肯定性行为，例如使用股票转让授权书转让所有权权益，从而允许贷款人在实施该等行为前遵守§800.401 中的强制性申报规定（如适用）。此外，即使在拖欠贷款的情况下，贷款人通常也会采取商业上合理的努力来补救借款人的违约事件，且仅将取得资产所有权作为最后手段。该等努力的持续时间通常比§800.401规定的强制性申报要求提前通知时间的30天要长。但如果必须遵守强制性申报要求的当事方因违约情况而无法及时提交文件，则委员会将在评估任何可能的民事罚款决定时考虑此情况。

但本规则确实修订§800.306（包括其示例），以进一步澄清和说明其对受管辖投资的适用情况。

（3）第800.307节——投资基金的具体澄清。本拟议规则实施FIRRMA中与投资基金相关的规定。投资基金规定的意见发表者支持限制CFIUS对某些投资基金的审查权限的适用情况。其他意见发表者要求澄清CFIUS对投资基金的管辖范围。例如，一位意见发表者询问，CFIUS的管辖权是否延伸至在美国境外组建但拥有美国普通合伙人和有限合伙人的投资基金。本规则未对§800.307中的该等意见做出任何改动，原因在于财政部无法确认意见发表者的法律解释、澄清或基于高度特定事实的假设场景的示例。注：如下文进一步讨论，旨在解决强制性申报背景下的投资基金问题的其他示例见§800.401。

另一位意见发表者建议添加附加示例，以说明某些不会使有限合伙人有能力控制基金的权利，或者缩小法定列举的构成控制的权利范围。就此而言，委员会的权力受到FIRRMA中有关投资基金规定的限制。本规则未对这一意见做出任何改动。

一位意见发表者指出，财政部网站上描述试点方案的委员会部分（包括对常见问题的答复）澄清，未能满足§801.304（a）中的所有标准并不一定意味着外国人通过投资基金对TID美国企业的间接投资属于受管辖交易。类似于§801.304，§800.307（a）也并非旨在创建下述假设：如果不符合§800.307（a）中的标准，并不意味着外国人通过投资基金对TID美国企业的任何投资属于受管辖交易；需要考虑投资的具体事实和情况。

一位意见发表者认为，该定义旨在阻碍用外国政府拥有的投资基金进行投资，原因在于外国政府拥有或控制的基金不能寻求免除强制性申报要求，而一些非国有或国家控制的投资基金可能寻求免除。投资基金澄清处理旨在解决涉及外国有限合伙人参与完全由另一方管理的投资基金的情况。外国政府拥有或控制的投资基金不符合该情况，该情况通常涉及被动有限合伙人。作为对该意见的回应，本规则未做更改。

最后，本规则修订§800.307（a）中的引言和§800.307（a）（2）中关于实体的普通合伙人标准，在这两种情况下均符合《外国投资风险审查现代化法》的措辞。

（4）第 800.308 节——或有股本权益的时间规则。财政部收到关于 § 800.308 中的时间规则与 § 800.401 中要求的强制性申请相互影响的意见，包括修订上文讨论的 § 800.206 中所述的"完成日期"定义的建议。作为对该等意见的回应，本规则未做更改。如果或有股本权益的转换可能导致需要根据 § 800.401 提交申请的受管辖交易，则建议当事方仔细考虑 § 800.308 是否适用，以避免潜在处罚。

4）第 D 子部分——申报。根据 FIRRMA 的指示，该拟议规则通过提交申报规定一个简短的申请流程。意见发表者指出，申报流程使外国公司在签证方面相对于美国投资者处于竞争劣势，特别是在竞争性拍卖的背景下，从而影响外国直接投资。

意见发表者进一步提议，CFIUS 承诺在交易中通知当事方具体的国家安全问题（如有），以使当事方能够迅速处理该等问题。

另外，意见发表者还要求财政部创建快速审查流程，通过审查和清算涉及同一外国人的先前交易，评价委员会已经熟悉的当事方提交的申报（或通知）。一位意见发表者建议委员会向某些此前已经经过委员会审查，且视为不会对国家安全构成威胁的投资者提供"安慰函"。最后，意见发表者要求 CFIUS 提供一份清单，列出其在审查申报时考虑的因素，如果当事方加以处理，则委员会将在 30 天内完成对交易的所有行动。

针对该等意见，本规则未改动申报的流程和程序。财政部意识到时间对交易当事方的重要性，并指出申报流程本身就是快速审查。委员会必须根据具体事实和情况（包括所涉当事方的身份），评价每笔交易。因此，DPA 规定具体的审查期，使 CFIUS 机构能够履行其国家安全责任，且委员会进一步加快评估期不符合国家安全利益。类似地，鉴于委员会进行的每项评估均具有特定事实的性质，委员会不宜在条例中规定一份加快委员会评估申报的因素清单。

（1）第 800.401 节——强制性申报。拟议规则包括对涉及外国政府"实质权益"的交易的强制性申报要求。讨论上文 § 800.244 中的"实质权益"定义时，处理与 § 800.401(b) 中的强制性申请要求相关的意见。试点方案暂行规则针对涉及某些关键技术的 TID 美国企业的受管辖交易，设置强制性申报要求。财政部收到对试点方案暂行规则的意见既是对 2018 年 10 月发布试点方案暂行规则的回应，也是对 2019 年 9 月发布第 800 部分拟议规则的回应。

意见发表者指出，按照评估试点方案暂行规则确定哪些投资需要强制性申请时存在一定复杂性,包括评估某些美国企业与 NAICS 编码所确定的某些行业之间的联系是否符合试点方案暂行规则 § 801.213 中所载要求。一些意见发表者建议委员会不要继续行使《外国投资风险审查现代化法》赋予的权力,要求在美国某些经营活动与关键技术有关的企业开展交易时,进行强制性申报。其他意见发表者建议,条例只要求对涉及规定关键技术子集的交易进行强制性申报(例如,只要求新兴技术和基础技术),或者取消对某些不引起国家安全担忧的其他关键技术(例如,非敏感性加密软件)或某些领域(例如,生物技术)的强制性申请要求,以鼓励外国资金进入该等领域。

意见发表者还建议,某些类别的投资者(例如,例外投资者或 FOCI - 缓解实体)应豁免有关控制交易或受管辖投资(如适用)的强制性申报要求,或者委员会免除涉及收购美国企业某些权利(如董事会席位)的交易的强制性申请,以免影响外国投资。

本规则整合试点方案暂行规则中的强制性申报要求,其依据是交易是否涉及与 NAICS 编码所确定的特定行业有联系的某些美国企业。然而,财政部预计将发布一份关于拟议规则制定的单独通知,以根据出口管制许可证要求的强制性申报要求取代该要求。此外,针对公众意见,本规则免除某些交易的关键技术强制性申报要求。该等免除涉及例外投资者、FOCI - 缓解实体、某些加密技术以及完全由美国公民管理并最终由美国公民控制的投资基金。财政部预计,即使如上所述修改强制性申报要求的范围,该等免除仍将继续适用。

意见发表者还要求在强制性申报要求中纳入一种机制,通过该机制,委员会将在根据各种标准评价该等外国投资者(一些意见发表者称之为“受信任的投资者”)后,给予该等投资者豁免。一些意见发表者建议,该机制仅适用于已经提交通知并获委员会批准的当事方,并指出,委员会已经审查投资者及其在审查通知过程中提出的任何国家安全担忧。作为对该等意见的回应,本规则未做更改。财政部今后将继续考虑建立一种潜在豁免机制。一旦委员会掌握有关本规则下的强制性申报的更多数据,便能够更好地评估豁免方案以及实施和管理机制的可能性。

最后,一位意见发表者要求澄清强制性申报提前 30 天通知要求的起始时间。如 § 800.401(g)所述,该等 30 天期限始于提交申报或通知时(如适用),而非工会主席接受时。根据 § 800.401(i),如果委员会拒绝或允许撤回申报(或通知),则 30 天期限从重新提交之日起重置,无需工会主席的书面批准。本规则还包括航空承运人为符合《外国投资风险审查现代化法》而进行强制性申报的例外情况。

（2）第 800.403 节——申报程序。拟议规则规定申报程序。意见发表者要求 CFIUS 在收到申报后五天内开始评估申报，或者对申报提供反馈。作为对该等意见的回应，本规则未做更改。委员会尽一切努力向当事方提供反馈，并尽快启动交易审查。本规则与《外国投资风险审查现代化法》一致，确实规定委员会在规定的时间范围内对包括某些规定的自愿通知做出回应。

（3）第 800.404 节——申报内容。拟议规则中规定了与申报有关的信息要求，与《外国投资风险审查现代化法》要求一致，即，CFIUS 将申报确定为"长度一般不超过 5 页的简短通知"。作为申报的一部分，各方可以自主规定该交易是否为受管辖交易，如果确实如此，则各方可以自主规定该交易是否受外国政府控制的交易。

一位意见发表者反对 § 800.404(e) 中的规定，即当事方在申报中应注明某项交易是否属于受管辖投资、受管辖交易或外国政府控制的交易。注：根据 § 800.404(e)，提交申报的当事方无需提供该等信息，但可选择性提供，从而可能有助于加快委员会的审查流程。提供该等信息并不影响对 CFIUS 关于交易的最终决定进行司法审查。相反，对于提供该等信息的当事方，如果关于交易是否属于受管辖投资、受管辖交易还是外国政府控制的交易的决定以提供的信息为依据，则不得对该决定提出质疑。

虽然未改动申报内容的要求，但本规则对本节做出修改，要求提供更多信息，包括使委员会更有效地评估某项交易是否属于受管辖交易的信息。例如，对于涉及收购生产、设计、测试、制造、制作或开发一种或多种关键技术的美国企业的申报，当事方必须描述项目和适用的出口管制分类/类别。

（4）第 800.407 节——委员会行动。规则阐明，如果委员会有理由相信交易可能引起国家安全方面的考虑，则委员会可以要求当事方根据第 E 子部分提交书面通知。

5）第 E 子部分——通知。拟议规则规定了通知提交流程。

（1）第 800.501 节——通知程序。一位意见发表者建议禁止委员会在交易完成后的某些时间段后审查交易。作为对该意见的回应，本规则未做更改。希望就先前完成的交易从委员会获得安全港的当事方可以通过提交自愿通知或提交申报的方式承诺这样做。

（2）第 800.502 节——自愿通知的内容。一位意见发表者建议，要求当事方制定网络安全计划不足以确定当事方的信息技术系统是否得到充分保护。该意见发表者建议委员会依靠其他联邦机构（例如，国土安全部或商务部下辖的 NIST）颁布的网络安全标准。或者，该意见发表者建议使用一种算法来评估申请方的网络安全漏洞，并建议要求申请方满足某些网络安全标准。作为对该等意见的回应，本规则未做更改。公司的网络安全计划是委员会需要考虑的相关信息。当事方是否遵守政府或行业标准可能是委员会风险评估中的一项相关因素，但不必在条例中做出规定。修订§800.502，类似于上文§800.404 下讨论的修订内容以及其他澄清性编辑。

6）第 G 子部分——行动结束。根据第 721 节，对于已通知 CFIUS，且 CFIUS 在确定不存在未决国家安全问题后已根据第 721 节结束行动的受管辖交易，有资格获得安全港，不受委员会进一步行动的影响。一位意见发表者指出，本规则缺乏安全港规定，并要求就如何构建交易结构提供更多指导，以确保委员会不会更改或推翻交易。

根据第 721 节，本规则根据§800.701，并通过上文讨论的增量获取规则，为当事方提供安全港。第 721 节和本规则均未规定交易结构，允许当事方根据特定交易的事实和情况以最适当的方式构建交易结构。如上所述，DPA 第 721（f）节提供了一份说明性因素名单，供委员会和总统在确定受管辖交易是否构成国家安全风险时考虑。此外，财政部此前已发布 CFIUS 国家安全审查指南，即 73 FR 74567（2008 年 12 月 8 日），本指南目前仍然有效。

7）第 I 子部分——罚款和损害赔偿。意见发表者要求财政部颁布关于何时评估民事罚款的指导方针。财政部正在考虑是否可以提供更多信息，以帮助公众了解委员会的执法优先事项。对本子部分做一些澄清和技术性编辑。此外，规则对§800.901（f）进行修订，以允许在与当事方达成书面协议后，延长委员会回复申请的最后期限，从而促进进一步的谈判，包括解决潜在的民事罚款。

8）第 J 子部分——外国国家安全投资审查制度：

第 800.1001 节——决定。拟议规则规定由委员会做出有关"外国审查本国国家安全外国投资的流程"及其与美国在审查外国投资方面的合作的决定。意见发表者建议委员会在做出该等决定时，认识到不同的系统可以实现相同的结果，并避免坚持要求外国采用与 CFIUS 类似的程序。

作为对该等意见的回应，本规则未更改§800.1001。财政部将于近期在其网站的委员会部分公布委员会在做出决定时将考虑的因素，该等因素侧重于外国流程以及为解决外国投资引起的国家安全风险与美国合作的实质，而未规定具体形式。最后，该等决定只与外国作为本规则下的例外外国国家的地位有关。其并不意味着美国政府会更广泛地认可外国投资审查制度，包括外国投资审查制度中可能包含国家安全以外因素的方面。

9）其他评论。财政部还收到对拟议规则中未具体涉及的主题的意见。意见发表者指出，拟议规则并未涉及减损协议的独立监察员，并建议委员会进一步澄清，包括监察员资格或监测员是否可以提供额外服务，而不违反《外国投资风险审查现代化法》的利益冲突条款。作为对该等意见的回应，本规则未做更改。财政部非常重视确保监察员的廉正和资格的重要性，包括避免利益冲突。委员会在利用监察员监察缓解协议方面拥有丰富的经验，并发现可以将适当的保障措施纳入缓解协议本身，具体取决于每笔交易的事实和场合。

1.4.3.4 规则制定要求

1. 12866 号行政命令

该等规定无须遵守 12866 号行政命令［其中涵盖管理和预算办公室（OMB）信息和监管事务办公室（OIRA）对该等法规的审查］的一般要求，因为根据该命令第 3（d）（2）节，该等法规涉及美国的外交事务职能。此外，根据财政部与 OMB 于 2018 年 4 月 11 日签订的协议备忘录第 7（c）节，该等法规无须接受 12866 号行政命令第 6（b）节下的审查，因为该协议备忘录规定 CFIUS 法规无须接受 OMB 在 12866 号行政命令下的标准集中审查流程。

2. 暂行规则的正当性

拟议规则，以及 84 FR 50214 的提议规则，包括使用"主要营业地"一词的规定。财政部收到了对该等规定的评论，包括为该术语添加定义的建议。

为对评论作出更改，已纳入"主要营业地"的定义。财政部认为，在最终确定这一定义之前，获得公众对这一定义的评论将有利于公众和委员会。因此，本规则包含暂行规则，其中确立了"主要营业地"一词的定义，该定义将与规则的其余部分一起生效，财政部为公众提供了 30 天的时间就"主要营业地"的新定义作出评论。

使"主要营业地"的定义与规则在同一天生效符合公众利益。意见发表者要求更清楚地说明哪些当事方受强制性申报要求的约束，以及更普遍地受 CFIUS 的管辖。新定义直接解决了该等要求，并提供了更大范围的事务确定性。如果该定义对这一规则无效，根据新的定义，一些可能无需向委员会提交声明（或选择提交通知代替强制性申报)的当事方将不得不(或选择)这样做。通过澄清某些当事方无需提交申报,且某些交易不受 CFIUS 管辖,添加"主要营业地"的定义减少了对公众的监管负担,允许一些当事方免除向委员会提交申报或通知所涉及的费用、时间和不确定性。因为该定义添加了明确性,潜在减少了对公众的监管负担,因此立即生效符合公众利益。尽管如此,财政部仍在征求对该定义的评论,并将在最终确定暂行规则之前考虑该等评论。

3. 文书削减法

根据《1995 年文书削减法》[PRA 44 U.S.C. 3507(d)],本规则中包含的信息集合与拟议规则一起提交给 OMB 进行审查。没有收到对 PRA 估计的评论。然而,如上所述,财政部对与通知和申报表相关的一些信息要求进行了修改。

该等变更代表财政部在审查信息要求时确定的澄清,以及为实施根据拟议规则修改的某些规定所需的变更。所要求的额外信息与拟议收集的信息没有实质性区别,财政部对完成申报和通知的负担时间的估计与拟议规则阶款的估计没有区别。该等收集信息已提交给 OMB,控制编号为 1505 - 0121。

根据 PRA,除非机构显示 OMB 指定的有效控制编号,否则不得进行或支持收集信息,个人也不需要对收集信息做出回应。

4.《监管弹性法》

无论《监管弹性法》(RFA,5 U.S.C. 601 及后续条款)的规定是否适用于这一规则制定,出于拟议规则序言中提到的原因,财政部编制了一份《初始监管灵活性分析》以获取公众评论,并通过该分析确定拟议规则极有可能不会影响大量小型实体。

财政部特别要求就拟议规则对小型实体的影响作出评论;没有收到这样的公众评论。美国财政部长特此证明,规则不会对大量小型实体产生重大经济影响,理由如下。

本规则扩大委员会的管辖区,将以前不接受 CFIUS 审查的其他类型的交易包括在内。此外,委员会将保留对任何交易的现有管辖权,任何外国人均可通过该等交易获得对任何美国企业的控制权。因此,规则可能会影响任何从事受管辖交易的美国企业,包括美国小型企业。

关于接受外国人投资(直接或间接)的美国小企业的数量,包括涉及关键技术、关键基础设施或敏感性个人数据的企业,无单一信息来源,因此其会直接受本规则的影响。但商务部经济分析局(BEA)通过其《美国新外国人直接投资调查表》(表格 BE - 13)，每年收集有关美国新外国人直接投资的数据。虽然该等数据是自行报告的，仅包括外国人士获得至少 10％有投票权股份对美国企业的直接投资（因此，不包括低于 10％的投资，尽管该等投资可能属于受管制交易），但它们提供了接受外国投资的一类美国企业的相关信息，其中一些可能受到拟议规则管制。

根据 2018 年 BEA 数据，即有数据可查的最近一年，外国人在 832 家美国企业中获得至少 10％有表决权股份。见美国商务部经济分析局，"2018 年启动的投资数量、计划总支出的分布、按投资类型划分的规模"，可在以下网址查阅：https：//apps.bea.gov/international/xls/Table15-14-15-16-17- 18.xls.（最后访问日期：2020 年 1 月 6 日）。BEA 仅报告投资交易的一般规模，未报告涉及美国企业的类型，也未报告小企业管理局是否将美国企业视为"小企业"（根据年收入或雇员人数定义）。BEA 报告的最小规模外国人投资交易为美元价值低于 5 000 万美元的交易。虽然就 RFA 而言，并非所有接受外国人投资少于 5 000 万美元的美国企业均可视为"小企业"（许多可能如此），但接受外国人投资少于 5 000 万美元的美国企业的数量可以代替可能受 CFIUS 管辖且涉及美国小企业的交易数量。

在上述 2018 年接受外国人投资的 832 家美国企业中，有 576 家参与价值不到 5 000 万美元的交易。尽管该数字的涵盖范围较小，因为其并未记录可能位于本规则范畴内的所有交易，但其涵盖范围也较大，因为其不限于任何特定类型的美国企业。我们认为，576 这一数字是根据可能受本规则影响的美国小企业数量的现有数据得出的最佳估计值。

根据 SBA 的数据，截至 2018 年，美国有 3 020 万家小企业（定义为"雇员不超过 500 人的公司"）。https：//www.sba.gov/sites/default/files/advocacy/2018-Small-Business-Profiles-US.pdf.（最后访问是 2020 年 1 月 6 日）。如果约 600 家美国小企业可能受本规则的影响，则表示本规则可能影响不到 1％的美国小企业。

因此，财政部认为本规则不会影响"大量小实体"。

尽管如此，本规则包括降低所有企业成本的条款，包括小企业。例如，相比于必须制定一份更长的通知，提供一份较短的受管辖交易声明可节约实体的成本。此外，提供可填写的声明表格可能有助于降低各方的部分成本。

5.《国会审查法》

本规则已提交给 OIRA，OIRA 已确定本规则属于《国会审查法》下的"主要"规则。然而，尽管 5 U.S.C. 801(a)(3)规定了主要规则的时间要求，但财政部已确定有充分理由根据 5 U.S.C. 808(2)公布规则,因为将本规则的效力延迟超过 30 天是不切实际、没有必要和违背公众利益的。根据《外国投资风险审查现代化法》,除其他外,扩大管辖权范围和确定申报等规定将于 2020 年 2 月 13 日生效,无论本规则是否公布或生效。见《外国投资风险审查现代化法》第 1727 (b)(1)(A)节。如果没有《外国投资风险审查现代化法》指导的规则提供的流程、程序和定义,市场参与者在遵守《外国投资风险审查现代化法》要求时将面临巨大的困难、延误和费用。因此,财政部认为有充分理由确定 5 U.S.C.801(a) (3)项下的通知和公开程序是不切实际、没有必要和违背公众利益的。尽管有 5 U.S.C. 801(a)(3)的规定,本规则也将于 2020 年 2 月 13 日生效。

6. 主题列表

(1) 31 CFR 第 800 部分。在美外国人投资、调查、投资、投资公司、国防、报告和记录保存要求。

(2) 31 CFR 第 801 部分。在美外国人投资、调查、投资、投资公司、国防、报告和记录保存要求。

就序言中所述原因而言,财政局修订美国联邦法规第 31 编第 800 和 801 部分,具体如下:

将第 800 部分修订如下:

1.4.3.5　第 800 部分——外国人在美国某些投资的规定:

1. 第 A 子部分——总则

章节

800.101 范围

800.102 基于风险的分析

800.103 对其他法律的影响

800.104 适用性规则

800.105 解读和解释规则

2. 第 B 子部分——定义

800.201 汇总数据

800.202 匿名数据

800.203 工作日

800.204 证明

800.205 委员会、委员会主席、工会主席

800.237 人员

800.238 个人标识符

800.239 主要营业地

800.240 第 721 节

800.241 敏感性个人数据

800.242 服务

800.243 仅用于被动投资的目的

800.244 实质权益

800.245 实质性决策

800.246 供应

800.247 针对或定制

800.248 TID 美国企业

800.249 交易

800.250 非附属 TID 美国企业

800.251 美国

800.252 美国企业

800.253 美国公民

800.254 有投票权权益

3. 第 C 子部分——范围

800.301 属于受管辖控制权交易的交易

800.302 不属于受管辖控制权交易的交易

800.303 属于受管辖投资的交易

800.304 不属于受管辖投资的交易

800.305 渐进式收购

800.306 贷款交易

800.307 投资基金的具体澄清

800.308 或有股本权益的时间规则

4. 第 D 子部分——声明

800.401 强制性申报

800.402 自愿性申报

800.403 申报程序

12. 第 800 部分附录 B——工业

立法：50 U.S.C. 4565；经修订的 11858 号行政命令、73 FR 4677

1. 第 A 子部分——总则

1) §800.101 范围：

(a) 经修订的《1950 年国防生产法》第 VII 编第 721 节(50 U.S.C. 4565)授权美国外国投资委员会审查本部分 §800.213 中定义的任何受管辖交易，并减轻该等交易对美国国家安全造成的任何风险。第 721 节还授权总统在以下情况下暂停或禁止任何受管辖交易：根据总统的判断，有可信证据促使总统相信从事受管辖交易的外国人可能采取威胁损害美国国家安全的行动的情况，以及根据总统的判断，在总统面临的事务中，除第 721 节和《国际紧急经济权力法》(50 U. S.C. 1701 及后续条款)以外的法律规定不为总统提供足够和适当的权力保护美国的国家安全的情况。

(b) 本部分实施与受管辖交易相关的法规。本章第 802 部分涉及与"受管辖房地产交易"相关的法规。

2) §800.102 基于风险的分析。委员会根据第 721 节决定暂停审批、请示总统或磋商、订立或强加或强制执行任何协议或条件时，应基于委员会就受管辖交易对美国国家安全的影响进行的基于风险的分析。任何该等基于风险的分析应包括证明风险的可信证据，以及对与交易相关的国家安全威胁、漏洞和后果的评估。就本部分而言，所有该等风险分析均应纳入并告知对以下因素的考虑：

(a) 威胁，即外国人采取行动危害美国国家安全的意图和能力的结果；

(b) 脆弱，即美国企业的性质在多大程度上容易危害国家安全；

(c) 国家安全性后果，即威胁源起方利用脆弱性可能对国家安全产生的潜在影响。

3) §800.103 对其他法律的影响。不得将本部分中所载之任何内容解释为修改或影响联邦法律的任何其他条款提供或确立的任何其他权限、流程、规定、调查、强制措施或审查，包括《国际紧急经济权力法》，或者美国宪法规定的总统或国会拥有的任何其他权力。

4) §800.104 适用性规则：

(a) 除本节第(b)和(c)款中规定的情况外且除非本部分另有规定外，本部分的法规均自 2020 年 2 月 13 日起适用。

（b）根据本节第（c）款，对于 2020 年 2 月 13 日之前开展的任何交易，将适用于 2020 年 2 月 12 日生效的本部分法规的相应规定：（1）完成日期；（2）各交易方已签立具有约束力的书面协议或其他具有约束力的文件，确立交易的实质性条款；（3）一方已向股东公开报价购买一家美国企业的股份；（4）一名股东已就美国企业董事会的选举征求代理人，或者或有股本权益的所有人或持有人已要求转换或有股本权益。

（c）对于 2018 年 11 月 10 日至 2020 年 2 月 12 日开展的本编第 801 部分适用的任何交易，在此期间有效的第 801 部分的规定仍继续适用。

§800.104 注 1：见本部分第 I 子部分（处罚和损害赔偿），解释与该子部分相关的具体适用性规则。

5）§800.105 解读和解释规则：

（a）本部分中包含的示例仅供参考，不应被解释为改变本部分法规文本的含义。

（b）本部分中使用的"包括"是指"包括但不限于"。

2. 第 B 子部分——定义

1）§800.201 汇总数据。"汇总数据"是指以汇总或其他形式组合或收集在一起的数据，因此识别任何个人的该等数据进行识别。

2）§800.202 匿名数据。"匿名数据"是指已完全删除所有个人标识符的数据。

3）§800.203 工作日。"工作日"是指周一至周五，但 5 U.S.C. 6103 规定的法定公共假日、联邦法令或行政命令宣布为假日的任何一天，或者美国人事管理局宣布华盛顿特区联邦机构关闭的任何一天除外。为计算由 §800.401（g）（2）或 §800.501（i）中交易的一方提交触发的本部分规定的任何截止日期，在东部时间下午 5 点后收到的任何提交视为在下一个工作日提交。

§800.203 注 1：有关拨款失效期间的截止日期，见 §800.604。

4）§800.204 证明：

（a）"证明"是指由提交通知、声明或信息一方的首席执行官或其他正式授权指定人员签署的书面声明，根据经修订的《1996 年虚假陈述责任法》（18 U.S.C. 1001）中规定的处罚证明提交的通知、声明或信息：

（1）完全符合第 721 节中所载要求、本部分中所载法规以及与委员会或委员会任何成员订立的任何协议或条件；

（2）由于涉及以下方面，在所有重要方面均准确、完整：

（i）交易；

（ii）提供证明的一方，包括其母公司、子公司以及通知、声明或信息中所述的任何其他相关实体。

（b）就本节而言，"正式获授权指定人员"是指以下对象：

（1）对于合伙企业，指其任何普通合伙人。

（2）对于公司，指其任何高管或董事。

（3）在任何缺乏合伙人、高级职员和董事的实体中，组织内行使类似于合伙企业普通合伙人或公司高级职员或董事的行政职能的任何个人；

（4）对于个人，指该等个人或其法律代表。

（c）在本节第（b）（1）—（4）款所述的每种情况下，该等指定人员必须拥有代表提交通知、声明或信息的一方进行证明的实际权力。

§800.204 注 1：可在财政部网站的委员会章节找到认证样本。

5）§800.205 委员会；委员会主席；工会主席。"委员会"是指美国外国人投资委员会。"委员会主席"是指财政部长。委员会的"工会主席"是指财政部官员，由财政部长或其指定人员指定。

6）§800.206 完成日期。"完成日期"（就任何交易而言）是指任何所有权权益（包括或有股本权益）出让、让与、交付或以其他方式转让给个人，或者可能导致受管辖控制权交易或受管辖投资发生的权利变更的最早日期。

§800.206 注 1：有关或有股本权益的时间确定规则，见第 800.308 节。

7）§800.207 或有股本权益。"或有股本权益"是指目前不构成股本权益，但在或有或确定事件发生时可转换为股本权益或提供股本权益获得权利的金融工具。

8）§800.208 控制权。（a）"控制权"是指无论是否直接或间接通过实体中未偿有投票权权益总额的多数或主要少数所有权、董事会代表、代理表决、特别股、合同安排、正式或非正式的一致行动安排或其他手段，以确定、指导或决定影响实体的重要事项；特别是但不限于确定、指导、采取、达成或促成关于以下事项或影响实体的任何其他类似重要事项的决策的权力：

（1）实体任何有形或无形主要资产的出售、租赁、抵押、质押或其他转让，无论是否在正常业务范围内；

（2）实体重组、合并或解散；

（3）实体生产、经营或研发设施的关闭、搬迁或实质性变更；

（4）实体的主要支出或投资、股权发行或债务、股息款项或批准实体的经营预算；

（5）选择实体将追求的新业务线或事业；

（6）实体订立、终止或不履行重大合同；

（7）管理实体的非公开技术、财务或其他专有信息处理的实体政策或程序；

（8）高管或高级经理的任免，或者合伙企业普通合伙人的任免；

（9）可访问关键技术或其他敏感技术或美国政府机密信息的员工的任免；

（10）实体针对本节第（a）（1）—（9）款所述事项进行的公司组织章程、组织协议或其他组织文件修正。

（b）审查一名以往外国人拥有实体所有权利益时的控制权问题时，将考虑以下因素：例如该等外国人是否存在关联或有正式或非正式的一致行动安排、是否属于同一个外国的国家或地方政府的机构或部门，以及某特定外国人和在该实体中拥有所有权权益的其他法人是否均由同一个外国的国家或地方政府控制。

（c）不得将以下少数股东权益保护本身视为授予对实体的控制权：

（1）阻止出售或质押实体的全部或大部分资产，或者自愿申请破产或清算的权力；

（2）阻止实体与多数投资者或其关联公司订立合同的权力；

（3）阻止实体保证多数投资者或其关联公司义务的权力；

（4）购买实体额外权益的权利，以防止在该实体发行额外工具来传递该实体权益的情况下，投资者在该实体的按比例权益被稀释；

（5）根据管理该等股份的相关公司文件的规定，防止少数投资者持有的特定类别股份的现有法定权利或优先权发生变更的权力；

（6）阻碍针对本节第（c）（1）—（5）款所述事项修正实体的公司组织章程、组织协议或其他组织文件的权利。

（d）委员会将逐案审议除本节（c）款所列保护之外的少数股东保护是否不授予对实体的控制权。

（e）示例：

（1）示例1：公司A是一家美国企业。美国投资者拥有公司A有投票权权益的50％，其余有投票权权益由5个无关联外国投资者以同等份额持有。外国投资者共同出资投资于公司 A，并作为一个整体就影响公司 A 的事项进行表决。外国投资者对公司 A 有非正式的一致行动安排，因此，由外国投资者控制公司 A。

(2) 示例 2：事实情况与本节第(e)(1)款中关于公司 A 股东构成的示例相同。公司 A 的外国投资者未做出一致行动的合同承诺或其他承诺，也无如此行事的非正式安排。假设无其他相关事实，外国投资者不控制公司 A。

(3) 示例 3：公司 A 是一家私人股本基金，定期收购公司股权并管理一段时间。公司 B 是一家美国企业。除收购公司 B 7％的有表决权股份外，公司 A 还收购终止公司 B 重大合同的权利。公司 A 控制公司 B。

(4) 示例 4：外国人公司 A 收购美国企业公司 B 9％的股份。作为交易的一部分，公司 A 还收购某些决定影响公司 B 重要事项的否决权，包括否决免除公司 B 高级主管职务的权力。公司 A 控制公司 B。

(5) 示例 5：公司 A（一家外国人公司）收购公司 B（一家美国企业）13％的股份，并有权在公司 B 任命七人董事会成员的一名成员。公司 A 获得本节第(c)款所列的少数股东保护，但未获得关于公司 B 的其他积极或消极权利。假设无其他相关事实，公司 A 不控制公司 B。

(6) 示例 6：公司 A（一家外国人公司）收购公司 B（一家美国企业）20％的股份。公司 A 通过磋商达成一项不可撤销的被动协议，完全排除其对公司 B 的控制。但公司 A 有权阻止公司 B 与多数投资者或其附属公司订立合同，并阻止公司 B 保证多数投资者或其附属公司的义务。假设无其他相关事实，公司 A 不控制公司 B。

(7) 示例 7：有限合伙企业 A 由两个有限合伙人组成，每个合伙人各持有合伙企业 49％的权益，剩余 2％的权益由一个普通合伙人持有。普通合伙人全权确定、指导和决定所有影响合伙企业和由其运营的基金的重要事项。普通合伙人独立控制有限合伙企业 A 和基金。

(8) 示例 8：事实情况与本节第(e)(7)款中的示例相同，不同之处在于各有限合伙人均有权否决普通合伙人提议的重大投资，并有权选择基金投资组合公司董事会中的基金代表。普通合伙人和有限合伙人各自拥有有限合伙企业 A 和基金的控制权。

§800.208 注 1：见§800.302(b)，关于委员会对符合下述条件的交易的处理：在该等交易中，外国人仅出于被动投资的目的持有或收购美国企业 10％或更少的已发行的有投票权权益。有关委员会针对不会导致外国人控制美国企业，但可能是受管辖投资的交易采取的处理措施，见§800.303。有关委员会针对涉及先前获得美国企业控制权的外国人的后续交易采取的处理措施，见§800.305。

9）§800.209 转换。"转换"是指行使特定金融工具所有权或持有权所固有的权利，以将任何该等工具交换为股本权益。

10）§800.210 受管辖控制权交易。"受管辖控制权交易"是指 1988 年 8 月 23 日之后，由任何外国人提出或待决的或与任何外国人进行的、可能导致外国控制任何美国企业的任何交易，包括通过合资企业进行的该等交易。

11）§800.211 受管辖投资。"受管辖投资"是指外国人（不包括例外投资者）在 2020 年 2 月 13 日或之后提议或待决的非附属 TID 美国企业中的直接或间接投资，且：

（a）非受管辖控制权交易；

（b）向外国人提供：

（1）接触 TID 美国企业掌握的任何重要非公开技术信息的权限；

（2）TID 美国企业董事会或同等管理机构的成员或观察员权利，或者提名个人担任某职位的权利；

（3）除通过股份表决以外，参与 TID 美国企业的实质性决策，涉及以下方面：

（i）TID 美国企业维护或收集的美国公民敏感性个人数据的使用、开发、获取、保管或发布；

（ii）关键技术的使用、开发、获取或发布；

（iii）受管辖投资关键基础设施的管理、运营、制造或供应。

（c）尽管本节第（a）和（b）款具有相关规定，但对于持有根据 49 U.S.C. 41102 签发的证书的航空承运人［定义见 49 U.S.C. 40102（a）（2）节］，其任何投资均不属于受管辖投资。

（d）示例：不属于例外投资者的公司 A（一家外国人公司）对公司 B（一家美国企业）进行非控制性投资，使公司 A 有权在公司 B 董事会提名一名董事。公司 B 通过其全资子公司 X，设计和制造一项关键技术。公司 A 对公司 B 的投资属于受管辖投资。

12）§800.212 受管辖投资关键基础设施。"受管辖投资关键基础设施"是指在特定受管辖投资的背景下,本部分附录 A 第 1 栏中列出的制度和资产(物理或虚拟形式)。

13) §800.213 受管辖交易。"受管辖交易"是指以下任何一种交易:

(a) 受管辖控制权交易;

(b) 受管辖投资;

(c) 外国人对其投资的美国企业拥有的权利的变更,且该变更可能导致受管辖控制权交易或受管辖投资;

(d) 任何其他交易、转让、协议或安排,且结构旨在或意图避免或规避第 721 节的适用。

(e) 示例:

(1) 示例 1:公司 A(一家外国人公司)收购公司 X(一家美国企业)10％的非控制性股权。公司 X 随后向公司 A 提供任命公司 X 首席执行官和首席技术官的权利。公司 A 并未收购公司 X 的任何额外股权。假设无其他相关事实,权利变更属于受管辖交易。

(2) 示例 2:不属于例外投资者的公司 A(一家外国人公司)收购非附属 TID 美国企业 X 的 10％的非控股股权,但公司 A 在投资时未获得 §800.211(b) 中规定的任何权力、权利或参与性。公司 X 后来扩大董事会,并赋予公司 X 任命一名董事的权利。假设无其他相关事实,权利变更属于受管辖交易。

(3) 示例 3:公司 A 根据外国法律组建,由外国人全资拥有和控制。为规避第 721 节,公司 A 向美国公民汇款,该美国公民根据与公司 A 的非正式安排并代表公司 A 购买美国企业公司 X 的所有股份。该交易属于受管辖交易。

(4) 示例 4:公司 A 根据外国法律组建,由外国国民全资拥有和控制,且并非例外投资者。为规避第 721 节,公司 A 向一名美国公民转账,该美国公民根据与公司 A 的非正式安排并代表公司 A 对非附属 TID 美国企业 X 进行非控制性少数股权投资,维护并收集美国公民的敏感性个人数据。关于投资,美国公民有权参与由公司 X 维护的美国公民敏感性个人数据发布的实质性决策。该交易属于受管辖交易。

§800.213 注 1:本节(a)—(d)中所述的因破产程序或其他形式的债务违约而产生的任何交易均属于受管辖交易。有关针对某些贷款交易的处理措施,另见 §800.306。

14) §800.214 关键基础设施。"关键基础设施"是指在特定受管辖控制权交易的背景下，对美国至关重要以至于其丧失能力或毁坏将对国家安全产生削弱性影响的有形或虚拟系统和资产。

15）§ 800.215 关键技术。"关键技术"的含义如下：

（a）《国际武器贸易条例》（ITAR）所列《美国防务目录》（USML）中包括的国防物品或国防服务（22 CFR 第 120—130 部分）；

（b）《出口管理条例》（EAR）第 774 部分（15 CFR 第 730—774 部分）第 1 号补充件中规定的"商业管制清单"（CCL）中包含的项目，并受控制：

（1）根据多边制度，包括出于国家安全、化学和生物武器扩散、核不扩散或导弹技术相关的原因；

（2）出于区域稳定性或与各种窃听相关的原因；

（c）10 CFR 第 810 部分（关于援助外国原子能活动）涵盖的专门设计和准备的核设备、零部件、材料、软件和技术；

（d）10 CFR 第 110 部分涵盖的核设施、设备和材料（关于核设备和材料的进出口）；

（e）选择 7 CRF 第 331 部分、9 CRF 第 121 部分或 42 CRF 第 73 部分涵盖的制剂和毒素；

（f）根据《2018 年出口管制改革法》第 1758 条节控制的新兴技术和基础技术（50 U.S.C. 4817）。

16）§ 800.216 加密数据。"加密数据"是指最新 NIST 特别出版物 800 - 175B 或替代出版物中确定的，应用国家标准与技术研究院（NIST）许可加密技术的数据。

17）§ 800.217 实体。"实体"是指任何分支机构、合伙企业、集团或子集团、协会、产业、信托、公司或公司分部或组织（无论是否根据任何州或外国的国家法律组建）；上述任何一方在特定地点或为特定产品或服务作为企业事业经营的资产（无论是否作为独立的法律实体组织）；以及任何政府（包括外国政府或其地方政府、美国政府、美国地方政府及其各自的任何部门、机构或机关）［见§ 800.301（g）（5）—（14）和§ 800.302（g）（5）—（10）中的示例］。

18）§ 800.218 例外外国国家。"例外外国国家"是指在 2022 年 2 月 13 日之前，符合本节（a）款所述标准的外国，以及从 2022 年 2 月 13 日开始，同时符合本节（a）款和（b）款标准的外国：

（a）被委员会认定为合格的外国；

(b) 是委员会根据 §800.1001(a) 确定的外国。

§800.218 注 1：经委员会确定为合格外国的每个外国的名称可在财政部网站的委员会部分查阅。见 §800.1001（c），关于在《联邦公报》中公布根据 §800.1001(a) 做出决定的通知。例外外国国家清单也可在财政部网站的委员会部分查阅。

19) §800.219 例外投资者：

(a) "例外投资者"是指在交易完成日期，根据本节第（c）和（d）款的规定，属于以下类型的外国人：

(1) 属于一个或多个例外外国国家的公民，也可以属于非例外外国国家以外任何外国国家的公民。

(2) 例外外国国家的外国政府。

(3) 就其自身及其各母公司（如有）而言，符合下列每一个条件的外国实体：

(i) 该等实体根据例外外国国家的法律组建或在美国组建；

(ii) 该等实体的主要营业地位于例外外国国家或美国；

(iii) 该实体董事会或同等理事机构的 75％ 以上成员和 75％ 以上观察员是：

(A) 美国公民；

(B) 属于一个或多个例外外国国家的公民但不是非例外外国国家的任何外国的公民的公民。

(iv) 任何单独持有该实体 10％ 以上未决表决权，且属于一群外国人的一部分；持有获得该实体 10％ 或更多利润的权利；在该实体解散时，持有获得该实体 10％ 以上资产的权利；以其他方式可以对这种实体行使控制权的外国人是：

(A) 属于一个或多个例外外国国家的公民，也可以属于非例外外国国家以外任何外国国家的公民的外国公民；

(B) 例外外国国家的外国政府；

(C) 根据例外外国国家法律组建，主要营业地点位于例外外国国家或美国的外国实体。

(v) 该等实体的最低例外所有权由以下一个或多个人员单独或共同持有：

(A) 非外国人；

(B) 属于一个或多个例外外国国家的公民，也可以属于非例外外国国家以外任何外国国家的公民；

(C) 例外外国的外国政府；

(D) 根据例外外国的法律组建且主要营业地位于例外外国国家或美国的外国实体。

(b) 就本节第(a)(3)(iv)款而言，与一个外国国家的国家或次国家有关系、有共同行动的正式或非正式安排或为其机构或部门或受其控制的外国人视为一组外国人中的一员，并合计其个人财产。

(c) 尽管本节第(a)款中具有相关规定，但在下列情况下，外国人并不属于交易的例外投资者：

(1) 在交易完成日之前的五年内，该外国人、其任一母公司或其母公司所属的任何实体：

(i) 已收到委员会的书面通知，表明其在通知或声明中提交重大错报或遗漏，或者根据本编本部分或第 801 或 802 部分做出虚假证明；

(ii) 收到委员会的书面通知，指出根据第 721(1) 节其违反与委员会或牵头机构订立的缓解协议的重要条款、委员会或牵头机构施加的重要条件或发布的命令；

(iii) 总统根据第 721(d) 节采取行动；

(iv) 已经完成以下工作：

(A) 收到财政部海外资产控制办公室(OFAC)发出的处以民事处罚的书面违规或处罚裁定通知；

(B) 与 OFAC 就明显违反由 OFAC 管理的美国制裁法律的行为达成解决协议，该等法律包括《国际紧急经济权力法》《对敌贸易法》《外国毒枭指定法》(各项方案均经过修订)或根据该等法律发布的任何行政命令、法规、命令、指令或许可；

(v) 已收到国务院国防贸易控制局的书面禁令通知，详见 22 CFR 第 127 和 128 部分；

(vi) 曾经属于商务部、工业和安全局(BIS)发布的最终命令(包括和解令)中的被告或一方，涉及违反 BIS 管理的美国出口管制法律，包括《2018 年出口管制改革法》(50 U.S.C. 4801 及后续条款)、EAR、任何行政命令、法规、命令、指令或依据其发布的许可证；

(vii) 收到能源部国家核安全管理局就违反《1954 年原子能法》第 57b 条的行为作出的处以民事处罚(根据 10 CFR 第 810 部分实施)的最终判决；

(viii) 曾因在美国任何司法管辖区内犯的任何重罪被定罪，或者与司法部达成延期起诉协议或不起诉协议；

（2）在作为交易双方确立了交易的实质性条款并首次签署具有约束力的书面协议或其他具有约束力的文件之日,该外国人、其任何母公司或其母公司所属的任何实体被列入 BIS 未经证实名单或 15 CFR 第 744 部分中的实体名单。

（d）无论该外国人自完成日期起是否满足本节第（a）（1）或（2）、（a）（3）（i）—（iii）款或第（c）（1）（i）至（iii）款中的标准,但如果在完成日期后的三年期间的任何时候,该外国人不再满足本节第（a）（1）或（2）、（a）（3）（i）—（iii）款或第（c）（1）（i）—（iii）款中规定的所有标准,则该外国人不是完成日期后参与交易的例外投资者。当例外投资者仅因为撤销§800.1001（b）项下的决定而不再符合任何标准,或者相关外国不再是例外外国国家时,本条款不适用。

（e）外国人可以在任何时候通过提交§800.403 项下的申报或§800.501 项下的通知,放弃其作为例外投资者的身份。在此情况下,该外国人不被视为交易的例外投资者,并且第 D 子部分或第 E 子部分的相关规定将适用。

§800.219 注 1:见 800.501（c）（2）,关于外国人并非仅因§800.219（d）而成为例外投资者的部门通知。

20）§800.220 外国实体:

（a）"外国实体"是指根据外国法律组建且主要营业地点在美国境外,或者其股权证券主要在一个或多个外汇交易所进行交易的任何分支机构、合伙企业、集团或子集团、协会、产业、信托、公司或公司分部或组织。

（b）尽管本节第（a）款具有相关规定,但能够证明该实体的大部分股本权益最终由美国公民拥有的任何分公司、合伙企业、集团或子集团、联合体、地产、信托、公司或公司分部或组织都不是外国实体。

21）§800.221 外国政府。"外国政府"是指行使政府职能的任何政府或机构,但美国政府或美国地方政府除外。"外国政府"一词包括但不限于国家和地方各级政府,包括其各自的部门、机构和机关。

22）§800.222 外国政府控制的交易。"外国政府控制的交易"是指可能导致外国政府或受外国政府控制或代表外国政府行事的人控制美国企业的任何受管辖控制权交易。

23）§800.223 外国公民。"外国公民"是指除美国公民以外的任何个人。

24）§800.224 外国人

（a）"外国人"是指:

（1）任何外国公民、外国政府或外国实体;

（2）外国公民、外国政府或外国实体对其行使或可行使控制权的任何实体。

（b）任何由外国人行使或可行使控制权的实体都是外国人。

（c）分别示例如下：

（1）示例1：公司A根据外国法律组建，仅在美国境外经营。其所有股份由公司X持有，公司X完全控制公司A。公司X在美国组建，完全由美国公民拥有和控制。假设没有其他相关事实，公司A虽然只在美国境外组建和经营，但根据§800.220(b)的规定，公司A不是外国实体，也不是外国人。

（2）示例2：事实情况与本节(c)(1)款中示例的第一句相同。由于建立公司A的法律赋予该外国国家任命公司A董事会成员的权利，公司A根据其法律组建的外国国家政府对公司A可行使控制权。公司A属于外国人。

（3）示例3：公司A在美国组建，在美国从事州际贸易，并由公司X控制。公司X根据外国法律组建，其主要营业地点位于美国境外，50％的股份由外国公民持有，50％的股份由美国公民持有。公司A和公司X均属于外国人。公司A也属于美国企业。

（4）示例4：公司A根据外国法律组建并由外国公民拥有和控制。公司A的分公司在美国从事州际贸易。公司A（包括其分公司）并非外国人。该分公司也属于美国企业。

（5）示例5：公司A根据外国法律组建，其主要营业地位于美国境外。公司A45％的股本权益由众多不相关的外国投资者平等持有，但他们都没有控制权。外国投资者与公司A的任何其他股本权益持有人没有正式或非正式的协定来就公司A采取一致行动。公司A可以证明其剩余股本权益最终由美国公民持有。假设没有其他相关事实，公司A不是外国实体或外国人。

（6）示例6：事实情况与本节第(c)(5)款中的示例相同，不同之处在于外国投资者之一（一家外国人公司）控制公司A。假设无其他相关事实，由于根据§800.220(b)，公司A不属于外国实体，但根据本节第(a)(2)款，属于外国人，因为其由外国人控制。

25）§800.225 持有。"持有"是指通过受托人、代理人或其他方式，直接或间接拥有合法或实益所有权。

26）§800.226 可识别数据。"可识别数据"是指可用于区分或追踪个人身份的数据，包括通过使用任何个人身份标识符。汇总数据或匿名数据为"可识别数据"，但前提是交易的任何一方已经能够或因交易而将能够分解或匿名化数据,或者数据另外能够用于区分或追踪个人身份。

可识别数据不包括加密数据,除非维护或收集加密数据的美国企业为了区分或追踪个人身份有办法对数据进行解密。

27)§800.227 投资。"投资"是指获得股权,包括或有股本权益。

28)§800.228 投资基金。"投资基金"是指根据《1940 年投资公司法》(15 U.S.C. 80a‑1 及后续章节)第 3(a)节的规定,成为"投资公司"的实体,或者除第 3(b)或 3(c)节规定的一项或多项豁免外,将成为"投资公司"的任何实体。

29)§800.229 参与。"参与"是指参与的权利或能力,无论是否行使,包括通过以下任何方式进行的参与:

(a) 为最终决策做出贡献;

(b) 与决策者进行磋商或向其提供建议;

(c) 行使特别批准权或否决权;

(d) 参加具有决策权的委员会;

(e) 为任命官员提供建议或选择参与实质性决策的雇员。

30)§800.230 牵头机构。"牵头机构"是指财政部和委员会主席指定的任何其他机构,代表委员会对主席指定其为牵头机构的具体活动负主要责任,包括评估、审查、调查或缓解协议或条件的谈判或监督的全部或部分。

31)§800.231 制造。仅就本部分附录 A 第 2 栏而言,"制造"是指生产或再生产(物理或虚拟形式)。

32)§800.232 重要非公开技术信息

(a)"重要非公开技术信息"是指以下信息:

(1) 在公共领域无法获得的情况下,提供对所受管辖投资关键基础设施的设计、位置或运营的知识、专有技术或谅解,包括与物理安全或网络安全相关的漏洞信息;

(2) 公共领域不可用,且为设计、制造、开发、测试、生产或制造关键技术(包括工艺、技术或方法)所需。

(b)"重要非公开技术信息"不包括有关实体业绩的财务信息。

(c) 分别示例如下:

(1) 示例 1:不属于例外投资者的公司 A(一家外国人公司)提议收购公司 B 4%的非控制性股权。公司 B(一家美国企业)为一条州际石油管道所使用的工业控制系统提供服务,该管道每天可输送 600 000 桶原油(ICS B)。ICS B 是本部分附录 A 第 1 栏所述的受管辖投资关键基础设施。ICS B 的源代码在公共领域中不可用。根据投资条款，公司 A 将有权访问 ICS B 的源代码。因此，拟议投资使公司 A 能够访问公司 B 掌握的关于受管辖投资关键基础设施的设计和运营的重要非公开技术信息。

（2）示例 2：非例外投资者的基金 A（一家外国人公司）提议收购公司 B 5%的非控制性股权。非附属 TID 美国企业公司 B 开发关键技术（技术 Z）。根据投资条款，公司 B 将在达到完成技术 Z 示范原型的开发里程碑时通知基金 A。通知将仅列出达到的里程碑，不包括技术细节。假设无其他事实，拟议投资不会让基金 A 获得公司 B 拥有的设计、制造、开发、测试、生产或制造关键技术所需的重要非公开技术信息。

33）§ 800.233 最低例外所有权。"最低例外所有权"是指：

（a）对于股票主要在例外外国国家或美国交易所进行交易的实体，是指其大部分表决权、获得其大部分利润的权利以及在解散时获得其大部分资产的权利；

（b）对于股票主要不在例外外国国家或美国交易所进行交易的实体，是指其 80%或以上的表决权、80%以上的利润权以及在解散时 80%以上的资产权。

34）§ 800.234 拥有。仅就本部分附录 A 第 2 栏而言，"拥有"是指直接拥有适用的受管辖投资关键基础设施。

35）§ 800.235 母公司

（a）就实体而言，"母公司"是指以下方面：

（1）直接或间接持有以下权利的人：

（i）持有或将持有该实体至少 50%的未决表决权；

（ii）持有或将持有获得该实体至少 50%利润的权利，或者在解散时获得或将获得该实体至少 50%资产的权利；

实体的普通合伙人、管理成员或同等人员。

（b）对于另一实体（即中间母公司），符合本节第（a）（1）或（2）款中所述条件的任何实体也是任何其他实体的母公司，而该实体的中间母公司为其母公司。

（c）分别示例如下：

（1）示例 1：公司 P 持有公司 R 和公司 S 50%的表决权；公司 R 持有公司 X 40%的表决权；公司 S 持有公司 Y 50%的表决权，公司 Y 又持有公司 Z 50%的表决权。公司 P 是公司 R、公司 S、公司 Y 和公司 Z 的母公司，但不是公司 X

的母公司。公司 S 是公司 Y 和公司 Z 的母公司,公司 Y 是公司 Z 的母公司。

(2) 示例 2:公司 A 持有认股证,行使认股证后其将有权对公司 B 50% 的已发行股份进行投票。公司 A 是公司 B 的母公司。

(3) 示例 3:投资者 A 持有公司 B 60% 的未决表决权。投资者 C 持有获得公司 B 80% 利润的权利。投资者 A 和投资者 C 都是公司 B 的母公司。

36) §800.236 交易方:

(a) "交易方"是指以下方面:

(1) 购买某实体的所有权权益时,获得所有者权益的人,特许经营所有者权益的人,以及获得所有者权益的实体,不考虑为交易提供经纪或承销服务的任何人;

(2) 对于合并,存续实体,以及在交易中与该实体合并或并入该实体的一个或多个实体;

(3) 对于合并,是指待合并的实体和新的合并实体;

(4) 对于委托书征集,是指征集委托书的人和发行表决权的人员;

(5) 对于收购或转换或有股本权益,是指发行人及持有或有股本权益的人员。

(6) 如果某人投资某实体,而其在该实体所拥有的权利发生变化,则指其权利因交易而发生变化的人以及该等权利适用的实体;

(7) 在任何其他交易、转让、协议或协定的结构旨在逃避或规避第 721 节的适用的情况下,任何参与该等交易、转让、协议或协定的人;

(8) 在任何其他类型交易的情况下,是指担任与本节第(a)(1)—(7)款所述人员相当的角色的任何人员;

(9) 在所有情况下,是指就交易向委员会提交声明或通知的各方。

(b) 就第 721(l) 节而言,"交易方"包括本节第(a)款所述任何一方的任何关联公司,只要委员会或代表委员会行事的牵头机构认定该附属机构与减轻美国国家安全风险相关。

37) §800.237 人员。"人员"是指任何个人或实体。

38) §800.238 个人标识符。"个人标识符"是指姓名、实际地址、电子邮件地址、社会保险号、电话号码或其他识别特定个人的信息。

39) §800.239 主要营业地:

(a) 根据本节第(b)款,"主要营业地"是指实体管理层指导、控制或协调实体活动的主要地点，或者，就投资基金而言，则指基金的活动和投资主要由普通合伙人、管理成员或同等人员或其代表指导、控制或协调所在的主要地点。

（b）如果根据本节第（a）款确定的地点在美国境内，并且该实体在最近呈交或提交给该政府的文件（呈交或提交给委员会的文件除外）中向美国政府或美国国家以下各级政府或任何外国政府代表该实体，其中该实体已经确定了其主要营业地、主要办事处和营业地、主要执行办事处地址、总部地址或同等地址，上述任何一项均在美国境外，则在该提交或呈交中确定的地点就本定义而言被视为该实体的主要营业地，除非该实体能够证明自该提交或呈交以来该地点已变更为美国。

40）§800.240 第721节。"第721节"是指经修订的《1950年国防生产法》第 VII 编第721节（50 U.S.C. 4565）。

41）§800.241 敏感性个人数据：

（a）除本节第（b）款规定的情况外，"敏感性个人数据"是指以下方面：

（1）可识别数据。

（i）由美国企业维护或收集：

（A）将产品或服务面向或专门提供给任何负责情报、国家安全或国土安全的美国行政部门机构或军事部门，或者其人员和承包商；

（B）在完成日期［§800.104（b）（2）—（4）所述的任何活动的日期（如适用），或者提交书面通知或提交声明的日期］之前十二（12）个月内的任何时间点，维护或收集本节第（a）（1）（ii）款所述一个或多个类别中超过100万名个人的任何可识别数据，

除非美国企业能够证明，在交易完成之日，其已经或不再有能力维护或收集本节第（a）（1）（ii）款所述的一个或多个类别中超过100万名个人的任何可识别数据；

（C）具有经过证明的业务目标来维护或收集本节第（a）（1）（ii）款所述的一个或多个类别中超过100万名个人的任何可识别数据，且该等数据是美国业务主要产品或服务的组成部分；

（ii）属于以下任何类别：

（A）可用于分析或确定个人财务困境或困难的财务数据；

（B）15 U.S.C. 1681a 规定的消费者报告中的数据集，除非出于15 U.S.C. 1681b（a）节规定的一个或多个目的从消费者报告机构获得该等数据，且该等数

据与 15 U.S.C. 1681a 规定的消费者文件的全部内容基本不相似；

(C) 健康保险、长期护理保险、职业责任保险、抵押保险或人寿保险申请中的一组数据；

(D) 与个人身体、精神或心理健康状况相关的数据；

(E) 美国企业产品或服务的用户之间的非公开电子通信,包括电子邮件、消息或聊天通信,如果该等产品或服务的主要目的是促进第三方用户通信；

(F) 使用定位系统、移动电话发射塔或无线接入点收集的地理定位数据,例如通过移动应用程序、车辆全球定位系统、其他车载绘图工具或可穿戴的电子设备；

(G) 生物统计注册数据,包括面部、声音、视网膜/虹膜和手掌/指纹模板；

(H) 为生成州或联邦政府身份证而存储和处理的数据；

(I) 关于美国政府人员安全许可状态的数据；

(J) 申请美国政府人员安全许可或申请公共信任职位时的一组数据；

(2) 个人基因测试的结果,包括任何相关的基因测序数据,只要该等结果构成可识别的数据。该等结果不得包括来自美国政府维护的数据库的数据,以及出于研究目的定期提供给私人方的数据。就本款而言,"基因测试"应具有 42 U.S.C. 300gg - 91(d)(17)中规定之含义。

(b) 无论本节第(a)款所述的标准是否适用,敏感性个人数据不应包括以下方面：

(1) 由美国企业维护或收集的关于该美国企业员工的数据,除非该等数据与持有美国政府人员安全许可的美国政府承包商的员工有关；

(2) 属于公共记录的数据,如法院记录或公众通常可获得的其他政府记录。

(c) 分别示例如下：

(1) 示例 1：公司 A(一家美国企业)出于营销和客户体验目的,定期收集本节第(a)(1)(ii)(F)款所述的客户地理位置数据。公司 A 短期维护地理位置数据,然后从其系统中清除数据。当公司 A 和一个外国人通知委员会一笔交易时,公司 A 只维护 200 000 名个人的地理位置数据。但在向委员会提交通知之前的 12 个月期间,公司 A 收集超过 100 万名个人的地理位置数据。由于公司 A 在通知提交日之前的 12 个月内收集超过 100 万名个人的地理位置数据,因此符合本节第(a)(1)(i)(B)款中的标准。

(2) 示例 2：公司 A(一家美国企业)从新客户处收集与第(a)(1)(ii)(D)款中所述的身体健康状况相关的数据,且在签署将由外国人收购的最终约束性协议之前的 12 个月,新客户的数量不超过 100 万。根据数据保存政策,公司 A 将健康数据维护很长一段时间。因此,公司 A 维护来自新客户(前 12 个月收集数据的客户)和旧客户(前几年收集数据的客户)的健康数据。公司 A 总共维护 300 万名个人的健康数据。由于公司 A 维护的健康数据超过 100 万名个人,因此符合本节第(a)(1)(i)(B)款中的标准。

(3) 示例 3：事实情况与本节第(c)(2)款中的示例相同,不同之处在于根据数据保存政策,公司 A 维护的健康数据所涉及的个人数量存在波动。在签署一项由外国人收购的最终约束性协议之前的 12 个月期间,公司 A 总体维护有 900 000 名个人的健康数据。但在过去 12 个月中,曾一度维护 1 100 000 名个人的健康数据。公司 A 目前维护着不超过 100 万名个人的健康数据。由于公司 A 在签署将由外国人收购的最终约束性协议之前的 12 个月内维护超过 100 万名个人的健康数据,因此其符合本节第(a)(1)(i)(B)款中的标准。

(4) 示例 4：公司 A(一家美国企业)维护在本节第(a)(1)(ii)款中超过 100 万名个人的多个类别的数据。具体而言,公司 A 维护本节第(a)(1)(ii)(A)款所述的 400 000 名个人的财务数据,以及本节第(a)(1)(ii)(D)款所述的另外 700 000 名个人的健康数据。由于公司 A 维护第(a)(1)(ii)款所载类别中所述的超过 100 万名个人的数据,虽然未维护或收集任何一个类别中超过 100 万名个人的数据,但其符合本节(a)(1)(i)(B)款中的标准。

(5) 示例 5：公司 A(一家美国企业)是一家新成立的移动测绘风险投资企业,在完成与外国人的交易之前的 12 个月内,其维护或收集本节第(a)(1)(ii)(F)款所述的不超过 100 万名个人用户的地理位置数据。地理位置数据是公司 A 主要产品移动测绘服务的组成部分之一。公司 A 在试图获得新一轮融资时,准备向潜在投资者分发推销材料,其中包括公司 A 的预测,即在未来两年内,其将拥有超过 100 万名活跃个人订户。另外,公司还制定大幅增加员工和加强 IT 基础设施的计划,以期获得更多用户。公司 A 符合本节第(a)(1)(i)(C)款的标准,即具有维护或收集本节第(a)(1)(ii)(A)—(J)款中所述的超过 100 万名个人的数据的明确业务目标。

42) §800.242 服务。仅就本部分附录 A 第 2 栏而言,"服务"是指维修、维护、翻新、更换、大修或更新。

43) §800.243 仅用于被动投资：

(a) 只能出于被动投资目的而持有或获得所有权权益,但前提是持有或获

得所有权权益的人不计划或不打算行使控制权，

(1) 不享有任何权利，如果行使该等权利将构成控制权；

(2) 未获得 §800.211(b) 规定的任何访问权、权利或参与权；

(3) 不存在或不发展被动投资以外的任何目的；

(4) 不采取任何阻碍为被动投资持有或获取该等权益的行动 [见 §800.302(b)]。

(b) 示例：外国人公司 A 获得美国企业公司 B 的有投票权权益。除有投票权权益外，公司 A 还商议任命公司 B 董事会成员的权利。公司 A 收购公司 B 的有投票权权益不只出于被动投资目的。

44) §800.244 实质权益

(a) "实质权益"是指在外国人士收购美国企业权益的情况下，25％以上的直接或间接有投票权权益，以及对于外国人，根据本节第 (b) 款，单一外国的国家政府或国家以下各级政府拥有 49％以上的直接或间接表决权权益。

(b) 如果某实体具有普通合伙人、管理成员或同等人员，则仅当一个外国的国家或次国家政府在该实体的普通合伙人、管理成员或同等人员中持有 49％以上的权益时，才视为在该实体中拥有实质权益。

(c) 为确定某实体在另一实体中间接持有的有投票权权益百分比，将母公司的任何有投票权权益视为属于母公司的任何实体的 100％有投票权权益。

(d) 分别示例如下：

(1) 示例 1：公司 A（一家外国人公司）计划收购非附属 TID 美国企业 X 30％的有投票权权益。公司 B 持有公司 A 51％的有投票权权益，并且是公司 A 的母公司。外国政府持有公司 B 75％的表决权权益，私人、非政府控制的个人持有剩余的 25％。根据本节第 (c) 款，视为公司 B 拥有公司 A 100％的有表决权权益，原因在于其属于公司 A 的母公司，因此外国政府在公司 A 的间接有投票权权益估算为 75％。公司 A 正在收购公司 X 的实质权益，外国政府在公司 A 中拥有实质权益。

(2) 示例 2：事实情况与本节第 (d)(1) 款中的示例相同，不同之处在于公司 B 仅持有公司 A 49％的有投票权权益，且不属于公司 A 的母公司。由于公司 B 并非公司 A 的母公司，因此本节第 (c) 款不适用。就本节而言，外国政府在公司 A 的间接有投票权权益仅为 36.75％。公司 A 正在收购公司 X 的实质权益，但外国政府在公司 A 中并无实质权益。

45）§800.245 实质性决策：

（a）"实质性决策"是指就未影响某实体的重大事项而做出决定的过程，其中包括（例如适用）：

（1）定价、销售和特定合同，包括向任何第三方许可、销售或传输敏感性个人数据（包括根据客户、供应商或合资协议做出该等行为）；

（2）供应安排；

（3）公司战略和业务发展；

（4）研发（包括选址和预算拨款）；

（5）制造地；

（6）访问关键技术、受管辖投资关键基础设施、重要非公开技术信息或敏感性个人数据（包括根据客户、供应商或合资协议做出该等行为）；

（7）物理和网络安全协议，包括关键技术的储存和保护，受管辖投资关键基础设施或敏感性个人数据；

（8）管理敏感性个人数据收集、使用或存储的做法、政策和程序，其中包括：

（i）建立、维护或改变用于收集或维护敏感性个人数据的信息技术系统和网络的架构；

（ii）针对敏感性个人数据收集对象的隐私政策和协议，其中规定关于是否以及如何收集、维护、访问或传播敏感性个人数据的参数；

（9）战略伙伴关系。

（b）实质性决策并不完全包括行政决定。

（c）分别示例如下：

（1）示例 1：不属于例外投资者的公司 A（一家外国人公司）提议收购公司 B 4％的非控制性股权。非附属 TID 美国企业 B 在国家港口准备网络（码头 B）内的战略海港经营一个集装箱码头。根据投资条款，公司 A 将拥有批准客户使用码头 B 的权利。因此，拟议的投资使公司 A 能够参与公司 B 有关管理、运营、制造或供应受管辖投资关键基础设施的实质性决策。

（2）示例 2：事实情况与本节第（c）（1）款中的示例相同，不同之处在于不存在客户批准权，公司 A 有权决定是否在自己的所得税申报中就码头 B 申请某些税收抵免，而这会阻碍公司 B 申请该等抵免。假设无其他相关事实，拟议投资不允许公司 A 参与公司 B 关于管理、运营、制造或供应受管辖投资关键基础设施的实质性决策。

46) §800.246 供应。仅就本部分附录 A 第 2 栏而言,"供应"是指提供第三方物理或网络安全。

47) §800.247 针对或定制:

(a)"针对"或"定制"是指定制产品或服务供个人或群体使用,或者积极向个人或群体营销或招揽。

(b) 分别示例如下:

(1) 示例 1:美国企业公司 A 在美国各地经营提供医疗保健相关产品和服务的设施。公司 A 的一些设施位于设有美国军事设施的大都市地区。假设无其他相关事实,公司 A 不会针对§800.241(a)(1)(i)(A)有针对性地调整或定制其产品或服务。

(2) 示例 2:事实情况与本节第(b)(1)款中的示例相同,不同之处在于公司 A 在美国军事设施的场所经营一所设施。公司 A 对§800.241(a)(1)(i)(A)有针对性地调整或定制其产品或服务。

(3) 示例 3:美国企业公司 A 向所有广泛受雇于公共部门的客户(包括现役美国军人)提供折扣。假设无其他相关事实,公司 A 不会对§800.241(a)(1)(i)(A)有针对性地调整或定制其产品或服务。

(4) 示例 4:事实情况与本节第(b)(3)款中的示例相同,不同之处在于公司 A 仅向穿制服的美国军事人员提供折扣,并向军事人员分发宣传公司 A 产品特殊用途的营销材料。公司 A 对§800.241(a)(1)(i)(A)§有针对性地调整或定制其产品或服务。

48) §800.248 TID 美国企业:

"TID 美国企业"是指符合以下内容的任何美国企业:

(a) 生产、设计、测试、制造、装配或开发一项或多项关键技术;

(b) 履行本部分附录 A 第 2 栏中所述的与受管辖投资关键基础设施相关的职能;

(c) 直接或间接维护或收集美国公民的敏感性个人数据;

(d) 分别示例如下:

(1) 示例 1:美国企业公司 A 经营一家军火工厂,生产各种军用炸药。公司 A 制造的一些炸药列于 USML。公司 A 生产关键技术,因此属于 TID 美国企业。

(2) 示例 2:公司 A(一家美国企业)通过从第三方供应商处购买各种组件

并将其集成到物品 A 中来生产物品(物品 A)。其中一个组件(组件 X)需使用关键技术，但物品 A 不使用关键技术。在将组件 X 集成到物品 A 前，公司 A 仅验证组件 X 作为物品 A 的一部分的合适性特点和外形特点。

假设无其他相关事实，公司 A 未测试关键技术，因此不属于 TID 美国企业。

(3) 示例 3：公司 A 是一家美国企业，拥有制造关键技术的知识产权和设备，并掌握制造该关键技术的专有技术。自公司 A 研发出这项关键技术已经有 6 个月。由于公司 A 保留制造关键技术的能力，因此公司 A 属于 TID 美国企业。

(4) 示例 4：设施 A 是原油储存设施，可储存 5 000 万桶原油。公司 A 是一家经营设施 A 的美国企业。公司 B 是一家通过守卫设施 A 的大门和巡逻设施 A 周围的围栏，为设施 A 提供第三方物理安全的美国企业。公司 C 生产设施 A 使用的围栏。公司 D 生产设施 A 使用的市售现成网络安全软件。公司 E 通过运行设施 A 的网络安全防御系统为设施 A 提供第三方网络安全。设施 A 是本部分附录 A 第 1 栏所述的受管辖投资关键基础设施。公司 A、公司 B 和公司 E 各自履行如本部分附录 A 第 2 栏中所述关于设施 A 的一项职能，因此各自均属于 TID 美国企业。假设无其他相关事实，公司 C 和公司 D 均不履行如本部分附录 A 第 2 栏所述关于设施 A 的职能，因此均不属于 TID 美国企业。

(5) 示例 5：管道 A 是一条州际天然气管道，外径为 36 英寸。公司 A 是一家拥有管道 A 的美国企业。公司 B 是一家制造管道 A 中使用的外径为 36 英寸的管段的美国企业。管道 A 属于本部分附录 A 第 1 栏所述的受管辖投资关键基础设施。公司 A 履行如本部分附录 A 第 2 栏所述的与管道 A 相关的职能之一，因此属于 TID 美国企业。假设无其他相关事实，公司 B 不履行本部分附录 A 第 2 栏所述的与管道 A 相关的职能，因此不属于 TID 美国企业。

(6) 示例 6：IXP A 是一个支持多方互联的互联网交换点。公司 A 是一家经营 IXP A 的美国企业。公司 B 是一家维护 IXP A 的实体场所的美国企业。IXP A 是如本部分附录 A 第 1 栏所述的受管辖投资关键基础设施。公司 A 履行如本部分附录 A 第 2 栏所述的与 IXP A 相关的职能之一，因此属于 TID 美国企业。假设无其他相关事实，公司 B 不履行本部分附录 A 第 2 栏所述的与 IXP A 相关的职能，因此不属于 TID 美国企业。

(7) 示例 7：SCADA 系统 A 是公共供水系统使用的监控和数据采集系统 [定义见经修订的《安全饮用水法》第 1401(4) 节 42 U.S.C. 300f(4)(A)]，定期为

15 000 名个人服务。公司 A 是一家美国企业,通过构建硬件和集成所有软件来建立监控和数据采集系统。公司 B 是一家生产销售给公司 A 并用作 SCADA 系统 A 的组件的市售现成软件的美国企业。SCADA 系统 A 是本部分附录 A 第 1 栏所述的受管辖投资关键基础设施。公司 A 作为 SCADA 系统 A 的制造商,履行本部分附录 A 第 2 栏所述的与 SCADA 系统 A 相关的功能之一,因此属于 TID 美国企业。假设无其他相关事实,公司 B 不履行本部分附录 A 第 2 栏所述的与 SCADA 系统 A 相关的职能,因此不属于 TID 美国企业。

(8) 示例 8:事实情况与本节(d)(7)款中的示例相同。公司 B 随后发布一个补丁,更新作为 SCADA 系统 A 组件的市售现成软件。由于该软件只是 SCADA 系统 A 的组件之一,因此该软件本身不属于本部分附录 A 第 1 栏所述的受管辖投资关键基础设施。假设无其他相关事实,公司 B 不履行本部分附录 A 第 2 栏所述的与 SCADA 系统 A 相关的职能,因此不属于 TID 美国企业。

(9) 示例 9:合金 A 是一种含 2% 锰的合金钢。公司 A 是一家美国企业,在设施 A 通过熔化组成金属来制造合金 A。设施 A 位于美国。公司 B 是一家美国企业,其从公司 A 购买合金 A,然后转售给国防部的主要承包商。设施 A 是本部分附录 A 第 1 栏所述的受管辖投资关键基础设施。公司 A 履行如本部分附录 A 第 2 栏所述的与合金 A 相关的职能之一,因此属于 TID 美国企业。假设无其他相关事实,公司 B 不履行本部分附录 A 第 2 栏所述的与合金 A 相关的职能,因此不属于 TID 美国企业。

(10) 示例 10:公司 A(一家美国企业)是一家信用报告机构,负责编写超过 100 万名个人(包括美国公民)的符合 §800.241(a)(1)(ii)(B)中描述的消费者报告。公司 A 维护敏感性个人数据,因此其属于 TID 美国企业。

(11) 示例 11:事实情况与本节第(d)(10)款中的示例相同,不同之处在于公司 A 通过其全资子公司 X 维护敏感性个人数据。由于公司 A 间接维护敏感性个人数据,因此属于 TID 美国企业。公司 X 也属于 TID 美国企业,因为其直接维护敏感性个人数据。

(12) 示例 12:公司 A(一家美国企业)生产和销售特殊医疗器械以用于存在各种健康状况的患者。出于研发、营销和质量保证等目的,公司 A 索取其 500 万客户(包括美国公民)的某些患者医疗信息,该等信息属于 §800.241(a)(1)(ii)(D)项下的敏感性个人数据。但公司 A 并不直接维护或收集该等信息,而是将此职能外包给第三方公司 X,公司 X 根据公司 A 的指示收集数据并在公司 X

的公司服务器上维护数据，供公司 A 访问。由于公司 A 间接维护和收集敏感性个人数据，因此属于 TID 美国企业，另外，由于公司 X 直接维护和收集敏感性个人数据，因此也属于 TID 美国企业。

49）§800.249 交易。"交易"是指以下任何一项（拟议或完成）：

（a）合并、收购或接管，其中包括：

（1）收购实体的所有权权益；

（2）从实体中有投票权权益的股东处收购代理权；

（3）兼并或合并；

（4）成立合资企业；

（5）长期租赁或特许经营安排，根据该等安排，承租人（或同等人员）就租赁实体（或同等物）的经营做出所有实质性商业决策，程度等同于其属于所有者。

（b）投资；

（c）或有股本权益转换；

（d）示例：公司 A（一家外国人公司）签订特许经营协议，经营公司 B（一家美国企业）的收费公路业务，时长 99 年。但协议要求公司 B 履行与业务相关的安全和安保职能，并持续监测公司 A 对协议运营要求的遵守情况。公司 B 可以终止协议或对违反该等操作要求的行为实施其他处罚。假设无其他相关事实，该情况不属于交易。

§800.249 注 1：见 §800.308，关于委员会在确定是否将外国人在转换或有股本权益后获得的准入、权利或参与纳入委员会对涉及该等权益的交易是否受管辖交易的分析时将考虑的因素。

50）§800.250 非附属 TID 美国企业。"非附属 TID 美国企业"是指以下情况的 TID 美国企业：外国人未直接持有该企业 50％以上的未偿有投票权权益，或者有权任命超过半数的董事会或同等管理机构成员。

51）§800.251 美国。"美国/U.S."是指美利坚合众国、美国各州、哥伦比亚特区以及美国的任何联邦、管辖区、附属地或殖民地，或者上述行政区划的任何分区，还包括美国的领海。就该等条例及其在本部分中的示例而言，根据美利坚合众国、美国的某州、哥伦比亚特区或美国的联邦、管辖区、附属地或殖民地的法律而组建的实体属于"在美国"组建的实体。

52）§800.252 美国企业：

（a）"美国企业"是指在美国从事州际贸易的任何实体，无论其控制者的国籍如何。

(b) 分别示例如下：

(1) 示例 1：公司 A 根据外国法律组建，由外国人全资拥有和控制。通过分公司或子公司在美国从事州际贸易。分公司或子公司属于美国企业。公司 A 及其分公司或子公司均属于外国人。

(2) 示例 2：公司 A 根据外国法律组建，由外国人全资拥有和控制。公司 A 在美国并无分公司、子公司或固定营业地。向美国一家不相关的公司出口技术并发放技术许可。其还向在美国的客户提供远程技术支持服务，但在美国并无任何资产或人员。假设无其他相关事实，公司 A 不属于美国企业。

(3) 示例 3：公司 A 是根据外国法律组建的公司，由公司 X 全资拥有和控制，公司 X 在美国组建并由美国公民全资拥有和控制。公司 A 在美国并无分公司、子公司或固定营业地。其向公司 X 和美国不相关的公司出口货物。假设无其他相关事实，公司 A 不属于美国企业。

53）§800.253 美国公民。"美国公民"是指美国公民或虽不是美国公民但对美国永久效忠的个人。

54）§800.254 有投票权权益。"有投票权权益"是指实体中的任何权益，该权益的所有者或持有人有权投票选举该实体的董事（或在非公司实体的情况下，行使类似职能的个人）或就影响该实体的其他事项进行投票。

3. 第 C 子部分——范围

1）§800.301 属于受管辖控制权交易的交易

属于受管辖控制权交易的交易包括：

(a) 无论交易条款中规定的实际控制安排如何，均会导致或可能导致外国人控制美国企业的交易［见本节第(e)(1)(2)和(3)款中的示例］。

(b) 外国人将其对美国企业的控制权转让给另一名外国人的交易［见本节第(e)(4)款中的示例］。

(c) 导致或可能导致外国人控制实体或资产的任何部分的交易，但前提是实体或资产的该部分构成美国企业［见第 800.302(c)节和本节第(e)(5)—(14)款中的示例］。

(d) 当事双方签订合同或其他类似安排的合资企业，包括关于建立新实体的协议，但前提是一方或多方出资经营美国企业，且外国人可通过合资企业控制美国企业［见本节第(e)(15)—(17)款中的示例］。

（e）分别示例如下：

（1）示例 1：外国人公司 A 拟购买美国企业公司 X 的所有股份。作为唯一所有者，公司 A 将有权选举董事和任命公司 X 的其他主要管理人员，该等董事将有权就关闭和搬迁特定生产设施以及终止重大合同做出决定。除此之外，董事还将有权向唯一股东公司 A 提议解散公司 X 并出售其主要资产。拟议交易属于受管辖控制权交易。

（2）示例 2：事实情况与本节示例（e）（1）相同，不同之处在于公司 A 计划保留公司 X 现有的美国公民董事。虽然公司 A 可选择不行使其为公司 X 选举新董事的权力，但公司 A 仍将拥有该可行使的权力。拟议交易属于受管辖控制权交易。

（3）示例 3：公司 A（一家外国人公司）拟议从公司 B（一家美国企业）处购买公司 X（一家美国企业）50％的有投票权股份。公司 X 的治理文件规定，重要决策需要半数以上的赞成票。公司 B 将保留公司 X 另外 50％的股份，且公司 A 和公司 B 将根据合同规定公司 A 将在 10 年内不行使其投票权和其他权利。拟议交易属于受管辖控制权交易。

（4）示例 4：公司 X 是一家美国企业，但完全由外国人公司 Y 所有和控制。公司 Z 也是一家外国人企业，但与公司 Y 无任何关系，其试图从公司 Y 收购公司 X。拟议交易是一项受管辖控制权交易，因为其可能使另一外国人公司 Z 获得美国企业公司 X 的控制权。

（5）示例 5：公司 X 是外国人企业，在美国有分公司。公司 A 是外国人企业，提议买下该分公司。拟议交易属于受管辖控制权交易。

（6）示例 6：公司 A 是外国人企业，购买完全位于美国境外的公司 Y 的分公司，该分公司在美国注册成立。假设无其他相关事实，公司 Y 的分公司不属于美国企业，该交易也不属于受管辖控制权交易。

（7）示例 7：外国人公司 A 在美国进行创业或"全新"投资。该等投资涉及的活动包括：外国人为制造新产品单独安排工厂的融资和建设、购买供应品和投入物、雇用人员以及购买必要的技术。该等投资包括组建一家新成立的外国人的子公司。假设无其他相关事实，公司 A 不会收购美国企业，其全新投资也不属于受管辖控制权交易。但该交易可能受本编第 802 部分规定的约束，该部分涉及与房地产有关的某些交易。

（8）示例 8：外国人公司 A 打算在美国的一家初创公司进行早期投资。在外国人投资之前,该初创企业在无外国人参与的情况下从事州际贸易,包括合并、建立域名、雇用人员、制定商业计划、寻求融资和租赁办公场所。进行投资后,公司 A 可控制美国企业。公司 A 正在收购一家美国企业且其拟议交易属于受管辖控制权交易。

(9) 示例 9:外国人公司 A 购买公司 B 的大部分资产。公司 B 在美国注册,从事生产工业设备的业务,但在公司 A 购买其大部分资产前一周停止生产和销售该等设备。进行交易时,公司 B 仍需向雇员支付工资,保持生产其先前生产的工业设备的专门知识,并保持与其先前客户的关系,将所有该等专门知识和关系转移给公司 A。公司 A 收购一家美国企业且此次收购属于受管辖控制权交易。

(10) 示例 10:公司 X(一家外国人公司)寻求从公司 A(一家美国企业)收购一处位于美国的空仓库设施。收购仅限于实体设施,不包括客户名单、知识产权或其他专有信息,或者其他无形资产或人员移交。假设无其他相关事实,该设施不属于实体,因此不属于美国企业,且该设施的拟议收购不属于受管辖控制权交易。但该交易可能受限于本章第 802 部分的规定,其中该部分涉及某些与房地产相关的交易。

(11) 示例 11:事实情况与本节第(e)(10)款中的示例相同,但除拟议收购公司 A 的仓库设施外,公司 X 还将收购用于运营该设施的人员、客户名单、设备和库存管理软件。根据该等事实,公司 X 正在收购一家美国企业,且拟议收购属于受管辖控制权交易。

(12) 示例 12:外国人公司 A 试图从美国企业公司 X 处收购某些有形和无形资产,该等有形和无形资产是公司 X 在美国经营的业务。公司 A 打算用该等资产在国外建立一家企业。根据该等事实,公司 X 正在收购一家美国企业,且拟议收购属于受管辖控制权交易。

(13) 示例 13:外国人公司 A 试图从美国企业公司 X 处收购公司 X 开发的专有软件。该收购仅限于该软件,不包括客户名单、营销材料或其他专有信息;任何其他有形或无形资产;或者人员调动。假设无其他相关事实,该软件并不构成实体,因此其不属于美国企业,且该软件的拟议收购不属于受管辖控制权交易。

(14) 示例 14:事实情况与本节第(e)(13)款中的示例相同,但除拟议收购公司 X 的专有软件外,公司 A 还将收购公司 X 的客户名单、广告和宣传材料、品牌、商标、域名和网络交易平台。根据该等事实，公司 A 正在收购一家美国企业，且拟议收购属于受管辖控制权交易。

（15）示例 15：外国人公司 A 和美国企业公司 X 组成一个独立公司（合资公司），公司 A 只向其提供现金，而公司 X 向美国企业提供资金。双方各拥有合资公司 50％的股份，且根据合资公司的公司章程，公司 A 和公司 X 对§800.208 中确定的影响合资公司的事项均有否决权，使双方均可控制合资公司。合资公司的注册地与确定交易是否受管辖控制权交易无关。合资公司的成立属于受管辖控制权交易。

（16）示例 16：外国人公司 A 和美国企业公司 X 组成一个独立的公司（合资公司），公司 A 向其提供资金以及管理和技术人员，而公司 X 提供在本例中不构成美国企业的某些土地和设备。公司 A 和公司 X 在合资企业中各有 50％的股权。假设无其他相关事实，合资公司的成立不属于受管辖控制权交易。但该交易可能受本编第 802 部分规定的约束，该部分涉及与房地产有关的某些交易。

（17）示例 17：事实情况与本节第（e）（16）款中的示例相同，但除提供某些土地和设备外，公司 X 还向合资公司提供知识产权、其他专有信息和其他无形资产，该等资产与土地和设备一起构成美国企业。根据该等事实，公司 X 已为美国企业提供资金，合资公司的成立属于受管辖控制权交易。

2）§800.302 不属于受管辖控制权交易的交易

不属于受管辖控制权交易的交易包括：

（a）不涉及控制权变更的股票分割或按比例分配的股票股利。见本节第（f）（1）款中的示例；

（b）导致外国人在美国企业中持有 10％或更少的未偿有投票权权益的交易（无论收购的权益的美元价值如何），但前提是该交易仅用于无利息投资［见§800.243 和本节第（f）（2）—（4）款中的示例］；

（c）收购实体或资产的任何部分，但前提是实体或资产的该部分并不构成美国企业［见§800.301（c）和本节第（f）（5）—（10）款中的示例］；

（d）证券承销商在正常业务过程和承销过程中对证券的收购；

（e）根据保险合同中与忠诚、保证或伤亡义务有关的条件进行的收购，但前提是保险合同由保险人在正常业务过程中订立；

（f）分别示例如下：

（1）示例 1：公司 A（一家外国人公司）持有公司 B（一家美国企业）的 10 000

股股份,占公司 B 股票的 10％。公司 B 支付 2∶1 的股票股利。由于此次股票分割,公司 A 持有公司 B 的 20 000 股股份,仍占公司 B 股票的 10％。假设无其他相关事实,额外股票的收购不属于受管辖控制权交易。

(2) 示例 2：在仅出于被动投资目的而进行的公开市场购买中,外国人公司 A 收购美国企业公司 X 7％的有表决权证券。假设无其他相关事实,证券的收购不属于受管辖控制权交易。

(3) 示例 3：外国人公司 A 收购美国企业公司 X 9％的有表决权的股份。除此之外,公司 A 还商议可让其有权控制公司 X 重要事项的约定权利。公司 A 对公司 X 的有表决权的股份进行收购不仅纯粹出于被动投资目的,且该等收购属于受管辖控制权交易。

(4) 示例 4：公司 A(一家外国人公司)收购公司 B(一家美国企业)5％的有投票权股份。除证券外,公司 A 有权任命公司 B 董事会 11 个席位中的 1 个席位。公司 A 对公司 B 的证券进行收购不仅纯粹出于被动投资目的。该交易是否属于受管辖控制权交易将取决于公司 A 在交易后是否获得公司 B 的控制权。有关属于受管辖投资的交易,见 § 800.303。

(5) 示例 5：外国人公司 A 从不同的美国公民处获得：库存产品；土地；出口机械。假设无其他相关事实,公司 A 未收购美国企业,该收购不属于受管辖控制权交易。

(6) 示例 6：美国企业公司 X 在美国生产装甲运兵车。外国人公司 A 试图根据长期合同从公司 X 处收购每年生产的运兵车。假设无其他相关事实,该交易不属于受管辖控制权交易。

(7) 示例 7：事实情况与本节第(f)(6)款中的示例相同,不同之处在于公司 X(一家美国企业)开发与生产装甲运兵车相关的重要技术。公司 A 试图谈判一项协议,根据该协议,其将获得使用该技术进行制造的许可。假设无其他相关事实,根据该许可协议提议的技术收购或实际收购均不属于受管辖控制权交易。

(8) 示例 8：事实情况与本节第(f)(6)款中的示例相同,不同之处在于公司 A 签订一份合同安排以便收购公司 X 的全部装甲运兵车业务运营,包括生产设施、客户名单、技术和员工,并共同构成美国企业。该交易属于受管辖控制权交易。

(9) 示例 9：事实情况与本节第(f)(6)款中的示例相同,不同之处在于公司 X 在一年前暂停其装甲运兵车业务的所有活动,且其目前正处于破产程序状态。

公司 X 提供的现有设备正由另一家公司维修，该公司从公司 X 购买了合同服务。该公司的生产设施闲置，但仍处于工作状态，其一些关键的前雇员已同意在业务恢复时重返公司，其技术以及客户和供应商名单仍处于最新状态。公司 X 的人员运输业务构成美国企业，而公司 A 对该业务的购买属于受管辖控制权交易。

（10）示例 10：事实情况与本节第（f）（6）款中的示例相同，不同之处在于公司 A 和公司 X 建立一个将由公司 A 控制的在美国境外制造装甲运兵车的合资企业外，公司 X 向合资企业提供构成美国企业的资产，包括制造装甲运兵车所需的知识产权和其他无形资产。公司 X 向合资企业提供构成美国企业的资金，合资企业的建立属于受管辖控制权交易。

（11）示例 11：外国人公司 A 拥有美国企业公司 X 10％的所有权。

公司 A 和公司 X 签订合约协议，根据该协议，公司 A 有权购买公司 X 的额外权益，以防止公司 X 发行额外票据以表达公司 X 的利益时，公司 A 在公司 X 中的比例权益受到稀释。假设无其他相关事实，该交易不属于受管辖控制权交易。

3）§800.303 属于受管辖投资的交易

属于受管辖投资的交易包括：

（a）符合§800.211 中所载要求的交易，无论其收购的有投票权权益百分比如何［见本节第（d）（1）—（3）款中的示例］。

（b）符合§800.211 中所载要求的交易，无论委员会是否根据第 721 节就同一外国人在同一 TID 美国企业中的先前受管辖投资结束所有行动，其中该等交易涉及获得§800.211 中规定的访问权、权利或参与权，以及在委员会先前结束行动的交易中通知委员会的内容［见本节第（d）（4）款中的示例］。

（c）符合§800.211 中所载要求的交易，无论 TID 美国企业生产、设计、测试、制造、装配或开发的关键技术是否在 2020 年 2 月 13 日之后受《2018 年出口管制改革法》第 1758 节控制，除非在关键技术受到控制之前满足§800.104（b）中规定的任何标准［见本节第（d）（5）款中的示例］。

（d）分别示例如下：

（1）示例 1：公司 A（一家不属于例外投资者的外国人公司）拟议收购公司 B（一家实体）4％的非控股性股权，公司 A 在该实体中没有有投票权权益或任何权利。公司 B 是一家生产关键技术的美国企业。因此，公司 B 属于非附属 TID

美国企业。根据投资条款,公司 A 的指定人员将有权观察公司 B 的董事会会议。拟议交易属于受管辖投资。

(2) 示例 2:事实情况与本节第(d)(1)款中的示例相同,不同之处在于根据投资条款(而非根据观察员权力),公司 A 在公司 B 将关键技术许可给第三方方面拥有咨询权。因此,公司 A 参与有关公司 B 的实质性决策,拟议交易属于受管辖投资。

(3) 示例 3:公司 A 是作为例外投资者的外国人。公司 B(一家不属于例外投资者的外国人公司)拥有公司 A 3% 的非控股性股权。公司 A 拟议收购 C 公司(一家非附属 TID 美国企业)4% 的非控股性股权。根据对 C 公司的投资条款和公司 A 的治理文件,公司 A 和公司 B 各自有权访问 C 公司拥有的重要非公开技术信息。该交易属于受管辖投资,原因在于公司 B 正在进行一项将产生根据 §800.211(b) 获得的重要非公开技术信息的投资。

(4) 示例 4:委员会就公司 A(一家不属于例外投资者的外国人公司)的受管辖投资根据第 721 节结束所有行动,其中公司 A 收购公司 B(一家非附属 TID 美国企业)4% 的非控股性股权,并获得公司 B 的重大非公开信息。一年后,公司 A 拟议收购公司 B 额外 5% 的股权,从而导致公司 A 持有公司 B 9% 的非控股性股权。根据额外投资的条款,公司 A 将有权任命公司 B 董事会成员。拟议交易属于受管辖投资,原因在于该交易涉及收购一家非附属 TID 美国企业的股权和 §800.211 下的新权利。

(5) 示例 5:公司 A(一家不属于例外投资者的外国人公司)已签署一份具有约束力的书面协议,从而确定拟议非控股性投资公司 B(一家非附属 TID 美国企业)的实质性条款。拟议投资将使公司 A 能够获得公司 B 拥有的重要非公开技术信息。公司 B 生产、设计、测试、制造、装配或开发的唯一受控技术在 2020 年 2 月 13 日之后,但在确定投资重大条款的具有约束力的书面协议签署之日之前,受《2018 年出口管制改革法》第 1758 节的控制。拟议交易属于受管辖投资。

4) §800.304　不属于受管辖投资的交易

非受管辖投资的交易包括:

(a) 外国人对一家非附属 TID 美国企业的投资,并未向外国人提供 §800.211(b) 中规定的任何访问权、权利或参与权[见本节第(f)(1)和(2)款中的示例]。

(b) 作为例外投资者的外国人对一家非附属 TID 美国企业的投资[见本节

第(f)(3)款中的示例]。

(c) 导致或可能导致外国人控制一家非附属 TID 美国企业的交易[见本节第(f)(4)款中的示例]。

(d) 并未向外国人提供 § 800.211(b) 中规定的任何访问权、权利或参与权的股票分割或按比例分配的股票股利[见本节第(f)(5)款中的示例]。

(e) 证券承销商在正常业务过程和承销过程中对证券的收购。

(f) 分别示例如下：

(1) 示例 1：在完全出于无利息投资目的的公开市场购买中，公司 A(一家不属于例外投资者的外国人公司)收购公司 X(一家非附属 TID 美国企业)7% 的有投票权证券。假设无其他相关事实，证券的收购不属于受管辖投资。

(2) 示例 2：委员会根据第 721 节就受管辖投资结束所有行动，其中公司 A (一家不属于例外投资者的外国人公司)收购公司 B(一家非附属 TID 美国企业) 4% 的非控股性股权，同时拥有董事会观察员权利。一年后，公司 A 提议收购公司 B 额外 5% 的股权，导致公司 A 持有公司 B 9% 的非控股股权。提议投资不会给予公司 A 有关公司 B 的任何额外访问、权利或参与，包括 § 800.211(b) 中规定的访问、权利或参与。假设无其他相关事实，拟议交易不属于受管辖投资。

(3) 示例 3：外国人公司 A(例外投资者)拟收购公司 B(非附属 TID 美国企业)4% 的非控制性股权。根据投资条款，公司 A 的指定人员将有权观察公司 B 董事会的会议。假设无其他相关事实，拟议交易不属于受管辖投资。

(4) 示例 4：外国人公司 A(例外投资者)拟购买公司 B(非附属 TID 美国企业)的所有股份。作为唯一所有者，公司 A 有权选举董事和任命公司 B 的其他主要高层人员。假设无其他相关事实，拟议交易不属于受管辖投资。但这属于受管辖控制权交易。公司 A 是否一名例外投资者公司，以及公司 B 是否一家非附属 TID 美国企业均与交易是否属于受管辖控制权交易无关(见 § 800.301)。

(5) 示例 5：公司 A(一家不属于例外投资者的外国人公司)持有公司 B(一家非附属 TID 美国企业)10 000 股股份和董事会观察员权利，占公司 B 股票的 10%。公司 B 支付 2 比 1 的股票股利。由于此次股票分割，公司 A 持有公司 B 的 20 000 股股份，仍占公司 B 股票的 10%。该投资并未向公司 A 提供与公司 B 相关的任何额外访问权、权利或参与权，包括 § 800.211(b) 中规定的访问权、权利或参与权。假设无其他相关事实，额外股份的收购不属于受管辖投资。

5）§800.305 渐进式收购

（a）外国人在美国企业中获得额外权益的任何交易，或者外国人权利发生变更的任何交易均不应视为受管辖交易，其中该外国人与同一外国人或先前因委员会根据第 721 节结束所有行动的受管辖控制权交易而收购直接控制权的直接或间接全资拥有的任何实体经营的美国企业相关。但如果在前一笔交易中未获得美国企业控制权的外国人是后一笔交易的参与方，则后一笔交易可能属于受管辖交易。

（b）分别示例如下：

（1）示例 1：公司 A（一家外国人公司）直接收购公司 B（一家美国企业）40％的有投票权权益和重要权利。与该交易相关的文件未表明公司 A 在公司 B 的权益可能会在将来增加。公司 A 和公司 B 自愿向委员会提交交易通知。对交易进行审查之后，委员会通知各方，所通知的交易属于受管辖控制权交易，并根据第 721 节结束诉讼。3 年后，公司 A 收购公司 B 剩余的有投票权权益。假设无其他相关事实，由于委员会就公司 A 早期直接收购同一美国企业的控制权结束所有行动，且无任何其他外国人作为该后续交易的一方，因此该后续交易不属于受管辖交易。

（2）示例 2：公司 A（一家不属于例外投资者的外国人公司）对公司 B（一家非附属的美国 TID 企业）进行受管辖投资，根据该投资，公司 A 收购公司 B 5％的非控股性股权，使其能够获得公司 B 的重要非公开技术信息。在对交易进行审查后，委员会通知双方该指定交易属于受管辖投资，并根据第 721 节结束行动。两年后，公司 A 在后续投资中收购公司 B 额外 5％的非控股性股权，使得公司 A 有权任命公司 A 的一名董事会成员。后续投资属于受管辖投资。

（3）示例 3：事实情况与本节第（b）（1）款中的示例相同，不同之处在于公司 A 在初始收购三年后收购公司 B 的剩余有投票权权益，公司 X 收购剩余的 60％的有投票权权益。公司 Y 全资拥有公司 X。另外，公司 Y 还拥有公司 A 的 100％股份。后续交易可能属于受管辖交易，原因在于尽管公司 A 和公司 X 均归公司 Y 共同所有，但公司 A（初始交易中的直接并购方）并非全资拥有公司 X。

6）§800.306 贷款交易

（a）外国人延长为美国企业提供贷款或类似融资安排，无论该外国人是否因此而拥有美国企业的证券或其他资产担保权益，其本身并不构成受管辖交易。

（1）委员会将接受关于贷款或类似融资安排的通知或声明，该贷款或类似融资安排本身并不构成涵盖交易，除非由于即将发生或实际发生的违约或其他情况，该外国人很有可能因违约或其他情况而获得对美国企业的控制权，或者获得§800.211(b)规定的关于 TID 美国企业的股权和访问权或参与权。

（2）如果委员会根据本节第(a)(1)款接受有关贷款或类似融资安排的通知或声明，且交易一方是一名在正常业务过程中提供贷款的外国人，则委员会将考虑该外国人是否已做出任何安排，以便将管理决策或对美国企业的日常控制权转移给美国公民或（如果适用）例外投资者，以确定该类贷款或融资安排是否构成受管辖交易。

（b）尽管本节第(a)款具有相关规定，但如果外国人通过贷款或类似融资安排获得美国企业利润的利息、获得任命美国企业董事会成员的权利，或者其他类似的金融或管理权利（具有股权投资的特征，但不属于典型贷款），均可构成受管辖交易。

（c）外国人在违约或涉及贷款或类似融资安排的其他条件下获得美国企业的表决权或资产不构成受管辖交易，但前提是贷款由参与贷款的银团提供，该银团的外国贷方具体如下：

（1）需要获得企业联合组织中的美国参与者的大多数同意才能采取行动，且不能自行对债务人采取任何行动；

（2）在企业联合组织中不起领导作用，且受限于贷款或融资文件中限制其能力的条款：

（ⅰ）控制债务人，使得其无法获得§800.208 中所述的控制权；

（ⅱ）行使§800.211(b)中规定的任何访问权、权利或参与权。

（d）分别示例如下：

（1）示例 1：美国企业公司 A 向公司 B 借款，公司 B 是一家根据外国法律组建并由外国人控制的银行。作为贷款的前提条件之一，公司 A 同意不向任何人出售或抵押其主要资产。假设无其他相关事实，该贷款安排本身并不构成受管辖交易。

（2）示例 2：事实情况与本节第(d)(1)款中的示例相同，不同之处在于公司 A 拖欠公司 B 的贷款并寻求破产保护。公司 A 无资金以满足公司 B 的索赔（高于公司 A 主要资产价值）。公司 B 的有担保债权构成对公司 A 主要资产的唯一有担保债权，因此公司 B 很有可能获得公司 A 主要资产的所有权，而该等资产为美国企业的构成部分。如果无其他相关事实，委员会将接受法院有关即将破产裁判的通知,将公司 A 的主要资产控制权移交至公司 B,将构成受管辖控制权交易。

(3) 示例 3:外资银行公司 A 向美国企业公司 B 贷款。贷款文件规定,公司 A 有权任命公司 B 董事会的大多数成员,且有权获得公司 B 支付的股息。该等权利是股权的特征而非典型贷款的特征。此外,作为交易结果,根据贷款文件的条款,公司 A 有权决定、指导或决定影响公司 B 的重要事项。该贷款属于受管辖控制权交易。

(4) 示例 4:公司 A(一家非例外投资者的外国银行)向公司 B(一家非附属 TID 美国企业)提供贷款。贷款文件规定,公司 A 有权任命公司 B 董事会十五个席位中的一个,且有权获得公司 B 支付的股息。该等权利是股权的特征而非典型贷款的特征。然而,假设贷款文件条款中无其他相关事实,公司 A 无权决定、指导或决定影响公司 B 的重要事项。该贷款属于受管辖投资。

7) §800.307 关于投资资金的具体说明

(a) 尽管 §800.303 中存在相关规定,但在下述情况下,不应将外国人通过向该外国人(或该外国人的指定人员)提供有限合伙人或咨询委员会或基金委员会同等成员的资格的投资基金对 TID 美国企业进行的间接投资视为受管辖投资:

(1) 该基金完全由普通合伙人、管理成员或同等人员管理;

(2) 基金的普通合伙人、管理成员或同等人员并非外国人;

(3) 咨询委员会或委员会无权批准、反对或以其他方式控制:

(i) 投资基金的投资决策;

(ii) 由普通合伙人、管理成员或与投资基金投入的实体相关的同等机构做出的决策;

(4) 此外,该外国人并无控制投资基金的能力,包括下述立法:

(i) 批准、反对或以其他方式控制投资基金的投资决策;

(ii) 批准、反对或以其他方式控制由普通合伙人、管理成员或与投资基金投入的实体相关的同等机构做出的决策;

(iii) 单方面取消、反对取消、选择或决定普通合伙人、管理成员或同等人员的报酬;

(5) 由于该外国人加入了咨询委员会或委员会,因此无法接触重要非公开技术信息;

（6）该投资并未向外国人提供§800.211(b)中规定的任何访问权、权利或参与权。

（b）就本节第(a)(3)和(4)款而言，除非本节第(c)款另有规定，否则根据投资资金协议条款适用于交易的潜在利益冲突豁免、分配限制豁免或类似活动不应视为构成对投资资金投资决策或该资金投资实体相关决策的控制。

（c）在特殊情况下，委员会可考虑通过根据投资基金协议条款适用于交易的潜在利益冲突豁免、分配限制豁免或类似活动来控制投资资金投资决策或该资金投资实体相关决策。

（d）示例：外国人有限合伙人 A 是投资资金的有限合伙人，该资金投资于非附属 TID 美国企业公司 B。该投资资金完全由普通合伙人管理，普通合伙人不属于外国人。

该投资使有限合伙人成为投资资金咨询常委会的成员。咨询委员会提供行业专业知识，但其不控制基金的投资决策或普通合伙人做出的与基金投资实体相关的决策。有限合伙人 A 无法控制该资金。有限合伙人 A 对公司 B 的投资并不向其提供获得公司 B 拥有的任何重要非公开技术信息、成为公司 B 董事会成员或观察员的权利，或者提名公司 B 董事会成员或观察员的权利，也不向其提供参与公司 B 的实质性决策。假设无其他事实，则有限合伙人 A 的间接投资不属于受管辖投资。

8）§800.308 或有权益的时机规则

（a）为确定是否将或有股本权益持有人在转换或行使该权益所提供的权利时将获得的权利纳入委员会对已通知交易是否受管辖交易的分析，委员会将考虑以下因素：

（1）转换或满足或有条件的迫切性；

（2）或有条件的转换或满足是否取决于获取方控制范围内的因素；

（3）在转换或满足或有条件时将获得的利息和权利数量能否在获得时合理确定。

（b）当委员会应用本节第(a)款，确定持有人在转换或满足或有条件时将获得的权利不纳入委员会对已通知或已提交交易是否受管辖交易的分析中时，委员会将忽略该交易中的或有股本权益，除非委员会将有关发行该权益的实体的直接权利转让给持有人。

（c）分别示例如下：

（1）示例 1：外国人公司 A 通知委员会，其打算购买美国企业公司 X 的普通股和债券。根据其条款,债券仅在发生时机不受公司 A 控制的事件时才可转换为普通股,转换后可获得的普通股数量现在无法确定。假设无其他相关事实,在公司 A 收购债券时,委员会将在其受管辖交易分析过程中忽略该债券。如果委员会确定普通股的收购不属于受管辖交易,委员会将通知各方。一旦即将转换票据,委员会不妨考虑转换所产生的权利,以及转换是否属于受管辖交易。将该等债券转换为普通股可能属于受管辖交易,具体取决于公司 A 将获得多大比例的公司 X 的有投票权权益,以及该等证券将授予公司 A 何种权力。

(2) 示例 2:事实情况与本节第(c)(1)款中的示例相同,不同之处在于所发行的债券可在 6 个月后由公司 A 自行决定转换,如果转换,将代表公司 X 50% 的权益。委员会可考虑将转换所产生的权利作为其分析的一部分。

4. 第 D 子部分——声明

1) §800.401 强制性申报

(a) 除本节第(d)(e)或(f)款规定的情况外,本节第(b)或(c)款所述的交易双方(b)应根据§800.403 向委员会提交一份包含交易信息的声明。

(b) 受管制交易导致外国人获得 TID 美国企业的实质权益,而单一外国(例外外国国家除外)的国家政府或地方政府在该交易中拥有实质权益。

(c) 受管辖交易是指可能产生一家从事一项或多项关键技术的生产、设计、测试、制造、制作或开发的 TID 美国企业,或者可能导致对 TID 美国企业实施外国控制的受管辖投资:

(1) 参考北美行业分类系统(NAICS),用于 TID 美国企业在本部分附录 B 中确定的一个或多个行业的活动;

(2) 由 TID 美国企业参考 NAICS 设计,专门用于本部分附录 B 中确定的一个或多个行业,而无论关键技术是否也适用于其他行业[见本节第(j)(1)款中的示例]。

(d) 根据本节第(b)款,无需就以下情况提交一份声明:

(1) 符合下述情况的投资基金的受管辖交易:

(i) 该基金完全由普通合伙人、管理成员或同等人员管理;

(ii) 普通合伙人、管理成员或同等人员并非外国人;

(iii) 对于任何具有咨询委员会或基金委员会有限合伙人资格的外国人,投资基金满足§800.307(a)(3)和(4)中规定的标准[见本节第(j)(2)和(3)款中的示例]。

（2）涉及 49 U.S.C. 40102(a)(2)中定义的航空公司的受管辖控制权交易，其持有根据 49 U.S.C. 41102 签发的证书。

（e）根据本节第（c）款，无需（c）就以下情况提交一份声明：

（1）例外投资者的受管辖控制权交易；

（2）在受管辖交易中，外国人对 TID 美国企业的间接投资完全且直接通过其他截至完成日期，符合下述条件的实体持有：

（i）根据《国家工业安全计划条例》（32 CFR 第 2004 部分）中所载规定，受限于经认可的安全机构批准的安全控制协议、特殊安全协议、投票信托协议或代理协议，从而抵消外资拥有权、控制权或影响力；

（ii）根据《国家工业安全计划条例》（32 CFR 第 2004 部分），根据有效的设施安全许可运营。

（3）符合下述情况的投资基金的受管辖交易：

（i）该基金完全由普通合伙人、管理成员或同等人员管理；

（ii）普通合伙人、管理成员或同等人员符合下述条件：

（A）最终完全由美国公民控制；

（B）并非外国人；

（iii）对于任何具有咨询委员会或基金委员会有限合伙人资格的外国人，投资基金满足 §800.307(a)(3)和(4)中规定的标准［见本节第(j)(2)和(3)款中的示例］；

（4）完全由于 §800.219(d)的应用而属于受管辖投资的投资；

（5）涉及 49 U.S.C. 40102(a)(2)中定义的航空公司的受管辖控制权交易，其持有根据 49 U.S.C. 41102 签发的证书。

（6）受管辖交易是指可能产生一家属于 TID 美国企业的美国企业［仅因该等 TID 美国企业生产、设计、测试、制造、制作或开发一项或多项根据 EAR(15 CFR 740.17)许可例外 ENC，适于出口、再出口或转运（在国家/地区）的关键技术］，或者可能导致对美国企业实施外国控制的受管辖投资。

（f）尽管本节第（a）款存在相关规定，但受管制交易的各方仍可选择根据本部分第 E 子部分提交有关交易的书面通知，以替代申报。

（g）各方应在下述时间向委员会提交本节第（a）款要求的申报文件或本节第（f）款要求的书面通知：

（1）如果交易完成日期介于 2020 年 2 月 13 日至 2020 年 3 月 14 日之间，则

不迟于 2020 年 2 月 13 日或此后尽快;

(2) 如果交易完成日期在 2020 年 3 月 14 日之后,则不迟于交易完成日期前 30 天。

(h) 尽管本节第(g)款具有相关规定,但在委员会以书面形式通知委员会已结束第 721 节下的所有行动或者委员会无法完成 §800.407(a)(2)中的行动后,受管辖交易的双方可随时根据本节的强制性申报或通知完成交易。

(i) 如果委员会拒绝或允许撤回本节要求的声明或通知,除非获得工会主席的书面批准,否则双方不得在重新提交之日起 30 天内完成交易。

(j) 分别示例如下:

(1) 示例 1:公司 A(一家非例外投资者且任何外国政府均没有拥有实质权益的外国人公司)拟议收购公司 B(一家制造关键技术的非附属 TID 美国企业)4% 的非控股性股权。根据投资条款,公司 A 的指定人员将有权观察公司 B 董事会的会议。公司 B 生产各行业企业商业现成使用的关键技术,包括本部分附录 B 中确定的某些技术。假设无其他相关事实,拟议交易属于受管辖投资,但无需根据 800.401 提供强制性申报或通知,原因在于公司 B 不生产、设计、测试、制造、制作或开发专门用于本部分附录 B 中确定的一个或多个行业的关键技术。

(2) 示例 2:投资基金 A(一家不属于例外投资者的外国人公司)收购公司 A(一家非附属 TID 美国企业)10% 的股权,且其有权任命公司 A 董事会的一名成员。公司 A 正在制造用于公司 A 在本部分附录 B 中确定的一个或多个行业的活动的关键技术。投资基金 A 符合本节第(e)(3)款的要求。投资基金 A 对公司 A 的投资属于受管辖投资,但该交易不受强制性申报要求的限制。

(3) 示例 3:事实情况与本节第(j)(2)款中的示例相同,不同之处在于与投资基金 A 的交易相关,有限合伙人 X(投资基金 A 的一名有限合伙人和一名非例外投资者的外国国民)获得对公司 A 的重要非公开技术信息的访问权。有限合伙人 X 对公司 A 的间接投资属于受管辖投资。尽管投资基金 A 的直接投资不受强制性申报的限制,但有限合伙人 X 对公司 A 的间接投资受强制性申报的限制。

2) §800.402 自愿声明

除非 §800.403(e)另行禁止,否则任何拟议交易或已完成交易的一方可根据 §§800.403 和 800.404 中规定的程序和要求向委员会提交关于该交易的声明，而非书面通知。

3）§800.403 提交申报的程序

（a）根据§800.401 或 800.402 提交交易声明的一方或多方应根据财政部网站的委员会部分的提交说明，以电子方式向工会主席提交§800.404 中规定的信息，包括其中要求的证明。

（b）除本节第（a）款所述通信外，进行任何通信均不视为根据第 721 节提交声明。

（c）根据本节提交给委员会的信息和其他文件材料应视为已按照第 721（c）节和§800.802 的要求提交给总统或总统的指定人员。

（d）在等待委员会处理事项期间，提交申报文件的人员应及时告知工会主席交易相关计划、事实或情况的任何实质性变化以及§800.404 规定或要求向委员会提供的信息出现的任何实质性变化。除非委员会根据§800.406（a）（2）（i）的规定，以该等重大变更为由拒绝申报，否则该等变更应作为该等人员根据本节提交的申报的一部分，且§800.405（d）要求的认证应适用于该等变更。

（e）未经工会主席书面批准，已根据§800.501 或§802.501 向委员会提交有关交易的书面通知或根据§802.401 提交申报的交易各方不得向委员会提交关于同一交易或基本类似交易的申报。

4）§800.404 申报的内容

（a）根据§800.403 提交申报文件的一方或各方应提供本节规定的信息，与所有各方和交易有关的该等信息必须准确、完整［另见本节第（d）和（e）款］。

（b）如果提交申报的交易方少于全部交易方，而且工会主席确定提交方在申报中提供的信息不足以供委员会评估交易，则委员会可酌情要求交易方根据§800.501 提交一份书面交易通知。

（c）在遵守本节第（e）款的前提下，根据§800.403 提交的申报应描述或提供（如适用）：

（1）为交易当事方或交易主体（在适用的情况下）的外国人和美国企业的名称，以及各方主要联系人的姓名、电话号码和电子邮件地址。

（2）以下是有关所述交易的信息：

（i）交易的基本原理和性质的简要说明，包括其结构（例如，股份购买、合并、资产购买）；

（ii）外国人及其附属公司获得的表决权百分比和由此产生的总表决权；

（iii）外国人及其附属机构收购的经济权益的百分比以及外国人及其附属机构持有的由此产生的经济权益总额；

（iv）美国企业是否存在多个所有权类别，如有，则外国人在按类别划分的美国企业中的交易前和交易后股份所有权；

（v）总交易价值（币别：美元）；

（vi）交易的状态，包括交易的实际或预期完成日期；

（vii）交易的所有资金来源；

（viii）交易最终文件的副本，或者（如果无副本）制定交易重要条款的文件。

（3）下列内容：

（i）关于交易的一方是否规定该交易为受管辖交易的声明以及该规定的依据的说明；

（ii）关于交易的一方是否规定该交易为外国政府控制交易的声明以及该规定的依据的说明。

（4）关于外国人是否将获得与美国企业有关的下列任何一项的声明：

（i）访问美国企业拥有的任何重要非公开技术信息，如果如此，则简要说明访问和信息类型；

（ii）根据§800.211（b）（2）中规定的成员资格、观察员权利或提名权利，如果如此，则在交易完成日期之前和之后提供关于董事会或其他机构组成的声明；

（iii）§800.211（b）（3）中规定的美国企业就受管辖投资关键基础设施、关键技术或敏感个人数据做出的实质性决策中的任何参与（除通过股份投票外），以及如有，包括关于参与该等实质性决策的声明；

（iv）任何可能导致外国人取得美国企业控制权的权利，以及对该等权利的简要说明（如有）。

（5）有关美国企业的以下信息：

（i）网址；

（ii）主要营业地；

（iii）公司注册地或组织地；

（iv）美国企业所有地点的地址或地理坐标列表（至少为小数点后第四位），包括美国企业的总部、机构和经营地点。

（6）对于作为交易主体的美国企业以及该美国企业作为母公司的任何实体，简要概述其各自的业务活动，例如年度报告中所载业务活动，以及各自的产品或服务类别，包括适用的 6 位北美行业分类系统(NAICS)代码、国防部指定的商业和政府实体代码(CAGE 代码)，以及指定给美国企业的任何适用的 Dun 和 Bradstreet 标识(DUNS)号码，并对实体如何在美国从事州际商业做出解释(如果适用)。

(7) 关于美国企业是否生产、设计、测试、制造、加工或开发一种或多种关键技术的声明。

(8) 关于美国企业是否履行本部分附录 A 第 2 栏中规定的受管辖投资关键基础设施的任何职能的声明。

(9) 关于美国企业是否直接或间接维护或收集美国公民的敏感性个人数据，是否已在 §800.241(a)(1)(i)(B)中所述的任何适用事件之前 12 个月内直接或间接收集或保持敏感性个人数据，或者是否设有明确的商业目标以便在未来收集该等数据的声明。

(10) 关于美国企业是否与任何美国政府机构或部门有任何当前有效或在过去 3 年内有效的合同(包括任何分包合同，如果知道的话)的声明，或者在过去 10 年内，如合同包含获取美国政府人员的个人身份信息的声明。如果如此，则提供一份附件，其中列明该等合同，包括美国政府机构或部门的名称、交货订单号或合同号、主承包商(如果美国企业属于分包商)、开始日期和预计完成日期。

(11) 关于美国企业是否有任何在过去 5 年内有效或现在有效的涉及信息、技术或根据经修订的第 12958 号行政命令分类的数据的合同(包括任何分包合同，如已知)的声明。

(12) 关于美国企业在过去 5 年是否从国防部或能源部获得任何赠款或其他资助或参与或合作进行任何涉及一项或多项关键技术、受管辖投资关键基础设施或其他关键基础设施的任何国防或能源计划或产品的声明。

(13) 关于美国企业在过去 7 年内是否参与《国防生产法》第 III 节计划的声明(50 U.S.C. 4501 及后续条款)。

(14) 关于美国企业在过去 3 年中是否按照《国防优先事项与分配系统》(DPAS)法规(CFR 第 15 篇第 700 部分)收到或下达优先评级合同或订单的声明，以及该等合同或订单(DX 或 DO)的优先级别。

(15) 外国人最终母公司的名称。

(16) 外国人及其最终母公司的地址。

(17) 交易前后的完整组织结构图,包括识别名称、主要营业地、公司注册地或其他合法组织(如果是实体);国籍(如果是个人);下列每一项的所有权百分比(如果有不同,则采用表决权和经济权益)的信息:

(i) 作为交易方的每个外国人的直系公司、最终母公司以及各中间公司(如有);

(ii) 如果最终母公司属于私营公司,则为该母公司的最终所有者;

(iii) 如果最终母公司属于上市公司,则为任何在该母公司中持股超过 5% 的股东;

(iv) 在交易完成前后作为交易主体的美国公司。

(18) 关于外国人股权结构中的所有外国政府股权的信息,包括国籍和占有股份,以及外国政府直接或间接掌握的对于外国人的任何权利。

(19) 对于参与交易的外国人及其任何母公司(如果适用),按(例如)年度报告规定简要概述,其各自的业务活动。

(20) 有关已经参与另一项交易的任何一方是否就此提前通知过或上报过委员会的声明,以及委员会为该等交易指定的案件编号。

(21) 关于美国企业、外国人、外国人的任何母公司或所属母公司是外国人的任何个人在过去 10 年中是否在任何司法管辖区被判有罪的声明(包括相关司法管辖区和刑事案件法律编号或法律引证)。

(22) 如果适用,对美国企业生产、设计、测试、制造、制作或开发的任何关键技术的描述(可将类似项目归入一般产品类别),以及 EAR 下的任何相关出口管制分类号(ECCN)和 ITAR 下的 USML 类别列表,并在适用情况下,确定是否具有 10 CFR 第 810 部分所涵盖的专门设计和准备的核设备、部件和组件、材料、软件和技术;10 CFR 第 110 部分所涵盖的核设施、设备和材料;7 CFR 第 331 部分、9 CFR 第 121 部分或 42 CFR 第 73 部分所涵盖的指定制剂和毒素。

(23) 如果适用,有关根据本部分附录 A 第 2 列,美国企业就受管辖投资关键基础设施履行哪些职能的声明,其中包括对该等职能和适用受管辖投资关键基础设施的描述。

(24) 如果适用:

(i) 美国企业直接或间接维护或收集的数据类别,例如 § 800.241 所述。

(ii) 对于 § 800.241 中规定的各适用数据类别(单独和合计),负责以下工作的仅有的人员的大概数量:

（A）目前维护的数据；

（B）在§800.241（a）（1）（i）（B）中规定的任何适用事件之前12个月内的任何时间点维护和收集的数据；

（iii）美国企业是否设有经过证明的业务目标来维护或收集§800.241（a）（1）（ii）中所述的超过100万人的数据，且该等数据属于美国企业主要产品或服务的组成部分。

（iv）美国企业是否给任何负责情报、国家安全或国土安全的美国行政部门机构或军事部门或其人员或承包商提供有针对性调整的或定制的产品或服务。

（d）提交申报的每一方应提供符合§800.204的申报中所含信息的证明。证明样本可在财政部网站的委员会部分查阅。

（e）根据本节第（c）（3）款提供规定的一方承认，委员会和总统有权依据该规定来确定该交易是否第721节规定的和该节下所有权力机构的受管辖投资、受管辖控制权交易或外国政府控制交易，并放弃质疑任何该等确定的权利。委员会和总统均不受任何该等规定的约束，任何该等规定也不限制委员会或总统根据第721节规定的权限就任何受管辖交易采取行动的能力。

5）§800.405 30天的评估期开始

（a）在收到根据§800.403提交的申报后，工会主席应立即检查该申报，并立即书面通知提交申报的所有交易方：

（1）工会主席已接受该申报，并将该申报以及本节第（b）款所述评估开始的日期传达给委员会；

（2）由于申报不完整，工会主席决定不予接受，并将其分发给委员会，且就该申报不完整的重要方面做出解释。

（b）作为申报主体的受管辖交易的30天评估期应自委员会从工会主席处收到申报之日开始。该评估期开始后应在30天内结束，如果第30天并非工作日，则应在第30天后的下一个工作日内结束。

（c）在30天评估期内，工会主席可邀请受管辖交易的各方参加与委员会工作人员一同出席的会议，讨论并阐明与交易相关的问题。

（d）如果委员会通知已根据§800.403提交申报文件的交易各方，委员会有意根据第721节完成与该交易相关的所有行动，则在初始申报文件后提交补充信息的各方都应提交§800.204所述的证明。证明样本可在财政部网站的委员会部分查阅。

(e) 如果一方未能提供本节第 (c) 款要求的证明,委员会可自行决定采取 §800.407 下的任何行动。

6) §800.406 否决、处置或撤回申请

(a) 通过工会主席采取行动的委员会,可以采取如下行动:

(1) 拒绝任何不符合 §800.404 的申报,并立即书面通知当事各方;

(2) 在申报提交之后且委员会采取 §800.407 所述的任一行动之前,随时拒绝任何申报,并立即书面通知双方:

(i) 已提交的申报中受管辖交易发生重大变化;

(ii) 披露的信息与一方(或多方)申报中提供的重大信息相矛盾。

(3) 在申报提交之后随时拒绝任何声明,并立即书面通知各方[如果提交申报的一方(或多方)在请求后两个工作日内未提供工会主席要求的后续信息,或者在更长的期限内,如果一方(或多方)书面提出请求且工会主席以书面形式同意该请求]。

(b) 委员会认为,作为申报文件主体的交易并非受管制交易时,工会主席应通知提交申报文件的当事方(或多方)。

(c) 已根据 §800.403 提交申报文件的交易各方均可在委员会采取 §800.407 下的行动前的任何时间以书面形式请求撤回该申报文件。该等请求应提交给工会主席,并应说明提出请求的原因,以及是否完全并永久放弃作为申报主体的该交易。财政部官员将立即将委员会的决定书面通知各交易方。

(d) 委员会不得要求或建议撤回或重新提交申报,除非允许受管辖交易的各方在就该受管辖交易提交的申报中校正重大错误或遗漏,或者说明交易的重大变化。

(e) 未经工会主席批准,一方(或多方)不得就相同或基本相似的交易提交一份以上的声明。

§800.406 注 1:见 §800.403(e),关于禁止提交关于未经工会主席批准而提交书面通知的同一交易或实质上类似的交易的声明。

7) §800.407 委员会行动措施

(a) 在收到根据 §800.403 提交的关于受管辖交易的申报后,由委员会酌情决定,委员会可以:

(1) 在委员会有理由相信该交易可能引起国家安全考虑的情况下,要求交易双方根据 E 子部分提交书面通知;

（2）通知交易各方，委员会无法根据该申报文件完成第 721 节下有关交易的行动，各方可根据第 E 子部分提交书面通知，要求委员会发出书面通报，其中指明委员会已完成第 721 节下有关交易的所有行动；

（3）根据§800.501(c)对交易进行单方面审查；

（4）书面通知各方，委员会已采取第 721 节下与交易相关的所有行动。

（b）委员会应在§800.405(b)规定的期限内根据本节第(a)款采取行动。

5. E 子部分——通知

1）§800.501 通知步骤：

（a）除本节第(j)款另有禁止说明外，提议的或已完成交易的一方或多方可向委员会提交该交易的自愿通知。向委员会发出自愿通知的方式是发送一份通知的电子副本，其中包括§800.502 中规定的信息（以英文表达），以及本节第(l)款要求的鉴定书。有关电子提交说明，见财政部网站的委员会部分。

（b）如果委员会确定某项未根据本部分提交自愿通知的交易，可能是受管辖交易，并可能引起国家安全考虑，且委员会未就此书面通知各方已经完成第 721 节下的所有行动，则工会主席根据委员会的建议采取行动，且可要求交易各方向委员会提供必要的信息，以确定该交易是否受管辖交易，如果委员会确定该交易为受管辖交易，则根据本节第(a)款提交该等受管辖交易的通知。

（c）关于任何交易：

（1）根据本节第(c)(2)款的规定，委员会的任何成员，或者其副国务卿或同等级别以上的指定人员，可以通过工会主席向委员会提交有关交易的代理通知，前提如下所述：

（i）该成员有原因地认为该交易属于受管辖交易，可能引起国家安全考虑，并且：

（A）委员会未书面通知各交易方：其已根据第 721 节就此交易采取所有行动；

（B）总统未宣布决定不行使第 721(d)节赋予其能够针对该交易实施的权力。

（ii）该交易属于受管辖交易，并且：

（A）委员会已书面通知该等交易的各方，委员会根据第 721 节已结束对该等交易采取的所有行动，或者已确定该等交易不是受管辖交易，或者总统已宣布决定不对该等交易行使第 721(d)节规定的总统权力。

（B）以下情况之一：

① 该等交易的一方在委员会审议该等交易时向委员会提交虚假或有误导性的重要信息，或者从提交给委员会的信息中遗漏包括重要文件在内的重要信息；

② 该等交易的完成严重违约的一方或由此产生的实体（或者如果在 2018 年 8 月 13 日之前根据第 721 节发起对该等交易的审查或调查，视为故意严重违约）根据第 721（1）（3）（A）节中所述的缓解协议或条件，该等违约经过监控和执行该等协议或条件的领导部门或机构委员会证明为严重违约（或者，如果在 2018 年 8 月 13 日之前根据第 721 节发起对该等交易的审查或调查，视为故意严重违约），委员会确定，并无其他充分且适当的补救措施或执行工具来处理该等违约行为。

（2）（i）由于应用§800.219（d），外国人不属于例外投资者的投资，委员会的任何成员，或者其副秘书或同等级别以上的指定人员，可以通过工会主席向委员会提交关于该投资的代理通知，前提如下所述：

（A）该成员有原因地认为该交易属于受管辖交易，可能引起国家安全考虑；

（B）委员会未书面通知各交易方：其已根据第 721 节就此交易采取所有行动；

（C）总统未宣布决定不行使第 721（d）节赋予其能够针对该交易实施的权力。

（ii）在交易完成日期起超过一年，不得就该交易发出根据第（c）（2）款提交的通知，除非委员会主席经与委员会其他成员协商后确定，由于该外国人不再符合§800.219（a）（1）或（2），（a）（3）（i）—（iii）或（c）（1）（i）至（iii）中规定的所有条件，该交易可能威胁和危害美国国家安全，并且根据本款规定，如果该交易自完成日期起超过三年，在任何情况下不得发出代理通知。

（d）根据本节第（c）款提交的通知一经工会主席签收即被视为已批准。除非委员会主席与委员会其他成员协商，提交该等代理通知，否则不得在交易完成三年以后根据本节第（c）（1）款就交易发出代理通知。

（e）除本节第（a）和（c）款所述外，进行任何通信均不视为根据第 721 节提交通知。

（f）收到根据本节第（a）款提交的通知的电子副本后，其中包括§800.502（l）要求的鉴定书，工会主席应立即检查该通知的完整性。

（g）鼓励各交易方在提交通知之前与委员会协商，并在适当情况下向委员会提交通知草案或其他适当文件，以帮助委员会了解交易并允许其在通知中添加其他信息。应在提交自愿通知前至少 5 个工作日进行任何该等预先通知咨询或应提供任何通知草案。根据本款提交给委员会的所有信息和文件材料应视为已按照第 721(c) 节和 §800.802 的要求提交给总统或总统的指定人员。

(h) 在根据本节提交自愿通知后，当事方向委员会提供的信息和其他文件材料应作为通知的一部分，并应符合 §800.502(m) 要求的最终证明。

(i) 对于任何自愿提交的草案或正式书面通知，包括第 §800.502(o) 节规定是受管辖交易的交易，委员会应在草案或正式书面通知提交之日起 10 个工作日内对草案或正式书面通知提出意见，或者接受管辖交易的正式书面通知。

(j) 如果交易是根据第 D 子部分提交的申报的标的，且委员会尚未根据 §800.407 对交易采取任何行动，则交易的任何一方均不得根据本节第 (a) 款提交通知。

2) §800.502 自愿通知的内容：

(a) 如果交易各方提交自愿通知，则其应提供本节所列详细信息，该等信息必须在所有各方和交易方面均准确、完整［认证要求另见本节第（1）款和 §800.204］。

(b) 如果并非所有交易各方均提交自愿通知（例如在敌意收购的情况下），各通知方应提供本节中规定的关于其自身的信息，并在已知或可合理获得信息的范围内，提供关于各非通知方的信息。

(c) 根据 §800.501 提交的自愿通知应描述或提供（如果适用）：

(1) 以下是有关所述交易的信息：

(i) 一份列出交易要点的汇总表，包括交易目的及其范围（是在美国还是境外）的声明；

(ii) 交易的性质，例如通过并购、合并、购买有投票权权益或其他方式进行的收购；

(iii) 作为交易当事方的各外国人的姓名、美国地址（如果有）、网址（如果有）、国籍（针对个人）或注册地或其他法律机构所在地（针对机构）以及主要营业地的地址；

(iv) 作为交易主体的美国企业的名称、地址、网址（如果有）、主要营业地和注册地或其他法律机构所在地；

(v) 以下人员的姓名、地址和国籍（针对个人）或注册地或其他法律组织所

在地(针对机构):

(A) 作为交易一方的每个外国人的直系公司、最终母公司以及中间公司(如有);

(B) 如果最终母公司属于私营公司,则为该母公司的最终所有者;

(C) 如果最终母公司属于上市公司,则为任何在该母公司中持股超过 5% 的股东;

(vi) 将管理被收购美国企业的所有人员,其姓名、地址、网址(如果有)和国籍(对于个人)或注册地或其他法律机构所在地(对于机构);

(vii) 交易的实际或预期完成日期;

(viii) 自通知日期起,从美国企业中获得的利息净值的企业诚信信息近似值(美元);

(ix) 参与交易的任何及所有金融机构的名称,包括作为交易的顾问、承销商或融资来源的金融机构;

(x) 与交易相关的任何合伙协议、一体化协议或其他方面协议的副本;

(xi) 关于外国人是否将获得与美国企业有关的下列任何一项的声明:

(A) 访问美国企业拥有的任何重要非公开技术信息,如果如此,则简要说明访问类型和信息类型;

(B) §800.211(b)(2)中规定的成员资格、观察员权利或提名权利,如果如此,则提供交易完成日期前后,该等权利的描述和董事会或其他机构组成部分声明,以及规定董事会或其他机构收购后治理条款(例如,法定人数要求、特殊权利)的文件副本;

(C) 如§800.211(b)(3)所述,除通过非股份投票方式参与美国企业关于受管辖投资关键基础设施、关键技术或敏感个人数据的实质性决策的行为,如果如此,则对参与性质和程度进行简要说明。

(2) 关于以收购美国企业资产构成的交易,请详细说明所收购美国企业的资产,包括该等资产的近似值(美元);

(3) 关于作为交易主体的美国企业以及该美国企业为母公司的任何机构(除非该机构被排除在交易范围之外):

(i) 其各自的业务活动,例如,年度报告中所述的业务活动,以及各产品或服务类别,其中包括对该等产品或服务类别的美国市场份额的估计和用于确定市场份额的方法,该等主要产品或服务类别的直接竞争对手的列表,以及其

NAICS 代码（如有），以及该实体如何在美国参与州际贸易的说明（如果适用）；

（ii）美国境内的街道地址（和通信地址，如果两者不同）和生产本节第（c）（3）（v）款所述分类或非分类产品或生产服务的各设施的网址（如果有），以及其各自的 CAGE 代码和 DUNS 号；

（iii）与美国政府任何机构之间目前生效或在过去 5 年内生效的每份合同（由机构和编号标识），涉及根据经修订的第 12958 号行政命令分类的任何信息、技术或数据，其预计最终完成日期，以及合同官员的姓名、办公室和电话号码；

（iv）与任何具有国防、国土安全或其他国家安全职责（包括与国防、国土安全或国家安全相关的执法职责）的美国政府机构或部门当前生效或在过去 3 年内生效的任何其他合同（按机构和编号标识）、其预计最终完成日期以及签约官员的姓名、办公室和电话号码；

（v）任何产品或服务（包括研发）：

（A）直接或间接向美国政府的任何机构提供服务，包括作为主承包商或一级分包商，或者作为任何该等主承包商或分包商的供应商，或者作为任何一级的分包商（如果提交通知的当事方知道）；

（B）如果提交通知的当事方知道，该通知是任何该等机构的单一合格来源（即其他合格的供应商也容易获得该等资格）或唯一来源（即其他供应商不具有所需要的技术、设备和制造工艺能力），以及市场上是否有其他供应商可获得该等资格。

（vi）以下任何产品或服务（包括研发）：

（A）其供货给第三方，并且知道购买者对其进行了品牌重塑，或者将其并入另一个机构的产品中，以及销售该等重塑产品或服务所使用的名称或品牌；

（B）就服务而言，其代表另一机构或以另一机构及任何该等机构的名义提供服务；

（vii）对于前 3 年——

（A）作为交易主体的美国企业已经收到的依照《国防优先事项和分配制度》法规的优先评级合同或订单的列表，以及该等合同或订单的优先级别（"DX"或"DO"）；

（B）该等美国企业与其他实体签订的优先合同或订单列表，以及该等合同或订单的优先级，以及收购方确保在完成通知交易时成立的任何新实体（或美国企业，如果未成立新实体）符合 DPAS 法规的计划。

（viii）网络安全方案的说明和副本（如果有），该方案将用于保护美国企业服务、网络、系统、数据存储（包括敏感个人数据的收集或维护）和设施的运营、设计和开发免受网络攻击；

（ix）关于美国企业是否履行本部分附录 A 第 2 栏中规定的受管辖投资关键基础设施的任何职能的描述。该声明应包括该等功能的描述，包括适用的受管辖投资关键基础设施的描述；

（x）（A）说明美国企业是否生产、设计、测试、制造、制作或开发一种或多种：

① 受 EAR 管制的产品，如果是，则提供产品的说明（可将类似产品归入一般产品类别）和 CCL 中规定的相关商品分类清单（即 ECCN 或 EAR99 名称）；

② 国防产品和国防服务，以及 USML 在 ITAR 中纳入的相关技术数据，如果有，则提供 USML 的类别；商品管辖权请求（22 CFR 120.4）未决的产品和服务；以及将来可能根据 22 CFR 120.3 指定或确定为国防产品或国防服务的产品和服务（包括正在开发的产品和服务）；

③ 10 CFR 第 810 部分涵盖的特别设计和准备的核设备、零件和组件、材料、软件和技术；

④ 10 CFR 第 110 部分涵盖的核设施、设备和材料；

⑤ 选择制剂和毒素（7 CFR 第 331 部分、9 CFR 第 121 部分和 42 CFR 第 73 部分）；

⑥ 根据《2018 年出口管制改革法》第 1758 条节控制的新兴技术和基础技术（在 50 U.S.C. 4817 中编成法典）。

（B）关于美国企业是否以其他方式交易本节第（c）（3）（x）（A）（1）—（6）款中所述的任何产品的说明，在响应本节第（c）（3）（x）（A）款的自愿通知中未涉及的范围内；

（C）对于本节第（c）（3）（x）（A）（1）—（6）款中所述的任何产品，如果无完整的商品分类自动跟踪系统或商品管辖权确定，则自愿通知应包括一份关于各方如何评估该产品的简要声明（例如，具有美国企业技术知识的个人的自我分类、制造商提供的分类信息、外部法律顾问或第三方顾问提供的分类等）；

（xi）说明美国企业是否直接或间接维护或收集美国公民的敏感性个人数据，是否在 §800.241（a）（1）（i）（B）中规定的任何适用事件之前 12 个月内直接或间接收集或维护过敏感性个人数据，或者是否有在未来维护或收集该等数据的经证明业务目标，其中包括：

（A）美国企业直接或间接维护或收集或打算维护或收集的§800.241中规定的数据类别；

（B）对于§800.241中规定的各适用数据类别（单独和合计），负责以下工作的仅有的人员的大概数量：

① 目前维护的数据；

② 在§800.241（a）（1）（i）（B）中规定的任何适用事件之前12个月内的任何时间点维护和收集的数据；

（C）美国企业是否具有经过证明的业务目标来维护或收集§800.241（a）（1）（ii）中所述超过100万人数据，且该等数据属于美国企业主要产品或服务的组成部分，如果有，请提供简要说明；

（D）美国企业是否给任何负责情报、国家安全或国土安全的美国行政部门机构或军事部门或其人员或承包商提供有针对性调整的或定制的产品或服务的描述；

（E）美国企业保存或收集该等敏感性个人数据的商业理由，以及关于对美国企业如何使用和保护该等敏感性个人数据的说明，包括对由谁以何种方式做出使用敏感性个人数据的决策的说明；

（F）关于美国企业关于向第三方销售、许可、转让或授权访问敏感性个人数据的政策和业务的说明，包括向客户提供的任何关于使用和转让敏感性个人数据的注意事项的副本；

（G）关于美国企业保存敏感性个人数据的政策和业务的说明；

（H）交易的外国当事人改变任何上述内容的任何计划。

（4）作为交易主体的美国企业是否：

（i）拥有美国政府机构授予的第（c）（4）款所列监管机构之外的任何许可证、执照或其他授权（如适用，应提供相关许可证的标识）；

（ii）拥有应用于军事方面的技术（如果有，应包括对这种技术的鉴定和关于这种军事用途的说明）。

（5）关于参与交易的外国人及其母公司：

（i）外国人及其最终母公司的一项或多项业务，例如在年度报告中说明的业务，以及该等业务的商务和政府单位代码、北美行业分类系统代码和邓白氏编码（如果有）；

（ii）外国人为美国企业开展的计划涉及：

（A）减少、淘汰或出售研发设施；

（B）改变产品质量；

（C）关闭或移出美国境内的美国机构；

（D）整合或销售产品线或技术；

（E）修改或终止本节第（c）（3）（iii）和（iv）款提及的合同；

（F）通过仅向非国内市场销售产品来消除国内供应。

（iii）该外国人是否受外国政府控制或代表外国政府行事，包括作为代理人或代表，或者以类似身份行事，如果有上述情况，则说明外国政府的身份；

（iv）无论是外国政府或由外国政府控制或代表外国政府行事者：

（A）拥有或控制收购外国人或其任何母公司的所有者权益，包括或有权益，如果是，则说明任何该等权益的性质和金额，以及与有权益相关的条款和转换时间；

（B）有权任命作为交易当事方的外国人或该外国人的任何母公司为任何主要管理人员或董事会成员（包括履行通常与该等职务相关的职责的其他人员）；

（C）如果持有外国收购方的任何其他或有权益（例如，可能来自借贷交易），则该或有权益涵盖的权利，以及执行该权力的方式；

（D）存在任何其他可能与委员会确定通知交易是否属于外国政府管制的交易有关的肯定或否定权利或权力，如果拥有任何该等权利或权力，则提供其来源（例如"黄金股""股东协议"、合同、法令或法规）及其运作机制。

（v）在作为交易一方的任何外国人中拥有所有者权益的外国人之间，或者该外国人与其他外国人之间达成的任何正式或非正式协定，以就影响属于交易主体的美国企业的特定事项采取一致行动，并提供确立该等权利或描述该等协定的任何文件的副本；

（vi）对于参与交易的外国人及其直接、中间和最终母公司的董事会或同等管理机构的每个成员（包括外部董事和履行通常与该等职务相关职责的其他人员）和高管（包括总裁、高级副总裁、执行副总裁和履行通常与该等职务相关职责的其他人员），以及对参与交易的外国人及其最终母公司拥有 5％以上所有者权益的任何个人，提供以下信息：

（A）作为主要注意事项的一部分提供的简历或类似的专业简介；

（B）出于隐私原因并确保有限分发，以下"个人身份信息"应在单独的文件而非主要注意事项中列出：

① 全名（姓名、中间名）；

② 使用的所有其他名字和别名；

③ 营业地址；

④ 居住国家和城市；

⑤ 出生日期（格式为月/日/年）；

⑥ 出生地；

⑦ 美国社会保险号（如适用）；

⑧ 身份证号码，包括国籍、签发日期和地点以及截止日期（如适用）；

⑨ 美国或外国护照号码（如果不止一个，则须全部披露）、国籍、签发日期和地点、截止日期，如为美国签证持有人，则包括签证类型和号码、签发日期和地点以及截止日期；

⑩ 外国政府和外国兵役（如适用）的日期和性质，但军衔低于相关外国最高两级士官的兵役除外；

（vii）参与交易的外国人的直接、中间和最终母公司的以下"机构身份信息"，包括其主要办事处和分支机构：

（A）企业名称，包括所有已知或已开展业务的企业的名称；

（B）营业地址；

（C）企业电话号码、网址和电子邮件地址；

（D）雇主识别号或其他国内税务号码或公司代码。

（d）（1）自愿通知应列出交易完成前已经或将要向美国政府机构提交的任何文件或报告，说明相关机构、文件或报告的性质、提交日期或预计提交日期，以及机构内的相关联系人和/或电话号码（如果知道）。

（2）示例：公司 A（一家外国人公司）打算收购公司 X（一家美国公民全资拥有和控制的公司，并拥有国防部工业安全计划下的设施安全许可）。可见国防部"工业安全条例""DOD 5220.22 - R"和"保护机密信息的工业安全手册"，DOD 5220.22 - M。公司 X 提交相应的经修订表格 DD SF - 328，并与国防安全局就有效地将其设施与外国人隔离进行讨论。公司 X 也可能已向美国证券交易委员会、商务部、国务院或其他联邦部门和机构备案。第（d）款要求在自愿通知中向委员会报告关于该等文件的某些具体信息。

（e）在建立合资企业的情况下，一名或多名当事方组成一个美国企业，自愿通知的信息应按以下假设编制：作为合资企业当事方的外国人已收购现有美国企业(合资企业的另一方构成或转让给合资企业)。自愿通知应说明合资企业的名称和地址以及已经或正在建立合资企业的机构。

(f) 如果收购一个机构的部分而非全部资产,本节第(c)款要求仅提交关于该实体已收购或拟收购的资产的具体信息。

(g) 对于作为交易当事方的外国人、其直接母公司、作为交易主体的美国企业以及该外国公司作为母公司的每个机构,提交自愿通知的人员应在自愿通知后附上每个机构的最新英文年度报告。并非所有机构的财务结果均需要单独报告,其财务结果包含在任何该等机构的任何母公司的年度报告所述的合并财务结果中,除非交易涉及收购母公司未被收购的美国企业,在此情况下,通知应包括作为交易主体的美国企业的最新审计财务报表。如果美国企业未编制年度报告,且其财务结果未包含在母公司年度报告中陈述的合并财务结果中,则文件应包括该实体最近的经审计财务报表(如果无经审计财务报表,则纳入未经审计财务报表)。

(h) 在委员会或总统未决事项期间提交自愿通知的人员应及时将通知中涉及的计划、事实和情况的任何重大变更,以及根据本节提供或要求提供给委员会的信息通知工会主席,并应提交通知的修正案以反映该等重大变更。该等修正案应成为该等人员根据§800.501提交的通知的一部分,本节第(l)和(m)款要求的鉴定书应适用于该等修正案。

(i) 提交自愿通知应包括最近的资产或股票购买协议的副本,或者制定交易的约定条款的其他文件。

(j) 提交自愿通知的人员应包括:

(1) 交易前后的完整组织结构图,包括识别名称、主要营业地、公司注册地或其他合法组织(如果是实体);国籍(如果是个人);下列每一项的所有权百分比(如果有不同,则采用表决权和经济权益)的信息:

(i) 作为交易方的每个外国人的直系公司、最终母公司以及各中间公司(如果有);

(ii) 如果最终母公司属于私营公司,则为该母公司的最终所有者;

(iii) 如果最终母公司属于上市公司,则为任何在该母公司中持股超过5%的股东;

(iv) 在交易完成之前和之后,作为交易主体的美国企业;

(2) 该等人员是否满足以下条件:

(i) 是否属于外国人；

(ii) 是否由外国政府控制；

(iii) 外国政府是否在作为交易当事方的外国人中拥有实质权益益；

(iv) 交易已导致或可能导致受管辖控制权交易或受管辖投资，以及提出该等观点的理由，重点关注外国人将拥有的与美国企业相关的任何权力（例如根据股东协议、合同、法令或法规），以及该等权力可以或将会如何行使，或者外国人将拥有的与关键技术、受管辖投资关键基础设施或敏感个人数据相关的在美国企业中的任何其他访问权、权利或参与。

(k) 提交自愿通知应包括以下信息，是否有下列情况：

(1) 任何交易方属于或曾属于根据第 721 节签订缓解协议或施加条件的一方，如果属于，则应说明该协议或条件的日期和目的以及美国政府签字人；

(2) 任何交易的当事方（包括其母公司、子公司或由当事方共同控制的机构）均属于提前通知过委员会的当事方。

(l) 提交自愿通知的各方应提供符合 §800.204 的通知鉴定书。证明样本可在财政部网站的委员会部分查阅。

(m) 在审查或调查结束时，在紧接原始通知之后提交额外信息的每一方应提交最终证明（见 §800.204）。该证明样本可在财政部网站的委员会部分查阅。

(n) 提交自愿通知的缔约方应在通知中附上一份清单，其中注明作为通知一部分提供的每份文件，包括作为陈述答复附件或附件提供的所有文件。

(o) 提交自愿通知的一方可以约定该交易为受管辖交易，如果该方存在约定该交易为受管辖交易，则该交易是否属于外国政府控制的交易。任何一方根据本节提出的规定必须附有该规定依据的详细说明。必要依据的说明应包括但不限于对本节第(c)(6)(iii)至(v)款中所有相关信息的讨论。提出该规定的一方承认，委员会及其总统有权依据此种规定确定该交易是否属于第 721 节及其所有主管部门所规定的受管辖交易，外国政府控制的交易和/或须做出强制性申报或通知的交易，并放弃任何质疑该等决定的权利。委员会和总统均不受任何该等规定的约束，任何该等规定也不限制委员会或总统根据第 721 节规定的权限就任何受管辖交易采取行动的能力。

3) §800.503 启动 45 天审查期：

(a) 在以下情况发生后，工会主席应在下一个工作日接受自愿通知：

(1) 确定通知符合 §800.502 中所载要求；

（2）将通知分发给委员会的所有成员。

（b）交易的 45 天审查期限应从工会主席接受自愿通知、收到代理通知，或者委员会主席根据§800.501(b)要求发出通知之日起计算。该审查期开始后应在 45 天内结束，如果第 45 天并非工作日，则应在第 45 天后的下一个工作日内结束。

（c）工会主席应立即以书面形式通知已提交自愿通知的各交易方：

（1）接受通知；

（2）审查开始日期；

（3）指定一个或多个牵头机构。

（d）在工会主席收到机构通知后 2 个工作日内，工会主席应就该通知向受通知约束的各交易方发出书面意见。该书面意见应指明审查开始日期。

（e）工会主席应及时向所有委员会成员分发各方提交的任何预备案通知草案、任何机构通知、任何完整通知和任何后续资料。

4）§800.504 推迟、拒绝或处理某些自愿通知：

（a）通过工会主席采取行动的委员会，可以应对如下：

（1）拒绝任何不符合§800.501 或§800.502 的自愿通知，并立即以书面形式通知各方；

（2）在任何时候拒绝任何自愿通知，并在通知提交后以及委员会或其总统的行动结束前迅速以书面形式通知各方：

（i）已发出通知的交易发生重大变化；

（ii）显露的资料与当事人在通知中提供的实质性资料相抵触；

（3）在自愿通知收到之后随时拒绝任何通知，并立即书面通知各方［如果提交自愿通知的一方（或多方）在请求后 3 个工作日内未提供工会主席要求的后续信息，或者在更长的期限内，如果一方（或多方）书面提出请求且工会主席以书面形式同意该请求］；

（4）在审查或调查结束前拒绝任何自愿通知，如果提交自愿通知的一方未提交§800.502(m)要求的最终认证，则立即以书面形式通知各方。

（b）尽管工会主席根据本节第(a)款有权拒绝不完整的通知，但工会主席仍可推迟接受该通知，并推迟启动§800.503 规定的审查期，以获取本节要求的通知方或其他交易方尚未提交的任何资料。如果有必要获取该等信息，工会主席可通知任何非通知一方或非通知各方，已就涉及该方的交易提交通知，并要求自收到工会主席的请求后 7 天内向委员会提供根据本节要求的工会主席指定的某些信息。

（c）当委员会发现作为自愿通知主体的交易不属于受管辖交易时，工会主席应通知各方。

（d）分别示例如下：

（1）示例 1：工会主席收到公司 A（外国人）和公司 X（美国公民所有和控制的公司）关于公司 A 购买公司 X 所有股份的意向联合通知。该联合通知不包含 §800.502 中说明的任何关于向美国军队提供机密材料和产品或服务的资料。工会主席可拒绝通知或推迟启动审查期，直至各方提供遗漏的资料。

（2）示例 2：事实情况与本节示例 1 第一句相同，不同之处在于联合通知表明公司 A 不打算购买公司 X 的部门 Y，该部门负责美国政府机构的机密工作。公司 A 和公司 X 在 45 天通知期的第 40 天通知委员会，部门 Y 也将被公司 A 收购。该事实对最初通知的交易构成重大变更，工会主席可拒绝该通知。

（3）示例 3：工会主席收到外国公司 A 和美国企业 X 的联合通知，表明公司 A 打算购买公司 X 5％的投票权证券。在提出的具体事实和情况下，委员会得出结论，公司 A 购买公司 X 的该等权益不会导致公司 X 出现受管辖投资或外国控制。工会主席应以书面形式通知各方，所提出的交易不受第 721 节的约束。

（4）示例 4：工会主席收到一份自愿通知，涉及公司 A（外国人）收购公司 X（美国企业）的全部权益。通知提到第二个外国人（公司 B）参与交易，但指出公司 B 仅为交易中的被动投资者。在审查过程中，各方提供的资料说明公司 B 有权任命公司 X 董事会的两名成员。该资料与表明公司 B 为被动投资者的通知中所述实质性主张相矛盾。委员会可在不根据第 721 条完成审查的情况下拒绝本通知。

5）§800.505 是否进行调查的决定：

（a）根据§800.503 对已通知的交易进行审查后，委员会应在下列情况下对其确定为受管辖交易的任何交易进行调查：

（1）委员会一名成员［根据第 721（k）节指定为依据职权的成员除外］告知工会主席，该成员认为该交易有可能损害美国的国家安全，而且威胁并未缓解；

（2）牵头机构建议进行调查，委员会对此表示同意。

（b）委员会还应在受管辖交易根据§800.503 进行审查后对受管辖交易进行调查，以确定任何受管辖交易对国家安全的影响：

（1）属于由外国政府控制的交易；

（2）如果委员会确定交易可能损害国家安全且损害尚未减轻，将导致外国人控制美国或美国境内的关键基础设施。

（c）委员会应进行本节第（b）款所述的调查，除非委员会主席（或财政部副部长）和主席指定的任何牵头机构负责人（或其副职或同等职位的被委托人）根据审查确定受管辖交易不会损害美国国家安全。

6）§ 800.506 决定不进行调查：

在 § 800.503 所述的审查期内，如果委员会决定不调查通知的受管辖交易，则应结束第 721 节下的行动。财政部官员应迅速书面通知受管辖交易的各方，委员会决定不进行调查并根据第 721 条结束行动。

7）§ 800.507 展开调查：

（a）如果确定应进行调查，则应在 § 800.503 所述审查期结束前展开该等调查。

（b）财政部官员应迅速书面通知受管辖各交易方展开调查。

8）§ 800.508 完成或终止调查并向总统报告：

（a）根据本节第（e）款，委员会应在调查开始后的 45 天内完成调查，如果第 45 天并非工作日，则在第 45 天后的下一个工作日内完成调查；

（b）任何调查完成或结束后，委员会应向总统提交一份报告，请求总统在下列情况下做出决定：

（1）委员会建议总统暂停或禁止该交易；

（2）委员会无法就是否建议总统暂停或禁止该交易做出决定；

（3）委员会请求总统就该交易做出决定。

（c）在委员会向总统提交报告，请求总统就受管辖交易做出决定的情况下，该报告应包括与第 721（d）（4）（A）和（B）节有关的资料，并提交委员会的建议。如果委员会无法做出向总统提出单一建议的决定，主席应向总统提交一份委员会报告，阐述不同意见，并提出问题以供决定。

（d）调查完成或结束后，如果委员会决定结束根据第 721 节对已通知的受管辖交易采取的所有审议行动，而不向总统提交报告，则应结束根据第 721 节所采取的行动。财政部的一名官员应迅速以书面形式通知该等交易的各方决定采取行动。

（e）在特殊情况下，经牵头机构负责人签署书面请求，主席可将调查延长 15

天。延长调查的请求必须特别说明需要主席延长调查的特殊情况。牵头机构负责人请求延长调查的权力不得授予牵头机构负责人的副职（或同等人员）以外的任何人。如果主席根据本款延长对受管辖交易的调查期限，则委员会应立即将延期决定通知交易各方。

（f）就本节第（e）款而言，"特殊情况"是指由于不可抗力事件或为了保护美国的国家安全，主席认为有必要延长调查并采取适当行动的情况。

9）§800.509 通知撤回：

（a）根据§800.501(a)提交通知的交易的一方或多方可以在根据第 721 节完成所有行动之前的任何时间以书面形式请求撤回该通知。此种请求应向工会主席提出，并应说明提出此种请求的理由。除非委员会另有决定，否则该等请求通常将获得批准。财政部官员将立即将委员会的决定书面通知各交易方。

（b）由机构提出撤回机构通知的任何请求均应以书面形式提出，并须经委员会批准后方可生效。财政部的一名官员应在委员会做出决定后两个工作日内，以书面形式通知各交易方委员会关于批准撤回请求的决定。

（c）凡根据本节第（a）款批准撤回通知的请求：

（1）工会主席应与委员会协商，酌情设立：

（i）在根据§800.501 重新提交通知之前，跟踪受管辖交易的任何一方可能采取的行动的过程；

（ii）临时保护措施，用于处理在审查或调查受管辖交易期间发现的受管辖交易的特定国家安全问题。

（2）工会主席应酌情指定一个时间范围，以便各方重新提交通知，并应将该时间范围书面通知各方。

（d）根据本节第（c）（2）款提交的交易通知应被视为适用于本部分（包括§800.701）规定的新通知。

6. 第 F 子部分——委员会程序

1）§800.601 总则：

（a）在对受管辖交易进行任何评估、审查或调查时，委员会应酌情考虑第721(f)节中规定的因素，并酌情要求各方向委员会提供考虑该等因素所需的信息。应酌情对委员会的评估、审查或调查（如有必要）进行考核：

（1）该交易属于受管辖交易；

（2）有可信的证据支持这样一种看法，即受管辖交易的任何外国当事方均

可能会采取可能损害美国国家安全的行动;

(3) 除第 721 节和国际紧急经济权力法外,其他法律规定为保护美国国家安全提供了充分和适当的权力。

(b) 在评估、审查或调查期间,工会主席可邀请通知交易的各方参加与委员会工作人员一同出席的会议,讨论并阐明与交易相关的问题。在调查期间,受调查交易的当事方可要求与委员会工作人员会晤;此类请求通常会得到批准。

(c) 工会主席应作为接收提交给委员会材料(包括通知和申报)的联系人。

(d) 如果指定 1 个以上牵头机构,则交易方与牵头机构之间关于重大事项的通信应包括就该等事项指定的所有牵头机构。

(e) 各方在声明或通知中对交易的说明不限制委员会的酌情评估、审查、调查或行使第 721 节规定的任何其他权力,该等权力涉及委员会根据声明或通知所述事实、在最初声明或通知之后向委员会提供的任何附加资料或委员会可获得的任何其他资料来确定已通知委员会的任何受管辖交易。

2) §800.602 劳工部长的角色。应委员会主席的要求,劳工部长应为委员会识别会违反美国就业法或要求一方违反美国就业法的规定,该等规定向委员会提出或由委员会提出,用于缓解任何风险。劳工部长不应在委员会中担任任何政策角色。

3) §800.603 实质性。委员会一般会否认与财务或商业因素有关的实质性错误、遗漏或变更不会对国家安全造成影响。

4) §800.604 拨款失效期间的截止收费。第 D 或 E 子部分规定应在拨款期间告知委员会任何截止日期或时间限制。

7. 第 G 子部分——诉讼终结

§800.701 第 721 节下的诉讼终结

(a) 根据第 721(d) 节,总统或委员会拥有的所有权力,包括撤资权力,应由总统根据以下方面酌情决定:

(1) 1988 年 8 月 23 日或在此之后提出或待决的受管辖控制权交易;

(2) 2018 年 11 月 10 日—2020 年 2 月 12 日,属于本编第 801 部分范围的交易;

(3) 2020 年 2 月 13 日之后提议或待定的受管辖投资。

(b) 根据 §800.501(c)(1)(ii),在下列情况下不得行使该权力:

(1) 根据 §800.219(d),委员会通过其工会主席以书面形式告知一方(或多方），已提交自愿通知或申报的特定交易不属于受管辖交易；

（2）已根据§800.407（a）（4）、§800.506 或§800.508（d）书面通知交易各方，委员会根据第721节已就受管辖交易结束所有行动；

（3）总统此前已根据第721（d）节宣布，其决定不行使第721节规定的有关受管辖交易的权力。

（c）对于1988年8月23日之前完成的交易，不得进行第721节规定的撤资或其他救助。

8. 第H子部分——信息提供和处理

1）§800.801 各方提供信息的义务：

（a）参与根据第D子部分或第E子部分提交通知或申报的交易，或者未提交通知或申报的交易，以及工会主席已要求提供信息以评估该交易是否受管辖交易的各方，应向工会主席提供信息，使委员会能够对该交易进行全面评估、审查和/或调查。已向委员会提交信息的交易各方应及时将该等信息的任何重大变化通知工会主席。如果委员会认为有必要，可根据经修订的《2003年国防生产法》[50 U.S.C. 4555（a）]，通过传票或其他方式从交易各方或其他人员处获取信息。

（b）本编要求或请求提交委员会的文件材料或资料应以英文形式提交。以其他语言书写的年度报告等补充材料，应提交经过核证的英文译本。

（c）根据第721（l）（6）（B）节的要求，就第721（l）（3）（A）节中所述缓解协议或条件的实施，向委员会提交的与任何行动相关的报告的任何信息应附有符合第721（n）节和§800.204要求的证明。证明样本可在财政部网站的委员会部分查阅。

2）§800.802 机密性：

（a）除本节第（b）款规定的情况外，根据本部分向委员会提交或呈交的任何信息或文件材料，包括根据§800.501（g）提交或呈交的信息或文件材料应根据经修订的《信息自由法》（5 U.S.C. 552 及后续条款）免于披露，不得公开该等信息或文件材料。

（b）本节第（a）款不应禁止披露下列情况：

（1）与任何行政或司法行动或程序有关的资料；

（2）向国会或国会任何正式授权的委员会或小组委员会提供资料；

（3）在主席的专属指导和授权下，仅在为国家安全目的所需的范围内，并在遵守适当的保密和分类要求的前提下，向任何国内政府实体提供对委员会的国

家安全分析或行动具有重要意义的资料,或者对美国盟友或伙伴的任何外国政府实体具有重要意义的资料;

（4）各方同意向各第三方披露的资料。

（c）在下列任何情况下,本节应继续适用于向委员会提交或归档的资料和文件材料:

（1）已根据第 721 节就已通知的交易采取行动;

（2）分别根据§800.509 或§800.406(c)批准撤回通知或声明的请求,或者分别根据§800.504(a)或§800.406(a)拒绝通知或声明;

（3）委员会确定,已发出通知或声明的交易不属于受管辖交易;

（4）该等信息或文件材料已根据第 D 子部分提交,各方随后不会根据第 E 子部分提交通知。

（d）本节第(a)款中所载之任何规定均不得解释为禁止一方公开披露其已向委员会提交或归档的文件材料或资料。通过该等方式披露的任何该等文件材料或资料可随后反映在主席的公开声明中,授权主席代表委员会或主席所指派人员与公众和国会进行联系。

（e）经修订的《2003 年国防生产法》[50 U.S.C. 4555(d)]中有关罚款和监禁的规定适用于根据本条例向委员会提交的资料或文件材料的披露。

9. 第 I 子部分——罚款和损害赔偿

1）§800.901 罚款和损害赔偿:

（a）根据§800.404、§800.405 或§800.502,任何提交有重大错报或遗漏或作出虚假证明的申报或通知的人,每次违规可能会被美国处以不超过 250 000 美元的民事罚款。针对违法行为的罚款数额应根据违法行为的性质进行确定。

（b）任何未能遵从§800.401 要求的人士都可能在美国受到民事处罚,罚金不超过 250 000 美元或交易价值(以较高者为准)。针对违法行为的罚款数额应根据违法行为的性质进行确定。

（c）任何人于 2008 年 12 月 22 日后,故意或因重大疏忽而违反美国于 2018 年 10 月 11 日前订立的缓解协议、美国于 2018 年 10 月 11 日前施加的实质性条件或美国于 2018 年 10 月 11 日前根据第 721(l)节所发出命令的实质性规定,可能要向美国支付民事罚款,每次罚款不超过 250 000 美元或不超过其交易价值,以较高者为准。任何人违反 2018 年 10 月 11 日或之后与美国签订的缓解协议的实质性规定、2018 年 10 月 11 日或之后由美国施加的实质性条件,或者 2018

年10月11日或之后由美国根据第721(l)节发出的命令，可能要向美国支付民事罚款，每次罚款不超过250 000美元或不超过其交易价值，以较高者为准。为澄清起见，在以上两条规定中，每次违规可按金额较大者进行处罚，对违规行为的处罚金额应根据违规性质而定。

(d) 于2008年12月22日之后根据第721(l)节订立或修订的缓解协议，可包括一项规定，该规定对违反本协议的行为给予清偿或实际损害赔偿。缓解协议应规定任何违约赔偿金的金额，作为对违反协议可能导致的国家安全损害的合理评估。包含违约赔偿金规定的任何缓解协议应规定委员会在决定是否寻求低于协议规定的金额时，可考虑违约的严重程度。

(e) 委员会必须根据本节第(a)—(c)款做出处罚罚款决定。处罚通知，包括对被处罚行为和处罚金额的书面解释，应通过电子邮件或美国邮政系统或快递服务寄给受处罚人。通知应在电子传输日期或收到美国邮件或快递日期的当天(以较早者为准)被视为生效。就本节而言，"受处罚人"是指可能承担美国民事处罚责任的一人或多人。

(f) 在收到本节第(a)—(c)款规定的处罚通知后，受处罚人可在收到该通知后的15个工作日内向工会主席提交复议申请，包括对处罚行为的辩护、理由或解释。委员会将审查该申请，并在收到申请后15个工作日内发布最终处罚决定。工会主席和受处罚人可以通过书面协议延长该期限。在委员会发布任何最终处罚决定之前，委员会和受处罚人可随时就适当的补救措施达成协议。

(g) 本节第(a)—(d)款授权的罚款和损害赔偿，可在美国向联邦地方法院提起的民事诉讼中追偿。

(h) 经修订的《1996年虚假陈述责任法》(18 U.S.C. 1001)第2节适用于根据第721节向委员会提供的所有资料，包括受管辖交易任何一方提供的资料。

(i) 本节规定的罚款和损害赔偿不影响法律规定的其他民事或刑事罚款。

(j) 根据该等条例实施的民事罚款或损害赔偿债务应归于美国政府。有关各方如未在委员会规定并通知的时间内缴付罚款或评估的损害赔偿，财政部可采取行动收取罚款或损害赔偿。此外，有关事宜亦可转介司法部，以便采取适当行动追讨罚款或损害赔偿。

2) §800.902 不合规的影响。根据第721(l)节，如果在签订或实施缓解协议或条件后的任何时间，委员会或与工会主席协调的牵头机构(视情况而定)，确定协议或条件的一方或多方不符合协议或条件的条款，除了根据第721(h)节委员会实施处罚的权力之外,委员会或与工会主席协调的牵头机构还可以根据第721(b)(1)(D)(iii)节单方面启动对任何受管辖交易的审查:

(a) 为该方或各方协商一项行动计划,以纠正不合规的情况,并纠正不遵守计划或以其他方式纠正不合规的情况,以此作为委员会认定实质性违反协议或条件的依据;

(b) 要求该方或各方根据第721(b)(1)(C)节第(i)条向委员会提交一份书面通知或声明,该通知或声明针对的是在确定违约之日后,以及在委员会根据第721(b)节决定启动交易审查之日后5年的日期之前所启动的受管辖交易;

(c) 寻求禁令救助。

10. 第 J 子部分——外国国家安全投资审查制度

1) §800.1001 决议:

(a) 委员会可在任何时候确定外国已建立并有效利用强有力的程序来分析外国投资的国家安全风险,并促进与美国在投资安全相关事项上的协调。

(b) 如果委员会认为所作出的撤销决定适当,则可根据本节第(a)款撤销该项决定。

(c) 委员会主席应分别在联邦登记册上公布根据本节第(a)或(b)款做出的任何决定或撤销决定的通知。

2) §800.1002 决定的有效性:

(a) 根据§800.1001(a)做出的决定应在根据§800.1001(c)发布该等决定的通知后立即生效,并持续有效,除非根据§800.1001(b)撤销。

(b) 根据§800.1001(b)所撤销的决定应在根据§800.1001(c)发布的通知中所规定的日期内生效。

(c) 根据800.1001(a)做出的决定不适用于工会主席分别根据§800.405(a)(1)或§800.503(a)接受的申报或通知中的任何交易。

(d) 根据§800.1001(b)撤销决定不适用于以下任何交易:

(1) 完成日期在根据本节第(b)款撤销决定的生效日期之前;

(2) 根据§800.1001(c)发布撤销决定之前,发生以下情况:

(i) 各交易方已签立具有约束力的书面协议或其他具有约束力的文件,确立交易的实质性条款,作为最终措施;

(ii) 一方已向股东公开报价购买一家美国企业的股份;

(iii) 股东就美国企业董事会的选举征求代理权,或者要求对可转换表决权的证券进行转换。

11. 第 800 部分附录 A——受管辖投资关键基础设施以及与之相关的职能

第 1 列-受管辖投资关键基础设施	第 2 列-受管辖投资关键基础设施以及与之相关的职能
(i) 以下任何情况： (a) 因特网协议网络仅通过无结算对等的方式访问所有其他因特网协议网络 (b) 电信服务或信息服务［定义见经修订的《1934 年通信法》第 3(a)(2)节(47U.S.C.153)］或者光纤电缆，在每种情况下，直接服务于 § 802.227 中所述的任何军事设施 (ii) 任何支持对等互联的互联网交换点 (iii) 根据《1921 年电缆登陆许可证法》(47 U.S.C. 34)第 1 节需要获得许可证的任何海底电缆系统，包括任何相关海底电缆、海底电缆登陆设施，以及为该等海底电缆系统执行网络管理、监控、维护或其他操作功能的任何设施 (iv) 任何海底电缆、登录设施或执行网络管理、监测、维护或其他操作功能的设施，属于本附录 A 第 1 列第(iii)项所述海底电缆系统的一部分 (v) 位于海底电缆登陆点、登陆站或终端站的任何数据中心 (vi) 直接向国防部或其任何组成部分提供服务的任何卫星或卫星系统 (vii) 为重要国防采购计划［定义见经修订的《1987 年国防技术纠正法》第 7(b)(2)(A)节(10U.S.C.2430)］制造和运营除商用现成品或技术之外的任何工业来源［定义见经修订的《1996 财年国防授权法》第 4203(a)节(41U.S.C.104)］，或者或主要系统(定义见经修订的 10U.S.C.2302d)： (a) 美国企业属于"单一来源""唯一供方"或"战略多方面来源"，在某种程度上，已通知美国企业具备该等地位 (b) 工业资源 (1) 需要 12 个月或更长时间来制造 (2) 属于"长周期"项目，在某种程度上，已通知美国企业该等工业资源属于"长周期"项目	(i) 拥有或经营任何： (a) 因特网协议网络仅通过无结算对等的方式访问所有其他因特网协议网络 (b) 电信服务或信息服务［定义见经修订的《1934 年通信法》第 3(a)(2)节(47U.S.C.153)］或者光纤电缆，在每种情况下，直接服务于 § 802.227 中所述的任何军事设施 (ii) 拥有或运营任何支持对等互联的互联网交换点 (iii) 拥有或运行根据《1921 年电缆登陆许可证法》(47 U.S.C. 34)第 1 节需要获得许可证的任何海底电缆系统，包括任何相关海底电缆、海底电缆登陆设施，以及为该等海底电缆系统执行网络管理、监控、维护或其他操作功能的任何设施 (iv) 供应或检修任何海底电缆、登录设施或执行网络管理、监测、维护或其他操作功能的设施，属于本附录 A 第 1 列第(iii)项所述海底电缆系统的一部分 (v) 拥有或运营位于海底电缆登陆点、登陆站或终端站的任何数据中心 (vi) 拥有或运营直接向国防部或其任何组成部分提供服务的任何卫星或卫星系统 (vii) 在适用情况下，为重要国防采购计划［定义见经修订的《1987 年国防技术纠正法》第 7(b)(2)(A)节(10U.S.C.2430)］制造除商用现成品或技术之外的任何工业来源［定义见经修订的《1996 财年国防授权法》第 4203(a)节(41U.S.C.104)］，或者运营设施类型的任何工业资源，或者或主要系统(定义见经修订的 10U.S.C.2302d)： (a) 美国企业属于"单一来源""唯一供方"或"战略多方面来源"，在某种程度上，已通知美国企业具备该等地位 (b) 工业资源 (1) 需要 12 个月或更长时间来制造 (2) 属于"长周期"项目，在某种程度上，已通

第 1 列-受管辖投资关键基础设施	第 2 列-受管辖投资关键基础设施以及与之相关的职能
(viii) 在先前 24 个月内,根据《国防优先和分配系统条例》(经修订的 15 CFR 第 700 部分)下的"DX"优先级合同或订单制造的任何工业资源,商用现成品或技术除外,定义见经修订的《1996 财年国防授权法》第 4203(a)节(41U.S.C.104) (ix) 美国任何制造以下产品的设施: (a) 特殊金属,定义见经修订的《2007 财年华纳国防授权法》第 842(a)(1)(i)节(10U.S.C.2533b) (b) 经修订的 10 U.S.C. 2533c 中界定的覆盖材料 (c) 经修订的 10 U.S.C. 2534 所述自动注射器中含有的化学武器解毒剂 (d) 碳、合金和装甲钢板,属联邦供应 9515 级,或者由美国材料试验学会或美国钢铁学会规范对其进行说明 (x) 在过去 60 个月中由以下任何来源全部或部分资助的任何工业资源,商用现成品或技术除外,定义见经修订的 41U.S.C.104: (a) 经修订的《1950 年国防生产法》第 III 编计划(50U.S.C4501 及后续条款) (b) 经修订《2011 财年艾克·斯凯尔顿国防授权法》第 896(b)(1)节下的工业基地基金(10U.S.C.2508) (c) 经修订的《2011 财年艾克·斯凯尔顿国防授权法》第 1073 节下的快速创新基金(10U.S.C.2359a) (d) 经修订的 10U.S.C.2521 下的制造技术计划 (e) 国防后勤署停战计划,详见 DLA 说明 1212"工业能力计划-管理停战计划" (f) 国防后勤署增援和维持合同,如国防后勤采购指令子部分 17.93 所述 (xi) 包括设施在内的用于产生、传输、分配或储存电能的任何系统(包括大容量电力系统),定义见经修订的《联邦电力法》第 215(a)(1)节[16U.S.C.824o(a)(1)] (xii) 与大容量电力系统物理连接的任何电	知美国企业该等工业资源属于"长周期"项目 (viii) 在相关交易的 24 个月内,根据《国防优先和分配系统条例》(经修订的 15 CFR 第 700 部分)下的"DX"优先级合同或订单,制造任何工业资源,但商用现成品或技术除外,如 1996 财年经修订《国防授权法》第 4203(a)节所示(41U.S.C.104) (ix) 在美国制造以下任何产品: (a) 特殊金属,定义见经修订的《2007 财年华纳国防授权法》第 842(a)(1)(i)节(10U.S.C.2533b) (b) 经修订的 10 U.S.C. 2533c 中界定的覆盖材料 (c) 经修订的 10 U.S.C. 2534 所述自动注射器中含有的化学武器解毒剂 (d) 碳、合金和装甲钢板,属联邦供应 9515 级,或者由美国材料试验学会或美国钢铁学会规范对其进行说明 (x) 在适用情况下,在相关交易后 60 个月内,制造任何工业资源,但不包括 41 U.S.C. 104 规定的、经修订的商用现货,或者经营任何工业资源,该工业资源是由以下任何来源全部或部分资助的设施: (a) 经修订的《1950 年国防生产法》第 III 编计划(50U.S.C4501 及后续条款) (b) 经修订《2011 财年艾克·斯凯尔顿国防授权法》第 896(b)(1)节下的工业基地基金(10U.S.C.2508) (c) 经修订的《2011 财年艾克·斯凯尔顿国防授权法》第 1073 节下的快速创新基金(10U.S.C.2359a) (d) 经修订的 10U.S.C.2521 下的制造技术计划 (e) 国防后勤署停战计划,详见 DLA 说明 1212"工业能力计划-管理停战计划" (f) 国防后勤署增援和维持合同,如国防后勤采购指令子部分 17.93 所述 (xi) 拥有或运行包括设施在内的用于产生、

续　表

第 1 列-受管辖投资关键基础设施	第 2 列-受管辖投资关键基础设施以及与之相关的职能
力储存资源,定义见经修订的 18 CFR 35.28(b)(9) (xiii) 直接向 §802.227 中确定的任何军事设施提供电力生产、传输、分配或储存服务的任何设施 (xiv) 下列机构所使用的任何工业控制系统: (a) 由本附录 A 第 1 列第(xi)项中所述的大容量电力系统组成的系统 (b) 直接向本附录 A 第 1 列第(xiii)项所述任何军事设施提供服务的设施 (xv) 以下任何情况: (a) 每天生产 300 000 桶或更多桶(或同等数量)成品油或天然气产品的任何独立炼油厂 (b) 由一家美国企业拥有或经营的一个或多个炼油厂的集合,该等炼油厂的总生产能力为每天 500 000 桶或更多桶(或同等数量) (xvi) 任何能够储存 3 000 万桶或更多原油的原油储存设施 (xvii) 以下任何情况: (a) 液化天然气(LNG)进出口码头需要: (1) 根据经修订的《天然气法》第 3(e)节做出的批准[15U.S.C.717b(e)] (2) 经修订的《1974 年深水港法》第 4 节下的许可证(33U.S.C.1503);或者(b)根据经修订的《天然气法》第 7 节(15 U.S.C. 717f),天然气地下储存设施或 LNG 调峰设施需要公共便利和必要性证明 (xviii) 金融稳定监督委员会根据经修订的《多德-弗兰克华尔街改革和消费者保护法》第 804 节(12U.S.C.5463)指定为具有系统重要性的任何金融市场设施 (xix) 根据经修订的《1934 年证券交易法》第 6 节(15 U.S.C. 78f)注册的任何交易所可促进任何国家市场系统证券的交易(定义见经修订的 17 CFR §242.600),且该交易所在上一 6 个日历月中至少持续 4 个月: (a) 对于所有非期权的国家市场系统证券,	传输、分配或储存电能的任何系统(包括大容量电力系统),定义见经修订的《联邦电力法》第 215(a)(1)节[16U.S.C.824o(a)(1)] (xii) 拥有或运行与大容量电力系统物理连接的任何电力储存资源,定义见经修订的 18 CFR 35.28(b)(9) (xiii) 拥有或运营直接向 §802.227 中确定的任何军事设施提供电力生产、传输、分配或储存服务的任何设施 (xiv) 制造或检修由以下管道使用的任何工业控制系统: (a) 由本附录 A 第 1 列第(xi)项中所述的大容量电力系统组成的系统 (b) 直接向本附录 A 第 1 列第(xiii)项所述任何军事设施提供服务的设施 (xv) 拥有或经营: (a) 每天生产 300 000 桶或更多桶(或同等数量)成品油或天然气产品的任何独立炼油厂 (b) 一个或多个炼油厂,每天可总共生产 500 000 桶(或同等数量)成品油或天然气产品 (xvi) 拥有或运营任何能够储存 3 000 万桶或更多原油的原油储存设施 (xvii) 拥有或运营任何: (a) 液化天然气(LNG)进出口码头需要: (1) 根据经修订的《天然气法》第 3(e)节做出的批准[15U.S.C.717b(e)] (2) 经修订的《1974 年深水港法》第 4 节下的许可证(33U.S.C.1503) (b) 根据经修订的《天然气法》第 7 节(15 U.S.C. 717f),天然气地下储存设施或 LNG 调峰设施需要公共便利和必要性证明 (xviii) 拥有或运营金融稳定监督委员会根据经修订的《多德-弗兰克华尔街改革和消费者保护法》第 804 节(12U.S.C.5463)指定为具有系统重要性的任何金融市场设施 (xix) 拥有或运行根据经修订的《1934 年证券交易法》第 6 节(15 U.S.C. 78f)注册的任

第 1 列-受管辖投资关键基础设施	第 2 列-受管辖投资关键基础设施以及与之相关的职能
适用的交易报告计划报告日均美元交易量的 10％以上 (b) 对于所有上市期权,适用的国家市场系统计划报告上市期权交易的日均美元交易量的 15％以上 (xx) 联邦金融机构考试委员会重要服务提供商计划中提供核心处理服务的任何技术服务提供商 (xxi) 指定为属于国防部战略铁路廊道网络一部分的任何铁路线和相关连接线 (xxii) 任何州际石油管道: (a) 应具备的运输能力: (1) 每天 500 000 桶或更多原油 (2) 每天 9 000 万加仑或更多成品油产品 (b) 直接向战略石油储备提供服务,定义见经修订的《能源政策和节约法》第 152 节(42U.S.C.6232) (xxiii) 任何外径大于等于 20 英寸的州际天然气管道 (xxiv) 下列机构所使用的任何工业控制系统: (a) 本附录 A 第 1 列第(xxii)项所述的州际石油管道 (b) 本附录 A 第 1 列第(xxiii)项所述的州际天然气管道 (xxv) §802.210(a)(1)—(3)中确定的任何机场 (xxvi) 以下任何情况: (a) §802.210(a)(4)或(5)中确定的海港 (b) 该等海港的任何独立码头 (xxvii) 任何公共供水系统[定义见经修订的《安全饮用水法》第 1401(4)节(42U.S.300f(4)(A)]或者处理工程定义见经修订的《清洁水法》第 212(2)(A)节[33U.S.C.1292(2)] (a) 定期为 10 000 人或更多人提供服务 (b) 直接为§802.227 中所述的任何军事设施服务 (xxviii) 本附录 A 第 1 列第(xxvii)项所述的	何交易所可促进任何国家市场系统证券的交易(定义见经修订的 17 CFR §242.600),且该交易所在上一 6 个日历月中至少持续 4 个月: (a) 对于所有非期权的国家市场系统证券,适用的交易报告计划报告日均美元交易量的 10％或以上 (b) 对于所有上市期权,适用的国家市场系统计划报告上市期权交易的日均美元交易量的 15％或以上 (xx) 拥有或运营联邦金融机构考试委员会重要服务提供商计划中提供核心处理服务的任何技术服务提供商 (xxi) 拥有或运营指定为属于国防部战略铁路廊道网络一部分的任何铁路线和相关连接线 (xxii) 拥有或运营任何州际石油管道: (a) 应具备的运输能力: (1) 每天 500 000 桶或更多原油 (2) 每天 9 000 万加仑或更多成品油产品 (b) 直接向战略石油储备提供服务,定义见经修订的《能源政策和节约法》第 152 节(42U.S.C.6232) (xxiii) 拥有或运营任何外径大于等于 20 英寸的州际天然气管道 (xxiv) 制造或检修由以下管道使用的任何工业控制系统: (a) 本附录 A 第 1 列第(xxii)项所述的州际石油管道 (b) 本附录 A 第 1 列第(xxiii)项所述的州际天然气管道 (xxv) 拥有或运营§802.210(a)(1)—(3)中确定的任何机场 (xxvi) 拥有或运营任何: (a) §802.210(a)(4)或(5)中确定的海港 (b) 该等海港的任何独立码头 (xxvii) 拥有或运营任何公共供水系统定义见经修订的《安全饮用水法》第 1401(4)节[42U.S.C.300f(4)(A)]或者处理工程定义

第 1 列-受管辖投资关键基础设施	第 2 列-受管辖投资关键基础设施以及与之相关的职能
公共供水系统或处理工程所使用的任何工业控制系统	见经修订的《清洁水法》第 212（2）（A）节 [33U.S.C.1292(2)] （a）定期为 10 000 人或更多人提供服务 （b）直接为 §802.227 中所述的任何军事设施服务 （xxviii）制造或检修本附录 A 第 1 列第（xxvii）项所述的公共供水系统或处理工程所使用的任何工业控制系统

12. 第 800 部分附录 B——工业

工　　业	NAICS 代码
飞机制造	NAICS 代码：336411
飞机发动机和发动机零件制造	NAICS 代码：336412
氧化铝精炼和原铝生产	NAICS 代码：331313
滚球和滚柱轴承制造	NAICS 代码：332991
计算机存储设备制造	NAICS 代码：334112
电子计算机制造	NAICS 代码：334111
导弹和航天器制造	NAICS 代码：336414
导弹和空间飞行器推进装置和推进装置零配件制造	NAICS 代码：336415
军用装甲车、坦克和坦克部件制造	NAICS 代码：336992
核能发电	NAICS 代码：221113
光学仪器和透镜制造	NAICS 代码：333314
其他基础无机化学物质生产	NAICS 代码：325180
其他导弹和空间飞行器零部件及辅助设备制造	NAICS 代码：336419

续　表

工　　业	NAICS 代码
石化产品生产	NAICS 代码：325110
石油化工产品制造粉末冶金零件制造	NAICS 代码：332117
电力、配电和特殊变压器制造	NAICS 代码：335311
原电池制造	NAICS 代码：335912
广播电视的广播和无线通信设备制造	NAICS 代码：334220
纳米技术领域的研发	NAICS 代码：541713
生物技术领域的研发(纳米生物技术除外)	NAICS 代码：541714
铝的二次熔炼和合金化	NAICS 代码：331314
搜索、探测、导航、制导、航空和航海系统与仪器制造	NAICS 代码：334511
半导体和相关器件制造	NAICS 代码：334413
半导体机械制造	NAICS 代码：333242
蓄电池制造	NAICS 代码：335911
电话器件制造	NAICS 代码：334210
涡轮机和涡轮发电机组装置制造	NAICS 代码：333611

13. 第 801 部分——关于审查涉及外国人和关键技术的特定交易的试点方案

(1) 第 801 部分的主管当局引用如下所述：

立法：50 U.S.C. 4565；115 - 232 号公法

(2) 将第 801.103 节修订如下：

1) §801.103 适用性规则

本部分中所载规定适用于 2018 年 11 月 10 日或之后至 2020 年 2 月 13 日之前发生的任何试点方案受管辖交易：

(a) 完成日期，除非以下情况发生在 2018 年 10 月 11 日之前：

(1) 各交易方已签立具有约束力的书面协议或其他文件，确立交易的实质性条款；

（2）当事方向股东公开提议购买作为交易主体的试点方案美国企业的股份；

（3）股东就作为交易主体的试点方案美国企业的董事会选举征集代理人；

（b）各交易方已签立具有约束力的书面协议或其他文件，确立交易的实质性条款；

（c）当事方向股东公开提议购买作为交易主体的试点方案美国企业的股份；

（d）股东就作为交易主体的试点方案美国企业的董事会选举征集代理人，或者要求转换其可转换投票权证券。

2）§801.302［经修订］

修订§801.302第（c）款，即删除"条款中规定的标准"之后的第（b）（2）（i）—（b）（2）（iii）款，增加"第（b）至（d）款"。

日期：2020年1月6日。

Thomas Feddo，投资安全部助理部长。

［FR文件2020－00188，归档日期：2020年1月13日；4：15 pm］

主要营业地定义及关于外国人在美国的某些投资和外国人在美国从事房地产的某些交易的通知的申报费的最终规则

1.5.1 简介

机构：财政部投资安全办公室

行动：最后规则。

概要：最后规则对"主要营业地"定义做出澄清性修订，并采用暂行规则，其中规定了提交交易正式书面通知供美国外国投资委员会审查的当事方的费用。

日期：最终规定于 2020 年 8 月 27 日生效。

1.5.2 详情请联系

如对本规则有疑问，请联系：Laura Black，投资安全政策和国际关系部主任；Meena R. Sharma，投资安全政策和国际关系部副主任；David Shogren，高级政策顾问；James Harris，美国财政部高级政策顾问，地址：1500 Pennsylvania Avenue NW，Washington，DC 20220；电话：（202）622 - 3425；电子邮箱：CFIUS.FIRRMA@treasury.gov。

1.5.3 详细信息

1.5.3.1 背景

A."主要营业地"定义。2020 年 1 月 17 日，财政部公布了两项暂行规则，每项规则均于 2020 年 2 月 13 日生效，其中规定术语"主要营业地"的定义，适用于供美国外国投资委员会(CFIUS 或委员会)审查的交易。85 FR 3112(2020 年 1 月 17 日)；85 FR 3158(2020 年 1 月 17 日)。暂行规则序言提供了此定义的背景。虽然此定义于 2020 年 2 月 13 日生效,但公众有机会就此提出意见。财政部收到若干意见,下文将进一步加以论述。在美国的投资(CFIUS 或委员会)。85 FR 3112(2020 年 1 月 17 日);85 FR 3158(2020 年 1 月 17 日)。暂行规则序言提供了此定义的背景。虽然此定义于 2020 年 2 月 13 日生效,但公众有机会就此提出意见。财政部收到若干意见,下文将进一步加以论述。

B. 正式书面通知的提交费。2020 年 3 月 9 日,财政部发布了一份拟议规则制定通知,该通知旨在修订《美国联邦法规》第 31 编第 800 部分和《美国联邦法规》第 31 编第 802 部分,以分别为"受管制交易"和"受管制房地产交易"设定费用,并作为正式书面通知提交给 CFIUS。

85 FR 13586(2020 年 3 月 9 日)。公众有机会对本拟议规则提出意见,财政部收到若干意见。

考虑到公众意见后,财政部于 2020 年 4 月 29 日发布了一项暂行规则,本规则旨在设定申报费并于 2020 年 5 月 1 日生效。85 FR 23736(2020 年 4 月 29日)。正如暂行规则序言中所解释,在 31 CFR 第 800 部分和 31 CFR 第 802 部分的法规中增加关于申报费的第 K 子部分,并对该等法规的其他相关章节做出有限数量的修订。此外,暂行规则的序言部分还讨论了就拟议收费规则所收到的公众意见。虽然财政部于 2020 年 5 月 1 日开始收费,但其确定公众和委员会将受益于 2020 年 6 月 1 日结束的额外意见征询期。

下文讨论了在额外意见征询期内收到的意见。

拟议规则和暂行规则的序言部分提供了关于委员会在申请费用方面的法定权力和要求的补充信息,以及在制定申请费用条例时考虑的各种因素。

1.5.3.2 暂行规则意见和变更总结

在以上讨论的每项暂行规则的公众意见征询期内,财政部收到了反映一系列观点的书面意见书。在每个意见征询期结束前收到的所有意见见 https://www.regulations.gov 的公共规则制定案卷。下文逐节分析讨论了这些意见,并描述了澄清性修订。

A."主要营业地"定义——第 800.239 节和第 802.232 节。收到关于界定"主要营业地"一词的暂行规则的若干书面意见书。总的来说,意见发表者表示支持并提出建议,以澄清或应对特定类型的投资者或场景。如下所述,考虑到这些意见,对最后规则进行澄清性修订。

一位意见发表者表示强烈支持暂行规则中的定义,指出该定义清晰明了,符合商业现实。另一位意见发表者指出，定义的第(a)款合理、适当，符合 CFIUS 对该术语的历史应用情况，但建议澄清投资基金方面的"活动和投资"一词。针对这一意见，最后规则删除了"和投资"。财政部拟在投资基金方面，"活动"一词包括"投资"；因此，"活动"一词涵盖指导和管理投资基金的投资。

意见发表者还就定义的第(b)款提出建议，该款述及实体向一国政府所作的陈述可能与其出于 CFIUS 之目的提出的主张不一致的情况，即，根据定义的第(a)款规定的标准；

(a) 其主要营业地在美国。一位意见发表者建议删除短语"或等效"。另一位意见发表者建议，缩小定义的第(b)款中的标准；

(b) 以使其与第(a)款中的措辞更接近。

未针对这些意见对第(b)款做出任何改动。第(b)款包括实体可能向一国政府做出的陈述的非详尽清单，每条陈述都近似于第(a)款中规定的标准。一位意见发表者认为，根据该定义，保持离岸"注册代理人"或"营业地"的实体将使其无法在美国拥有主要营业地。财政部不同意，因为第(b)款的重点是陈述实体的"主要"或"总部"位置，或具有相同概念的等效术语。财政部也不同意意见发表者提出的建议，即把定义应用于特定场景的其他示例——例如更具体地处理投资基金——将有益，因为需要考虑特定的事实和情况。

B. 正式书面通知的申请费用——第 K 子部分。收到两份关于设立申请费用的暂行规则的书面答复意见书。一位意见发表者大体上支持暂行规则，第二位意见发表者建议进行改动，下文将对其进行讨论。

第 800.1101 节和第 802.1101 节——费用金额。根据拟议规则和暂行规则，§800.1101 和 §802.1101 规定了基于交易价值的费用金额。

一位意见发表者就 §800.1101 和 §802.1101 提出两项替代方案。一项建议是，财政部在实施申请费用的初始阶段，对所有超过一定门槛的所有交易征收的 10 000 美元的固定费用。最后规则未针对此意见做出任何改动。《2018 年外国投资风险审查现代化法》(FIRRMA)规定，费用应基于"交易价值"，最后规则中的方法与法规一致。此外，FIRRMA 规定，费用金额应考虑到委员会开展活动的相关费用。委员会审查通知的人力和资源成本并非微不足道，可能往往超过建议的固定费用。为此，最后规则中规定的费用结构为所有交易提供了较低的比例成本(等于或小于交易价值的 0.15%)。

意见发表者还建议，作为替代方案，在规则中加入额外的费用区间，并降低费用金额。意见发表者声称，暂行规则中的费用结构可能会抑制自愿申请，或鼓励当事方重组交易以尽量减少费用。最后规则未针对此意见做出任何改动。在分多个阶段完成重组交易的情况下，§800.1103(e)(1)和§802.1103(h)(1)说明了在此情况下计算费用的方式。

财政部考虑了不同的费用结构方法——包括额外的交易价值范围和较低的费用金额——并决定，出于相称性和可管理性等原因，最后规则中的结构最合适。与暂行规则中的费用表相比，意见发表者的拟议收费结构达到的效果是，提高较低价值交易的费用，降低较高价值交易的费用。此外，在考虑拟议费用结构时，财政部评价称，额外的费用区间可能会增加当事方和委员会在分析方面的复杂性，而这种分析是确定哪笔费用金额与特定交易相关所必需的——特别是在申请时可能不知道确切交易价值的情况下。暂行规则中的申请费用结构允许委员会适当产生资金——与FIRRMA一致——以支持委员会的工作，但同时将成本占交易价值的比例保持在较低水平。关于在需要费用的情况下自愿向CFIUS提交通知的激励措施，财政部指出，提交通知和支付费用的好处是，在无未决国家安全问题的情况下，可以在CFIUS审查结束后获得"安全港"。这对于交易当事方来说具有相当大的价值，特别是对考虑到交易的情况和在未通知的情况下委员会可能在交易中拥有的潜在利益而确定提交通知是适当的当事方。最后，交易当事方可以利用无需费用的申报流程。

未收到其他意见。因此，最后规则采用公布的暂行规则。

1.5.3.3　规则制定要求

12866号行政命令：本规则无须遵守12866号行政命令[其中涵盖管理和预算办公室(OMB)信息和监管事务办公室(OIRA)对该等法规的审查]的一般要求，因为根据该命令第3(d)(2)节，该等法规涉及美国的外交事务职能。此外，根据财政部与OMB于2018年4月11日签订的协议备忘录第7(c)节，本规则无须接受12866号行政命令第6(b)节下的审查，因为该协议备忘录规定CFIUS条例无须接受OMB在12866号行政命令下的标准集中审查流程。

《文书削减法》：根据控制编号为1505-0121的《1995年文书削减法》[44 U.S.C. 3507(d)]，本规则中包含的信息集合与拟议规则一起提交给OMB进行审查。

31 CFR第800部分和31 CFR第802部分中的通知要求是根据《文书削减法》获得批准的，每位答辩人的负担时间分别为130小时和116小时。在确定申请费用的拟议规则中,财政部就§800.502(c)(1)(viii)和§802.502(b)(1)(ix)下的修订报告要求征求公众意见。未收到任何意见。机构未必会进行或赞助信息收集,个人也无须回应信息收集,除非其显示有效的OMB控制号。

《监管弹性法》:(5U.S.C.601及后续条款,RFA)通常要求机构编制初步的监管弹性分析,除非机构证明实施本规则后,不会对大量小型实体产生重大经济影响。只需所要求机构根据《行政程序法》(APA)第553(b)节或任何其他法律公布拟议规则制定的一般通知,RFA就适用。如第Ⅲ节中设立申请费用的拟议规则的序言部分所规定,因为根据《国防生产法》发布的规则,如本规则,不受APA或要求发布拟议规则制定的一般通知的其他法律的约束,所以RFA不适用。尽管如此,出于拟议和暂行规则的RFA部分详述的原因,财政部长证明,实施本规则后,"将不会对大量小型实体产生重大经济影响",5 U.S.C. 605(b)。这一最后规则对已经生效的暂行规则进行了有限的改动,不会对大量小型实体产生重大经济影响。财政部还就拟议规则将如何影响小型实体征求公众意见。

《国会审查法》:本规则已提交给OIRA,OIRA已确定本规则不是《国会审查法》下的"主要"规则。

1.6
关于外商在美国某些投资的规定

1.6.1　简介

机构：财政部投资安全办公室

行动：最后规则。

概要：本最终规则修改了美国外国投资委员会法规中实施经 FIRRMA 修订的《1950 年国防生产法》第 721 节的某些规定。具体而言，本规则修改了涉及专门生产、设计、测试、制造、构造或开发一种或多种关键技术的美国企业的某些外国投资交易的强制性申报规定。其还对"实质权益"一词的定义及相关规定作了修订，并作了一项技术性修订。

日期：

生效日期：最后规则于 2020 年 10 月 15 日生效。

适用日期：见 § 800.104。

1.6.2　详情请联系

关于本规则的问题，联系：Meena R. Sharma，投资安全政策和国际关系部副主任，或 David Shogren，美国财政部高级政策顾问，地址：1500 Pennsylvania Avenue NW，Washington，DC 20220；电话：（202）622 – 3425；电子邮箱：CFIUS.FIRRMA@treasury.gov。

1.6.3　详细信息

1.6.3.1　背景

2020 年 5 月 21 日，财政部公布了一份关于修订 31 CFR 第 800 部分（第 800 部分）中某些条款的拟议规则制定通知。85 FR 30893。（联邦公报局于 2020 年

5 月 20 日公布拟议规则,供公众查阅)。公众应于 2020 年 6 月 22 日前提交对拟议规则的意见,讨论如下。

拟议规则对向美国外国投资委员会(CFIUS 或该委员会)提交某些关键技术交易申报的要求进行了修改。第 800 部分中的这一申报要求实施了《2018 年外国投资风险审查现代化法》(FIRRMA)第 1706 节,该法修订了《1950 年国防生产法》(DPA)第 721 节,授权 CFIUS 通过条例对涉及生产、设计、测试、制造、制作或开发一项或多项关键技术的某些美国企业的受管制交易强制提交申报。

拟议规则修改第 800 部分中强制性申报规定的范围——主要是将其从基于与某些行业的联系的范围调整为基于是否需要美国政府的某些授权才能向某些交易当事方和所有权链中的外国人出口、再出口、转让(国内)或再转让美国企业生产、设计、测试、制造、制作或开发的关键技术或常规技术。为此,拟议规则修订了 §800.104(适用性规则)和 §800.401(强制性申报);引入了两个新的定义:"美国监管授权"和"关键技术强制性申报的有投票权权益";并删除了第 800 部分附录 B 中的北美工业分类系统(NAICS)代码。拟议规则还修订了第 800 部分 §800.244 中"实质权益"的定义。

关于 FIRRMA 和拟议规则的进一步解释见 85 FR 30893;下文将进一步详细说明对拟议规则的改动。

1.6.3.2 对拟议规则的意见概述

在公众意见征询期内,财政部收到了关于拟议规则的书面意见书。在意见征询期结束前收到的所有意见见 www.regulations.gov 的公共规则制定案卷。

财政部考虑了就拟议规则提交的每条意见,并针对这些意见对本规则进行了某些修订。美国财政部认识到外国投资对美国经济至关重要,包括对涉及关键技术的企业。财政部起草了拟议规则,并在发布本规则时进行了修订,考虑了各种因素,包括国家安全考虑、对外国投资的影响以及对小企业的影响。

总的来说,意见发表者普遍支持拟议规则。一些意见发表者建议修订或澄清,下文逐节分析包括对这些意见的回应。为了保持一致和清晰,进一步编辑了规则,并作了一项技术性修订。

1.6.3.3 拟议规则意见和变更总结

A. 第 A 子部分——总则

第 800.104 节——适用性规则

虽然未具体就适用性规则提出意见,但为避免产生疑问,运作适用性规则的方式将与拟议规则中的详述内容相同。即，83 FR 51322(2018 年 10 月 11 日)的暂行规则实施了一项要求申报某些关键技术交易的试点方案，本规则将继续适用于 2018 年 11 月 10 日当日或之后至 2020 年 2 月 13 日之前发生的特定行为的交易，如 31 CFR 801.103 下的条例中所规定的那样。基于 NAICS 代码的关键技术强制性申报规定，作为 85 FR 3112(2020 年 1 月 17 日)第 800 部分最终规则的一部分发布，将适用于 2020 年 2 月 13 日当日或之后至 2020 年 10 月 15 日之前发生的特定行为的交易，如本规则§800.104(d)所规定的那样。最后，本规则中讨论的对关键技术强制性申报规定的修改内容自 2020 年 10 月 15 日起适用，但在该日之前发生特定行为的某些交易除外。

B. 第 B 子部分——定义

第 800.213 节——受管制交易

本规则对第(e)款中的示例 2 进行技术性修订。

第 800.244 节——实质权益

第 800 部分§800.244 规定了如何确定一个实体在另一个实体中间接持有的权益百分比，以确定外国人是否在美国企业中获得"实质权益"，而外国政府反过来又持有该外国人的"实质权益"。此定义构成了某些受管制交易的申报要求的基础，在这些交易中，外国政府持有将在某些类型的美国企业中获得实质权益的外国个人的实质权益。本拟议规则澄清§800.244(b)仅适用于普通合伙人、管理成员或同等人员主要指导、控制或协调实体活动的情况。拟议规则还删除了§800.244(c)中"投票"一词的三个实例，以澄清计算规则适用于计算该节第(a)款中描述的"有投票权权益"和第(b)款中描述的"权益"。

一位意见发表者建议保留§800.244(b)中的当前定义，而不修改为包括"由普通合伙人、管理成员或同等人员或其代表主要指导、控制或协调"的措辞。意见发表者解释称，在某些情况下，不清楚基金是否会视为由普通合伙人"主要指导"。意见发表者还对§800.256(b)中包含相同的短语表示关切。另一位意见发表者要求澄清§800.244(b)中的应用情况，其中第三方代表普通合伙人控制和协调实体的活动。

未对这些意见做出任何改动。在§800.244(b)的拟议规则中修订的实质权益分析适当地侧重于当普通合伙人、管理成员或同等人员主要指导、控制或协调实体的活动时，该普通合伙人、管理成员或同等人员持有的利益，而非在一个实体只有普通合伙人、管理成员或同等人员的所有情况下。

　　财政部预计,在分析普通合伙人和实体之间的具体关系时,当事方通常会清楚普通合伙人是否主要指导、控制或协调实体的活动。在第三方代表普通合伙人控制和协调实体活动的情况下,普通合伙人并不只是通过与第三方签订合同来履行此类服务而停止主要指导、控制或协调实体的活动。

　　第 800.254 节——美国监管授权

　　与拟议规则一致,§800.254 下新定义的术语规定了美国 4 个主要出口管制制度下所要求的监管许可证或授权的类型,如果适用于本规则下所述的特定交易,则触发强制性申报。

　　第 800.256 节——关键技术强制性申报的有投票权权益

　　拟议规则在§800.256 下引入了一个新定义的术语,该术语规定了在确定特定交易是否可能触发强制性申报时,应分析§800.401(c)(1)(i)—(iv)中所述人员的所有权链中的人员,以获得出口许可证和授权。

　　一位意见发表者建议将适用的有投票权权益门槛从 25% 提高到 50%。未对这一意见做出任何改动。50% 的门槛可能会排除可能对美国企业(包括其关键技术)产生重大影响的利益相关者。财政部的结论是,25% 的门槛合适,并为需要根据该规定进行分析的人员设定了明确的标准。

　　本规则进行澄清性编辑,包括在一些情况下省略了"人"之前的"外国"这一无关措辞,以保持文本的原意。

　　C. 第 D 子部分——声明

　　拟议规则修订涉及美国企业关键技术交易的强制性申报规定,使其仅适用于向参与交易的外国人或所有权链中的某些外国人出口、再出口、转让(国内)或再转让美国企业关键技术需要美国监管授权的情况。

　　几位意见发表者指出在§800.401(c)(1)的拟议规则中提及"交易当事方"的措辞,并质疑其意图是否包括获得美国企业间接所有权权益的人员。为了澄清这一规定的运作,本规则修订§800.401(c)(1)以提及符合§800.401(c)(1)(i)—(v)中的"人",包括直接和间接所有权权益。本规则还在第(c)款的若干情况下省略了"人员"之前的"外国"这一无关措辞,以保持文本的原意。财政部指出,"外国人"一词的定义见§800.224,美国主要的出口管制制度也在其各自的条例中定义了外国人。为避免疑问,出于评价向所有权链中的相关"人员"出口、再出口、转让(国内)或再转让关键技术是否需要美国政府的某些授权之目的,当事方应考虑此类(假设的)出口活动是否需要根据相关的美国出口管制制度获得美国监管授权。

一位意见发表者讨论了§800.401(c)(1)(v)中提及的"外国人群体"，以及其是否仅限于§800.256(d)中的所述内容。财政部指出，拟议规则包括在§800.256(d)中交叉引用的§800.401(c)(1)(v)。但为了清楚起见，本规则还在§800.401(c)(1)(v)中添加了交叉引用的§800.256(d)。

一位意见发表者建议，鉴于出口管制条例的改动内容可能立即生效，应在当事方达成具有约束力的协议时评估强制性申报要求，而非在交易结束时评估。财政部预计，在大多数情况下，当事方可以根据交易结束时是否有一项或多项关键技术，合理地预测交易是否符合§800.401(c)的标准。尽管如此，针对该意见，并承认当事方可能无法合理控制的情况，本规则包括一个新的第(3)款，规定了出于是否根据§800.401(c)进行强制性申报之目的而应在§800.104(b)(1)—(4)中规定的任何条件的最早日期评估构成"关键技术"的内容。在§800.401(j)(6)中添加了§800.401(c)(3)应用情况的示例。

本规则对§800.401的第(b)款作类似修改，创建新的第(b)(1)款，并添加新的第(b)(2)款，规定了出于确定实质权益交易是否涉及§800.248(a)下的TID美国企业之目的而应在§800.104(b)(1)—(4)中规定的任何条件的最早日期评估构成"关键技术"的内容。

一位意见发表者建议澄清，§800.401(c)(1)(i)—(v)提及的人员必须与§800.401(e)(6)中所述的有资格获得出口管理条例(EAR)许可证例外的人员相同。针对这一意见，对规则作了澄清性修订。

几位意见发表者要求澄清§800.401(e)(6)中规定的EAR许可证例外的"合格"的含义。特别是，意见发表者质疑当事方是否需要满足15 CFR 740.17(b)中规定的程序要求，才能视为"有资格"获得加密商品、软件和技术(ENC)的EAR许可证例外，从而免除§800.401(e)(6)中的强制性申报规定。本规则包括修订版和解释性说明，说明就(e)(6)款强制性申报规定的CFIUS例外而言，EAR许可证例外的"资格"是指达到了出口前必须满足的EAR规定的任何要求(即使不出口)。例如，根据15 CFR 740.17(b)(1)中的EAR许可证例外ENC，一个人可以对某些加密项目进行自行分类，并且该自行分类足以使一个项目符合该许可证例外。因此，如果美国企业的唯一关键技术是根据15 CFR 740.17(b)(1)自行分类的项目，则无需§800.401第(c)款下的CFIUS申报(假设满足与假设出口对象相关的许可证例外的其他要求)。注意，根据15 CFR 740.17(b)

(2)和(b)(3)的许可证例外 ENC,当事方必须向商务部工业和安全局提交分类请求,才有资格获得 EAR 许可证例外;因此,除非根据 15 CFR 740.17(b)(2)和(b)(3)中规定的程序提交分类请求,包括向 BIS 提交分类请求后已过去 30 天,否则对强制申请要求的 CFIUS 例外将不适用。相比之下,15 CFR 740.17(e)中的报告要求并不是合格条件,即利用 CFIUS 规则中基于 EAR 许可证例外 ENC 资格的强制性申报例外的当事方无需为了 CFIUS 条例的这一方面的目的向 BIS 提交半年度报告(尽管如果在 EAR 下有合格的出口,当事方将需要满足许可证例外的所有适用条件,才符合 EAR)。对于技术和软件的 EAR 许可证例外下的记录保存要求也是如此——在 15 CFR 740.13(h)下不受限制(TSU)和根据 740.20(d)下战略贸易授权(STA)的 EAR 许可证例外向第三方提供某些商品分类的要求——满足许可证例外的这些方面不是 CFIUS 条例的合格条件。财政部已经确定,根据 CFIUS 条例,澄清许可证例外资格将有助于当事方评估是否向 CFIUS 提交强制性申报,或者是否符合相关 EAR 许可证例外的资格要求,从而不受 CFIUS 申报要求的限制。

此外,财政部指出,某些最终用户,如 EAR 第 744 部分第 4 号补编中列出的实体,除 EAR 其他地方规定的要求外,还须遵守许可证要求、许可证例外情况的限制以及许可证申请审查政策。

本规则还对第(j)款中的示例作了澄清性编辑。

最后,为免生疑义,根据 FIRRMA,§800.401(c)中的强制性申报规定仅适用于§800.248(a)下的美国关键技术企业,不适用于仅属于§800.248(b)或(c)下的 TID 美国企业的相关企业。

1.6.3.4　规则制定要求

12866 号行政命令。本规则无须遵守 12866 号行政命令(其中涵盖管理和预算办公室(OMB)信息和监管事务办公室(OIRA)对该等法规的审查)的一般要求,因为根据该命令第 3(d)(2)节,该等法规涉及美国的外交事务职能。此外,根据财政部与 OMB 于 2018 年 4 月 11 日签订的协议备忘录第 7(c)节,本规则无须接受 12866 号行政命令第 6(b)节下的审查,因为该协议备忘录规定 CFIUS 条例无须接受 OMB 在 12866 号行政命令下的标准集中审查流程。

《文书削减法》。根据《1995 年文书削减法》[《美国法典》第 44 编第 3507(d)部分],本规则中包含的信息集合已提交给 OMB 审查,并根据 OMB 控制编号 1505 - 0121 获得批准。机构未必会进行或赞助信息收集,个人也无需回应信息收集，除非其显示当前有效的 OMB 控制号。

《监管弹性法》。《监管弹性法》(5 U.S.C. 601 及后续条款)(RFA)通常会要求机构准备监管弹性分析，除非机构证明本规则一旦实施，将不会对大量小实体产生重大经济影响。每当机构要求根据《行政程序法》第 553(b)节(5 U.S.C. 553,APA)或任何其他法律发布拟议规则制定的一般通知时，RFA 适用。如第 III 节中的拟议规则序言部分所规定，因为根据 DPA 发布的规则，如本规则，不受 APA 或要求发布拟议规则制定的一般通知的其他法律的约束，所以 RFA 不适用。

无论 RFA 是否适用，现有数据并不表明，本规则将对大量小型实体产生重大经济影响。出于 RFA 之目的，"小型实体"是指① 符合小型企业管理局 (SBA)规模标准的专营企业；② 在其所在领域不占主导地位的非营利性组织；③ 人口少于 50 000 的小政府辖区。

5 U.S.C.601(3)—(6)。本规则将影响从事涉及关键技术的特定活动并接受本规则中所述类型的外国投资(直接或间接)的某些美国企业。该等美国企业遍布一系列行业。因此，由于 SBA 规模标准由行业指定，且并非构成特定行业内小型实体的所有美国企业均将受到影响，因此很难采用 SBA 规模标准来确定有多少小型实体将受到本规则的影响。此外，根据现有 CFIUS 条例，该等美国企业中的一些在接受外国投资(直接或间接)时需要遵守申报要求。

财政部考虑了商务部经济分析局(BEA)通过其美国新外国直接投资调查 (表 BE-13)每年收集的美国新外国直接投资数据。虽然这些数据是自行报告的，仅包括外国人士获得至少 10%有投票权股份对美国企业的直接投资(因此，不包括低于 10%的投资，尽管这些投资可能属于受管制交易)，但它们提供了接受外国投资的一类美国企业的相关信息，其中一些可能受到规则管制。

根据 2018 年 BEA 的数据，也就是有数据可查的最近一年，外商在 832 家美国企业中获得了至少 10%有表决权股份。请参见美国商务部经济分析局，"2018 年启动的投资数量、计划总支出的分布、按投资类型划分的规模"可在以下网址查阅：https://apps. bea.gov/international/xls/Table1514-15-16-17-18. xls.(最后访问日期：2020 年 8 月 18 日)。BEA 仅报告投资交易的一般规模，不报告所涉美国企业的类型，也不报告美国企业是否由 SBA 视为"小型企业"。BEA 报告的最小外国投资交易是美元价值低于 50 000 000 美元的交易。虽然出于 RFA 之目的，并非所有接受少于 50 000 000 美元的外国投资的美国企业均视为"小型企业",但大部分可能视为"小型企业",且接受少于 50 000 000 美元的外国投资的美国企业数量是最适合估计涉及可能受 CFIUS 管辖并受本规则影响的美国小型企业的交易数量。

在 2018 年接受外国投资的上述 832 家美国企业中,有 576 家参与价值低于 5 000 万美元的交易。尽管该数字的涵盖范围较小,因为其并未记录根据本规则可能需要提交的所有交易,但其涵盖范围也较大,因为其不限于任何特定类型的美国企业。财政部认为,576 这一数字是基于可能受到本规则影响的美国小型企业数量可用数据的最佳估计值,尽管财政部认识到此估计值的局限性。

即使许多小型实体受到影响,本规则也不会对美国小型企业产生重大经济影响。首先,受本规则影响的部分美国企业已需要遵守现行 CFIUS 条例下的现有申报要求。其次,本规则用出口管制授权要求的分析取代对 NAICS 法规的分析和联系。拥有关键技术的美国企业已知晓或应知晓对其产品实施出口管制,并定期分析出口授权要求,尤其是在考虑外国投资时。根据本规则填写申报表的过程与现行的 CFIUS 条例并无不同。

因此,预计对本规则的拟议修订不会改变用于分析交易和准备申报的一般负担工时估计。出于上述原因,财政部长证明,本规则不会对大量小型实体产生"重大经济影响"。

美国财政部就拟议规则将如何影响小型实体征求公众意见,但未收到任何意见。

《国会审查法》。本规则已提交给 OIRA,OIRA 已确定该规则不是《国会审查法》下的"主要"规则。

31 CFR 第 800 部分中的主题清单

美国的外国投资、调查、投资、投资公司、国防、报告和记录要求。

出于序言中所述的原因,财政部修订《美国联邦法规》第 31 编第 800 部分,具体如下:

第 800 部分——外国人在美国某些投资的规定

第 800 部分的机构引用如下:

法令:50 U.S.C. 4565;经修订的 11858 号行政命令、73 FR 4677。

1. 第 A 子部分——总则

通过修订第(a)款,增加第(d)款和第(e)款,完成§800.104 的修订,具体如下:

§800.104 适用性规则

（a）除本节第（b）—（e）款中规定的情况外且除非本部分另有规定外，本部分的法规均自 2020 年 2 月 13 日起适用。

......

（d）根据本节第（b）款和第（c）款，对于在 2020 年 2 月 13 日或之后至 10 月 15 日之前发生的任何交易，将适用在此期间生效的本部分中的法规的相应规定：

（1）完成日期；

（2）交易各方已签立了具有约束力的书面协议或其他具有约束力的文件，确立了交易的实质性条款；

（3）一方已向股东公开报价购买一家美国企业的股份；

（4）一名股东已就美国企业董事会的选举征求代理人，或者或有股本权益的所有人或持有人已要求转换或有股本权益。

（e）除本节第（b）款至第（d）款规定的情况外，2020 年 9 月 15 日在《联邦公报上》公布的本部分修订案自 2020 年 10 月 15 日起适用。

2. 第 B 子部分——定义

1）§800.213[已修订]：

（1）修订§800.213 第（e）（2）款中"提供"一词后的倒数第二句，删除"X 公司"，并代之以"公司 A"。

（2）修订§800.244，即修正第（b）款和添加第（c）款，具体如下：

2）§800.244 实质利益。

......

（b）如果某个实体的活动主要由普通合伙人、管理成员或同等人员或其代表指导、控制或协调，则仅当一个外国的国家或次国家政府在该实体的普通合伙人、管理成员或同等人员中持有 49％以上的权益时，才视为在该实体中拥有实质权益。

（c）出于根据本节确定一个实体间接持有另一个实体的权益百分比之目的，母公司的任何权益将视为隶属于其任何实体的 100％权益。

......

§800.254[重新指定为§800.255]

将§800.254 重新命名为§800.255，并增加新§800.254，具体如下：

3）§ 800.254 美国监管授权。

术语"美国监管授权"是指以下方面：

（a）国务院根据 ITAR 颁发的许可证或其他批准证件；

（b）商务部根据 EAR 颁发的许可证；

（c）能源部根据管理 10 CFR 第 810 部分所述外国原子能活动协助的各项法规给予的特定或一般授权，除 10 CFR 第 810.6（a）部分中所述的一般授权外；

（d）核管理委员会根据管理 10 CFR 第 110 部分所述核设备和材料进出口的各项法规颁发的特定许可证。

增加§ 800.256，具体如下：

4）§ 800.256 出于关键技术强制性申报之目的的有投票权权益。

（a）出于§ 800.401（c）（1）（v）之目的，就关键技术强制性申报而言，有投票权权益一词是指直接或间接的 25% 以上的有投票权权益，但须遵守本节第（b）款和第（c）款的规定。

（b）如果自然人是一个实体且其活动主要由普通合伙人、管理成员或同等人员或其代表指导、控制或协调，则仅当该人员在该实体的普通合伙人、管理成员或同等人员中持有 25% 以上的权益时，该外国人才可视为拥有出于关键技术强制性申报之目的的有投票权权益者。

（c）为确定一个人在另一个人间接持有的出于关键技术强制性申报之目的的有投票权权益百分比，母公司的任何权益将视为隶属于其任何实体的 100% 权益。

（d）出于§ 800.401（c）（1）（v）之目的，与一个外国的国家或次国家有关系、有共同行动的正式或非正式安排或为其机构或部门或受其控制的外国人视为一组外国人之一员，并合计其个人财产。

3. 第 D 子部分——声明

修订§ 800.401，修订第（b）、（c）和（e）（6）款，并添加第（j）（4）—（6）款，具体如下：

§ 800.401 强制性声明

......

（b）（1）根据本节第（b）（2）款的规定，受管制交易导致外国人获得 TID 美国企业的实质权益，而单一外国（例外外国国家除外）的国家政府或地方政府在该交易中拥有实质权益。

（2）在本节第（b）（1）款中，§800.248（a）中涉及对关键技术构成要素的评估应在§800.104（b）（1）—（4）中规定的有关受管制交易的条件之一得到满足的首日进行。

（c）（1）根据本节第（c）（3）款的规定，受管制交易涉及 TID 美国企业，包括生产、设计、测试、制造、制定或开发一种或多种关键技术，并且需获得美国监管授权才能将该等关键技术出口、再出口、转让（国内）或再转让给以下人士：

（i）可直接控制该等 TID 美国企业，作为受管制交易的结果；

（ii）直接获得该等 TID 美国企业中属于受管制投资的权益；

（iii）直接投资该等 TID 美国企业，该等人员在该等 TID 美国企业中的权利正在发生变更，且该等权利变更可能促使发生受管辖控制交易或受管制投资；

（iv）作为§800.213（d）中所述的与该等 TID 美国企业相关的任何交易、转让、协议或安排的一方；

（v）在本节第（c）（1）（i）款—（iv）款中所述的人员中单独持有或如§800.256（d）所述，总体上作为一组外国人之一员持有出于关键技术强制性申报之目的的有投票权权益。

（2）出于本节第（c）（1）款之目的，应确定向本节第（c）（1）（i）款至第（v）款中所述的人员出口、再出口、转让（国内）或再转让关键技术是否需要美国监管授权：

（i）除本节第（e）（6）款中所述的情况外，不实施 ITAR 下的任何许可证豁免或 EAR 下的许可证例外；

（ii）基于§800.239 中定义的该等人员的主要营业地（针对实体），或相关美国监管授权下的该等人员的国籍（针对个人）（如使用）；

（iii）如同该等人员是适用美国监管授权下的"最终用户"一样（如相关）。

（3）在本节第（c）（1）款中，对关键技术构成要素的评估应在§800.104（b）（1）至（4）中规定的有关受管制交易的条件之一得到满足的首日进行［见本节第（j）（6）款中的实例］。

    ……

（6）本节第（c）（1）款所述的受管制交易涉及的关键技术，需要获得一项或多项美国监管授权才能将其出口、再出口、转让（国内）或再转让给本节第（c）（1）（i）—（v）款所述的任何人士，并且在出口、再出口或转让的情况下，视为所述的每一项关键技术和每一名人士均有资格获得 EAR 下的至少一项下述许可证豁免(如适用)：

　　(i) 15 CFR 740.13；

　　(ii) 15 CFR 740.17(b)；

　　(iii) 15 CFR 740.20(c)(1)。

§800.401(e)(6)注 1：有"资格"获得许可证豁免是指必须在出口前满足EAR 提出的任何要求，即使后续不会出口。

　　……

　　(4) 示例 4：公司 A，一家主要营业地位于 F 国的外国实体，收购了 Y 公司100％的权益，而后者是一家美国企业，生产一项受 EAR 管控的关键技术。G 国外国公民拥有公司 A 25％的有投票权股份。根据 EAR，向 G 国而非 F 国出口关键技术需要许可证。假设无其他相关事实，收购 Y 公司需要进行强制性申报。

　　(5) 示例 5：公司 B，一家主要营业地位于 G 国的外国实体，对公司 Z 进行了一笔受管制投资，而后者是一家美国企业，设计一项受 EAR 管控的关键技术。根据 EAR，向 G 国出口关键技术需要许可证。《美国联邦法规》第 15 编第 740.4部分中的许可证例外授权公司 Z 在无许可证的情况下向 G 国出口关键技术。假设无其他相关事实，受管制投资需要进行强制性申报。

　　(6) 示例 6：公司 A(外国人)和公司 B(美国企业)签署了一份具约束力的书面协议，根据协议，公司 A 将获得公司 B 10％的股权，并将有权任命两名董事进入公司 B 董事会。截至协议签订之日，公司 B 生产的任何物品都未构成关键技术。协议执行之后，但在交易完成之前，公司 B 制造的一种产品被视为国防用品列入 USML。假设不存在其他相关事实，根据本节第(c)(3)款，进行交易无需向委员会提交申报。但根据§800.211，该交易可能属于受管制投资。

第 800 部分附录 B[已删除]

删除第 800 部分附录 B。

日期：2020 年 8 月 18 日

Thomas Feddo，投资安全助理部长。

[FR 文件 2020 - 18454，归档日期：9 - 11 - 20；4：15pm]

1.7

外国人在美国从事房地产
某些交易的规定

1.7.1　简介

机构：财政部投资安全办公室。

行动：最后规则，以及征求意见的暂行规则。

概要：最后规则制定了条例，以执行经 FIRRMA 修订的《1950 年国防生产法》第 721 节中与房地产交易相关的规定。本规则规定了美国外国投资委员会对涉及外国人在美国购买、租赁或特许经营某些房地产的某些交易进行国家安全审查的范围、流程和程序。暂行规则还添加了"主要营业地"一词的新定义，财政部正在征求对该定义的意见。

日期：

生效日期：最后规则于 2020 年 2 月 13 日生效。添加 §802.232 的暂行规则于 2020 年 2 月 13 日生效。

意见日期：财政部正在征求公众对 §802.232 中"主要营业地"定义的书面意见，该等意见必须在 2020 年 2 月 18 日之前收到。

地址：可通过下述两种方法之一提交关于 §802.232 的书面意见：

（1）电子提交：可通过联邦政府电子立法门户网站 https：//www.regulations.gov 以电子方式提交意见。通过电子方式提交意见，留给意见发表者准备和提交意见的时间最长，可确保及时收到意见，财政部也得以向公众提供评论。

（2）邮件：发送至美国财政部，收件人：Laura Black，投资安全政策和国际关系部主任，1500 Pennsylvania Avenue NW，Washington，DC 20220。

我们鼓励通过 https：//www.regulations.gov 提交意见。

请只提交意见,包括您的姓名和公司名称(如有),并在所有信件中引用"外国人在美国从事房地产的某些交易的规定"。财政部通常会将所有意见不加更改地发布到 https://www.regulations.gov,包括所提供的任何商业或个人信息,例如姓名、地址、电子邮箱地址或电话号码。收到的所有意见(包括附件和其他支持材料)均将成为公共记录的一部分,需要公开披露。请仅提交您希望公开的信息。

1.7.2　详情请联系

Laura Black,投资安全政策和国际关系主任;Meena R. Sharma,投资安全政策和国际关系副主任;James Harris,美国财政部高级政策顾问,地址:1500 Pennsylvania Avenue NW, Washington, DC 20220;电话:(202)622-3425;电子邮箱:CFIUS.FIRRMA@treasury.gov。

1.7.3　详细信息

1.7.3.1　背景

A. 法规和拟议规则

2018 年 8 月 13 日,美国颁布《2018 年外国投资风险审查现代化法》、115-232 号公法第 XVII 编第 A 子编、2173 号法令第 122 编,成为法律。FIRRMA 修订和更新的《1950 年国防生产法》(DPA)第 721 节("第 721 节"),其中规定美国外国投资委员会(CFIUS 或委员会)的权限和管辖权。FIRRMA 保持委员会对任何可能致使外国控制任何美国企业的交易的管辖权,并根据第 721 节扩大总统和 CFIUS 的权限,以审查和采取行动解决由某些非控制性投资和房地产交易引起的国家安全问题。此外,《2018 年外国投资风险审查现代化法》对美国外国投资委员会的流程进行了现代化改革,以更好地对其管辖范围内的交易进行及时有效的审查。在《2018 年外国投资风险审查现代化法》中,国会承认外国投资在美国经济中的重要作用,并重申美国的开放投资政策,这与保护国家安全一致。参见 FIRRMA 第 1702(b)节。

FIRRMA 要求发布实施其规定的条例。在 13456 号行政命令 73 FR 4677(2008 年 1 月 23 日)中,总统指示财政部长发布实施第 721 节规定的条例。2019 年 9 月 24 日,财政部公布了两项拟议规则,以实施 FIRRMA 的规定。参见 84 FR 50174(2019 年 9 月 24 日);84 FR 50214(2019 年 9 月 24 日)(联邦公报局于 2019 年 9 月 17 日提供了供公众查阅的版本）。公众对拟议规则的意见必须在 2019 年 10 月 17 日前提交。

84 FR 50214 中的拟议规则提出在《美国联邦法规》(CFR)第 31 编第 802 部分制定新条例。这些条例具体涉及美国外国投资委员会对涉及外国人在美国购买、租赁或特许经营某些房地产的交易进行审查的权限、流程和程序。关于FIRRMA 和拟议规定的进一步解释见 84 FR 50214 中的拟议规则；下文将进一步详细说明对拟议规则的改动。

84 FR 50174 中的拟议规则（提出对 CFR 第 31 编第 800 部分中编纂的美国外国投资委员会条例进行修订）目前正在单独的规则制定（第 800 部分规则）过程中定稿。第 800 部分规则具体涉及美国外国投资委员会对以下方面进行审查的权限、流程和程序：① 由外国人或与外国人进行的合并、收购或接管，此类交易可能导致外国人控制美国企业；② 对美国企业的非控制性"其他投资"，此类投资为外国人提供对某些美国企业所拥有信息的特定访问权限、某些美国企业中的权利或参与某些美国企业实质性决策的权限，此类美国企业涉及关键技术、关键基础设施或敏感个人数据（第 800 部分规则和本序言将其描述为"受管辖投资"）；③ 外国人权利的任何变更，如果此类变更可能导致外国人控制美国企业或受管辖投资；以及 ④ 任何其他交易、转让、协议或安排，其结构旨在或意图规避或绕过第 721 节的适用。

FIRRMA 还授权委员会对已提交书面通知的受管辖房地产交易进行评估和收费。财政部将在晚些时候公布一项单独的拟议规则，以实施委员会的收费权限。

B. FIRRMA 规则制定和本规则的结构

与美国外国投资委员会流程大体一致，本规则反映了与美国外国投资委员会成员机构以及其他相关美国政府机构的广泛协商。

这项行动最终确定了 CFR 第 31 编新增第 802 部分的规定。本规则侧重于委员会对某些类型房地产交易的扩大管辖权。因此，本规则实施了美国外国投资委员会在第 721 节项下（经《2018 年外国投资风险审查现代化法》修订）的管辖权总体范围的一部分。《2018 年外国投资风险审查现代化法》中的其他规定是第 800 部分规则的主题。正如拟议规则序言中所解释，财政部正在制作新的部分（第 802 部分），因为财政部已确定，美国外国投资委员会对涉及房地产的交易进行审查的技术和程序方面与控制交易和某些非控制性投资相关的技术和程序方面完全不同,因此需要单独制定规则。尽管如此,本规则纳入了第 800 部分的某些特征和相关规定,过去向美国外国投资委员会提交申请的各方应熟悉这些特征和规定。

《2018 年外国投资风险审查现代化法》中的其他规定是第 800 部分规则的主题。特别是,可能导致外国人控制美国企业的交易受第 800 部分约束,并且不属于本规则项下的受管辖房地产交易。此外,美国外国投资委员会对某些美国企业中受管辖投资的新权限(由《2018 年外国投资风险审查现代化法》提供)受第 800 部分(根据并行规则制定)约束。

财政部认识到,《2018 年外国投资风险审查现代化法》扩大委员会对某些房地产交易的管辖权可能会影响传统上没有理由向美国外国投资委员会提交申请的各方。因此,本规则旨在向商业和投资界澄清由《2018 年外国投资风险审查现代化法》项下新权限涵盖的房地产交易类型。特别是,本规则按照拟议规则中描述的方法实施美国外国投资委员会的新房地产管辖权,并且通常围绕特定场所(某些机场、海港和军事设施)以及这些场所内或周围的特定地理区域诠释。(虽然规则允许"美国政府的其他设施或财产"将来可能列入本规则中确定的场所名单中,但目前尚未列入任何场所。)鉴于本规则某些规定的特殊性,财政部预计将定期审查,并在必要时修订条例,以应对国家安全形势的变化。

作为对公众意见的回应,这项行动还实施了涉及 §802.232 中"主要营业地"定义的暂行规则,财政部正在征求公众对该定义的意见。

1.7.3.2　对拟议规则的意见概述

在公众意见征询期内,财政部收到多份有关拟议规则的意见书,反映了广泛的意见。有关在意见征询期结束前收到的所有意见,参见 https://www.regulations.gov 的公共规则制定案卷。

此外,财政部于 2019 年 9 月 27 日主持了一次公开电话会议,以讨论拟议规则,财政部网站的委员会部分提供了一份摘要。

财政部考虑了就拟议规则提交的每一条意见。一些意见具有一般性,例如,支持财政部在拟议规则各个方面所做的努力和采取的方法。其他意见发表者指出了拟议规则对某些房地产和相关交易的潜在影响。财政部认识到外国投资对美国经济的重要意义,包括房地产投资。财政部起草了拟议规则,并在最终确定规则时进行了修订,以保护美国国家安全免受某些外国投资带来的风险,同时保持美国的开放外国投资政策。财政部已确定,规则中规定的特殊性(例如,关于特定场所和相关距离的识别)向商业和投资界澄清 FIRRMA 项下委员会新权限所涵盖的房地产交易类型。财政部将评估规则的实施情况，并将酌情提供附加信息以帮助公众提交意见。

一些意见发表者要求澄清具体规定。财政部酌情在规则文本中提供了补充说明，并包括更多说明性示例。然而，在与 FIRRMA 项下委员会法定权限相冲突的普遍适用性条例和修订中，一些意见发表者要求更大程度的特殊性属于适当情况。下文逐节分析包括对意见的回应。为确保一致性和明确性，对规则进行了进一步订正。

除对规则实质内容发表意见外，一些意见发表者还要求延长公众意见征询期。财政部未根据 FIRRMA 规定的固定生效日期延长公众意见征询期。财政部预计，其将定期审查并在必要时根据适用法律对条例(及任何附录)进行变更，并在适当时向公众提供发表意见的机会。

1.7.3.3　规则的讨论

A. 与第 800 部分的关系

在处理意见中提出的或对拟议规则进行修订的规则个别章节之前，必须处理本规则与第 800 部分规则之间的关系，如前所述，第 800 部分规则与本规则同时发布。

第 802 部分条例的结构类似于第 800 部分条例，后者正在通过并行规则制定进行更新和替换。熟悉第 800 部分条例的各方应发现，本规则在定义关键术语、描述规则涵盖和未涵盖的交易、列出完整申报的信息要求以及规定委员会的流程和程序等方面采取类似的方法。虽然本规则与第 800 部分规则之间存在差异，但委员会评估、结束交易行动或对交易采取行动的范围和总体方法与第 800 部分和第 721 节一致。

一些意见发表者就规则的特定章节提出问题，建议进一步澄清两个部分之间的关系可能会有所帮助。本规则侧重于涉及外国人的某些房地产交易。各方应当知道，某些涉及房地产的交易可能涵盖在第 800 部分规则项下的交易中。例如，可能导致外国人在美国从事州际商业的实体中进行外国控制或某些非控制性投资并拥有房地产的交易可能受第 800 部分约束，而不是第 802 部分。在某些情况下，包括房地产在内的一系列资产可能构成第 800 部分项下的美国企业。此外，长期租约或特许经营安排(根据此类安排，承租人可以就租赁实体经营做出绝大部分商业决定，如同是所有人一样)可能受第 800 部分约束，而不是

第 802 部分。为了全面了解可能属于本规则范围的交易,与可能属于第 800 部分规则范围的交易形成对比,鼓励公众了解第 800 部分的单独和并行规则制定。

最后,尽管 FIRRMA 在房地产交易的上下文中引入术语"附近",并且本规则定义了房地产交易的地理覆盖范围,但美国外国投资委员会已经并将继续保留对第 800 部分规则项下由于接近任何政府场所和活动而引起国家安全担忧的任何涵盖交易进行评估并在必要时采取行动的权限。根据第 800 部分规则,委员会对交易进行审查和采取行动的权限不以任何方式受本规则中指定的场所或距离限制。

B. 暂行规则:第 802.232 节——主要营业地

本规则包括"主要营业地"定义,作为暂行规则。暂行规则自 2020 年 2 月 13 日起生效,财政部正在征求公众对新定义的意见,截止日期为 2020 年 2 月 18 日。

拟议规则使用了"主要营业地"一词,但未对其进行定义。一位意见发表者敦促委员会通过定义该术语来提供更多的明确性。作为对这条意见及第 800 部分规则收到的意见的回应,§ 802.232 现在将一方"主要营业地"定义为"实体管理层指导、控制或协调实体活动的主要地点,或者如果是投资基金,则为基金活动和投资主要由普通合伙人、管理成员或同等人员或其代表进行指导、控制或协调的主要地点",并受 § 802.232(b)中的限定条件约束。对于"神经中枢"位于美国的实体,§ 802.232(b)中限定条件的目的仍然是确保根据其对政府实体的主张一致对待实体的主要营业地,前提是自这些主张以来,事实未发生改变。

由于 § 802.232 中的"主要营业地"是新定义,因此该定义由本规则在暂行的基础上生效,并且可以根据收到的意见进行修订。作为暂行规则,§ 802.232 将于本规则其他规定生效的同一天(即 2020 年 2 月 13 日)生效,以便为交易各方提供明确性和确定性。财政部邀请公众对这项暂行规则发表意见。

C. 拟议规则意见和变更总结

1. 第 A 子部分——总则

第 802.102 节——基于风险的分析

§ 802.102 中的拟议规则在描述委员会为确定特定交易是否对国家安全构成风险而进行的基于风险的分析时,定义了术语"威胁""脆弱性"和"对国家安全的后果"。一位意见发表者要求进行澄清,具体而言,澄清这些术语将如何适用于与外国航空公司签订的使用和租赁协议。

作为对这条意见的回应,规则未对§802.102的拟议文本做出任何变更,因为规则适用于许多类型的房地产交易,并且在普遍适用性条例中规定这项规定适用于特定类型的交易并不合适。在对任何交易进行基于风险的分析时,美国外国投资委员会分析交易的具体事实和情况,以确定交易中提出的国家安全考虑因素(如有)。经修订的DPA第721(f)节提供了一份说明性因素名单,供美国外国投资委员会和总统在确定受管辖交易是否构成国家安全风险时考虑。其中一些因素可能与受管辖房地产交易有关。虽然进一步讨论与某一行业中特定类型的房地产交易相关的具体因素不适合更广泛的规则,但委员会将考虑是否可以公开更多信息,以帮助各方理解委员会的总体分析。与此同时,各方可能会发现财政部先前公布的《美国外国投资委员会国家安全审查指南》73 FR 74567(2008年12月8日)很有帮助,这项指南仍然有效。

第802.105节——解读和解释规则

规则添加了新的章节,以澄清条例中包含的示例仅供参考,不应解释为改变此部分条例文本的含义,并澄清在整个条例中使用的术语"包括"是指"包括但不限于"。

2. 第B子部分——定义

第B子部分规定了第802部分的定义术语。本规则中超过一半的定义术语来自第800部分规则,适用时,符合要求的变更适用于房地产交易。术语的其余部分专门针对第802部分进行定义。

1) 第802.203节——附近。拟议规则将"附近"定义为从相关场所边界向外延伸一英里的区域。一些意见发表者鼓励委员会确保为每个场所定制适用的避让距离。一些意见发表者支持在线资源,如地图或其他交互工具,以帮助公众了解根据规则受美国外国投资委员会管辖的地理区域。

作为对这些意见的回应,规则未对该定义做出任何变更。国防部根据对国家安全考虑因素的评估,确定了特定军事设施的识别和这些场所周围的距离。国防部将继续对其军事设施和规则规定的地理范围进行持续评估,以确保根据国家安全考虑因素适当适用。

关于征求在线资源的意见,财政部预计将提供基于一种网络的工具,以帮助公众了解规则的地理覆盖范围。与此同时,可在线获取与规则某些方面有关的信息。例如,商务部人口普查局维护一个基于网络的系统,即TIGERweb,该系统允许用户选择特征(如军事设施、城市化地区和城市圈),并在地图上查看此类属性。此外,美国国家海洋和大气管理局及海洋能源管理局各自维护一个基于网络的地图,地图划定美国海洋边界,包括领海和其他与规则项下地理覆盖范围相关的属性。

2) 第 802.206 节——特许经营。拟议规则将"特许经营"定义为美国公共实体为开发或运营机场或海港基础设施而授予的权利。一位意见发表者指出,该术语在运输部关于机场特许经营的条例中有不同的定义,并建议,考虑到该术语在运输部条例中的用途,拟议规则中的具体定义可能会造成混淆。

作为对意见的回应,规则未对该定义做出任何变更。运输部的定义与规则实施的受美国外国投资委员会管辖的房地产交易预期范围不匹配。尽管如此,所有行业(包括机场特许经营行业)的各方都不应混淆规则中"特许经营"一词的含义,因为该术语明确定义为一种房地产交易。为更清楚起见,规则确实包含一项修订,其规定所定义术语包括部分特许经营权的转让。

3) 第 802.208 节——控制。拟议规则采用了第 800 部分拟议规则中的"控制"定义。第 800 部分规则对"控制"定义进行了技术更正,为了与第 800 部分保持一致,本规则进行了相同的技术更正。特别是,对 § 802.208(c)(4)进行了修订,以澄清反稀释保护被更准确地描述为一种权利,而不是一种权力。

4) 第 802.210 节——受管辖港口。拟议规则为术语"机场"和"海港"提供了定义。一位意见发表者建议委员会公布一份附录,列出符合拟议规则中定义的机场和海港,并指出相关场所名单可能会发生变更,一些从业者不熟悉运输部公布的信息。另一位意见发表者建议委员会在网站上提供与运输部维护的机场和海港相关名单的超链接。

作为对这些意见的回应,委员会对规则进行了几处修订。第一,规则将拟议规则中的"机场"和"海港"定义合并为新术语"受管辖港口"。§ 802.210(a)中的"受管辖港口"定义确定了运输部维持的相关名单,并澄清了各种名单的具体参考。第二,定义包括澄清运输部名单任何变更生效日期的规定。

具体而言,§ 802.210(b)(1)对第(a)款中"受管辖港口"定义项下的任何机场和海港名单的任何添加规定了 30 天延迟效力。这样做是因为《联邦公报》未公布对名单的变更,财政部希望为公众提供通知期限,以便进行任何添加。相反,当机场或海港不再符合第(a)款中规则对受管辖港口的定义时,在运输部公布更新名单后,将立即确认从相关名单中删除港口。规则添加了 § 802.210(b)(2),以明确适用于任何特定交易的机场或海港名单是在各方签署确定交易重要术语的书面文件日期或完成日期（以较早者为准）前一天生效的名单［考虑到第（b）（1）款中的 30 天延迟效力］。

关于将所有受管辖港口汇编成一份名单的事项，财政部已确定，最切实可行的办法是指导公众使用运输部维持和更新的现有在线资源。财政部预计将在美国外国投资委员会网页上提供信息，帮助公众浏览运输部维持的相关名单。

5）第 802.211 节——受管辖房地产。拟议规则以将特定场所与这些场所中及其周围相关地理覆盖范围联系的方式定义"受管辖房地产"。意见发表者不建议对该定义的文本进行具体变更。相反，意见发表者普遍支持拟议规则中确定特定场所和距离的方法，并支持提供在线资源，以帮助公众了解规则的地理覆盖范围。特别是，意见发表者表示有兴趣了解某些边界的划定，包括美国海岸线。

规则修订了本节第（b）（4）款，用对领海的引用替代 12 海里引用。财政部已确定，对领海的引用可以让公众更加清楚。此外，如上所述，财政部预计将在近期提供一个基于网络的工具来帮助公众。与此同时，美国政府的现有资源提供了相关信息，以帮助公众了解本规则的各个方面。

6）第 802.212 节——受管辖房地产交易。拟议规则定义了"受管辖房地产交易"，以纳入根据规则受美国外国投资委员会管辖的交易类型。一位意见发表者建议，该定义明确排除外国人与其母公司之间的交易，以及外国人与其受控关联公司之间的交易。意见发表者还要求澄清关于提交单一申报或提交单一通知的问题，因为多笔受管辖房地产交易彼此非常靠近，并且与单一项目相关，例如可再生能源行业。另一位意见发表者建议，规则涵盖其他类别的房地产交易，如涉及耕地和稀土矿的房地产交易。

作为对意见的回应，规则并未对"受管辖房地产交易"的定义做出任何变更。第一，为实现某些法律、金融或其他商业目标而进行的公司内部资产（包括房地产）转让可能不构成受管辖房地产交易，并且在任何情况下都可能不会导致拥有受管辖房地产的实体最终母公司发生变更，因此可能不会引起新的国家安全考虑因素。然而，需要考虑特定安排的具体事实和情况。第二，对于作为大型项目一部分的多笔受管辖房地产交易，没有必要修订规则，因为各方可以而且应该考虑任何交易的具体情况，包括相关交易，以确定是向委员会提交单一申报或通知，还是提交多个申报或通知供审查。国家安全因素、时间考虑和其他交易特征可能有利于采用特殊方法。然而，作为对这条意见的回应，委员会在描述申报和通知内容的章节中对规则进行了修订，以包括对交易是否外国人所从事大型项目一部分的描述。

最后,委员会并未将该定义扩大到涵盖其他类别的房地产交易,因为意见发表者建议的类别并未根据《2018 年外国投资风险审查现代化法案》得到授权。

本节包含其他修订,包括对§802.212(b)进行修订,以澄清如果随后发生可能导致外国人拥有至少三项产权的权利变更,则购买、租赁或特许经营属于受管辖房地产交易。

7)第 802.214 节——例外房地产外国国家。财政部收到许多关于"例外房地产外国国家"定义的意见。意见发表者支持例外房地产外国国家的概念,并要求尽快公布初始名单。

意见发表者建议将特定国家或规定国家群体列为例外房地产外国国家,并在任何撤销之前提前发出通知。意见发表者还要求根据§802.1001 做出决定的因素必须准确和透明,委员会应与征求符合例外房地产外国国家资格的外国国家进行协商。

作为对这些意见的回应,规则未对拟议文本做出任何变更。关于符合资格的外国国家,委员会最初选择澳大利亚、加拿大和大不列颠及北爱尔兰联合王国。委员会确定这些国家的原因在于,这些国家与美国建立了强大的情报共享和国防工业基础整合机制。另外,如拟议规则序言中所述,"例外房地产外国国家"的概念和定义是新定义,其广泛应用可能对美国的国家安全产生重大影响。因此,委员会最初确定的合格外国国家数量有限,今后可能会扩大名单。

规则对本节进行了修订,以澄清"例外房地产外国国家"定义是双标准联合检验,第二个标准具有延迟效力。因此,截至 2020 年 2 月 13 日,委员会确定为合格外国国家的 3 个外国国家将是例外房地产外国国家,而不考虑第二个标准(即根据§802.1001 做出有利决定)。为了使这些国家在两年延迟效力期限结束后(即 2022 年 2 月 13 日)仍然是例外房地产外国国家,委员会必须根据§802.1001 做出决定。这一两年期限旨在为这些初始合格外国国家提供时间,以确保其基于国家安全的外国投资审查流程以及与美国在基于国家安全的投资审查方面的双边合作符合§802.1001 的要求。这一两年期限还为委员会提供了时间来制定根据§802.1001 做出决定的流程和程序,这些流程和程序将来可以适用于更广泛的国家群体。在选择初始合格外国国家时,委员会对外国国家目前是否符合下文§802.1001 中讨论的决定因素不做任何表态。

最后,规则删除关于内部委员会流程的语言(§802.1001 也对此进行了一致性变更），并修订§802.214 注1，以澄清用于识别满足"例外房地产外国国家"定义的两个独立标准的外国国家的公布机制。

8）第802.215节——例外房地产投资者。考虑到日益复杂的所有权结构，并在委员会的管辖权适用时考虑到这种结构，拟议规则提出了"例外房地产投资者"的定义。关于作为例外房地产投资者的资格标准，意见发表者讨论了董事会组成要求，指出这种要求具有限制性，建议进行更改。意见发表者还要求进一步澄清被视为例外房地产投资者的程序，包括例外房地产投资者如何证明该地位，或者例外房地产投资者是否会收到委员会确定该地位的表格或证书。其他意见发表者建议，委员会对例外房地产投资者采用平行分类，一些人称这些投资者为"例外可信房地产投资者"，这使得某些与外国例外房地产毫无关联的投资者获得作为例外房地产投资者的好处。意见发表者针对这一概念提出了各种标准，包括个人投资者以前与委员会的互动。

为对这些评论以及收到的关于第800部分拟议规则的类似评论作出回应，规则对"例外房地产投资者"的定义进行了修改。首先，对董事会成员国籍标准进行了修订，即允许非外国例外房地产的外籍成员比例最多为25％。其次，个人投资者在例外房地产投资者中的持股比例限制从5％修订为10％。最后，§802.228中"最低例外所有权"的定义修订如下。

为回应评论，规则没有进行其他更改。§802.215(a)(3)中的所有条件均适用于外国人的每一个母公司（定义见第802.229节），包括最低例外所有权条件。委员会没有单独的程序来确定潜在投资者是否有资格成为例外房地产投资者。与其他管辖权决定一样，当事方应自行评估是否有资格作为例外房地产投资者。值得一提的是，不符合例外房地产投资者的资格不应被解释为对特定外国人就国家安全构成威胁的个人评估。

与FIRRMA一致，"例外房地产投资者"的定义侧重于投资者与外国例外房地产的联系，这为工商界和投资界提供了最大的明确性，同时保护了国家安全利益。这一定义还进一步推动了委员会鼓励伙伴国实施强有力的程序，审查其国内的外国投资情况，并加强与美国的合作。值得注意的是，例外房地产投资者定义取消了委员会对某些投资者特定房地产交易的管辖权。因此，作为"例外可信房地产投资者"概念的一部分，意见发表者建议的一些标准不太适合确定管辖权，而更适合确定其他问题，例如第800部分规则中与强制性申报有关的某些方面。

最后,规则对§802.215(b)进行了修订,以具体说明出于§802.215(a)(3)(iv)的目的,将汇总不同外国人的所有权权益的时间。规则还对§802.215(d)进行了修改,以包括§802.215(c)(1)(i)至(iii)中的标准,从而保留对某些交易的管辖权,在这些交易中,由于总统根据第 721 节采取的行动,或委员会根据本部分、第 800 或 801 部分或第 721 节对违规行为的强制执行,外国投资者被认为不是交易后的例外房地产投资者。

9) 第 802.216 节——例外房地产交易。拟议规则通过列出不是受管辖房地产交易的特定交易类型以及示例来定义"例外房地产交易"。一些意见发表者要求澄清商业房地产收购构成美国企业收购的时间。一些意见发表者建议扩大某些例外。其中一些评论指出了规则在机场方面的适用情况,并建议扩人零售贸易、住宿和食品服务行业机构的例外,但外国航空承运人的租赁安排除外。一位意见发表者要求澄清与商用场所有关的例外,以及 10% 的租户应通过租赁者的人数还是商用场所的雇员人数确定。另一位意见发表者建议排除某些岸基和近海区域及结构。

作为对意见的回应,对规则进行了修订。第一,规则为 49 U.S.C. 40102 中定义的"外国航空承运人"增加了例外条款,即租赁或特许经营与外国人作为外国航空承运人开展的活动有关,并且国土安全部运输安全管理局已根据 49 CFR 1546.105 接受安全计划。该例外是根据国土安全部对外国航空承运人的现有监督而增加的。第二,规则通过取消对北美行业分类系统代码的引用,并将例外情况应用于只能用于向公众零售消费品或服务的房地产租赁和特许经营,对零售贸易、住宿和食品服务行业机构的例外进行了修订。与拟议规则相比,该修订为零售服务提供了更广泛的例外条款,例如在汽车租赁和停车方面。最后,规则通过§802.216(f)澄清,并通过新的示例说明,与建筑物中商用场所有关的例外是基于拥有、租赁或特许经营建筑物中商用场所的当事方的数量。

规则对本节进行了其他澄清性编辑,包括在示例中。在平衡各种考虑因素的基础上,为对某些岸基和近海区域及结构的评论作出回应,没有对本节进行更改。

10) 第 802.217 节——扩展范围。拟议规则将"扩展范围"定义为从特定军事设施附近的外部边界向外延伸 99 英里,但在适用的情况下,不超过美国领海的外部界限。意见发表者试图理解条例中规定的具体距离背后的原理,以及与§802.216(c)中城市化地区和城市圈项下例外的相互作用。

为对评论作出回应，规则没有对"扩展范围"的拟议定义进行任何更改。附录中列出的特定军事设施和条例中定义的涵盖距离是由国防部根据对国家安全考虑事项的评估确定的。国防部将继续对其军事设施和规则规定的地理范围进行持续评估，以确保根据国家安全考虑因素适当适用。规则提到了领海，而没有提到 12 海里范围。如上文"受管辖房地产"的定义所述，财政部已确定，作为地理基准，提及领海对公众会更有帮助。

11）第 802.224 节——投资基金。规则添加了投资基金的定义，符合第 800 部分规则中使用的术语。该术语在第 802 部分中添加，目的是为"主要营业地"的新临时定义提供明确性。

12）第 802.226 节——租赁。规则对"租赁"的定义进行了修改，以澄清该术语包括全部或部分转让。

13）第 802.228 节——最低例外所有权。为对收到的关于该单独规则制定具体规定的评论作出回应，并与第 800 部分的变更保持一致，规则通过将§802.228(b) 中的最低例外所有权百分比从 90% 修改为 80%，以修正第 802.228 节的文本。

14）第 802.229 节——母公司。为对收到的关于该独立规则制定的评论作出回应，并与第 800 部分的变更保持一致，规则在 §802.229(a)(2) 中添加了一项规定，旨在明确包括"母公司"定义中的普通合伙人、管理成员或实体的等同物。规则还进行了一些次要的技术性编辑，并添加了示例来说明具有多个母公司的实体。

15）第 802.233 节——产权。拟议规则包括，作为受管辖房地产交易的要素，通过购买、租赁或特许经营受管辖房地产向外国人提供某些"产权"。规则在此定义下添加了示例。第一个示例说明，对于所有其他人或活动而言，不让他人实际接触财产的权利不必是绝对的。第二个示例说明，一项权利是被赋予的，即使在收到单独的监管批准之前不能行使。

16）第 802.238 节——美国。规则修订了"美国"的定义，以与 FIRRMA 中的定义保持一致。

17）第 802.241——美国企业。拟议规则定义了"美国企业"，以符合《2018 年外国投资风险审查现代化法》中的定义。第 800 部分拟议规则的意见发表者要求澄清委员会对"美国企业"一词的预期解释。与第 800 部分的并行规则制定定稿一致，规则对"美国企业"的拟议定义没有进行任何更改。拟议定义沿用了《2018 年外国投资风险审查现代化法》使用的语言，这并不意味着企业在美国州际商务中的业务活动范围与委员会对国家安全风险的分析无关。

18）第 802.244 节——表决权。拟议规则为"表决权"一词提供了定义。一位意见发表者要求澄清该术语,及其是否包括同意、否决、任命董事会成员的权利(无需股东投票)或其他特殊权利。该意见发表者还建议该术语仅限于重大决策中的表决权。第 800 部分规则中也对这一规定提出了类似的评论。

为对评论作出回应,规则没有进行任何更改。"表决权"的定义由来已久,任何修订均会在第 802 部分和第 800 部分法规中产生广泛影响,因为表决权包含在母公司等其他已定义的术语中。在适当情况下,财政部通过修订第 800 部分规则进行了澄清。

3. 第 C 子部分——管辖范围

1）第 802.302 节——不是受管辖房地产交易的交易。一位意见发表者要求提供不是受管辖房地产交易的交易示例列表。意见发表者提供了示例,并指出他/她认为这种情况不是受管辖房地产交易,因为如果外国人是投资者,则不符合规则的标准。

为对该评论作出回应,本节没有进行任何更改,因为规则是否涵盖特定类型的交易是由特定的事实和情况决定的。为清晰可见,通过简化规定并删除示例,对本节进行了修订。

2）第 802.303 节——借贷交易。拟议规则讨论了 §802.303 的借贷交易,其中包括商业抵押贷款。借贷交易本身一般不构成受管辖房地产交易,但拟议规则讨论了 CFIUS 在确定借贷交易是否受管辖房地产交易时将考虑的因素。一位意见发表者要求添加以下内容,即排除来自 CFIUS 管辖区的贷款人,这些贷款人在丧失抵押品赎回权的情况下接管财产,并在短时间后将财产重新投入市场。为对该评论作出回应,本节没有进行任何更改,因为需要对具体事实和情况进行评估,以确定交易是否会引起国家安全方面的担忧。就借贷交易中的违约是否会给予外国人拟议规则中确定的产权,拟议规则指出了委员会将考虑的因素。在决定是否接受申报或通知时,委员会还将考虑违约或其他情况的紧迫性或发生情况。规则对本节进行了澄清性修订,包括纳入对第(a)(1)款权利结构的变更,并考虑外国人是否已根据第(a)(2)款做出安排将所有权或产权转让给例外房地产投资人。

4. 第 D 子部分——申报

在第 D 子部分中,拟议规则阐述通过提交申报的简化申报程序。

1) 第 802.401 节——申报程序。意见发表者对让机场等公共实体提交申报或通知表示担忧。作为对意见的回应，未对本节做出任何变更。财政部试图将本规则对美国公共实体的负担降至最低，特别是在交易对手拥有相关信息来提交通知或申报的情况下。

2) 第 802.402 节——申报的内容。规则对本节进行了修改，要求提供更多信息，包括让委员会更有效地评估一项交易是否属于其房地产交易的管辖范围。规则要求简要说明此类交易是否外国人承担的较大项目的一部分，以及外国人是否正在获取某个实体的资产集合或权益。这些信息将有助于委员会更清楚地确定交易主体是否美国企业。此外，对本节进行了修订，以要求当事方提供交易中涉及的任何美国政府租赁的简要说明。关于外国人及其关联公司，最后规则进一步澄清了申报中应包括哪些相关地址信息。最后，规则要求当事方提供有关交易的额外信息，如任何适用条款、当前场所的实体安全性，以及根据规则与CFIUS 地理涵盖范围相关的受管辖港口或军事设施的距离。

3) 第 802.405 节——委员会行动。规则阐明，如果委员会有理由相信交易可能引起国家安全方面的考虑，则委员会可以要求当事方根据第 E 子部分提交书面通知。

5. 第 E 子部分——通知

规则对 §802.502(b) 进行了修订，类似于上文在 §802.402 中讨论的修订，并进行其他澄清性编辑。

6. 第 I 子部分——罚款和损害赔偿

拟议规则在第 I 子部分阐述处罚规定。对该子部分进行了一些澄清和技术性编辑。此外，规则对 §802.901(e) 进行了修订，以允许在与当事方达成书面协议后，延长委员会回复申请的最后期限，从而促进进一步的谈判，包括解决潜在的民事罚款。

7. 附录 A

拟议规则附录确定了符合 §802.227 中"军事设施"定义的基地、范围和其他设施，以及适用的相关县或美国其他地理区域，就本部分而言，这些区域属于受管辖房地产。意见发表者要求提供关于附录 A 是否以及如何在未来进行修订的更多信息。财政部预计将通过在《联邦公报》上发布的通知，在适当时更新附录 A。

规则包括对附录 A 的修订，即删除一处站点，并进一步完善与附录第 3 部分所列站点相关的涵盖地理区域。

8. 其他评论

财政部收到了若干条评论,但没有涉及规则的任何具体规定。例如,一位意见发表者就当事方应何时提交申报而不是提交通知寻求委员会的指导。这种建议超出了本规则的范围;某一方是否提交通知或申报将取决于某一方和交易的许多具体因素。

1.7.3.4　规则制定要求

12866 号行政命令:该法规无须遵守 12866 号行政命令(其中涵盖管理和预算办公室(OMB)信息和监管事务办公室(OIRA)对该等法规的审查)的一般要求,因为根据该命令第 3(d)(2)节,该等法规涉及美国的外交事务职能。此外,根据财政部与 OMB 于 2018 年 4 月 11 日签订的协议备忘录第 7(c)节,该等法规无须接受 12866 号行政命令第 6(b)节下的审查,因为该协议备忘录规定 CFIUS 法规无须接受 OMB 在 12866 号行政命令下的标准集中审查流程。

暂行规则的正当性:拟议规则,以及《联邦公报》第 84 卷第 50174 页第 800部分的提议规则,包括使用"主要营业地"一词的规定。财政部收到了对这些规定的评论,包括为该术语添加定义的建议。

为对评论作出更改,已纳入"主要营业地"的定义。财政部认为,在最终确定这一定义之前,获得公众对这一定义的评论将有利于公众和委员会。因此,本规则包含暂行规则,其中实施了"主要营业地"一词的定义,该定义将与规则的其余部分一起生效,财政部为公众提供了 30 天的时间就"主要营业地"的新定义作出评论。

使"主要营业地"的定义与规则在同一天生效符合公众利益。意见发表者要求进一步澄清哪一方受 CFIUS 管辖。新定义直接解决了这些要求,并提供了更大范围的事务确定性。通过澄清某些交易不受 CFIUS 管辖,添加"主要营业地"的定义减少了对公众的监管负担,允许一些当事方放弃向委员会提交申报或通知所涉及的费用、时间和不确定性。因为该定义添加了明确性,潜在减少了对公众的监管负担,因此立即生效符合公众利益。尽管如此,财政部仍在征求对该定义的评论,并将在最终确定暂行规则之前考虑这些评论。

《文书削减法》:根据《1995 年文书削减法》[PRA,44 U.S.C. 3507(d)],将本规则中包含的收集信息与拟议规则一起提交给 OMB 审查。没有收到对 PRA估计的评论。然而,如上所述,财政部对与通知和申报表相关的一些信息要求进行了修改。

这些变更代表财政部在审查信息要求时确定的澄清，以及为实施根据拟议规则修改的某些规定所需的变更。所要求的额外信息与拟议收集的信息没有实质性区别，财政部对完成申报和通知的负担时间的估计与拟议规则阶款的估计没有区别。这些收集信息已提交给 OMB，控制编号为 1505-0121。

根据 PRA，除非机构显示 OMB 指定的有效控制编号，否则不得进行或支持收集信息，个人也不需要对收集信息做出回应。

《监管弹性法》：无论《监管弹性法》（RFA，5 U.S.C. 601 及后续条款）的规定是否适用于这一规则制定，出于拟议规则序言中提到的原因，财政部编制了一份《初始监管灵活性分析》以获取公众评论，并通过该分析确定拟议规则极有可能不会影响大量小型实体。

财政部特别要求就拟议规则对小型实体的影响作出评论；没有收到这样的公众评论。美国财政部长特此证明，规则不会对大量小型实体产生重大经济影响，理由如下。

规则扩大了委员会的管辖权范围，以审查外国人在美国购买或租赁或特许经营某些房地产的情况。因此，规则可能会影响任何从事受管辖房地产交易的美国企业，包括美国小型企业。

关于外国人以某种方式参与购买、租赁或特许经营本规则项下可涵盖的房地产的美国小型企业的数量，没有单一的信息来源。然而，财政部预计，在美国每年数以千计或更多的房地产交易中，只有 350 笔房地产交易会成为受管辖房地产交易的申报或通知的主题。即使这 350 笔交易中的每一笔都涉及美国小型企业，根据以往经验，这些预期的 350 笔房地产交易中很可能只有极小一部分会产生影响，例如通过缓解或总统的行动产生额外成本。

此外，财政部还采取措施减轻本规则对小型实体的负担。例如，除了向委员会提交交易通知之外，规则还允许当事方使用在线可填写表格向委员会提交较短的申报材料。此外，委员会预计将提供免费的基于 Web 的工具，以帮助公众了解规则的地理涵盖范围。如上所述，与此同时，与规则的某些方面有关的信息可在网上获得。这些工具应有助于降低小型实体的遵从成本。

《国会审查法》：本规则已提交给 OIRA，OIRA 已确定本规则是《国会审查法》（CRA）下的"主要"规则。然而，尽管 5 U.S.C. 801(a)(3) 规定了主要规则的时间要求，但财政部已确定有充分理由根据 5 U.S.C. 808(2) 公布规则，因为将本规则的效力延迟超过 30 天是不切实际、没有必要和违背公众利益的。根据

《2018 年外国投资风险审查现代化法》，除其他外，扩大房地产交易管辖权范围和确定申报等规定将于 2020 年 2 月 13 日生效，无论本规则是否公布或生效。见《2018 年外国投资风险审查现代化法》第 1727(b)(1)(A)节。如果没有《2018 年外国投资风险审查现代化法》指导的规则提供的流程、程序和定义，市场参与者在遵守《2018 年外国投资风险审查现代化法》要求时将面临巨大的困难、延误和费用。因此，财政部认为有充分理由确定 5 U.S.C.801(a)(3)项下的通知和公开程序是不切实际、没有必要和违背公众利益的。

尽管有 5 U.S.C. 801(a)(3)的规定，本规则也将于 2020 年 2 月 13 日生效。

《外国人在美国从事房地产的某些交易的规定》主题清单

美国的外国投资、联邦建筑和设施、政府财产、调查、投资、投资公司、土地销售、国防、公共土地、房地产收购、报告和记录要求。

出于序言中所述的原因，财政部向《美国联邦法规》第 31 编添加了第 802 部分，具体如下：

第 802 部分——外国人在美国从事房地产的某些交易的规定
分目录

第 A 子部分——总则

章节

802.101 范围

802.102 基于风险的分析

802.103 对其他法律的影响

802.104 适用性规则

802.105 解读和解释规则

第 B 子部分——定义

802.201 工作日

802.202 证明

802.203 附近

802.204 委员会；委员会主席；工会主席

802.205 完成日期

802.206 特许经营

802.207 或有股本权益

802.208 控制

802.209 转换

802.210 受管辖港口

802.211 受管辖房地产

802.212 受管辖房地产交易

802.213 实体

802.214 例外外国房地产

802.215 例外房地产投资者

802.216 例外房地产交易

802.217 扩展范围

802.218 外国实体

802.219 外国政府

802.220 外国公民

802.221 外国人

802.222 持有

802.223 住房单元

802.224 投资基金

802.225 牵头机构

802.226 租赁

802.227 军事设施

802.228 最低例外所有权

802.229 母公司

802.230 交易一方

802.231 人员

802.232 主要营业地

802.233 产权

802.234 购买

802.235 房地产

802.236 第 721 节

802.237 交易

802.238 美国

法令：50 U.S.C. 4565；经修订的 11858 号行政命令、73 FR 4677

详细信息

1. 第 A 子部分——总则

1）§801.101 范围：

（a）《1950 年国防生产法》（经修订）第 VII 编第 721 节（50 U.S.C. 4565）授权美国外国投资委员会审查符合特定标准的房地产交易，在本部分中称为"受管辖房地产交易"，定义见§802.212，并减轻此类交易对美国国家安全造成的任何风险。第 721 节还授权总统在以下情况下暂停或禁止任何受管辖房地产交易：根据总统的判断，有可信证据促使总统相信从事受管辖房地产交易的外国人可能采取威胁和危害美国国家安全的行动的情况下，以及根据总统的判断，在总统面临的事务中，除第 721 节和《国际紧急经济权力法》（50 U.S.C. 1701 及后续条款）以外的法律规定不为总统提供足够和适当的权力保护美国的国家安全的情况。

（b）本部分执行与受管辖房地产交易相关的法规。本章第 800 部分涉及与"涵盖交易"相关的法规。

2）§802.102 基于风险的分析：

委员会关于受管辖房地产交易的任何决定、暂停、提及总统、或根据第 721 节进行谈判、签订或强加、或执行任何协议或条件，应基于委员会对受管辖房地产地产交易对美国国家安全方面的影响进行的基于风险的分析。任何此类基于风险的分析应包括证明风险的可靠证据以及对与交易有关的国家安全威胁、脆弱性和后果的评估。就本部分而言,任何此类风险分析应纳入并告知以下因素的考虑:

(a) 威胁,即外国人采取行动危害美国国家安全的意图和能力的结果;

(b) 脆弱性,即受管辖房地产的性质在多大程度上容易损害国家安全;

(c) 对国家安全的后果,即威胁源起方利用脆弱性可能对国家安全产生的潜在影响。

3) §802.103 对其他法律的影响:

不得将本部分的任何内容解释为修改或影响联邦法律的任何其他条款提供或确立的任何其他权限、流程、规定、调查、强制措施或审查,包括《国际紧急经济权力法》,或美国宪法规定的总统或国会享有的任何其他权力。

4) §802.104 适用性规则:

(a) 除本节第(b)款中有规定且本部分另有规定外,本部分的规定均自 2020 年 2 月 13 日起适用。

(b) 本部分中的规定不适用于任何下述交易:

(1) 完成日期在 2020 年 2 月 13 日之前;

(2) 交易双方已签署具约束力的书面协议或其他文件,确立了交易的实质性条款;

5) §802.105 解读和解释规则:

(a) 本部分中包含的示例仅供参考,不应被解释为改变本部分法规文本的含义。

(b) 本部分中使用的"包括"是指"包括但不限于"。

2. 第 B 子部分——定义

1) §802.201 工作日。"工作日"是指周一至周五,但 5 U.S.C. 6103 规定的法定公共假日、联邦法令或行政命令宣布为假日的任何一天,或美国人事管理局宣布华盛顿特区联邦机构关闭的任何一天除外。为了计算由 §802.501(i) 中交易的一方提交触发的本部分规定的任何截止日期,在东部时间下午 5 点后收到的任何提交视为在下一个工作日提交。

§802.201 注 1:有关拨款失效期间的截止日期,参见 §802.604。

2) §802.202 证明:

(a) "证明"是指由提交通知、申报或信息的一方的首席执行官或其他正式获授权指定人员签订的书面陈述，旨在根据《1996年虚假陈述责任法》（经修订）（18 U.S.C. 1001）规定的处罚，证明提交的通知、申报或信息：

（1）完全符合第721节的要求、本部分中的法规以及与委员会或委员会任何成员订立的任何协议或条件，

（2）在所有重要方面均准确完整，因为其涉及以下方面：

（i）交易；

（ii）提供证明的一方，包括其母公司、子公司以及通知、声明或信息中所述的任何其他相关实体。

（b）就本节而言，正式授权指定人员是指以下方面：

（1）在合伙的情况下，任何普通合伙人；

（2）在公司的情况下，指其任何高管或董事；

（3）在任何缺乏合伙人、高级职员和董事的实体中，组织内行使类似于合伙企业普通合伙人或公司高级职员或董事的行政职能的任何个人；

（4）就个人而言，指该等个人或其法律代表。

（c）在本节第（b）（1）—（4）款所述的每种情况下，该等指定人员必须拥有代表提交通知、声明或信息的一方进行证明的实际权力。

§802.202注1：可在财政部网站的委员会章节找到认证样本。有关美国公共实体是交易一方的交易备案程序，参见§802.402(f)和§802.502(k)。

3）§802.203 附近。就本部分确定的军事设施或美国政府的另一设施或财产而言，"附近"是指从该军事设施、设施或财产的边界向外延伸一英里的区域。

4）§802.204 委员会；委员会主席；工会主席。"委员会"是指美国外国投资委员会。"委员会主席"是指财政部长。"委员会工会主席"是指由财政部长或其指定人员指定的财政部官员。

5）§802.205 完成日期。就交易而言，"完成日期"是指购买、租赁或特许经营取得法律效力的最早日期，或可能导致受管辖房地产交易发生的权利变更的最早日期。

§802.205注1：有关或有股本权益的时间确定规则，参见第802.304节。

6）§802.206 特许经营。"特许经营"是指除购买或租赁之外的安排，根据这种安排，美国公共实体授予使用房地产的权利，以开发或运营受管辖港口的基础设施。该术语包括非美国公共实体的一方转让全部或部分特许经营权。

7）§802.207 或有股本权益。"或有股本权益"是指目前不构成股本权益，

但在或有或确定事件发生时可转换为股本权益或提供股本权益获得权利的金融工具。

8）§ 802.208 控制：

（a）"控制权"是指无论是否直接或间接通过实体中未偿表决权益总额的多数或主要少数所有权、董事会代表、代理表决、特别股、合同安排、正式或非正式的一致行动安排或其他手段，来确定、指导或决定影响实体的重要事项；特别是但不限于确定、指导、采取、达成或促成关于以下事项或影响实体的任何其他类似重要事项的决策的权力：

（1）实体任何有形或无形主要资产的出售、租赁、抵押、质押或其他转让，无论是否在正常业务范围内；

（2）实体的重组、合并或解散；

（3）实体生产、经营或研发设施的关闭、搬迁或实质性变更；

（4）实体的主要支出或投资、股权发行或债务、股息款项或批准实体的经营预算；

（5）选择实体将追求的新业务线或事业；

（6）实体订立、终止或不履行重大合同；

（7）实体关于处理其非公开技术信息、财务信息或其他专有信息的政策或程序；

（8）高管或高级经理的任免，或合伙企业普通合伙人的任免；

（9）可访问关键技术或其他敏感技术或美国政府机密信息的员工的任免；

（10）实体针对本节第（a）（1）—（9）款所述事项的公司章程、组织协议或其他组织文件修正。

（b）在审查实体中不止一个外国人拥有所有权利益的情况下的控制权问题时，将考虑以下因素，例如这些外国人是否存在关联或有正式或非正式的一致行动安排、其是否同一个外国国家的国家或地方政府的机构或部门，以及某一特定外国人和在该实体中拥有所有权权益的其他法人是否均由同一个外国国家的国家或地方政府控制。

（c）以下少数股东权益保护本身不得视为授予对实体的控制权：

（1）阻止出售或质押实体的全部或大部分资产，或自愿申请破产或清算的权力；

（2）阻止实体与多数投资者或其关联公司订立合同的权力；

（3）阻止实体保证多数投资者或其关联公司义务的权力；

（4）购买实体额外权益的权利，以防止在该实体发行额外工具来传递该实体权益的情况下，投资者在该实体的按比例权益被稀释；

（5）根据管理该等股份的相关公司文件的规定，防止少数投资者持有的特定类别股份的现有法定权利或优先权发生变更的权力；

（6）就本节第（c）（1）—（5）款所述事项，阻止修改《公司章程》、组织协议或实体的其他组织文件的权力。

（d）委员会将逐案审议除本节（c）款所列权益保护之外的少数股东权益保护是否不会授予对实体的控制权。

§802.208注1：此处包含该定义的目的是确定外国人是否可能参与受管辖房地产交易。有关更多信息，参见§800.208中提供的相关示例。

9）§802.209 转换。"转换"是指行使特定金融工具所有权或持有权所固有的权利，以将任何该等工具交换为股本权益。

10）§802.210 受管辖港口。

（a）除本节第（b）款的规定外，"受管辖港口"是指下列任何港口：

（1）在运输部，美国联邦航空管理局的年度最终搭乘数据为"大型枢纽机场"，该术语定义见49 U.S.C. 40102；

（2）在运输部，美国联邦航空管理局的年度最终全货物着陆重量数据为机场的年度合计全货物着陆重量大于12.4亿磅；

（3）由运输部、联邦航空管理局列为"联合使用机场"，该术语的定义见49 U.S.C. 47175；

（4）由运输部、海事局列为国家港口准备网络内的商业战略海港；

（5）由运输部、运输统计局根据排水量、集装箱吞吐量或干散货量列为前25名的港口。

（b）为了确定一个港口是否构成本节第（a）款所述的受管辖港口，

（1）任何在2020年2月13日之后添加到本节第（a）款中描述的任何列表中的港口，只有在添加到运输部维护的相关列表中30天后才会视为有效受管辖港口；

（2）在特定交易的情况下，在当事方签署书面文件确定交易的实质性条款或交易完成日期的前一天（以较早日期为准）生效的受管辖港口应适用。

§802.210注1：本节第（a）款所述清单发布在运输部网站上。

11)§802.211 受管辖房地产。"受管辖房地产"是指以下方面：

(a) 是受管辖港口、位于受管辖港口内或作为受管辖港口的一部分；

(b) 位于：

(1) §802.227(b)—(o)中描述的任何军事设施或美国政府的其他设施或财产的附近，在每种情况下，如本部分附录 A 第 1 部分或第 2 部分的清单中所确定的；

(2) §802.227(h)、(k)或(m)中描述的任何军事设施的扩展范围，如本部分附录 A 第 2 部分列表中所确定的；

(3) 经确定与§802.227(a)中描述的任何军事设施相关的任何县或其他地理区域，如本部分附录 A 第 3 部分的列表中所确定的；

(4) §802.227(p)中描述的军事设施的任何部分，如本部分附录 A 第 4 部分所确定的，位于美国领海范围内。

12)§802.212 受管辖房地产交易。"受管辖房地产交易"是指以下方面：

(a) 除了例外房地产交易，由外国人购买或租赁或特许经营受管辖房地产，该房地产至少向外国人提供§802.233 项下的三项产权；

(b) 除了例外房地产交易之外，由外国人购买、租赁或特许经营受管辖房地产，通过随后改变外国人对该受管辖房地产享有的权利，使该外国人至少拥有§802.233 项下的三项产权；

(c) 任何其他交易、转让、协议或协定，其结构旨在或意图逃避或规避第 721 节关于房地产交易的适用条例。

§802.212 注 1：根据破产程序或其他形式的债务违约产生的本节中描述的任何交易、转让、协议或协定都是受管辖房地产交易。关于某些借贷交易的处理，另见§802.303。

13)§802.213 实体。"实体"是指任何分公司、合伙企业、集团或子集团、联合体、地产、信托、公司或公司分部或组织（无论是否根据任何州或外国的法律组建）；由上述任何一方作为位于特定地点或从事特定产品或服务的企业经营的资产（无论是否作为独立的法律实体组建）；以及任何政府（包括外国国家或国家以下各级政府、美国政府、美国境内的国家以下各级政府以及它们各自的任何部门、机关或机构）。

14)§802.214 例外房地产所在外国。"例外房地产所在外国"是指在 2022 年 2 月 13 日之前，符合本节(a)款所述标准的外国，以及从 2022 年 2 月 13 日开始,同时符合本节(a)款和(b)款标准的外国：

(a) 被委员会认定为合格的外国；

(b) 是委员会根据§802.1001(a)确定的外国。

§802.214 注 1：经委员会确定为合格外国的每个外国的名称可在财政部网站的委员会部分查阅。参见§802.1001(c)关于在《联邦公报》中公布根据§802.1001(a)做出的决定的通知。例外房地产所在外国的清单也可在财政部网站的委员会部分查阅。

15)§802.215 例外房地产投资者。

(a)"例外房地产投资者"是指在交易完成日期,根据本节第(c)和(d)款的规定,属于以下类型的外国人：

(1) 属于一个或多个例外房地产所在外国的公民但不是任何非例外房地产所在外国的公民的外国公民；

(2) 例外房地产所在外国的外国政府；

(3) 就其自身及其每一个母公司(如有)而言,符合下列每一个条件的外国实体：

(i) 此类实体根据例外房地产所在外国或美国的法律组建；

(ii) 此类实体的主要营业地位于例外房地产所在外国或美国；

(iii) 该实体董事会或同等理事机构的 75％或以上成员和 75％或以上观察员是以下方面：

(A) 美国公民；

(B) 属于一个或多个例外房地产所在外国的公民但不是非例外房地产所在外国的任何外国的公民的公民。

(iv) 任何单独持有该实体 10％以上未决表决权,且属于一群外国人的一部分;持有获得该实体 10％或更多利润的权利;在该实体解散时,持有获得该实体 10％或以上资产的权利;或以其他方式可以对这种实体行使控制权的外国人是：

(A) 属于一个或多个例外房地产所在外国的公民但不是任何非例外房地产所在外国的公民的外国公民；

(B) 例外房地产所在外国的外国政府；

(C) 根据例外房地产所在外国的法律组建且主要营业地位于例外房地产所在外国或美国的外国实体。

(v) 该等实体的最低例外所有权由以下一个或多个人员单独或共同持有：

（A）非外国人；

（B）属于一个或多个例外房地产所在外国的公民但不是任何非例外房地产所在外国的公民的外国公民；

（C）例外房地产所在外国的外国政府；

（D）根据例外房地产所在外国的法律组建且主要营业地位于例外房地产所在外国或美国的外国实体。

（b）出于本节第 800.401(c)(3)(iv) 款之目的，与一个外国国家的国家或次国家有关系、有共同行动的正式或非正式安排或为其机构或部门或受其控制的外国人视为一组外国人一员，并合计其个人所有权。

（c）尽管有本节第（a）款的规定，但在下列情况下，外国人不是参与交易的例外房地产投资者：

（1）在交易完成日之前的 5 年内，该外国人、其任一母公司或其母公司所属的任何实体：

（i）已收到委员会的书面通知，其中说明其在通知或申报中作出了重大失实陈述或遗漏，或根据本部分或本章第 800 或 801 部分做出了虚假证明；

（ii）收到委员会的书面通知，指出根据第 721(1) 节其违反了与委员会或牵头机构订立的缓解协议的重要条款、委员会或牵头机构施加的重要条件或发布的命令；

（iii）已遵守总统根据第 721(d) 节采取的行动；

（iv）已经达成以下方面：

（A）收到财政部海外资产控制办公室（OFAC）发出的处以民事处罚的书面违规或处罚裁定通知；

（B）与 OFAC 就明显违反由 OFAC 管理的美国制裁法律的行为达成和解协议，此类法律包括《国际紧急经济权力法》《对敌贸易法》《外国毒枭指定法》（各经修订）或根据此类法律发布的任何行政命令、法规、命令、指令或许可。

（v）已收到国务院国防贸易控制局的书面禁令通知，如 22 CFR 第 127 和 128 部分所述；

（vi）曾是美国商务部工业与安全局（BIS）就违反 BIS 管理的美国出口管制法［包括《2018 年出口管制改革法》（50 U.S.C. 4801 及后续条款）、《出口管理条例》（15 CFR 第 730—774 部分）或根据此类法律发布的任何行政命令、法规、命令、指令或许可］发布的最终命令（包括和解令）的被调查对象或当事人；

（vii）已经收到能源部国家核安全管理局就违反《1954 年原子能法》第 57 b 条的行为作出的处以民事处罚（根据 10 CFR 第 810 部分实施）的最终判决；

（viii）曾因在美国任何司法管辖区内犯的任何重罪被定罪，或与司法部达成延期起诉协议或不起诉协议；

（2）在作为交易双方确立了交易的实质性条款并首次签署具有约束力的书面协议或其他具有约束力的文件之日，该外国人、其任何母公司或其母公司所属的任何实体被列入 BIS 未经证实名单或 15 CFR 第 744 部分中的实体名单。

（d）无论该外国人自完成日期起是否满足本节第（a）（1）或（2）、（a）（3）（i）—（iii）款或第（c）（1）（i）至（iii）款中的标准，但如果在完成日期后的 3 年期间的任何时候，该外国人不再满足本节第（a）（1）或（2）、（a）（3）（i）—（iii）款或第（c）（1）（i）—（iii）款中规定的所有标准，则该外国人不是完成日期后参与交易的例外房地产投资者。当例外房地产投资者仅仅因为撤销了 §802.1001（b）项下的决定而不再符合任何标准，或者相关外国不再是例外房地产所在外国时，本条款不适用。

（e）外国人可以在任何时候通过提交 §802.401 项下的申报或 §802.501 项下的通知，放弃其作为例外房地产投资者的身份。在这种情况下，该外国人不被视为交易的例外房地产投资者，并且第 D 子部分或第 E 子部分的相关规定将适用。

§802.215 注 1：有关说明一个外国人不是仅仅由于本节（d）款的原因导致的例外房地产投资者的代理通知，请参见 §802.501（c）（2）。

16）§802.216 例外房地产交易。"例外房地产交易"是指以下方面：

（a）例外房地产投资者对受管辖房地产的购买、租赁或特许经营，或例外房地产投资者对受管辖房地产权利的变更。

（b）本章第 800 部分定义的受管辖交易，包括受管辖房地产的购买、租赁或特许经营。

（c）在城市化地区或城市圈内购买、租赁或特许经营受管辖房地产，但符合 §802.211 第（a）或（b）（1）款的房地产除外。

（d）购买、租赁或特许经营作为单一住房单元的受管辖房地产，包括固定装置和相邻土地，只要这些固定装置和土地是房地产作为单一住房单元使用时附带的。

（e）§802.211 第（a）款下由外国人租赁或特许经营的受管辖房地产，前提是：

（1）根据 49 U.S.C. 40102(a)(21)的定义，外国人是外国航空公司，国土安全部运输安全管理局已根据 49 CFR 1546.105 为该外国人接受了一项安全计划，但仅限于租赁或特许经营的目的是推进其作为外国航空公司的活动；

（2）根据租赁或特许经营的条款，受管辖房地产只能用于向公众零售消费品或服务的目的。

（f）由外国人购买、租赁或特许经营属于受管辖房地产的多单元建筑中的商业空间，前提是交易完成时：

（1）该外国人及其关联公司在该建筑物中持有、租赁或特许经营的商业空间的总面积不超过该建筑物商业空间总平方英尺的 10%；

（2）根据建筑物中商业空间的所有权、租赁和特许经营协定的数量，外国人及其关联公司（各自单独计算）不超过租户总数的 10%。

（g）由外国人购买或租赁或特许经营的受管辖房地产：

（1）由阿拉斯加州"原住民部落""原住民团体"或"原住民公司"所有，这些术语定义见 43 U.S.C. 1602 中的《阿拉斯加土著人权利法》；

（2）由美国为美洲印第安人、印第安部落、阿拉斯加土著人或本节第(g)(1)款中规定的任何实体托管。

（h）分别示例如下：

（1）示例 1：公司 A(外国人)提议购买美国企业公司 X 的全部股份。公司 X 的业务是拥有和租赁房地产，包括本部分附录 A 第 1 部分和第 2 部分中确定的军事设施附近的房地产。作为公司 X 的唯一所有者，公司 A 将对公司 X 拥有控制权。拟议交易不是受管辖房地产交易，而是本章第 800 部分下的受管辖交易。

（2）示例 2：事实情况与本节(h)(1)款中的示例相同。本节示例 1 中设想的交易完成后，公司 X 从另一个人处租赁了一块土地，该土地位于本部分附录 A 第 1 部分中确定的军事设施附近。假设没有其他相关事实，拟议交易是一个受管辖房地产交易，但只涉及新的租赁。

（3）示例 3：公司 A(外国人)设法从公司 X 购买一个位于本部分附录 A 第 2 部分中确定的军事设施附近的空仓库。假设没有其他相关事实，购买受管辖房地产不是受本章第 800 部分约束的受管辖交易，因为公司 A 没有收购美国企业，并且该购买只是受管辖房地产交易。

（4）示例 4：事实情况与本节第(h)(3)款中的示例相同，不同的是除了提出购买公司 X 的空仓库之外，公司 A 还将从公司 X 获得负责运营仓库的人员、客户名单、设备和库存管理软件。根据这些事实，公司 A 正在收购一家美国企业，拟议交易是受本章第 800 部分约束的受管辖交易，因此不是受管辖房地产交易。

（5）示例 5：公司 A（外国人）购买未开发的且靠近本部分附录 A 第 1 部分中确定的军事设施的房地产。公司 A 通过一家新成立的美国子公司，打算利用受管辖房地产建立一个制造设施。假设没有其他相关事实，公司 A 没有收购美国企业，购买受管辖房地产就不是受本章第 800 部分约束的受管辖交易，公司 A 购买受管辖房地产只是受管辖房地产交易。

（6）示例 6：外国人购买房地产。最近的军事设施是本部分附录 A 第 2 部分中确定的设施，距离房地产 40 英里（即在扩展范围内）。该房地产位于一个人口为 125 000 人的统计地理区域内。假设没有其他相关事实，该交易不属于受管辖房地产交易，因为受管辖房地产位于城市化地区。

（7）示例 7：事实情况与本节第(h)(6)款中的示例相同，除了受管辖房地产不位于城市化地区或城市圈。假设没有其他相关事实，该房地产交易属于受管辖房地产交易。

（8）示例 8：外国人购买距离本部分附录 A 第 1 部分中确定的军事设施 0.25英里的房地产。该房地产位于城市化地区。假设没有其他相关事实，该房地产交易属于受管辖房地产交易，因为该房地产位于本部分附录 A 第 1 部分中列出的军事设施附近。

（9）示例 9：外国人在距离本部分附录 A 第 1 部分中确定的军事设施 0.5英里的范围内购买一套住房单元，包括其周围的一英亩土地。这个社区的每个家庭住房都坐落在一个独立的地块上，每个地块大约有 1 英亩大。

住房单元周围的英亩土地是该土地作为单一住房单元使用时附带的，因此该房地产交易不是受管辖房地产交易。

（10）示例 10：事实情况与本节第(h)(9)款中的示例相同，除了外国人在 1 年后还购买了相邻的 5 英亩未开发土地。假设没有其他相关事实，购买相邻的土地是一个受管辖房地产交易。

（11）示例 11：外国人在距离本部分附录 A 第 1 部分中确定的军事设施 0.5英里的建筑物中租赁总商业空间的 5%。还有其他 9 个租户向建筑物业主租赁了商业空间。假设没有其他相关事实，该交易不是一个受管辖房地产交易。

§802.216 注1：关于本节第(d)款，就本节而言，如果固定装置和土地的大小与性质对于该单元所在地区的类似单一住房单元来说是共同的，则该固定装置和土地可视为附带的。

17) §802.217 扩展范围。对于 802.227(h)(k)或(m)中确定的任何军事设施，如本部分附录 A 第 2 部分所列，"扩展范围"是指从该军事设施附近的外部边界向外延伸 99 英里的区域，但在适用的情况下，不超过美国领海的外部界限。

18) §802.218 外国实体

(a) "外国实体"是指根据外国法律组建且主要营业地点在美国境外，或者其股权证券主要在一个或多个外汇交易所进行交易的任何分支机构、合伙企业、集团或子集团、协会、产业、信托、公司或公司分部或组织。

(b) 尽管本节第(a)款具有相关规定，但能够证明该实体的大部分股本权益最终由美国公民拥有的任何分公司、合伙企业、集团或子集团、联合体、地产、信托、公司或公司分部或组织都不是外国实体。

19) §802.219 外国政府。"外国政府"是指行使政府职能的任何政府或机构，但美国政府或美国地方政府除外。该词包括但不限于国家和地方各级政府，包括其各自的部门、机构和机关。

20) §802.220 外国公民。"外国公民"是指除美国公民以外的任何个人。

21) §802.221 外国人。

(a) "外国人"是指以下方面：

(1) 任何外国公民、外国政府或外国实体；

(2) 外国公民、外国政府或外国实体对其行使或可行使控制权的任何实体。

(b) 任何由外国人行使或可行使控制权的实体都是外国人。

(c) 分别示例如下：

(1) 示例 1：公司 A 根据外国法律组建，仅在美国境外经营。其所有股份由公司 X 持有，公司 X 完全控制公司 A。公司 X 在美国组建，完全由美国公民拥有和控制。假设没有其他相关事实，公司 A 虽然只在美国境外组建和经营，但根据 §802.218(b)的规定，公司 A 不是外国实体，也不是外国人。

(2) 示例 2：事实情况与本节(c)(1)款中示例的第一句相同。公司 A 根据其法律组建的外国国家政府对公司 A 可行使控制权，因为建立公司 A 的法律赋予了该外国国家任命公司 A 董事会成员的权利。公司 A 是外国人。

(3) 示例 3：公司 A 在美国组建，在美国从事州际贸易，并由公司 X 控制。

公司 X 根据外国法律组建，其主要营业地点位于美国境外，50％的股份由外国公民持有，50％的股份由美国国民持有。公司 A 和公司 X 都是外国人。公司 A 也是一家美国企业。

（4）示例 4：公司 A 根据外国法律组建并由外国公民拥有和控制。公司 A 的分公司在美国从事州际贸易。公司 A（包括其分公司）不是外国人。分公司也是一家美国企业。

（5）示例 5：公司 A 根据外国法律组建，其主要营业地位于美国境外。公司 A45％的股本权益由众多不相关的外国投资者平等持有，但他们都没有控制权。外国投资者与公司 A 的任何其他股本权益持有人没有正式或非正式的协定来就公司 A 采取一致行动。公司 A 可以证明其剩余股本权益最终由美国公民持有。假设没有其他相关事实，公司 A 不是外国实体或外国人。

（6）示例 6：事实情况与本节第（c）（5）款中的示例相同，除了外国投资者之一（外国公民）控制公司 A。假设没有其他相关事实，根据§802.218（b），公司 A 不是外国实体，但根据本节第（a）（2）款，公司 A 是外国人，因为其由外国公民控股。

22）§802.222 持有。"持有"是指合法或实益所有权，无论是直接还是间接的，是通过受托人、代理人还是其他方式。

23）§802.223 住房单元。"住房单元"是指作为独立生活区使用的单户住宅、联排别墅、移动房屋或拖车式活动房屋、公寓、套间或单间，或者在空置时打算作为独立生活区使用。

24）§802.224 投资基金。"投资基金"是指根据《1940 年投资公司法》（15 U.S.C. 80a‑1 及以后续条款）第 3（a）节的规定，成为"投资公司"的实体，或除了第 3（b）或 3（c）节规定的一项或多项豁免外，将成为"投资公司"的任何实体。

25）§802.225 牵头机构。"牵头机构"是指财政部和委员会主席指定的任何其他机构，代表委员会对主席指定其为牵头机构的具体活动负主要责任，包括评估、审查、调查或缓解协议或条件的谈判或监督的全部或部分。

26）§802.226 租赁

（a）"租赁"是指在特定时间内将房地产的单纯占有权（所有权除外）转让给某人以换取对价的协定。该术语包括全部或部分转租和转让。

（b）分别示例如下：

（1）示例 1：外国人 A 与邻居达成协定，允许外国人使用横穿邻居土地的私人道路。根据协定,这条路仍归邻居所有。尽管外国人获准在使用道路时穿越土地,但邻居也将保留对其土地的实际占有权。这一协定并不特许经营对房地产的单纯占有权。假设没有其他相关事实,外国人没有签订租约。

(2) 示例 2:事实情况与本节第(b)(1)款中的示例相同,除了外国人通过与邻居的协定获得占有邻居土地的一部分并在地面上安装固定装置的专有权,以换取特定时间内的费用。外国人可以单方面调整、移除固定装置和对固定装置进行其他更改。外国人已经签订了租约。

§802.226 注 1:有关某些可能受本章第 800 部分约束的长期租赁和特许经营,请参见 §800.249(a)(5)。

27) §802.227 军事设施。"军事设施"是指符合以下类别描述的任何场所,如本部分附录 A 中的列表所示:

(a) 现役空军弹道导弹场;

(b) 管理现役空军弹道导弹场的空军基地;

(c) 空军基地及其主要附属单位,包括空军空战司令部的一个单位;

(d) 空军基地及其主要附属单位,包括空军研究实验室或试验单位和相关场地;

(e) 空军基地及其主要附属单位,包括北美防空司令部的一个单位及其区域;

(f) 空军基地和空军站及其包含卫星、遥测、跟踪或指挥系统的主要附属单位;

(g) 陆军基地、弹药库、精英中心和研究实验室及其主要附属单位,不包括仓库、武器库和机场,其位置与本节中包括的陆军设施不在同一处;

(h) 位于美国大陆的陆军作战训练中心;

(i) 国防部长办公室和国防部高级研究计划局总部及其主要办公室和附属单位;

(j) 位于下列任何一个州的远程雷达站及其主要附属单位:阿拉斯加州、北达科他州、加利福尼亚州或马萨诸塞州;

(k) 10 U.S.C. 196 定义的主要靶场和试验设施基地中心;

(l) 海军陆战队基地和航空站及其主要附属单位,不包括分遣队、设施、后勤营、新兵训练营和支援设施;

(m) 10 U.S.C. 101(e)(1)定义的由海军或空军拥有的军事靶场,或位于以下任何一个州的联合部队训练中心：俄勒冈州、内华达州、爱达荷州、威斯康星州、密西西比州、北卡罗来纳州或佛罗里达州；

（n）海军基地和航空站，包括大西洋潜艇部队或太平洋潜艇部队的小舰队和辅助司令部及其主要办公室；

（o）海军水面、空中和水下作战中心和研究实验室及其主要附属单位；

（p）海军近海靶场综合设施和近海作战区。

28）§802.228 最低例外所有权。"最低例外所有权"是指以下方面：

（a）就其权益证券主要在例外房地产所在外国或美国的交易所交易的实体而言，其多数表决权、获得大部分利润的权利以及解散时获得大部分资产的权利；

（b）就其权益证券主要不在例外房地产所在外国或美国的交易所交易的实体而言，其 80％或以上的表决权、80％或以上利润的权利以及在解散时获得 80％或以上资产的权利。

29）§802.229 母公司。

（a）就实体而言，"母公司"是指以下方面：

（1）直接或间接持有以下权利的人：

（i）持有或将持有该实体至少 50％的未决表决权；

（ii）持有或将持有获得该实体至少 50％利润的权利，或在解散时获得或将获得该实体至少 50％资产的权利；

（2）实体的普通合伙人、管理成员或同等人员。

（b）对于另一个实体（即中间母公司），符合本节第（a）（1）或（2）款条件的任何实体也是任何其他实体的母公司，而该实体的中间母公司为其母公司。

（c）分别示例如下：

（1）示例 1：公司 P 持有公司 R 和公司 S 50％的表决权；公司 R 持有公司 X 40％的表决权；公司 S 持有公司 Y 50％的表决权，公司 Y 又持有公司 Z 50％的表决权。公司 P 是公司 R、公司 S、公司 Y 和公司 Z 的母公司，但不是公司 X 的母公司。公司 S 是公司 Y 和公司 Z 的母公司，公司 Y 是公司 Z 的母公司。

（2）示例 2：公司 A 持有认股证，行使认股证后其将有权对 B 公司 50％的已发行股份进行投票。公司 A 是 B 公司的母公司。

（3）示例 3：投资者 A 持有公司 B 60％的未决表决权。投资者 C 持有获得公司 B 80％利润的权利。投资者 A 和投资者 C 都是公司 B 的母公司。

30)§802.230 交易方。

(a)"交易方"是指以下方面：

(1)在购买的情况下,获得所有者权益的人,特许经营所有者权益的人,以及获得所有者权益的实体,不考虑为交易提供经纪或承销服务的任何人；

(2)在租赁的情况下,获得单纯占有权的人,以及特许经营单纯占有权的人；

(3)在特许经营的情况下,获得受管辖房地产使用权的人,以及美国公共实体；

(4)在一个人因购买、租赁或特许经营而对受管辖房地产拥有的权利发生变化的情况下,其权利因交易而发生变化的人,以及转给这些权利的人；

(5)在任何其他交易、转让、协议或协定的结构旨在逃避或规避第 721 节的适用的情况下,任何参与此类交易、转让、协议或协定的人。

(6)在所有情况下,是指就交易向委员会提交声明或通知的各方。

(b)就第 721(l)节而言,"交易方"包括本节第(a)款所述任何一方的任何关联公司,只要委员会或代表委员会行事的牵头机构认定该附属机构与减轻美国国家安全风险相关。

31)802.231 人员。"人员"是指任何个人或实体。

32)§802.232 主要营业地。

(a)根据本节第(b)款,"主要营业地"是指实体管理层指导、控制或协调实体活动的主要地点,或者,就投资基金而言,则指基金的活动和投资主要由普通合伙人、管理成员或同等人员或其代表指导、控制或协调所在的主要地点。

(b)如果根据本节第(a)款确定的地点在美国境内,并且该实体在最近呈交或提交给该政府的文件(呈交或提交给委员会的文件除外)中向美国政府或美国国家以下各级政府或任何外国政府代表该实体,其中该实体已经确定了其主要营业地、主要办事处和营业地、主要执行办事处地址、总部地址或同等地址,上述任何一项均在美国境外,则在该提交或呈交中确定的地点就本定义而言被视为该实体的主要营业地,除非该实体能够证明自该提交或呈交以来该地点已变更为美国境内。

33)§802.233 产权。

(a)就房地产而言,"产权"是指下列任何权利或能力,无论是否行使,是否与任何其他人同时分享,也无论基础房地产是否受制于地役权或其他产权负担：

（1）实际进入房地产；

（2）不让他人实际进入房地产；

（3）改善或发展房地产；

（4）将固定的或不可移动的结构或物体附着在房地产上。

（b）分别示例如下：

（1）示例1：公司A（外国人）签订了房地产租赁合同。尽管至少有一个其他人与公司A同时享有进入该物业的权利，但公司A保留实际上排除其他人进入的权利，这将干扰其在租约下的权利。根据租约，公司A有权禁止他人实际进入房地产，因此给予外国人产权。

（2）示例2：公司A（外国人）签订了房地产租约，允许公司A开发房地产。房地产开发权的行使取决于公司A是否获得适当的监管许可证。尽管在许可证签发之前，公司A尚未完全行使其租赁权，但公司A是租赁一方，出于本部分的目的给予其产权。

34）§802.234 购买。

（a）"购买"是指将房地产所有者权益转让给某人以换取对价的协定。

（b）例如：个人A（外国人）从个人B（美国公民）处获得受管辖房地产，以换取土地和服务。个人A已购买受管辖房地产，因为该协定基于土地和服务形式的对价。

35）§802.235 房地产。"房地产"是指位于美国境内的任何土地，包括地下和水下的土地，或附属于土地的结构，包括任何建筑物或其任何部分。

36）§802.236 第721节。"第721节"是指经修订的《1950年国防生产法》第VII编第721节（50 U.S.C. 4565）。

37）§802.237 交易。"交易"是指由某人购买、租赁或特许经营房地产，无论是提议的还是已完成的。

38）§802.238 美国。"美国/U.S."是指美利坚合众国、美国各州、哥伦比亚特区以及美国的任何联邦、管辖区、附属地或殖民地，或上述行政区划的任何分区，还包括美国的领海。就这些条例及其在本部分中的示例而言，根据美利坚合众国、美国的某州、哥伦比亚特区或美国的联邦、管辖区、附属地或殖民地的法律而组建的实体属于"在美国"组建的实体。

39）§802.239 城市圈。"城市圈"是指在最近的美国人口普查中确定的统计地理区域，包括由人口普查片区或人口普查区块和毗连的合格管辖区组成的密集居住的核心区,其人口总数介于 2.5 万—5 万人之间。

40)§802.240 城市化地区。"城市化地区"是指在最近的美国人口普查中确定的统计地理区域,包括由人口普查片区或人口普查区块和毗连的合格管辖区组成的密集居住的核心区,其人口总数至少为 5 万人。

41)§802.241 美国企业。"美国企业"是指在美国从事州际贸易的任何实体,无论其控制者的国籍如何。

§802.241 注 1:参见§800.252 中定义的示例。

42)§802.242 美国国民。"美国国民"是指美国公民或虽不是美国公民但对美国永久效忠的个人。

43)§802.243 美国公共实体。"美国公共实体"是指美国政府、美国的国家以下各级政府或任何其他行使美国政府职能的机构,包括航空和海运港口管理局。该词包括但不限于美国政府和美国国家以下各级政府各自的部门和机构。

44)§802.244 表决权。"表决权"是指实体中的任何权益,该权益的所有者或持有人有权投票选举该实体的董事(或在非公司实体的情况下,行使类似职能的个人)或就影响该实体的其他事项进行表决。

3. 第 C 子部分——管辖范围

1)§802.301 属于受管辖房地产交易的交易。属于受管辖房地产交易的交易包括:

(a) 符合§802.212 标准的交易,包括外国人(例外房地产投资者除外)直接或间接购买、租赁或特许经营受管辖房地产[见本节第(h)(1)和(2)款中的示例]。

(b) 外国人(例外房地产投资者除外)购买的房地产没有完全所有权,但至少为该外国人提供了受管辖房地产的 3 项产权[见本节第(h)(3)款中的示例]。

(c) 外国人(例外房地产投资者除外)购买、租赁或特许经营房地产,其中一部分为该外国人至少拥有 3 项产权的受管辖房地产[见本节第(h)(4)款中的示例]。

(d) 外国人(例外房地产投资者除外)购买、租赁或特许经营一部分受管辖房地产,其中该外国人至少拥有 3 项产权[见本节第(h)(5)款中的示例]。

(e) 一个外国人(例外房地产投资者)从另一个外国人处购买、租赁或特许经营符合§802.212 标准的受管辖房地产[见本节第(h)(6)款中的示例]。

(f) 外国人(例外房地产投资者除外)购买、租赁或特许经营受管辖房地产,通过外国人对受管辖房地产权利的随后变更,该外国人至少拥有 3 项产权[见本节第(h)(7)款中的示例]。

(g) 其结构旨在或意图逃避或规避本部分的适用的交易。

(h) 分别示例如下:

(1) 示例 1：公司 A(外国人)收购了公司 X(美国企业)。因此,公司 X 是外国人。随后,公司 X 购买了本部分附录 A 第 1 部分中确定的军事设施附近的房地产,并获得了该房地产的所有产权。假设没有其他相关事实,该交易属于受管辖房地产交易。

(2) 示例 2：公司 A 购买未开发的受管辖房地产。公司 A 在美国的唯一资产是受管辖房地产,公司 A 本身不是美国企业,旗下也没有美国企业。在后续交易中,公司 B(外国人)购买了公司 A 100% 的股份。假设没有其他相关事实,作为间接购买房地产的后续交易即为受管辖房地产交易。

(3) 示例 3：公司 A(外国人)与公司 B(美国企业)共同购买了位于本部分附录 A 第 2 部分中确定的军事设施附近的房地产。任何一方都没有完全的所有权;相反,房地产的所有权由双方共同持有。公司 A 在交易中至少获得了 3 项产权。假设没有其他相关事实,该交易属于受管辖房地产交易。

(4) 示例 4：公司 A(外国人)购买房地产。该房地产的一半位于本部分附录 A 第 1 部分中确定的军事设施附近,因此属于受管辖房地产。该房地产的另一半不在任何此类军事设施附近。假设没有其他相关事实,公司 A 的购买属于受管辖房地产交易。

(5) 示例 5：公司 A(美国企业)购买未开发的且靠近本部分附录 A 第 2 部分中确定的军事设施的房地产。公司 B(外国人)从公司 A 处租赁一部分房地产。公司 B 在该交易中至少获得了与该房地产相关的 3 项产权。假设没有其他相关事实,公司 B 的租赁不属于受管辖房地产交易。

(6) 示例 6：公司 A(外国人)购买受管辖房地产,并获得与受管辖房地产相关的 3 项产权。在后续交易中,另一个外国人公司 B 从公司 A 处租赁了受管辖房地产,也获得了 3 项产权。假设没有其他相关事实,各交易属于受管辖房地产交易。

(7) 示例 7：公司 A(外国人)从个人 B 处租赁受管辖房地产,获得了 2 项产权。个人 B 随后向公司 A 提供了与该租赁相关的附加产权。假设没有其他相关事实,该租赁为受管辖房地产交易,因为随后的权利变更导致该外国人至少有 3 项产权。

2）§802.302 不属于受管辖房地产交易的交易。不属于受管辖房地产交易的交易包括以下方面：

（a）符合§802.216 中例外房地产交易定义的交易。

（b）外国人购买、租赁或特许经营受管辖房地产，或随后的权利变更，不提供或不致使该外国人拥有至少 3 项与受管辖房地产相关的产权。

（c）证券承销商在正常业务过程和承销过程中对证券的收购。

（d）根据保险合同中与忠诚、保证或伤亡义务有关的条件进行的收购，前提是保险合同是保险人在正常业务过程中订立的。

3）§802.303 借贷交易

（a）外国人为购买、租赁或特许经营受管辖房地产而向另一个人提供抵押、贷款或类似的融资安排，无论是否伴随有利于该外国人受管辖房地产的担保权益的产生，其本身都不应构成受管辖房地产交易。

（1）委员会将接受有关本身并不构成受管辖房地产交易的抵押、贷款或类似的融资安排的通知或申报，但前提是，由于即将发生或实际发生的违约或其他情况，外国人的购买或租赁、特许经营或权利变更极有可能因该违约或其他情况而产生，并构成受管辖房地产交易。

（2）如果委员会根据本节第（a）（1）款接受有关抵押、贷款或类似的融资安排的通知或申报，且交易一方是在正常业务过程中提供抵押或贷款的外国人，则委员会将考虑该外国人是否已做出任何安排来将受管辖房地产的所有权和产权转让给美国公民或例外房地产投资者，以确定该抵押、贷款或融资安排是否构成受管辖房地产交易。

（b）尽管有本节第（a）款的规定，但在外国人通过抵押、贷款或类似的融资安排获得受管辖房地产的产权时，只要该安排构成本部分所述的购买、租赁或特许经营，即可构成受管辖房地产交易。

（c）例如公司 A（外国银行）向公司 B 提供担保贷款，以便公司 B 购买一栋构成受管辖房地产的建筑物。贷款的抵押品为公司 B 正在购买的建筑物，一旦其违约，公司 A 将获得所有者权益，并获得至少 3 项与该建筑物相关的产权。公司 B 拖欠贷款。假设没有其他相关事实，委员会将接受即将违约或违约的通知或申报，将建筑物的所有权转让给公司 A，这将构成受管辖房地产交易。

4）§802.304 或有股本权益的时间规则。

（a）为确定是否将或有股本权益持有人在转换或行使该权益所提供的权利

时将获得的权利纳入委员会对已通知交易是否受管辖房地产交易的分析，委员会将考虑以下因素：

（1）转换或满足或有条件的迫切性；

（2）或有条件的转换或满足是否取决于获取方控制范围内的因素；

（3）在转换或满足或有条件时将获得的利息和权利数量能否在获得时合理确定。

（b）当委员会应用本节第（a）款，确定持有人在转换或满足或有条件时将获得的权利不纳入委员会对已通知或已提交交易是否受管辖房地产交易的分析中时，委员会将忽略该交易中的或有股本权益，除非委员会将有关发行该权益的实体的直接权利转让给持有人。

4. 第 D 子部分——申报

1）§ 802.401 申报程序：

（a）一方或多方可根据财政部网站委员会部分的提交说明，通过电子方式向工会主席提交 § 802.402 中规定的信息（包括所要求的证明），提交交易的自愿性申报。

（b）除本节第（a）款所述的通信外，进行任何通信均不看作根据第 721 节提交了声明。

（c）根据本节提交给委员会的信息和其他文件材料应视为已按照第 721（c）节和 § 802.802 的要求提交给总统或总统的指定人员。

（d）在等待委员会处理事项期间，提交申报文件的人员应及时告知工会主席关于交易的计划、事实或情况的任何实质性变化或根据 § 802.402 要求向委员会提供的信息出现的任何实质性变化。除非委员会根据 § 802.404（a）（2）（i）的规定，以此类重大变更为由拒绝申报，否则此类变更应作为此类人员根据本节提交的申报的一部分，且 § 802.403（d）要求的认证应适用于此类变更。

（e）未经工会主席书面批准，已根据 § 802.501 或 § 800.501 向委员会提交有关交易的书面通知或根据 § 800.403 提交申报的交易各方不得向委员会提交关于同一交易或基本类似交易的申报。

2）§ 802.402 申报内容：

（a）根据 § 802.401 提交交易自愿性申报的一方或多方应提供本节中规定的信息，该信息必须准确完整，关于提交自愿性申报的一方或多方以及交易〔另见本节第（d）款、（e）款和（f）款〕。

(b) 除本节第(f)款规定的情况外,如果提交申报的交易方少于全部交易方,而且工会主席确定提交方在申报中提供的信息不足以供委员会评估交易,则委员会可酌情要求交易方根据§802.501提交一份书面交易通知。

(c) 在遵守本节第(e)款的前提下,根据§802.401提交的申报应描述或提供(如适用):

(1) 作为交易方或在适用情况下作为交易主体的外国人和当前房地产权益持有人的姓名,以及各方主要联系人的姓名、电话号码和电子邮件地址。

(2) 以下是有关所述交易的信息:

(i) 简要说明交易的理由和性质,包括其结构(例如购买、租赁或特许经营)和期限,外国人是否正在收购一系列资产或实体的权益,以及它是否外国人承担的较大项目的一部分;

(ii) 总交易价值(美元);

(iii) 交易的状态,包括交易的实际或预期完成日期;

(iv) 交易的所有资金来源和参与的任何房地产代理/经纪人;

(v) 最终交易文件的副本(如购买、租赁或特许经营协议)或(如果没有)涉及受管辖港口的交易的确定交易重要条款的文件必须签名并注明日期。

(3) 以下是有关属于交易主体的房地产的信息:

(i) 属于交易主体的房地产的位置,其地址和地理坐标(以小数点后四位数表示);

(ii) 本部分中指明的任何受管辖港口、军事设施或美国政府的任何其他设施或财产且与对该房地产的位置有管辖权的CFIUS有关的名称和距离。

(iii) 对属于交易主体的房地产的描述,包括大致的面积(以英亩、英尺或其他适当的度量单位表示);房地产的性质(例如,分区类型和房地产的主要地形或其他特征);以及房地产的当前用途,包括任何物理安全措施。

(iv) 对该外国人就房地产和房地产上现有或将有的结构作出的规划的描述;

(v) 对与房地产相关(包括是否涉及美国政府)的任何租赁、执照、许可、地役权、产权负担或其他授权或批准的描述。

(4) 关于该外国人是否因该交易而将对该房地产拥有以下任何权利或能力的声明:

(i) 实际进入房地产;

（ii）不让他人实际进入房地产；

（iii）改善或发展房地产；

（iv）将固定的或不可移动的结构或物体附着在房地产上。

（5）外国人最终母公司的名称。

（6）外国人及其最终母公司的地址和主要营业地。

（7）完整的交易前组织结构图（如有不同，则采用交易后组织结构图），包括识别名称、主要营业地、公司注册地或其他合法组织（如果是实体）；国籍（如果是个人）；以及下列每一项的所有权百分比（如有不同，则采用表决权和经济权益）的信息：

（i）作为交易一方的外国人的直接母公司、最终母公司和每个中间母公司（如有）；

（ii）如果最终母公司是一家私营公司，则该母公司的最终所有人；

（iii）如果最终母公司是一家上市公司，拥有该母公司中5％以上权益的任何股东。

（8）关于外国人股权结构中的所有外国政府股权的信息，包括国籍和占有股份，以及外国政府直接或间接掌握的对于外国人的任何权利。

（9）关于作为交易一方的外国人及其任何母公司（如适用），对其各自业务活动的简要概述。

（10）关于交易一方是否认定该交易为受管辖房地产交易的声明，以及对该认定依据的说明；

（11）已经参与了另一项交易的任何一方，是否将此提前通知过或上报过委员会的声明，以及委员会为此类交易指定的案件编号。

（12）关于房地产持有人、外国人、外国人的任何母公司或所属母公司是外国人的任何个人在过去10年中是否在任何司法管辖区被判有罪的声明（包括相关司法管辖区和刑事案件法律编号或法律引证）。

（d）提交申报的每一方应提供符合§802.202的申报中所含信息的证明。证明样本可在财政部网站的委员会部分查阅。

（e）根据本节第（c）（10）款提供规定的一方承认，委员会和总统有权依据该规定来确定该交易是否第721节规定的和该节下所有权力机构的受管辖房地产交易，并放弃质疑任何此类确定的权利。委员会和总统都不受任何此类规定的约束，任何此类规定也不得限制委员会或总统根据第721节规定的任何权限就任何试受管辖房地产交易采取行动的能力。

(f) 在美国公共实体是交易一方且未提交申报的交易中,交易的另一方或多方应提供本节中规定的关于其自身的信息,并在已知或合理可得的范围内提供关于美国公共实体的信息。

3) §802.403 30 天评估期开始:

(a) 在收到根据§802.401 提交的申报后,工会主席应立即检查该申报,并立即书面通知提交申报的所有交易方:

(1) 工会主席已接受该申报,并将该申报以及本节第(b)款所述评估开始的日期传达给委员会;

(2) 由于申报文件不完整,工会主席已决定不接受该申报文件,向委员会分发该文件,并对该声明文件不重要方面作出解释。

(b) 作为申报主体的交易的 30 天评估期应自委员会从工会主席处收到申报文件之日开始。该评估期开始后应在 30 天内结束,如果第 30 天不是工作日,则应在第 30 天后的下一个工作日内结束。

(c) 在 30 天评估期内,工会主席可邀请受管辖时房地产交易的各方与委员会职员一起参加会议,讨论并澄清与交易有关的问题。

(d) 如委员会通知已根据§801.401 提交申报文件的交易各方,委员会有意根据第 721 节结束与该交易相关的所有行动,则在初始申报文件后提交补充信息的各方都应提交§802.202 所述的证明。证明样本可在财政部网站的委员会部分查阅。

(e) 如果一方未能提供本节第(d)款要求的认证,委员会可自行决定采取§802.40 下的任何行动。

4) §802.404 拒绝、处置或撤回申报。

(a) 通过工会主席采取行动的委员会,可以进行如下处理:

(1) 拒绝任何不符合§802.402 的申报,并立即书面通知当事各方;

(2) 如果在提交申报文件后和委员会采取§802.405 中规定的行动之前,在任何时间拒绝任何申报文件并立即以书面形式通知各方:

(i) 已提交申报文件的受管辖房地产交易发生实质性变化;

(ii) 披露的信息与一方(或多方)申报中提供的重大信息相矛盾;

(3) 如果提交声明的一方(或多方)没有在请求后两个工作日内提供工会主席要求的后续信息,或者在较长的时间范围内,如果各方以书面形式提出请求并且工会主席以书面形式同意该请求,则在申报文件已提交后的任何时间拒绝任何申报并立即书面通知各方。

（b）在委员会认为，作为申报文件主体的交易并非受管辖房地产交易时，工会主席应通知提交申报文件的各方。

（c）已根据§802.401提交申报文件的交易各方均可在委员会采取§802.405下的行动前的任何时间以书面形式请求撤回该申报文件。此类请求应提交给工会主席，并应说明提出请求的原因，以及是否完全并永久放弃作为申报主体的交易。财政部官员将立即把委员会的决定书面通知交易各方。

（d）委员会不得要求或建议撤回并重新提交申报，除非允许受管辖房地产交易的各方在提交的关于该受管辖房地产交易的申报中纠正重大错误或遗漏，或描述交易的重大变更。

（e）未经工作人员主席批准，一方（或多方）不得就相同或基本相似的交易提交一份以上的声明。

§802.404注1：有关禁止未经工会主席批准，提交关于同一交易或已提交书面通知的实质类似交易的申报，或根据本章第800部分提交的申报的情况，请参见§802.401（e）。

5）§802.405委员会行动措施。

（a）在收到根据§802.401提交的关于受管辖房地产交易的申报后，由委员会酌情决定，委员会可以进行以下处理：

（1）在委员会有理由相信该交易可能引起国家安全考虑的情况下，要求交易双方根据第E子部分提交书面通知；

（2）通知交易各方，委员会无法根据该申报文件完成第721节下有关交易的行动，各方可根据第E子部分提交书面通知，要求委员会发出书面通报，其中指明委员会已完成第721节下有关交易的所有行动；

（3）根据第802.501（c）节对交易进行单方面审查；

（4）书面通知各方，委员会已采取第721节下与交易相关的所有行动。

（b）委员会应在第802.403（b）节规定的期限内根据本节（a）款采取行动。

5.第E子部分——通知

1）§802.501通知程序。

（a）除本节第（j）款另有禁止说明外，提议的或已完成交易的一方或多方可向委员会提交该交易的自愿通知。通过发送通知电子版向委员会提交自愿通知（该通知需用英语编写且包含§802.502中规定的信息），包括该节第（h）款要求的证明。有关电子提交说明,请参见财政部网站的委员会部分。

(b) 如果委员会确定某项没有根据本部分提交自愿通知的交易,可能是受管辖房地产交易,并可能引起国家安全考虑,并且委员会没有就此书面通知各方已经完成第 721 节下的所有行动,则工会主席根据委员会的建议采取行动,且可要求交易各方向委员会提供必要的信息,以确定该交易是否受管辖房地产交易,如果委员会确定该交易为受管辖房地产交易,则根据本节第(a)款提交此类受管辖房地产交易的通知。

(c) 对于任何受管辖房地产交易:

(1) 根据本节第(c)(2)款的规定,委员会的任何成员,或其副国务卿或同等级别以上的指定人员,可以通过工会主席向委员会提交有关交易的代理通知,前提是:

(i) 该成员有理由相信该交易为受管辖房地产交易,且可能会引起国家安全考虑;

(A) 委员会还没有书面通知交易各方,其已经根据第 721 节就此交易采取了所有行动;

(B) 主席没有宣布决定不行使第 721(d)节规定的他对这种交易的权力;

(ii) 该交易为受管辖房地产交易;

(A) 委员会已书面通知此类交易的各方,委员会根据第 721 节已结束对此类交易采取的所有行动,或已确定此类交易不是受管辖房地产交易,或总统已宣布决定不对此类交易行使第 721(d)节规定的总统权力;

(B) 或者为以下情况:

① 此类交易的一方在委员会审议此类交易时向委员会提交了虚假或有误导性的重要信息,或从提交给委员会的信息中遗漏了包括重要文件在内的重要信息;

② 此类交易的一方违反了第 721(l)(3)(A)节所述的缓解协议或条件,监控和执行此类协议或条件的牵头部门或机构向委员会证明此类违反行为为重大违约,且委员会确定没有其他充分和适当的补救措施或执行手段可解决此类违约。

(2) (i) 这是由于 §802.215(d)的适用,外国人不是例外房地产投资者的交易,委员会的任何成员,或其副秘书或同等级别以上的指定人员,可以通过工会主席向委员会提交关于该交易的代理通知,前提是以下方面:

(A) 该成员有理由相信该交易为受管辖房地产交易,且可能会引起对国家安全考虑；

（B）委员会还没有书面通知交易各方，其已经根据第 721 节就此交易采取了所有行动；

（C）总统并未就该交易宣布不会根据第 721(d)节行使总统权力的决定。

（ii）在交易完成日期起超过一年，不得就该交易发出根据第(c)(2)款提交的通知，除非委员会主席经与委员会其他成员协商后确定，由于该外国人不再符合§802.215(a)(1)(2)、(a)(3)(i)—(iii)、(c)(1)(i)—(iii)中规定的所有条件，该交易可能威胁损害美国国家安全，并且根据本款规定，如该交易自完成日期起超过三年，在任何情况下不得发出代理通知。

（d）根据本节第(c)款提交的通知一经工会主席签收即被视为已批准。根据本节第(c)(1)款，不得就交易完成日期起超过 3 年的房地产交易发出代理通知，除非委员会主席与委员会其他成员协商后提交此类代理通知。

（e）除本节第(a)和(c)款所述外，任何通信均不得被算作按 721 节提交通知。

（f）在收到根据本节第(a)款提交的通知[包括§802.502(h)要求的证明]的电子副本后，工会主席应立即检查该通知的完整性。

（g）鼓励交易各方在提交通知之前与委员会协商，并在适当情况下向委员会提交通知草案或其他适当文件，以帮助委员会了解交易并允许其在通知中添加其他信息。任何此类通知前协商都应在提交自愿通知或提供任何通知草案前至少 5 个工作日进行。根据本款提供给委员会的信息和文件材料应视为已按照第 721(c)款和§802.802 的要求提交给总统或总统的指定人员。

（h）在根据本节提交自愿通知后，任何一方向委员会提供的信息和其他文件材料应作为通知的一部分，并应符合§802.502(l)要求的最终证明。

（i）对于任何自愿提交的草案或正式书面通知，包括第§802.502(j)节规定是受管辖房地产交易的交易，委员会应在草案或正式书面通知提交之日起 10 个工作日内对草案或正式书面通知提出意见，或接受管辖房地产交易的正式书面通知。

（j）如果交易是根据第 D 子部分提交的申报的标的，且委员会尚未根据§802.405 对交易采取任何行动，则交易的任何一方均不得根据本节第(a)款提交通知。

2）§802.502 自愿通知的内容。

（a）如果交易的一方或多方提交了自愿通知，则应详细提供本节中规定的信息,此类信息必须准确完整,且关于提交自愿通知的一方或多方以及交易[另见本节关于美国公共实体的第(k)款、关于证明要求的本节第(h)款和§802.202]。

(b) 根据§802.501提交的自愿通知应描述或提供(如适用):

(1) 以下是有关所述交易的信息:

(i) 说明交易要点的概述,包括交易目的陈述、在美国境内外的交易范围(如适用)、该外国人是否正在收购某一实体的一系列资产或权益,以及在多大程度上该交易属于外国人参与的更大型项目的一部分;

(ii) 交易的性质,例如交易是否涉及房地产的购买、租赁或特许经营以及期限(如有);

(iii) 每个作为交易当事方的外国人的姓名、美国地址(如有)、网址(如有)、国籍(针对个人)或注册地或其他法律机构所在地(针对机构)以及主要营业地的地址;

(iv) 属于交易主体的房地产的当前权益持有人的姓名、地址、网址(如有)、主要营业地、公司注册地或其他合法组织;

(v) 如果美国公共实体是受管辖房地产交易的一方,则提供美国公共实体主要联系人的姓名、电话号码和电子邮件地址;

(vi) 以下人员的姓名、地址和国籍(针对个人)或注册地或其他法律组织所在地(针对机构):

(A) 作为交易一方的外国人的直接母公司、最终母公司和每个中间母公司(如有);

(B) 如果最终母公司是一家私营公司,则该母公司的最终所有人;

(C) 如果最终母公司是一家上市公司,拥有该母公司中5%以上权益的任何股东;

(vii) 即将获得属于受管辖房地产交易主体的房地产的产权的一名或多名外国人的姓名、地址、网址(如有)和国籍(如果是个人)或公司注册地或其他法律组织(如果是实体);

(viii) 交易的实际或预期完成日期;

(ix) 截至通知之日,获得的受管辖房地产产权的公允市场价值的诚信近似值(以美元为单位);

(x) 参与交易的任何及所有金融机构和房地产代理/经纪人的名称,包括作为交易的顾问、承销商或融资来源；

（xi）最终交易文件的副本（如购买、租赁或特许经营协议）或（如果没有）涉及受管辖港口的交易的确定交易重要条款的文件必须签名并注明日期；

（xii）该外国人是否因该交易而拥有与该房地产相关的下列任何权利或能力，以及关于该产权的任何额外信息：

（A）实际进入房地产；

（B）不让他人实际进入房地产；

（C）改善或发展房地产；

（D）将固定的或不可移动的结构或物体附着在房地产上。

（2）属于交易主体的房地产的详细说明，包括（如适用）：

（i）属于受管辖房地产交易主体的房地产的位置，其地址和地理坐标（以小数点后4位数表示）；

（ii）属于受管辖房地产交易主体的房地产的描述，包括大致面积（以英亩、英尺或其他适当的计量单位表示）；房地产的性质（例如，分区类型和房地产的主要地形或其他特征）；房地产的当前用途；和正建于或将建于房地产上的结构；

（iii）与房地产相关的任何租赁、执照、许可、地役权、产权负担或其他授权或批准的说明，包括是否涉及美国政府，以及与房地产相关的任何可行性研究；

（iv）本部分中指明的任何相关受管辖港口、军事设施或美国政府的任何其他设施或财产且与对该房地产（属于交易主体）的位置有管辖权的CFIUS有关的名称和距离。

（3）关于参与交易的外国人及其母公司：

（i）外国人及其最终母公司的一项或多项业务的描述，以及此类业务的CAGE代码、NAICS代码和DUNS号码（如有）；

（ii）涉及后续条款方面的外国人房地产计划：

（A）房地产的使用和开发；

（B）改变房地产的性质，包括建造新的结构或拆除或改变现有结构，包括预期规模和房地产采用的任何实体安全措施；

（C）转让、修改或终止本节第（b）（2）（iii）款中提及的任何租赁、执照、许可、地役权、产权负担或其他授权或批准；

（iii）该外国人是否受外国政府控制或代表外国政府行事，包括作为代理人或代表，或以类似身份行事，如有上述情况，则说明外国政府的身份；

(iv) 无论是外国政府或由外国政府控制或代表外国政府行事者：

(A) 拥有或控制作为交易一方的外国人或该外国人的任何母公司的产权或所有者权益(包括或有股本权益)，如有上述情况，则说明任何此类权益的性质和金额，以及关于或有股本权益的转换条款和时间；

(B) 有权任命作为交易当事方的外国人或该外国人的任何母公司为任何主要管理人员或董事会成员(包括履行通常与此类职务相关的职责的其他人员)；

(C) 持有作为交易一方的外国人的任何其他或有权益(例如，可能由借贷交易产生的权益)，如有上述情况，则说明该或有权益涵盖的权益，以及此类权益的执行方式；

(D) 在控制参与交易的外国人方面有任何其他肯定或否定的权利或权力，如果有任何此类权利或权力，则说明其来源(例如"黄金股"、股东协议、合同、法规或条例)及其运作机制；

(v) 在作为交易一方的任何外国人中拥有所有者权益的外国人之间，或该外国人与其他外国人之间达成的任何正式或非正式协定，以就影响属于交易主体的房地产的特定事项采取一致行动，并提供确立此类权利或描述此类协定的任何文件的副本；

(vi) 对于参与交易的外国人及其直接、中间和最终母公司的董事会或同等管理机构的每个成员(包括外部董事和履行通常与此类职务相关职责的其他人员)和高管(包括总裁、高级副总裁、执行副总裁和履行通常与此类职务相关职责的其他人员)，以及对参与交易的外国人及其最终母公司拥有 5% 以上所有者权益的任何个人，提供以下信息：

(A) 作为主要注意事项的一部分提供的简历或类似的专业简介；

(B) 出于隐私原因并为了确保有限的分发，以下"个人身份信息"应在单独的文件而非主要注意事项中列出：

① 全名(姓名、中间名)；

② 所有使用的其他名字和别名；

③ 营业地址；

④ 居住的国家和城市；

⑤ 出生日期，格式为月／日／年；

⑥ 出生地；

⑦ 美国社会保险号(如适用)；

⑧ 身份证号码，包括国籍、签发日期和地点以及截止日期（如适用）；

⑨ 美国或外国护照号码（如不止一个，则须全部披露）、国籍、签发日期和地点、截止日期，如为美国签证持有者，则包括签证类型和号码、签发日期和地点以及截止日期；

⑩ 外国政府和外国兵役的日期和性质（如适用），但相关外国军衔低于非现役最高两级军衔的兵役除外。

（vii）参与交易的外国人的直接、中间和最终母公司的以下"机构身份信息"，包括其主要办事处和分支机构：

（A）企业名称，包括所有已知或已开展业务的企业的名称；

（B）营业地址；

（C）企业电话号码、网址和电子邮件地址；

（D）雇主识别号或其他国内税务号码或公司代码。

（c）自愿通知应列出交易完成前已经或将要向美国政府机构提交或呈报的任何文件或报告，注明相关机构、提交或呈报的性质、提交日期或预计提交日期，以及机构内的相关联系点和/或电话号码（如已知）。

（d）在一方或多方对受管辖房地产出资以建立合资企业的情况下，应准备自愿通知的信息，但前提是作为合资企业一方的外国人已经购买或租赁或特许经营合资企业另一方出资或转让给合资企业的受管辖房地产。

自愿通知应说明合资企业的名称和地址以及已经或正在建立合资企业的机构。

（e）提交自愿通知的各方应在委员会或总统处理该未决事项期间，将通知中涉及的计划、事实和情况的任何重大变化，以及根据本节规定向委员会提供或需要提供的信息，及时通知工会主席，并应提交通知的修订版，以反映此类重大变更。此类修订应作为此类人员根据§802.501提交的通知的一部分，本节第（h）和（l）款要求的证明应适用于此类修订。

（f）提交自愿通知的各方应包括：

（1）完整的交易前组织结构图（如有不同，则采用交易后组织结构图），包括识别名称、主要营业地、公司注册地或其他合法组织（如果是实体）；国籍（如果是个人）；以及下列每一项的所有权百分比（如有不同，则采用表决权和经济权益）的信息：

（i）作为交易一方的外国人的直接母公司、最终母公司和每个中间母公司

（如有）；

（ii）如果最终母公司是一家私营公司,则该母公司的最终所有人;

（iii）如果最终母公司是一家上市公司,拥有该母公司中 5% 以上权益的任何股东。

（2）关于人员是否满足以下条件的意见:

（i）为外国人;

（ii）由外国政府控制;

（iii）交易已导致或可能导致外国人获得受管辖房地产的产权,以及其观点的理由,特别侧重于外国人将（例如,凭借协议、法规或条例）拥有的关于受管辖房地产的任何权力,以及如何能够或将要行使这些权力。

（g）提交自愿通知的各方应包括以下信息:

（1）交易的任何一方是或曾是根据第 721 节签订缓解协议或施加条件的一方,如是,应说明该协议或条件的日期和目的以及美国政府签字人;

（2）任何交易的当事方（包括其母公司、子公司或由当事方共同控制的机构）均为提前通知过委员会的当事方。

（h）提交自愿通知的各方应提供符合第 802.202 节的通知鉴定书。证明样本可在财政部网站的委员会部分查阅。

（i）提交自愿通知的缔约方应在通知中附上一份清单,标明作为通知一部分提供的每份文件,包括作为陈述答复附件或附件提供的所有文件。

（j）提交自愿通知的一方可以规定该交易为受管辖房地产交易。任何一方根据本节提出的规定必须附有该规定依据的详细说明。提出规定的一方承认,委员会和总统有权依据该规定来确定该交易是否第 721 节规定的和该节下所有权力机构的受管辖房地产交易,并放弃质疑任何此类确定的权利。委员会和总统都不受任何此类规定的约束,任何此类规定也不得限制委员会或总统根据第 721 节规定的任何权限就任何试受管辖房地产交易采取行动的能力。

（k）在美国公共实体作为交易一方的交易中,通知一方或各方可能为非美国公共实体。各通知方应在已知或合理可得范围内提供本节中规定的关于其自身及美国公共实体的信息。

（l）在审查或调查结束时,在紧接原始通知之后提交额外信息的每一方应提交最终证明。（请参见 § 802.202。）该证明样本可在财政部网站的委员会部分查阅。

3）§ 802.403 45 天审查期开始。

（a）在以下情况发生后，工会主席应在下一个工作日接受自愿通知：

（1）确定通知符合§ 802.502；

（2）将通知分发给委员会的所有成员。

（b）交易的 45 天审查期限应从工会主席接受自愿通知、收到代理通知，或委员会主席根据§ 802.501(b)要求发出通知之日起计算。此类审查的结束日期应不迟于审查开始后的第 45 天，如果第 45 天不是工作日，则不迟于第 45 天后的下一个工作日。

（c）工作人员主席应立即以书面形式通知已提交自愿通知的交易各方：

（1）接受通知；

（2）审查开始日期；

（3）指定一个或多个领导机构。

（d）在工作人员主席收到机构通知后 2 个工作日内，工作人员主席应就该通知向受通知约束的交易各方发出书面意见。该书面意见应指明审查开始日期。

（e）工会主席应及时向委员会所有成员分发任何申请前通知草案、任何机构通知、任何完整通知以及各方随后提交的任何资料。

4）§ 802.504 推迟、拒绝或处理某些自愿通知。

（a）通过工会主席采取行动的委员会，可以进行以下处理：

（1）拒绝任何不符合第 802.501 节或第 802.502 节的自愿通知，并立即以书面形式通知各方；

（2）在任何时候拒绝任何自愿通知，并在通知提交后以及委员会或总统的行动结束前迅速以书面形式通知各方：

（i）已发出通知的交易发生重大变化；

（ii）显露的资料与当事人在通知中提供的实质性资料相抵触。

（3）如果提交自愿通知的一方或多方没有在请求后 3 个工作日内提供工会主席要求的后续信息，或者在较长的时间范围内，如果各方以书面形式提出请求并且工会主席以书面形式同意该请求，则在通知被接受后的任何时间拒绝任何自愿通知，并立即书面通知各方；

（4）如果提交自愿通知的一方未提交§ 802.502(l)要求的最终证明，则在审查或调查结束前拒绝任何自愿通知,并立即书面通知各方。

(b) 尽管工作人员主席根据本节第(a)款有权拒绝不完整的通知,但工作人员主席仍可推迟接受该通知,并推迟启动第 802.503 节规定的审查期,以获取本节要求的、通知方或其他交易方尚未提交的任何资料。如有必要获取此类信息,工会主席可通知任何非通知一方或非通知各方,已就涉及该方的交易提交通知,并要求自收到工会主席的请求后 7 天内向委员会提供根据本节要求的工会主席指定的某些信息。

(c) 当委员会发现作为自愿通知标的的交易不是受管辖房地产交易时,工会主席应通知各方。

(d) 例如:工会主席收到一份来自公司 A(外国人)和销售受管辖房地产的公司 X 的联合通知。联合通知不包含§802.502 中所述的关于房地产性质的任何信息。工会主席可拒绝通知或推迟启动审查期,直至各方提供遗漏的资料。

5)§802.505 是否进行调查的决定。

(a) 在根据§802.503 审查通知的交易后,如果出现以下情况,委员会应负责调查确定为受管辖房地产交易的任何交易:

(1) 委员会一名成员[根据第 721(k)节指定为依据职权的成员除外]告知工作人员主席,该成员认为该交易有可能损害美国的国家安全,而且威胁仍未缓解;

(2) 领导机构建议进行调查,委员会对此表示同意。

(b) 在根据§802.503 审查了受管辖房地产交易后,如果委员会确定该交易可能损害国家安全且损害尚未减轻,则委员会还应负责调查,以确定任何受管辖房地产交易对国家安全的影响,即该交易会否导致外国人控制美国或美国境内的关键基础设施(如本编§800.214 所定义)。

(c) 委员会应进行本节第(b)款所述的调查。

(d) 除非委员会主席(或财政部副部长)和由主席指定的任何牵头机构负责人(或其获授权者或同等级别的代表)基于审查确定受管辖房地产交易不会损害美国的国家安全。

6)§802.506 决定不进行调查。在§802.503 所述的审查期内,如果委员会决定不调查通知的受管辖房地产交易,则应结束第 721 节下的行动。财政部官员应立即以书面形式将委员会不进行调查并根据第 721 节结束行动的决定通知受管辖房地产交易各方。

7）§802.507 展开调查。

（a）如果确定应进行调查，则应在第 802.503 节所述审查期结束前展开此类调查。

（b）财政部官员应立即以书面形式将调查启动通知受管辖房地产交易各方。

8）§802.508 完成或终止调查并向总统报告。

（a）除本节第（e）款另有规定外，委员会须不迟于展开调查后第 45 天完成调查，如第 45 天并非工作日，则不迟于第 45 天后的下一个工作日完成调查。

（b）在任何调查完成或结束后，委员会应向总统提交一份报告，请求总统在下列情况下作出决定：

（1）委员会建议总统暂停或禁止这一交易；

（2）委员会无法就是否建议总统暂停或禁止该交易作出决定；

（3）委员会请求总统就该交易作出决定。

（c）在委员会向总统提交报告，请求总统就受管辖房地产交易做出决定的情况下，该报告应包括与第 721（d）（4）（A）和（B）节相关的信息，并应提出委员会的建议。如果委员会无法作出向总统提出单一建议的决定，委员会主席应向总统提交一份委员会报告，阐述不同意见，并提出问题以供决定。

（d）在调查完成或终止后，在未向总统提交报告的情况下，如果委员会决定结束第 721 节下与已通知的受管辖房地产交易相关的所有审议行动，则应结束第 721 节项下行动。财政部的一名官员应迅速以书面形式通知此类交易的各方决定采取行动。

（e）在特殊情况下，经领导机构负责人签署书面请求，主席可将调查延长 15 天。延长调查的请求必须特别说明需要主席延长调查的特殊情况。领导机构负责人请求延长调查的权力不得授予领导机构负责人的副职（或同等人员）以外的任何人。如果主席根据本款延长对受管辖房地产交易的调查期限，则委员会应立即将延期决定通知交易各方。

（f）就本节第（e）款而言，"特殊情况"是指由于不可抗力事件或为了保护美国的国家安全，主席认为有必要延长调查并采取适当行动的情况。

9）§802.509 通知撤回。

（a）根据第 802.501（a）节提交通知的交易的一方或多方可以在根据第 721 节完成所有行动之前的任何时间以书面形式请求撤回该通知。此种请求应向工作人员主席提出,并应说明提出此种请求的理由。除非委员会另有决定,否则此类请求通常将获得批准。财政部官员将立即把委员会的决定书面通知交易各方。

(b) 由机构提出撤回机构通知的任何请求均应以书面形式提出,并须经委员会批准后方可生效。财政部的一名官员应在委员会作出决定后两个工作日内,以书面形式通知交易各方委员会关于批准撤回请求的决定。

(c) 凡根据本节第(a)款批准撤回通知的请求:

(1) 工作人员主席应与委员会协商,酌情设立:

(i) 在根据 §802.501 重新提交通知之前,跟踪受管辖房地产交易的任何一方可能采取的行动的过程;

(ii) 临时保护措施,用于处理在审查或调查受管辖房地产交易期间发现的受管辖房地产交易的特定国家安全问题。

(2) 工作人员主席应酌情指定一个时间范围,以便各方重新提交通知,并应将该时间范围书面通知各方。

(d) 根据本节第(c)(2)款提交的交易通知应被视为适用于本部分(包括 §802.701)规定的新通知。

6. 第 F 子部分——委员会程序

1) §802.601 总则。

(a) 在对受管辖房地产交易进行任何评估、审查或调查时,委员会应酌情考虑第 721(f) 节中规定的因素,并酌情要求各方向委员会提供考虑此类因素所需的信息。应酌情对委员会的评估、审查或调查(如有必要)进行考核:

(1) 该交易为受管辖房地产交易;

(2) 有可信的证据支持以下这一观点:受管辖房地产交易的任何外国人一方都可能采取威胁损害美国国家安全的行动;

(3) 除第 721 节和国际紧急经济权力法外,其他法律规定为保护美国国家安全提供了充分和适当的权力。

(b) 在评估、审查或调查期间,工会主席可邀请已通知交易的各方与委员会工作人员一起参加会议,讨论并澄清与交易相关的问题。在调查期间,受调查交易的当事方可要求与委员会工作人员会晤;这种请求通常会得到批准。

(c) 工会主席应作为接收提交给委员会材料(包括通知和申报)的联系人。

(d) 如果指定了一个以上的领导机构,交易一方与领导机构之间关于重大事项的通信应包括就该等事项指定的所有领导机构。

（e）各方在申报或通知中对交易的描述并不限制委员会根据申报或通知中陈述的事实、在最初申报或通知后向委员会提供的任何额外信息或委员会可获得的任何其他信息，酌情评估、审查或调查或行使第 721 节规定的任何其他权力的能力。

2）§ 802.602 劳工部长的角色。应委员会主席的要求，劳工部长应为委员会识别会违反美国就业法或要求一方违反美国就业法的规定，此类规定向委员会提出或由委员会提出，用于缓解任何风险。劳工部长不应在委员会中担任任何政策角色。

3）802.603 实质性。委员会一般会否认与财务或商业因素有关的实质性错误、遗漏或变更不会对国家安全造成影响。

4）§ 802.604 拨款失效期间的截止日期。第 D 或 E 子部分规定应在拨款期间告知委员会任何截止日期或时间限制。

7. 第 G 子部分——诉讼终结

§ 802.701 第 721 节下的诉讼终结。根据第 721（d）节，总统或委员会拥有的所有权力，包括撤资权力，应由总统根据任何受管辖房地产交易酌情决定。在符合第 802.501（c）（1）（ii）节的前提下，在下列情况下不得行使该权力：

（a）委员会通过其工会主席以书面形式告知一方（或多方），已提交自愿通知或申报的特定交易不属于受管辖房地产交易；

（b）已根据 § 802.405（a）（4）、§ 802.506 或 § 802.508（d）书面通知交易各方，委员会根据第 721 节已就受管辖房地产交易结束所有行动；

（c）总统此前已根据第 721（d）节宣布，其决定不行使第 721 节规定的有关受管辖房地产交易的权力。

8. 第 H 子部分——信息的提供和处理

1）§ 802.801 各方提供信息的义务。

（a）参与根据第 D 子部分或第 E 子部分提交通知或申报的交易，或未提交通知或申报的交易，以及工会主席已要求提供信息以评估该交易是否受管辖房地产交易的各方，应向工会主席提供信息，使委员会能够对该交易进行全面评估、审查和/或调查。已向委员会提交信息的交易各方应及时将此类信息的任何重大变化通知工会主席。如果委员会认为有必要，可根据经修订的《2003 年国防生产法重新授权》[50 U.S.C. 4555（a）]，通过传票或其他方式从交易各方或其他人员处获取信息。

（b）根据本部分规定或要求提交给委员会的文件材料或信息应以英文提交。用外文书写的补充材料应以经认证的英文译本提交。

（c）根据第 721(l)(6)(B) 节的要求，就第 721(l)(3)(A) 节中所述缓解协议或条件的实施，向委员会提交的与任何行动相关的报告的任何信息应附有符合第 721(n) 节和 § 802.202 要求的证明。证明样本可在财政部网站的委员会部分查阅。

2）§ 802.802 保密。

（a）除本节第（b）款规定的情况外，根据本部分向委员会提交或呈交的任何信息或文件材料，包括根据 § 802.501(g) 提交或呈交的信息或文件材料应根据经修订的《信息自由法》(5 U.S.C. 552 及后续条款）免于披露，不得公开此类信息或文件材料。

（b）本节第（a）款不应禁止披露以下信息：

（1）与任何行政或司法行动或程序有关的信息；

（2）向国会或任何正式授权的国会委员会或小组委员会提供的信息；

（3）在主席的专门指示和授权下，向任何国内政府实体或美国盟友或伙伴的任何外国政府实体提供对委员会的国家安全分析或行动有重要意义的信息，但仅限于国家安全目的所需的范围，并须符合适当的保密和分类要求；

（4）各方同意向第三方披露的信息。

（c）在下列任何情况下，本节应继续适用于提交给委员会的信息和文件材料：

（1）已根据第 721 节就已通知的交易采取行动；

（2）分别根据第 802.509 节或第 802.404(c) 节批准撤回通知或声明的请求，或者分别根据第 802.504(a) 节或第 802.404(a) 节拒绝通知或声明；

（3）委员会确定已通知或申报的交易不属于受管辖房地产交易；

（4）此类信息或文件材料已根据第 D 子部分提交，各方随后不会根据第 E 子部分提交通知。

（d）本节第（a）款的任何规定均不得解释为禁止一方公开披露其已向委员会提交或归档的文件材料或资料。通过此类方式披露的任何此类文件材料或资料可随后反映在主席的公开声明中，授权主席代表委员会或主席所指派人员与公众和国会进行联系。

(e) 根据这些条例向委员会提交的信息或文件材料的披露应适用关于罚款和监禁的经修订的《2003 年国防生产法重新授权》[50 U.S.C. 4555(d)]。

9. 第 I 子部分——罚款和损害赔偿

1) §802.901 罚款和损害赔偿。

(a) 根据 §802.402、§802.403 或 §802.502,任何提交有重大错报或遗漏或作出虚假证明的申报或通知的人,每次违规可能会被美国处以不超过 25 万美元的民事罚款。对违法行为的罚款数额应根据违法行为的性质确定。

(b) 根据第 721(l)节,任何违反与美国达成的缓解协议的重大规定、美国施加的重大条件或美国发布的命令的人,每次违规可能会被美国处以不超过 25 万美元或该交易价值的民事罚款,以金额较大者为准。为澄清起见,上条规定中,每次违规可按金额较大者进行处罚,对违规行为的处罚金额应根据违规性质而定。

(c) 根据第 721(l)节订立或修订的缓解协议可包括一项对违反协议的行为支付违约赔偿金或实际赔偿金的规定。缓解协议应规定任何违约赔偿金的金额,作为对违反协议可能导致的国家安全损害的合理评估。包含违约赔偿金规定的任何缓解协议应规定委员会在决定是否寻求低于协议规定的金额时,可考虑违约的严重程度。

(d) 根据本节第(a)或(b)款实施处罚的决定必须由委员会做出。处罚通知,包括对被处罚行为和处罚金额的书面解释,应通过电子邮件或美国邮政系统或快递服务寄给受处罚人。通知应在电子传输日期或收到美国邮件或快递日期的当天(以较早者为准)被视为生效。就本节而言,"受处罚人"是指可能承担美公民事处罚责任的一人或多人。

(e) 在收到本节第(a)至(c)款规定的处罚通知后,受处罚人可在收到该通知后的 15 个工作日内向工会主席提交复议申请,包括对处罚行为的辩护、理由或解释。委员会将审查该申请,并在收到申请后 15 个工作日内发布最终处罚决定。工会主席和受处罚人可以通过书面协议延长该期限。在委员会发布任何最终处罚决定之前,委员会和受处罚人可随时就适当的补救措施达成协议。

(f) 对于本节第(a)至(c)款中授权的处罚和损害赔偿,美国可向联邦地方法院提起民事诉讼追诉。

(g) 根据第 721 节向委员会提供的所有信息,包括受管辖房地产交易的任何一方提供的信息应适用经修订的《1996 年虚假陈述责任法》第 2 节(18 U.S.C. 1001)。

(h) 本节规定的罚款和损害赔偿不影响法律规定的其他民事或刑事罚款。

(i) 根据这些条例实施的民事罚款或损害赔偿债务应归于美国政府。有关各方如未在委员会规定并通知的时间内缴付罚款或评估的损害赔偿,财政部可采取行动收取罚款或损害赔偿。此外,有关事宜亦可转司法部,以便采取适当行动追讨罚款或损害赔偿。

2) §802.902 不合规的影响。

根据第 721(l)节,如果在签订或实施缓解协议或条件后的任何时间,委员会或与工会主席协调的牵头机构(视情况而定),确定协议或条件的一方或多方不符合协议或条件的条款,除了根据第 721(h)节委员会实施处罚的权力之外,委员会或与工会主席协调的牵头机构还可以根据第 721(b)(1)(D)(iii)节单方面启动对任何受管辖房地产交易的审查:

(a) 为该方或各方协商一项行动计划,以纠正不合规的情况,并纠正不遵守计划或以其他方式纠正不合规的情况,以此作为委员会认定实质性违反协议或条件的依据;

(b) 要求一方或各方根据第 721(b)(1)(C)条第(i)条向委员会提交书面通知或申报文件,指明在认定不合规之日后及在认定之日后 5 年期满前启动的受管辖房地交易,以根据第 721(b)节启动交易审查;

(c) 寻求禁令救助。

10. 第 J 子部分——外国国家安全投资审查制度

1) §802.1001 决定。

(a) 委员会可在任何时候确定外国在建立和有效利用强有力的程序来分析外国投资的国家安全风险方面取得重大进展,并促进与美国在投资安全相关事项上的协调。

(b) 如果委员会认为所作出的撤销决定适当,则可根据本节第(a)款撤销该项决定。

(c) 委员会主席应分别在联邦公报上公布根据本节第(a)或(b)款作出的任何决定或撤销决定的通知。

2) §802.1002 决定的有效性。

(a) 根据§802.1001(a)作出的决定应在根据§802.1001(c)作出决定的通

知公布后立即生效并且应持续有效,除非根据§802.1001(b)撤销。

(b) 根据第802.1001(b)节所撤销的决定应在根据第802.1001(c)节发布的通知中所规定的日期内生效。

(c) 根据§802.1001(a)作出的决定不适用于工会主席分别根据§802.403(a)(1)或§802.503(a)接受的申报或通知中的任何交易。

(d) 根据第802.1001(b)节撤销决定不适用于以下任何交易:

(1) 完成日期在根据本节第(b)款撤销决定的生效日期之前;

(2) 在根据§802.1001(c)公布撤销决定之前,交易双方已经签署具有约束力的书面协议或其他具有约束力的文件,确立了最终完成的交易的重要条款。

11. 第802部分附录A——军事设施和其他美国政府站点清单

如表1-7-1所示。

表1-7-1 设施与站点清单

站 点 名 称	地 点
第1部分	
阿德尔菲实验室中心	马里兰州阿德尔菲
空军毛伊岛光学和超级计算基地	夏威夷毛伊岛
空军科学研究办公室	弗吉尼亚州阿灵顿
安德森空军基地	关岛伊戈
陆军未来司令部	得克萨斯州奥斯汀
陆军研究实验室-奥兰多模拟和训练技术中心	佛罗里达州奥兰多
陆军研究实验室-罗利达勒姆	北卡罗来纳州罗利达勒姆
阿诺德空军基地	田纳西州科菲县和富兰克林县
比尔空军基地	加利福尼亚州尤巴城
生物识别技术中心(生物识别身份管理处)	西弗吉尼亚州克拉克斯堡巴克利
空军基地	科罗拉多州奥罗拉
麦克尔兵营	北卡罗来纳州派恩布拉夫

续　表

站 点 名 称	地 点
科德角空军基地	马萨诸塞州桑威奇
开普奈韦远程雷达基地	阿拉斯加州开普奈韦
卡瓦利耶空军基地	北达科他州卡瓦利耶
夏延山空军基地	科罗拉多州科罗拉多斯普林斯
克利尔空军站	阿拉斯加州安德森
克里奇空军基地	内华达州印第安斯普林斯
戴维斯·蒙森空军基地	亚利桑那州图森
国防部高级研究计划局	弗吉尼亚州阿灵顿
艾瑞克森空军基地	阿拉斯加施姆亚
艾尔森空军基地	阿拉斯加州费尔班克斯
艾灵顿机场联合储备基地	得克萨斯州休斯敦
费尔切尔德空军基地	华盛顿州斯波坎
本宁堡	佐治亚州哥伦布
贝尔沃堡	弗吉尼亚州费尔法克斯县
布利斯堡	得克萨斯州埃尔帕索
坎贝尔堡	肯塔基州霍普金斯维尔
卡森堡	科罗拉多州科罗拉多斯普林斯
德特里克堡	马里兰州弗雷德里克
德拉姆堡	纽约州沃特顿
戈登堡	佐治亚州奥古斯塔
胡德堡	得克萨斯州基伦
诺克斯堡	肯塔基州诺克斯堡
莱文沃思堡	堪萨斯州莱文沃思

续　表

站　点　名　称	地　点
李堡	弗吉尼亚州彼得堡
莱昂纳德伍德堡	密苏里州珀拉斯凯县
米德堡	马里兰州安妮阿伦德尔县
莱利堡	堪萨斯州章克申城
沙夫特堡	夏威夷州火奴鲁鲁
西尔堡	俄克拉荷马州劳顿
斯图尔特堡	佐治亚州海恩斯维尔
育空堡远程雷达基地	阿拉斯加州育空堡
Francis E. Warren 空军基地	怀俄明州夏延
关岛跟踪站	关岛伊纳拉詹
汉斯科姆空军基地	马里兰州列克星敦
霍洛曼空军基地	新墨西哥州阿拉莫戈多
霍尔斯顿陆军弹药厂	田纳西州金斯波特
Anacostia-Bolling 联合基地	华盛顿特区
安德鲁斯联合基地	马里兰州坎普斯普林斯
埃尔门多夫-理查森联合基地.	阿拉斯加州安克雷奇
兰利-尤斯提斯联合基地	弗吉尼亚州汉普顿和弗吉尼亚州纽波特纽斯
路易斯-麦科德联合基地	华盛顿州塔科马
McGuire-Dix-Lakehurst 联合基地	新泽西州莱克赫斯特
珍珠港-希卡姆联合基地	夏威夷州火奴鲁鲁
圣安东尼奥联合基地	得克萨斯州圣安东尼奥
Little Creek-Fort Story 联合远征基地	弗吉尼亚州弗吉尼亚海滩

续　表

站　点　名　称	地　　点
卡恩纳点卫星跟踪站	夏威夷州怀厄奈
King Salmon 空军基地	阿拉斯加州萨蒙王
柯特兰空军基地	新墨西哥州阿尔伯克基
科迪亚克跟踪站	阿拉斯加州科迪亚克岛
洛杉矶空军基地	加利福尼亚州埃尔塞贡多
麦克迪尔空军基地	佛罗里达州坦帕
马姆斯特罗姆空军基地	蒙大拿州大瀑布城
二十九棕榈村海军陆战队空地作战中心	加利福尼亚州二十九棕榈村
博福特海军陆战队航空站	南卡罗来纳州博福特
樱桃角海军陆战队航空站	北卡罗来纳州樱桃角
米拉马尔海军陆战队航空站	加利福尼亚州圣地亚哥
纽威瑞尔海军陆战队航空站	北卡罗来纳州杰克逊维尔
尤马海军陆战队航空站	亚利桑那州尤马
海军陆战队基地勒琼兵营	北卡罗来纳州杰克逊维尔
海军陆战队基地彭德勒顿兵营	加利福尼亚州欧申赛德
夏威夷海军陆战队基地	夏威夷州卡内奥赫湾
海军陆战队夏威夷基地，H. M. Smith 兵营	夏威夷州哈拉瓦
匡提科海军陆战队基地	弗吉尼亚州匡提科
马克中心	弗吉尼亚州亚历山大
迈诺特空军基地	北达科他州迈诺特
穆迪空军基地	佐治亚州瓦尔多斯塔
新奥尔良海军航空站联合储备基地	洛杉矶州贝利查斯
欧希安纳海军航空站	弗吉尼亚州弗吉尼亚海滩

续　表

站　点　名　称	地　点
Oceana Dam Neck Annex 海军航空站	弗吉尼亚州弗吉尼亚海滩
惠德贝岛海军航空站	华盛顿州奥克港
关岛海军基地	关岛阿帕拉港
吉塞普班戈海军基地	华盛顿州锡尔弗代尔
洛马角海军基地	加利福尼亚州圣地亚哥
圣迭戈海军基地	加利福尼亚州圣地亚哥
文图拉县海军基地-怀尼米港作战基地	加利福尼亚州怀尼米港
海军研究实验室	华盛顿特区
海军研究实验室- Blossom Point	马里兰州韦尔科姆
海军研究实验室-斯坦尼斯航天中心	马萨诸塞州汉考克县
海军研究实验室——蒂尔曼	马里兰州蒂尔曼
纽波特海军站	罗得岛州纽波特
诺福克海军站	弗吉尼亚州的诺福克
金斯湾海军潜艇基地	佐治亚州金斯湾
新伦敦海军潜艇基地	康涅狄格州格罗顿
海军水面作战中心卡德洛克分部——声学研究支队	爱达荷州湾景
克兰海军支援中心	印第安纳州克兰
奥兰多海军支援中心	佛罗里达州奥兰多
巴拿马城海军支援中心	佛罗里达州巴拿马城
海军支援活动费城基地	宾夕法尼亚州费城
卡德洛克海军支援设施	马里兰州贝塞斯达
达尔格伦海军支援设施	弗吉尼亚州达尔格伦
Indian Head 海军支援设施	马里兰州印第安角

续　表

站　点　名　称	地　点
诺科海军武器站海豹滩支队	加利福尼亚州诺科
新波士顿航空站	新罕布什尔州新波士顿
奥福特空军基地	内布拉斯加州贝尔维尤
欧里克托克远程雷达站	阿拉斯加州欧里克托克
奥查德战斗训练中心	爱达荷州博伊西
Peason Ridge 训练区	洛杉矶州利斯维尔
五角大楼	弗吉尼亚州阿灵顿
彼得森空军基地	科罗拉多州科罗拉多斯普林斯
皮卡汀尼兵工厂	新泽西州莫里斯县
Piñon 峡谷演习基地	科罗拉多州泰隆
波哈库洛阿训练区	夏威夷州希洛
巴罗角远程雷达站	阿拉斯加州巴罗角
朴次茅斯海军造船厂	缅因州基特利
雷德福陆军弹药厂	弗吉尼亚州雷德福
红石兵工厂	亚拉巴马州亨茨维尔
岩岛兵工厂	伊利诺伊州岩岛
罗姆研究实验室	纽约州罗马
谢里佛尔空军基地	科罗拉多州科罗拉多斯普林斯
西摩·约翰逊空军基地	北卡罗来纳州戈尔兹伯勒
肖空军基地	南卡罗来纳州萨姆特
阿拉斯加东南部声学测量设施	阿拉斯加州凯奇坎
锡城远程雷达站	阿拉斯加州锡城
廷克空军基地	俄克拉荷马州米德韦斯特城

续　表

站　点　名　称	地　点
特拉维斯空军基地	加利福尼亚州费尔菲尔德
廷德尔空军基地	佛罗里达州贝县
美国陆军纳蒂克士兵系统中心	马萨诸塞州纳蒂克
华特弗里特兵工厂	纽约州沃特弗利特
赖特·帕特森空军基地	俄亥俄州代顿
第 2 部分	
阿伯丁试验场	马里兰州阿伯丁
谢尔比营地	密西西比州哈蒂斯堡
卡纳维拉尔角空军基地	佛罗里达州卡纳维拉尔角
戴尔县靶场	北卡罗来纳州曼恩斯港
爱德华兹空军基地	加利福尼亚州爱德华兹
埃格林空军基地	佛罗里达州瓦尔帕莱索
法隆靶场综合设施	内华达州法隆
布拉格堡	北卡罗来纳州费耶特维尔
格里利堡	阿拉斯加州德尔塔章克申
华楚卡堡	亚利桑那州谢拉维斯塔
欧文堡	加利福尼亚州圣贝纳迪诺县
波尔克堡	洛杉矶州利斯维尔
温赖特堡	阿拉斯加州费尔班克斯
哈德伍靶场	威斯康星州内切韦内梅达
希尔空军基地	犹他州奥格登
芒廷霍姆空军基地	爱达荷州芒廷霍姆
莫里迪恩海军航空站	密西西比州莫里迪恩

续　表

站　点　名　称	地　　点
帕图森特河海军航空站	马里兰州列克星敦帕克
中国湖海军航空武器站	加利福尼亚州里奇克雷斯特
基察普海军基地-基波特	华盛顿州基波特
文图拉县海军基地-穆古岬作战基地	加利福尼亚州穆古岬
博德曼海军武器系统训练基地	俄勒冈州博德曼
内利斯空军基地	内华达州拉斯维加斯
内华达测试和训练靶场	内华达州托诺帕
太平洋导弹靶场基地	夏威夷州凯卡哈
帕特里克空军基地	佛罗里达州可可海滩
热带地区测试中心	夏威夷州瓦亥尔瓦
犹他州测试和训练靶场	犹他州巴罗
范登堡空军基地	加利福尼亚州隆波克
西部沙漠测试中心	犹他州达格威
白沙导弹靶场	新墨西哥州白沙导弹靶场
尤马试验场	亚利桑那州尤马

站　点　名　称	县	镇区/靶场
第 3 部分		
第 90 导弹联队。Francis E. Warren 空军基地导弹场(科罗拉多州、内布拉斯加州和怀俄明州)	科罗拉多州洛根	除了位于 8 号镇区北部以南、51 号靶场西部以东之外,使用土地管理局公共土地测量系统的所有土地
	科罗拉多州摩根	使用土地管理局公共土地测量系统的位于 3 号镇区北部以北的所有土地

续　表

站 点 名 称	县	镇区/靶场
	科罗拉多州塞奇威克	除了位于 46 号靶场西部以东之外，使用土地管理局公共土地测量系统的所有土地
	科罗拉多州华盛顿	除了位于 4 号镇区北部以北、52 号靶场西部以西之外，使用土地管理局公共土地测量系统的所有土地
	科罗拉多州韦尔德	除了位于 4 号镇区北部以北、64 号靶场西部以东之外，使用土地管理局公共土地测量系统的所有土地
	内布拉斯加州班纳	所有
	内布拉斯加州夏延	所有
	内布拉斯加州迪伊尔	除了位于 15 号镇区北部以南、43 号靶场西部以西之外，使用土地管理局公共土地测量系统的所有土地
	内布拉斯加州加登	除了位于 19 号镇区北部以南、43 号靶场西部以西之外，使用土地管理局公共土地测量系统的所有土地
	内布拉斯加州金博尔	所有
	内布拉斯加州莫里尔	除了位于 21 号镇区北部以北之外，使用土地管理局公共土地测量系统的所有土地
	内布拉斯加州斯科茨布拉夫	所有
	内布拉斯加州苏县	除了位于 26 号镇区北部以北、57 号靶场西部以东之外，使用土地管理局公共土地测量系统的所有土地
	怀俄明州戈申	除了位于 27 号镇区北部以北之外，使用土地管理局公共土地测量系统的所有土地
	怀俄明州拉勒米	除了位于 14 号镇区北部以南、64 号靶场西部以西之外，使用土地管理局公共土地测量系统的所有土地
	怀俄明州普拉特	除了位于 27 号镇区北部以北之外，使用土地管理局公共土地测量系统的所有土地

站 点 名 称	县	镇区/靶场
第 341 导弹联队。马姆斯特洛姆空军基地导弹场(蒙大拿州)	蒙大拿州布莱恩	除了位于 24 号镇区北部以北之外，使用土地管理局公共土地测量系统的所有土地
	蒙大拿州喀斯喀特	所有
	蒙大拿州乔图	除了位于 24 号镇区北部以北、8 号靶场东部以东之外，使用土地管理局公共土地测量系统的所有土地
	蒙大拿州弗格斯	除了位于 26 号靶场东部以东之外，使用土地管理局公共土地测量系统的所有土地
	蒙大拿州格拉西尔	除了位于 35 号镇区北部以南、7 号靶场西部以东之外，使用土地管理局公共土地测量系统的所有土地
	蒙大拿州黄金谷	除了位于 11 号镇区北部以南、20 号靶场东部以东之外，使用土地管理局公共土地测量系统的所有土地
	蒙大拿州朱迪斯盆地	所有
	蒙大拿州刘易斯与克拉克	除了位于 14 号镇区北部以南之外，使用土地管理局公共土地测量系统的所有土地
	蒙大拿州利伯蒂	除了位于 31 号镇区北部以北、5 号靶场东部以东之外，使用土地管理局公共土地测量系统的所有土地
	蒙大拿州马尔	除了位于 12 号镇区北部以南、9 号靶场东部以西之外，使用土地管理局公共土地测量系统的所有土地
	蒙大拿州马瑟尔谢尔	除了位于 10 号镇区北部以北、23 号靶场东部以西之外，使用土地管理局公共土地测量系统的所有土地
	蒙大拿州彼得罗利姆	使用土地管理局公共土地测量系统的位于 27 号靶场东部以西的所有土地
	蒙大拿州菲利普斯	除了位于 23 号镇区北部以南、25 号靶场东部以西之外，使用土地管理局公共土地测量系统的所有土地

站 点 名 称	县	镇区/靶场
	蒙大拿州庞德拉	除了位于9号靶场西部以西之外，使用土地管理局公共土地测量系统的所有土地
	蒙大拿州斯蒂尔沃特	除了位于3号镇区北部以北、20号靶场东部以西之外，使用土地管理局公共土地测量系统的所有土地
	蒙大拿州斯威特格拉斯	除了位于3号镇区北部以北、12号靶场东部以东之外，使用土地管理局公共土地测量系统的所有土地
	蒙大拿州提顿	除了位于10号靶场西部以西之外，使用土地管理局公共土地测量系统的所有土地
	蒙大拿州图勒	除了位于34号镇区北部以北之外，使用土地管理局公共土地测量系统的所有土地
	蒙大拿州惠特兰	所有
第91导弹联队。米诺特空军基地导弹场（北达科他州）	北达科他州博蒂诺	除了位于77号靶场西部以东之外，使用土地管理局公共土地测量系统的所有土地
	北达科他州伯克	除了位于93号靶场西部以西之外，使用土地管理局公共土地测量系统的所有土地
	北达科他州邓恩	使用土地管理局公共土地测量系统的位于148号镇区北部以北的所有土地
	北达科他州麦克亨利	除了位于156号镇区北部以北、80号靶场西部以东之外，使用土地管理局公共土地测量系统的所有土地
	北达科他州麦肯齐	使用土地管理局公共土地测量系统的位于95号靶场西部以东的所有土地
	北达科他州麦克莱恩	除了位于145号镇区北部以南之外，使用土地管理局公共土地测量系统的所有土地
	北达科他州默瑟	除了位于145号镇区北部以北、90号靶场西部以东之外，使用土地管理局公共土地测量系统的所有土地

站 点 名 称	县	镇区/靶场
	北达科他州蒙特雷尔	所有
	北达科他州皮尔斯	除了位于 155 号镇区北部以南、72 号靶场西部以西之外,使用土地管理局公共土地测量系统的所有土地
	北达科他州伦维尔	所有
	北达科他州谢里敦	除了位于 148 号镇区北部以南、78 号靶场西部以东之外,使用土地管理局公共土地测量系统的所有土地
	北达科他州沃德	除了位于 155 号镇区北部以北、83 号靶场西部以东之外,使用土地管理局公共土地测量系统的所有土地
	北达科他州威廉斯.	除了位于 158 号镇区北部以南、96 号靶场西部以东之外,使用土地管理局公共土地测量系统的所有土地

站 点 名 称	地 点
第 4 部分	
波士顿靶场综合设施	马萨诸塞州、新罕布什尔州、缅因州近海
波士顿作战区	马萨诸塞州、新罕布什尔州、缅因州近海
查尔斯顿作战区	北卡罗来纳州、南卡罗来纳州近海
樱桃角作战区	北卡罗来纳州、南卡罗来纳州近海
科珀斯克里斯蒂作战区	得克萨斯州近海
Eglin Guff 测试和训练靶场	佛罗里达州近海
墨西哥湾靶场综合设施	密西西比州、阿拉巴马州、佛罗里达州近海
夏威夷靶场综合设施	夏威夷州近海
杰克逊维尔作战区	佛罗里达州、佐治亚州近海
杰克逊维尔靶场综合设施	佛罗里达州近海

续　表

站 点 名 称	地　点
基韦斯特作战区	佛罗里达州近海
基韦斯特靶场综合设施	佛罗里达州近海
纳拉甘西特湾靶场综合设施	康涅狄格州、马萨诸塞州、纽约州、罗得岛州、近海
纳拉甘西特湾作战区	康涅狄格州、马萨诸塞州、纽约州、罗得岛州、近海
新奥尔良作战区	路易斯安那州近海
北加利福尼亚州靶场综合设施	加利福尼亚州近海
西北训练靶场综合设施	俄勒冈州、华盛顿州近海
巴拿马城作战区	佛罗里达州近海
彭萨科拉作战区	亚拉巴马州、佛罗里达州近海
穆古岬海上靶场	加利福尼亚州近海
南加利福尼亚州靶场综合设施	加利福尼亚州近海
弗吉尼亚海角作战区	特拉华州、马里兰州、北卡罗来纳州、弗吉尼亚州近海
弗吉尼亚海角靶场综合设施	特拉华州、马里兰州、北卡罗来纳州、弗吉尼亚州近海

日期：2020 年 1 月 6 日。

Thomas Feddo，投资安全助理部长。

［FR 文件 2020－00187，归档日期：2020 年 1 月 13 日；4:15 pm］

2007 年外国投资与国家安全法 *

（公法第 110－49 号－2007 年 7 月 26 日）

9·11 恐怖袭击后,美国政府明显加强了对外资的国家安全审查,并颁布了《2007 年外国投资与国家安全法》。由于 2008 年全球金融危机的爆发,导致全球经济严重衰退,国际投资额急剧下降,使该法的颁布并未引起中国投资者的关注。近几年来,随着中国企业在美国投资的快速增长,美国国家安全审查的问题引起了中国企业的担忧。为此,我和美国华盛顿大学法学院著名的国际经济法教授托马斯·J.肖恩鲍姆(Thomas J. Schoenbaum)博士认为有必要对美国的国家安全审查制度进行研究。该法译文和其后翻译的《美国国家安全审查指南》将作为我们研究报告的一部分,供赴美投资的中国企业,特别是大型国企和有关的政府部门参考。译文如下:

为了确保国家安全以及其他目的,同时促进外国投资,创造和维护就业,改革可能影响国家安全的外资审查程序,设立美国外国投资委员会,由参议院和众议院组成的第 110 届国会第一次会议颁布本法。

(a) 定义

(b) 国家安全审查和调查

① 国家安全审查

② 国家安全调查

③ 提交国会的认证文件

④ 国家情报总监的分析报告

⑤ 附加信息的提交

⑥ 通知审查和调查结果

⑦ 实施条例

---

* 译者:张力行。

（c）信息的保密

（d）总统采取的行动

（e）总统的行动和决定不受审查

（f）需要考虑的因素

（g）提交国会的附加信息；保密性

（h）实施条例

（i）对其他法律的影响

（j）技术风险的评估

（k）美国外国投资委员会

（l）缓解措施、跟踪、后续监督及强制执行

（m）提交国会的年度报告

（n）通知书的认证和保证

（a）定义——为本节之目的，如下定义应适用于：

① 委员会、主席分别是指美国外国投资委员会和该委员会的主席。

② "控制"一词的含义将由委员会在其颁布的《实施条例》中界定。

③ 涵盖交易是指 1988 年 8 月 23 日之后由外国人自行或与美国人共同提出或待定的任何可能导致从事美国跨州商业活动的人被外国人控制的合并、收购或接管交易。

④ 外国政府控制的交易是指任何可能导致从事美国跨州商业活动的人被外国政府或受外国政府控制或代表外国政府的实体所控制的涵盖交易。

⑤ 说明。"国家安全"一词应解释为包含与"国土安全"有关的，包括适用于关键基础设施的事项。

⑥ 关键基础设施是指对美国至关重要的若被破坏或摧毁将危及美国国家安全的实际或虚拟的系统和资产（以依本节颁布的《实施条例》的定义为准）。

⑦ 关键技术是指对国防至关重要的关键技术、关键零部件或关键技术项目（以依本节颁布的《实施条例》的定义为准）。

⑧ 牵头机构是指根据以下（k）（5），为审查交易而指定作为牵头机构的一个或多个职能部门。

（b）国家安全审查和调查

（1）国家安全审查。

（A）总则——在收到以下（C）所指的任何涵盖交易的书面通知时，或根据以下（D）单方面启动对任何涵盖交易的审查时，总统应通过委员会：

（i）对该项涵盖交易进行审查，以确定其对美国国家安全构成的影响；

（ii）为此目的应适当考虑以下（f）所列举的影响国家安全的各项因素。

（B）外国政府控制的交易——如果委员会确定涵盖交易是被外国政府控制的 交易，委员会应根据以下（2）对交易进行调查。

（C）书面通知——

（i）总则——涵盖交易的任何当事方可根据本段，向委员会的主席提交书面通知以启动对交易的审查。

（ii）撤回通知——根据以上（i）提交审查的涵盖交易的书面通知不得撤回，除非交易的任何一方向委员会书面提出撤回请求，并获得委员会的批准。

（iii）继续协商——根据以上（ii）提出的撤回请求不得解释为排除了涵盖交易的任何一方，依本段的规定就重新提交审查一事与委员会或其成员继续进行非正式协商的可能性。

（D）单方面启动的审查——除以下（F）另有规定外，总统或委员会的主席可依以上（A）对如下涵盖交易启动审查：

（i）任何涵盖交易；

（ii）任何根据本节已审查或调查过的涵盖交易，如果交易的任何一方当事人在委员会进行审查或调查时提交了虚假的或误导性的重要信息，或提交给委员会的信息中存在重大遗漏，包括重要的文件；

（iii）任何根据本节已审查或调查过的涵盖交易，如果：（I）交易的任何一方当事人或实体在交易完成后故意地实质性违反了以下（l）（1）（A）所述的缓解协议或限制性条件；（II）负责监督和强制执行缓解协议或限制性条件的牵头部门机构向委员会证实相关违反行为是故意的和实质性的；以及（III）委员会认为没有其他补救措施或强制执行手段可用来解决上述的违反行为。

（E）时间要求——任何根据本段进行的审查，应在委员会主席依以上（C）收到书面通知之日起或依以上（D）（如适用）审查开始之日起 30 天内完成。

（F）对委托权的限制——委员会根据以上（D）行使的审查权不得委托给任何人，除非是委员会的成员部门或机构的副部长或分管的副局长。

（2）国家安全调查。

（A）总则——在以下（B）所述的任何一种情况下，委员会都应立即对影响美国国家安全的涵盖交易进行调查，并采取任何必要的行动，以保护美国的国家安全。

（B）适用性——以上（A）的规定应适用于如下任何一种情况：

（i）根据以上（1）进行的涵盖交易审查认定：（I）该交易威胁到美国国家安全，且这种威胁在依以上（1）进行审查期间或之前未能得到缓解；（II）该交易是被外国政府控制的交易；或（III）该交易可能导致美国的或美国境内的任何关键基础设施被任何外国人或其代表所控制，如果委员会认定交易可能会损害国家安全，且这种威胁在根据以上（1）进行的审查期内未能通过以下（l）规定的保证措施或在委员会批准续期后得以缓解；或（ii）牵头机构建议进行调查，且获得委员会的同意。

（C）时间要求——根据以上（A）进行的任何调查应在调查开始之日起45天内完成。

（D）例外情况——

（i）总则——尽管有以上（B）（i）的规定，对于以上（B）（i）（II）所述需予调查的被外国政府控制的交易或以上（B）（i）（III）所述涉及关键基础设施交易也可以不进行调查，如果财政部长和牵头机构的负责人根据以上（1）的规定，在审查的基础上共同认定，该交易不会损害美国的国家安全。

（ii）禁止委托——以上（i）所提及的财政部长或牵头机构负责人的权力不得委托给任何人，除非是财政部副部长或牵头机构负责人的副手（或相当级别的官员）。

（E）关于涉及国家安全的交易指南——自《2007年外国投资与国家安全法》生效之日起180天内，委员会主席须在《联邦纪事》上发布该委员会审查过的和引起国家安全考虑的交易类型的指南，上述交易类型包括可能导致有关美国国家安全的关键基础设施被外国政府或受外国政府控制或代表外国政府的实体所控制的涵盖交易。

（3）提交国会的认证文件——

（A）审查完成后的认证通知——根据以上（b）进行的审查完成后，委员会主席和牵头机构的负责人应将认证的通知发送给以下（C）（iii）所指定的国会议员。

（B）调查完成后的认证报告——根据以上（b）进行的调查完成后，委员会主席和牵头机构的负责人应将认证的有调查结果的书面报告发送给以下（C）（iii）

所指定的国会议员,除非被调查的交易已呈送总统做决定。

(C) 认证文件的发送程序——

(i) 总则——以上(A)(B)所要求的每份经认证的通知和报告应分别发送给以下(iii)所指定的国会议员,并应包括:(I) 委员会就有关交易所采取的行动的说明;

以及(II) 列明所考虑的认定因素(以下(f)中列举的)。

(ii) 认证的内容——根据以上(A)和(B)的要求,认证的通知和报告应分别由委员会的主席和牵头机构的负责人签署,并应说明委员会认为通知或报告所涉及的交易不存在悬而未决的国家安全忧虑问题。

(iii) 国会成员——根据以上(A)和(B)的要求,每份认证的通知和报告应分别发送给:

(I) 参议院多数党和少数党领袖;

(II) 参议院银行、住房和城市事务委员会的主席和高级成员以及参议院监督牵头机构的任何委员会的主席和高级成员;

(III) 议长和众议院少数党领袖;

(IV) 众议院金融服务委员会主席和高级成员以及众议院监督牵头机构的任何委员会的主席和高级成员;

(V) 如涉及关键基础设施的涵盖交易,来自被收购的美国人主要营业地所在州的参议员以及来自上述主要营业地所在州的众议员。

(iv) 签署权及对委托的限制——

(I) 总则——以上(A)和(B)所分别要求的每份经认证的通知和报告,须由委员会主席和牵头机构的负责人签署,如委托他人代为签署,则须按照以下(II)的规定办理。

(II) 对认证委托的限制——委员会主席和牵头机构的负责人只可以将以上(I)所指的签署权委托给:(aa) 若是按以上(1)提供的任何报告,在本节所指的审查完成后,财政部适当的雇员(若需财政部长签署)或经咨询参议院并获同意后由总统任命的牵头机构的适当官员(若需牵头机构负责人签署);或(bb) 若是按以上(B)提供的任何报告,在本节所指的调查完成后,财政部副部长(若需财政部长签署)或履行副部长职责的官员或牵头机构相同职位的官员(若需牵头机构签署)。

(4) 国家情报总监的分析报告——

(A) 总则——国家情报总监应尽快就任何涵盖交易对美国国家安全可能构

成的威胁进行透彻分析。国家情报总监也应就相关交易征求和考虑所有相关的情报机构的意见。

（B）时间要求——在委员会根据以上（1）（C）收到相关交易的书面通知之日起 20 天内，国家情报总监应根据以上（A）的要求向委员会提交分析报告。在国家情报总监认为必要或适当时，或委员会要求提交补充信息时，可对该报告进行补充或修改。国家情报总监可根据其他适用的法律，在收到通知之前的任何时候开始进行国家安全分析。

（C）与其他情报部门的互动——国家情报总监应确保情报部门根据以上（b），在交易调查过程中发现与交易有关的任何额外信息时，积极参与信息的收集、分析，并传递给委员会。

（D）国家情报总监的独立作用——国家情报总监应作为委员会的无投票权的当然成员。委员会在收到所有涵盖交易的通知后应发送给国家情报总监，但他仅限于就涵盖交易向委员会提交以上（A）和（C）所指的分析报告，而不参与委员会的政策决定。

（5）附加信息的提交——本分节的规定不得被解释为禁止任何涵盖交易的当事方提交有关交易的附加信息，包括在任何审查或调查进行期间发生的有关交易的任何提议的重组或对任何有关交易协议的修改。

（6）通知审查或调查的结果——本节所指的审查或调查完成后，委员会须及时将结果通知涵盖交易的当事方。

（7）实施条例——根据本节要求颁布的《实施条例》应包括如下的标准程序：

（A）向委员会提交审查涵盖交易的通知；

（B）提交撤回涵盖交易审查的请求；

（C）重新提交之前撤回的涵盖交易的通知；

（D）本节所指的审查或调查完成后，委员会须及时

将结果通知涵盖交易的当事方。

（c）信息的保密——根据《美国法典》第 5 卷，第 552 节的规定，任何依本节提交给总统或总统指定人的信息或文件资料不应泄露，更不应向公众披露，但与任何行政或司法行为或程序有关的除外。本分节的规定不得被解释为禁止向参众两院或经合法授权的任何国会委员会或小组委员会披露信息。

（d）总统采取的行动

（1）总则——根据以下（4）的规定，总统可在其认为适当的时候采取行动暂

停或禁止可能对美国国家安全构成威胁的任何涵盖交易。

（2）总统声明——总统应在以上（b）所指的调查完成之日后的 15 日内天宣布是否根据以上（1）采取行动。

（3）强制执行——为履行和执行本分节的规定，总统可指示司法部长在美国联邦地方法院寻求适当的救济措施，包括撤资救济。

（4）总统的决定——总统只有在认定下列情况时，才可行使以上（1）所赋予的权力——

（A）有可信的证据使总统相信，行使控制权的外国利益可能采取威胁国家安全的行动；

（B）总统认为，除本节及《国际紧急经济权力法》外，其他的法律规定未能赋予其足够和适当的权限使其在处理当前的事件时能够保护国家安全。

（5）需要考虑的因素——为了确定是否根据以上（1）采取行动，总统除考虑其他因素外，还应考虑以下（f）中所列举的中每一项因素（如适用）。

（e）总统的行动和决定不受审查——总统根据以上（1）采取的行动和根据以上（4）作出的决定不受司法审查。

（f）需要考虑的因素——为本节之目的，根据国家安全的要求，总统或总统指定的人可考虑下列因素：

（1）为满足预计的国防需求所需的国内生产；

（2）为满足国防要求所需的国内工业产能，包括人力资源、产品、技术、原材料以及其他供应和服务的可靠性；

（3）国内工商业活动受控于外国公民对满足国家安全要求的产能构成的影响；

（4）提出的或待定的有关军事产品、设备或技术出售给如下国家的交易构成的潜在影响：

（A）由国务卿认定的：

（i）根据《1979 年出口管理法》第 6 节（j）［附录第 2405 节（j）］，被认定为支持恐怖主义的国家；

（ii）根据《1979 年出口管理法》第 6 节（l）［附录第 2405 节（i）］，被认定为导弹扩散的国家；

（iii）根据《1979 年出口管理法》第 6 节（m）［附录第 2405 节（m）］，被认定为生物武器扩散的国家。

（B）国防部长认定的对美国利益构成潜在的区域性军事威胁的国家；

（C）《1978 年核不扩散法》第 309 节(c)〔美国法典第 42 卷,第 2139a(c)〕所列举的核扩散特别国家名单(美国联邦法规汇编,第 15 卷,第 778 节,附录 4)或任何后续名单中的国家。

（5）提出的或待定的交易对国家安全领域美国科技的国际领先地位构成的潜在影响；

（6）对美国关键基础设施,包括重要的能源资产构成的与国家安全有关的潜在影响；

（7）对美国关键技术构成的与国家安全有关的潜在影响；

（8）涵盖交易是否以上(b)(1)(B)所指的被外国政府控制的交易；

（9）视情况,特别是根据以上(b)(1)(B)的要求须进行调查的那些交易,应对如下情况进行评估：

（A）目标国遵守防扩散控制机制,包括遵守条约和多边供应指南的情况,应参考,但不限于《2004 年军备控制和裁军法》第 403 节所要求的,有关军备控制、防扩散和裁军协议及承诺的遵守和执行情况的年度报告；

（B）目标国与美国的关系,特别是在打击恐怖主义方面的合作记录,应参考,但不限于总统根据《2004 年情报改革和防范恐怖主义法》第 7120 节的规定提交国会的报告内容；

（C）可能导致军事用途技术的转运或转移的潜在风险,包括对国家出口管制法律、法规的分析。

（10）美国对能源和其他关键性资源和原材料需求的长期预测；

（11）总统或委员会在进行特定的审查或调查时认为应予以适当考虑的其他因素。

(g) 提交国会的附加信息；保密性——

（1）应要求做的简报——委员会应根据以上(b)(3)(C)(iii)所列的任何一位国会议员的要求,尽快地按保密信息(如果信息敏感有必要的话)提交有关结案的涵盖交易或与其有关的缓解协议或限制性条件的履行情况的简报。本段所指的简报可提供给已通过安全审查的国会议员的工作人员。

（2）保密规定的适用——

（A）总则——根据本节披露信息应遵守以上(c)规定的保密要求。国会议员和国会两院或国会任何委员会的工作人员在信息披露方面都应遵守以上(c)

规定的同样的披露限制。

（B）专有信息——根据以上（A）将涉及涵盖交易的特定当事方的专有信息提交给国会委员会时，须得到国会委员会做出保密保证，除非交易当事方另行书面同意披露。

（h）实施条例

（1）总则——总统应在征求意见后发布命令颁布实施本节之规定的《实施条例》。

（2）生效日期——根据本节颁布的《实施条例》应在《2007 年外国投资与国家安全法》生效之日起计 180 日内生效。

（3）内容——根据本节颁布的《实施条例》应包括如下内容：

（A）对任何违反本节规定的，包括违反依以上（l）签订的缓解协议或设定的限制性条件的应受到民事处罚；

（B）尽可能

（i）减少文书工作的负担；

（ii）使本节的报告要求与任何其他联邦法律的相关规定相一致；

（C）为劳工部长在签署缓解协议方面提供一个适当的角色。

（i）对其他法律的影响——本节中的任何规定均不得被解释为对任何其他联邦法律，包括《国际紧急经济权力法》或《美国宪法》赋予总统或国会的任何其他权限、程序、规定、调查、执行措施或审查构成改变或影响。

（j）技术风险的评估——在总统指定的人对国防关键技术被转移的风险进行评估时，评估报告也应提供给总统指定的依本节负责审查或调查兼并、收购或接管交易的任何其他人员。

（k）美国外国投资委员会的设立

（1）设立——美国外国投资委员会是根据第 11858 号行政命令设立的一个跨部门的委员会，履行本节和总统可能赋予的其他职责。

（2）成员——委员会应由下列成员或其指定的官员组成：

（A）财政部长

（B）国土安全部长

（C）商务部长

（D）国防部长

（E）国务卿

（F）司法部长

（G）能源部长

（H）劳工部长（列席成员，无投票权）

（I）美国国家情报总监（列席成员，无投票权）

（J）总统视情况指定的任何其他行政部门、机构或办公室的负责人。

（3）主席——财政部长应作为委员会的主席。

（4）财政部长助理——应增设一个财政部长助理的职位，由总统向参议院建议，经咨询参议院并获其同意后任命。根据本段任命的部长助理应直接向负责国际事务的财政部副部长报告。该部长助理的职责应包括由财政部长依本节委托其履行的与美国外国投资委员会有关的职责。

（5）指定牵头部门——财政部长应视情况指定委员会的一个或多个成员作为牵头机构代表委员会处理如下事宜：

（A）每项涵盖交易，以及负责任何缓解协议或其他必要的限制性条件的谈判，以维护国家安全；

（B）负责已完成交易的所有监督事宜，以确保缓解协议或限制性条件以及本节的规定得以遵守和履行。

（6）其他成员——在根据以上（a）进行审查或调查时，委员会的主席应根据所审查或调查的涵盖交易的事实或情况，征求主席认为适当的其他联邦部门、机构和独立机构的负责人（或负责人所指定的人）的意见。

（7）会议——委员会应根据总统的指令或委员会主席的要求召开会议，而无须遵循《美国法典》标题5，第552B的规定（如适用）。

（l）缓解措施、跟踪、后续监督及强制执行

（1）缓解措施——

（A）总则——委员会或代表委员会的牵头机构可同涵盖交易的任何当事方谈判，签订缓解协议或对相关交易设定限制性条件，并予以强制执行，以减轻涵盖交易对美国国家安全构成的任何威胁。

（B）进行风险分析的要求——任何根据以上（A）签订的缓解协议或设定的限制性条件，都应以委员会作出的该涵盖交易对国家安全构成威胁的风险分析为基础。

（2）跟踪已撤回的通知的权限——

（A）总则——在委员会根据以上（b）完成审查或调查之前，交易的当事方

撤回本节所指的涵盖交易的书面通知时,委员会应视情况做出如下安排:

（i）设定临时性保护措施,以便在有关交易的通知重新提交和总统依本节采取进一步的行动之前,解决在该交易的审查或调查过程中所发现的具体的国家安全隐忧;

（ii）对重新提交任何书面通知的具体的时间要求;

（iii）建立一套跟踪程序,以便在以上（ii）所指的重新提交通知之前,针对交易任何一方就该交易可能采取的任何行动进行跟踪。

（B）机构的指定——作为非情报部门（参见《1947 年国家安全法》对情报部门的定义）的牵头机构应代表委员会确保以上（A）中涉及涵盖交易的要求得到满足。

（3）谈判、修正、监督及强制执行——

（A）指定牵头机构——牵头机构应依其专长和对交易的了解,代表委员会根据以上（1）就有关涵盖交易的缓解协议或限制性条件的规定,负责谈判、修正、监督和强制执行。本段之规定不应被解释为排除其他部门或机构协助牵头机构履行本段之目的。

（B）牵头机构的报告——

（i）报告的修改——牵头机构就涵盖交易签订缓解协议或设定限制性条件时,须（I）定期向委员会提交有关缓解协议或限制性条件方面的任何重大修改的报告;以及（II）确保将该等协议或条件的任何重大修改报告美国国家情报总监、美国司法部长以及对此类修改可能具有对有重大利害关系的其他联邦部门或机构。

（ii）合规性——委员会应就涵盖交易所涉及的任何缓解协议或限制性条件制订合规性的评估方法,使委员会能够充分确保合规性,避免出现如下情况:（I）在根据以上（b）（1）（C）对新提出的任何涵盖交易进行评估和必要的话与交易的当事方达成缓解协议或设定限制性条件时,或因任何原因而重新开始对涵盖交易的审查时,不必要地占用委员会可使用的资源;或（II）给涵盖交易的当事方造成不必要的负担。

（m）提交国会的年度报告——

（1）总则——委员会的主席应在每年 7 月 31 日前,将 12 个月报告期内完成审查的涵盖交易的年度报告发送给参众两院有管辖权的委员会的主席和高级成员。

（2）涵盖交易报告的内容——以上（1）所指的年度报告应载有报告期内每项涵盖交易的如下信息：

（A）所有在年报期间提交的交易通知和完成的交易审查或调查的清单，以及每项交易当事方的基本信息，连同所有相关人的业务活动性质和产品性质的信息，以及撤回通知或总统根据本节就交易所作出任何决定或所采取行动的信息。

（B）有关交易申报、调查、撤回和总统根据本节所做决定或所采取行动的案件的具体数量、累积数量和趋势数据（如适用）。

（C）有关申报交易涉及的行业和投资来源国情况的累积和趋势数据（如适用）。

（D）有关当事方在撤回通知后，是否又再次提交通知或最终选择放弃交易的信息。

（E）委员会为缓解交易产生的国家安全忧虑所采取的安全措施和设定的限制性条件的类型，包括委员会和任何牵头机构为确保上述安全措施和限制性条件得以实施所使用的方法。

（F）在提交下一个年报之前的期间内，委员会就涵盖交易对国家安全或美国的关键基础设施构成的所有不利影响所作的尽可能详尽的讨论。

（3）有关关键科技报告的内容——

（A）总则——为了协助国会履行对本节的监督责任，总统和总统指定的机构应在根据以上（1）所要求提交的年度报告中包括如下内容：

（i）评估是否有可靠的证据证明有一个或更多的国家或公司采取协调策略，在美国领先的关键技术领域内收购从事此类关键技术研发和生产的美国公司；

（ii）评估是否存在由外国政府直接或间接协助的，对美国私人公司进行的旨在获取有关关键技术的商业秘密的工业间谍活动。

（B）非保密研究报告的披露——以上（1）所指的年度报告的所有适当部分应视为保密信息。报告的非保密文本，可视情况，在维护国家安全和保护隐私的情况下向公众提供。

注：研究和报告——

（1）研究——自本法颁布之日起计120日内以及此后每年，财政部长在咨询国务卿和商务部长后，应对来自如下国家在美国的直接投资，特别是对影响国家安全的关键基础设施和行业的投资进行研究：

(A) 参与抵制以色列活动的国家的政府或受该国政府控制或代表该国政府的实体,或是来自该国的人进行的投资;

(B) 不禁止国务卿确定的外国恐怖组织在其国家活动的政府或受该国政府控制或代表该国政府的实体,或是来自该国的人进行的投资。

(2) 报告——以上(1)所指的每项研究完成之日起计 30 日内,以及根据以上(m)所指的每一份年度报告,须由财政部长向国会提交,并发送参众两院的相关委员会,该报告须载有财政部长就以上(1)所述研究作出的事实认定及结论,同时分析上述投资对美国国家安全的影响及说明应对的措施。

监察长的调查——

(1) 总则——财政部监察长应进行独立调查,以便就财政部每项未按本法颁布日之前仍然有效的《1950 年国防生产法》第 721 节(k)的规定,向国会提交报告的过失及全部事实和情况作出认定。

(2) 报告国会——自本法颁布之日起 270 天内,财政部监察长应向参众两院有管辖权的各委员会,至少包括参议院的美国外交关系委员会;银行、住房和城市事务委员会;商务、科学和运输委员会以及众议院的外交事务委员会;金融服务委员会和能源和商务委员会的主席和高级成员提交以上(1)所指的调查报告,该报告须载有监察长对事实的认定及结论。

(n) 通知的认证和保证——根据本节和本法的《实施条例》,涵盖交易的当事方提交给总统或委员会的每份通知及任何后续信息,以及根据以上(l)(3)(B)提交的有关(l)(1)(A)所指的缓解协议或限制性条件的执行情况或发生重大变化的信息时,给总统或委员会的每份通知和任何后续信息,应附有一份有义务提交上述通知或信息的公司的总裁或其指定的人员出具的书面声明,确认据其所知:

(1) 所提交的通知或信息完全符合本节或《实施条例》,以及缓解协议或限制性条件的要求;

(2) 所提交的通知或信息在所有实质性方面均属准确及完整。

本法于 2007 年 10 月 24 日生效。

第 2 章
外国代理人登记法

2.1

美国外国代理人登记法

《美国法典》 第 22 编

2.1.1 §611 定义

(a) "人"一词包括个人、合伙企业、协会、公司、组织或任何其他人员组合；

(b) "外国委托人"一词包括：

(1) 外国政府和外国政党；

(2) 美国境外人士，除非确定此人是个人、美国公民并居住在美国境内，或者此人不是个人，是根据美国或任何州或受美国管辖的其他地方的法律组织或创建的，其主要营业地在美国境内；

(3) 根据外国法律组建且主要营业地在外国的合伙企业、协会、公司、组织或者其他人员组合。

(c) 除本节第(d)款规定外，"外国委托人的代理人"是指：

(1) 任何作为代理人、代表、雇员或雇工的人，或应外国委托人的命令、要求或在其指导或控制下以任何其他身份行事的人，或其任何活动全部或大部分由外国委托人直接或间接监督、指导、控制、资助或补贴的人，以及直接或通过任何其他人：

(i) 在美国境内为外国委托人或为其利益从事政治活动；

(ii) 在美国境内为该外国委托人或为其利益担任公共关系顾问、宣传代理人、信息服务雇员或政治顾问；

(iii) 在美国境内为该外国委托人或为其利益游说、征集、支付或分发捐款、贷款、现金或其他有价值的东西；

(iv) 在美国境内，在美国政府的任何机构或官员面前代表该外国委托人的利益；

(2) 任何同意、准许、假定或打算作为、或根据或坚持自己是外国委托人的代理人的人士，无论是否依据合同关系，如本节第(1)条所定义。

(d)"外国委托代理人"一词不包括根据美国法律或美国管辖下的任何州或其他地方的法律组织的任何新闻或新闻服务或协会，也不包括根据第39章第3611节在美国出版的美国邮政服务存档的任何报纸、杂志、期刊或其他出版物。仅凭借任何真实新闻或新闻活动，包括征集或接受广告、订阅或其他有偿活动，只要其至少80%实际拥有者及其官员和董事(如果有的话)是美国公民，并且此类新闻或新闻服务或协会、报纸、杂志、期刊或其他出版物不由本节(b)款中定义的任何外国委托人或根据本分章要求登记的任何外国委托代理人拥有、指导、监督、控制、补贴或融资，并且其任何政策都不由外国委托代理人决定；

(e)"外国政府"一词包括对除美国以外的任何国家或对该国任何部分地区行使主权事实上或法律上的政治管辖权的任何个人或群体，并包括任何此类群体的任何分支以及此类主权事实上或法律上的权力或职能直接或间接授予的任何群体或机构。该术语应包括一个国家内假定行使政府权力的任何叛乱派别或团体，无论该叛乱派别或团体是否得到美国的承认；

(f)"外国政党"一词包括美国以外国家的任何组织或任何其他个人组合，或其任何单位或分支，其目的或宗旨是，或从事全部或部分致力于建立、管理、控制或获得外国或其分支政府的行政或控制，或促进或影响外国或其分支政府的政治或公共利益、政策或关系的任何活动；

(g)"公关顾问"一词包括直接或间接参与向委托人提供信息、建议或以任何方式代表委托人参与任何与该委托人的政治或公共利益、政策或关系有关的公关事务的任何人；

(h)"宣传代理人"一词包括直接或间接参与出版或传播口头、视觉、图形、书面或图片信息或任何种类的物质的任何人，包括通过广告、书籍、期刊、报纸、讲座、广播、电影或其他方式出版的人；

(i)"信息服务雇员"一词包括任何从事提供、传播或发布有关美国以外任何国家或外国政府或外国政党或根据外国法律组建的合伙企业、协会、公司、组织或其他个人组合的政治、工业、就业、经济、社会、文化或其他利益、优势、事实或条件的账户、说明、信息或数据的人，或其主要营业地在外国的人；

(j) 已废除；

(k)"登记声明"一词是指根据本章第 612(a)节要求向司法部长提交的登记声明，以及根据本标题第 612(b)节要求提交的任何补充声明，包括要求提交的所有文件和文档，或无论是附于其中还是作为参考纳入其中的其修正版本或补充声明；

(l)"美洲共和国"包括签署 1940 年 7 月 30 日在古巴哈瓦那举行的第二次美洲共和国外交部长会议最后文件的任何国家；

(m)"美国"一词在地理意义上包括数州、哥伦比亚特区、边疆区、运河区、岛屿领地以及现在或以后受美国民事或军事管辖的所有其他地方；

(n)"印刷品"一词是指报纸和期刊、书籍、小册、乐谱、名片、地址卡、印刷样张、版画、照片、画图、图纸、平面图、地图、要切割的图案、目录、招股说明书、广告以及各种印刷、雕刻、平版印刷或签名通知，以及一般而言，通过印刷、雕刻、平版印刷或任何其他容易识别的机械过程，在纸张或其他可与纸张同化的材料上、羊皮纸上或纸板上获得的所有印象或复制品；

(o)"政治活动"是指参与以任何方式影响美国政府的任何机构或官员或美国境内的任何公众群体的任何活动，这些活动涉及制定、通过或改变美国的国内或外交政策，或涉及外国政府或外国政党的政治或公共利益、政策或关系；

(p)"政治顾问"是指就美国的国内或外交政策或外国或外国政党的政治或公共利益、政策或关系向任何其他人提供信息或建议的任何人；

2.1.2　§ 612 登记要求

(a) 任何人不得作为外国委托人的代理人，除非他已经按照本节第(a)和(b)款的要求向司法部长提交了真实完整的登记声明及其补充，或者除非他根据本分章的规定豁免登记。除下文另有规定外，每一个成为外国委托代理人的人应在此后十天内向司法部长提交一式两份的登记声明，登记声明须以司法部长规定的格式宣誓。外国委托人的代理人在成为该代理人的第 10 天之后，提交登记声明的义务应每天继续，该身份的终止不应解除该代理人在其作为外国委托人的代理人期间提交登记声明的义务。登记声明应包括以下内容，就本分章而言，这些内容应被视为重要内容：

(1) 登记人的姓名、主要营业地址、在美国或其他地方的所有其他营业地址以及所有居住地址（如果有的话）；

（2）登记人的身份，如果是个人，主要是指国籍；如果是合伙企业，每个合伙人的姓名、住址和国籍，以及其合伙企业条款的真实完整副本；如果是一个协会、公司、组织或任何其他个人的组合，每个董事和官员以及履行董事或官员职能的每个人的姓名、居住地址和国籍，以及其章程、公司章程、协会、章程和细则及其修正案的真实完整副本；每份其他文书或文件的副本，以及与组织、权力和宗旨有关的每份口头协议的条款和条件说明；其所有权和控制权的说明；

（3）登记人业务性质的综合说明；登记人员工的完整名单以及每个员工工作性质的声明；登记人代理、假设或声称代理或同意代理的每个外国委托人的姓名和地址；每一外国委托人的业务或其他活动的性质，如果任何此类外国委托人不是自然人，则说明每一外国委托人的所有权和控制权；以及外国政府或外国政党或任何其他外国委托人全部或部分监督、指导、拥有、控制、资助或补贴每一外国委托人的程度（如果有的话）；

（4）每份书面协议和每份口头协议的条款和条件的副本，包括对这些协议的所有修改，或在没有合同的情况下，登记人作为外国委托人代理人的所有情况的完整陈述；全面陈述每份此类合同的性质和履行方法，以及登记人作为外国委托人的代理人参与或将参与的现有和拟议活动，包括任何此类政治活动的详细陈述；

（5）登记人在先前六十天内从每一外国委托人处收到的作为补偿或付款或其他方式的捐款、收入、金钱或有价值的东西（如果有的话）的性质和金额，以及每笔此类付款的形式和时间以及从谁处收到的；

（6）登记人为其本人或外国委托人以外的任何其他人进行或正在进行或假设或声称或已经同意进行的、要求其根据本协议进行登记的每项活动的详细说明，包括任何此类政治活动的详细说明；

（7）除外国委托人之外的任何人的姓名、营业地址和居住地址，如果是个人，还包括国籍，登记人是代表该外国委托人行事、假设或声称是代表该外国委托人行事或已经同意在本协议要求其登记的情况下行事；外国政府或外国政党或任何其他外国委托人全部或部分监督、指导、拥有、控制、资助或补贴这些人的程度；以及登记人在过去六十天内收到的与本节第（6）条中提及的任何活动相关的、作为补偿或付款或其他方式的捐款、收入、金钱或有价值的东西（如果有的话）的性质和金额，以及每次此类付款的形式和时间以及从谁处收到的；

(8) 登记人在过去六十天内为推进或与本协议项下要求其登记的活动相关而花费或处置的金钱和其他贵重物品的详细说明，以及登记人作为外国委托人的代理人或为其本人或任何其他人或与他成为该委托人的代理人相关的任何活动的详细说明。以及他在过去 60 天内就任何政治职位的选举或任何为选择任何政治职位候选人而举行的初选、大会或核心小组所作出的任何金钱或其他有价值的贡献(第 18 章第 613 节禁止作出的贡献除外)的详细说明；

(9) 每份书面协议的副本以及每份口头协议的条款和条件，包括对这些协议的所有修改，或在没有合同的情况下，登记人履行或承担或声称或同意为自己或外国委托人或外国委托人以外的任何人履行任何要求其在本协议下登记的活动的所有情况的完整陈述；

(10) 司法部长在适当考虑国家安全和公共利益的情况下，可能不时要求的与本分章目的相关的其他说明、信息或文件；

(11) 作出登记陈述书及其补充所必需的进一步说明及文件的更多副本，以及随登记声明书及其补充提供的正确无误文件副本。

(b) 外国委托人的每一名代理人如已按本节第(a)款的要求提交了登记声明，应在提交后六个月的每一个期限届满后三十天内，以司法部长规定的格式向司法部长提交经宣誓的补充声明，该补充声明应就前六个月的期限列出司法部长认为的事实，在适当考虑到国家安全和公共利益的情况下，可能认为有必要使本节所要求的信息准确、完整和及时。关于根据本节(a)小节第(3)(4)(6)和(9)条提供的信息，登记人应在信息变更发生后 10 天内向司法部长发出变更通知。如果司法部长在适当考虑到国家安全和公共利益的情况下，确定有必要执行本分章的目的，他可以在任何特定情况下要求更频繁地提交登记声明的补充，以涉及要提供的所有或特定信息项目。

(c) 登记声明及其补充应以如下宣誓执行：如果登记人是个人，由其签署；如果登记人是合伙企业，由其大多数成员签署；如果登记人不是个人或合伙企业，则由该公司的大多数高级职员或履行高级职员职能的人员，或由该公司的大多数董事会或履行董事职能的人员(如有)签署。

(d) 已提交登记声明或其补充的事实不一定被视为登记人完全符合本分章及其下的法规；也不表示司法部长已以任何方式就该登记陈述或其补充的是非曲直作出裁决；也不排除根据本分章的规定，因故意未能在到期时提交登记声明或补充声明，或故意对其中的重要事实作出虚假陈述，或故意遗漏其中要求陈述的重要事实，或故意遗漏登记声明及其补充声明所必需的重要事实或重要文件副本，以及随后提供的无误文件副本。

（e）如果根据本章的规定被要求登记的任何外国委托代理人之前已经根据第 18 章第 2386 节的规定在司法部登记，司法部长为了消除不当重复，可以允许在根据本节提交的登记声明或其补充文件中引用该外国委托人的代理人之前根据该节的规定提交的任何信息或文件。

（f）司法部长可就以下豁免作出规定：

（1）外国委托代理人根据本分章提交的登记声明中列为合伙人、高级职员、董事或雇员的任何人的登记或提供本节要求的任何信息的要求；

（2）根据任何外国委托代理人提供本节要求的任何信息的要求，若由于该人的职能或活动的性质，司法部长在适当考虑到国家安全和公共利益的情况下，确定这种登记或提供这种信息（视情况而定）对于本章实施是不必要的。

2.1.3 §613 豁免

本章第 612（a）节的要求不适用于以下外国委托代理人：

（a）国务院承认的外国政府正式委派的外交或领事官员，而该官员专门参加国务院承认属的该官员职能范围的活动；

（b）外国政府的任何官员，如果该政府得到美国的承认，但该官员不是公共关系顾问、宣传代理人、信息服务雇员或美国公民，其姓名、地位和作为该官员的职责性质在国务院有公开记录，而该官员只从事国务院承认属于该官员职责范围的活动；

（c）得到国务院承认的外国政府正式委任的外交或领事官员的任何工作人员或雇用的任何人，但公关顾问、宣传代理人或信息服务雇员除外，其姓名和身份以及作为该成员或雇员的职责性质在国务院有公开记录，而该成员或雇员专门从事国务院承认属于该成员或雇员职能范围内的活动；

（d）任何人只从事或同意从事（1）仅私人和非政治活动，以促进该外国委托人的真正贸易或商业；（2）从事其他不主要为外国利益服务的活动；（3）在美国境内游说或募集仅用于医疗援助或减轻人类痛苦的食物和衣物的资金和捐款，如果这种游说或募集资金和捐款符合并受第 9 章第 2 分章的规定以及根据该章可能规定的规则和条例的约束；

（e）任何人只从事或同意从事真正促进宗教、学术、学术或科学追求或美术

的活动;

(f) 外国委托人是外国政府的任何人或其雇员,总统认为其国防对美国的国防至关重要,而(1)该人或雇员仅从事促进该政府和美国政府的政策、公共利益或国防的活动,并且不打算与美国政府的任何国内或外交政策相冲突,(2)此类人员或雇员的每一项通信或言论,如果他打算或有理由相信将在美国境内的任何公众或部分公众中发布、传播或散播,是此类活动的一部分,并且被此类人员认为是真实和准确的,此类人员作为此类外国委托人代理人的身份在此公开,以及(3)此类外国政府向国务卿提供司法部长可能要求的此类人员或雇员的身份和活动的信息,并由司法部长在本分章期间保留。在通知该人是其代理人的政府或该人或雇员后,司法部长在适当考虑到公共利益和国防的情况下,经国务卿批准,可并应国务卿的要求,终止对该人或雇员的全部或部分豁免;

(g) 任何有资格从事法律工作的人,只要他在任何法院或美国政府的任何机构从事或同意从事已公开的外国当事人的法律代理:前提是,就本小节而言,法律代理不包括在司法程序、刑事或民事执法调查、调查或程序或法规要求记录在案的机构程序之外,企图影响或说服机构人员或官员;

(h) 本法第611(b)(2)节所述人员或本法第611(b)(3)节所述实体的任何代理人,如果该代理人从事游说活动,并已根据《1955 年游说披露法》(Lobbying Disclosure Act of 1995)将代表该个人或实体的情况进行登记。

2.1.4　§614 信息材料的留档和分类

(a) 在美国境内,作为外国委托代理人,并根据本分章的规定被要求登记,并且在美国邮件中或通过州际或外国商业的任何手段或方式传送或促使传送任何信息材料的人,(1)以印刷品的形式,或(2)以任何其他合理可行的形式,或他认为将在两人或两人以上之间传播或散发的文件,应在文件开始传送后 48 小时内,向司法部长提交两份副本。

(b) 任何在美国境内作为外国委托人代理人并根据本分章的规定被要求登记的人,在美国邮件中或通过州际或外国商业的任何手段或手段传送或促使传送任何为外国委托人或为了外国委托人的利益的信息材料,而没有在这些信息材料中放置一个明显的声明,说明这些材料是由 代表外国委托人的代理人,附加信息在哥伦比亚特区华盛顿司法部存档。

（c）本分章要求向司法部长提交的信息材料副本应根据司法部长可能规定的条例供公众查阅。

（d）为了国会图书馆，除公开发行外，财政部长和邮政局长有权根据国会图书馆员的要求，向国会图书馆转交根据第 19 标题法律第 1305 节的规定被确定为禁止进入的所有外国印刷品和根据第 18 标题法律第 1717 节的授权不包括在邮件中的所有外国印刷品的 50 份或尽可能少的份数。尽管有第 19 章第 1305 节和第 18 章第 1717 节的规定，财政部部长有权允许入境，邮政局长有权允许在邮件中传送当局为政府目的或为美国或国会图书馆目的的进口的外国印刷品。

（e）根据本分章的规定，在美国境内作为外国委托人代理人的任何人，如果传送、传达，或以其他方式向政府的任何机构或官员（包括国会两院的成员或委员会）提供任何政治宣传或为了国外委托人的利益，或要求任何机构或官员提供任何与政治或公共利益相关的信息或建议，外国或政党的政策或关系，或与美国的外交或国内政策有关的政策或关系，除非宣传或请求以真实准确的声明开头或附有此人已根据本分章登记为该外国委托人的代理人。

（f）当根据本分章被要求登记的外国委托人的任何代理人出庭为该外国委托人作证或为该外国委托人的利益作证时，他应在出庭时向委员会提供其作为该外国委托代理人向司法部提交的最新登记声明副本，作为其作证的一部分列入委员会的记录。

2.1.5　§615 账册及记录

根据本章登记的每个外国委托代理人，在担任外国委托代理人期间，应按照司法部长适当考虑国家安全和公共利益的商业和会计惯例，保存和保管与其所有活动有关的账簿和其他记录，根据本分章的规定，这些账簿和记录的公开是必需的。可通过法规规定执行本分章的规定是必要的或适当的，并应在该状态终止后的三年内保存完好。在本节规定生效之前，每个外国委托代理人应保存账簿，并保存与其活动有关的所有书面记录。此类账簿和记录应在所有合理的时间开放给负责执行本分章的任何官员检查。任何人故意隐藏、销毁、涂去、毁损或伪造，或企图隐藏、销毁、涂去、毁损或伪造，或导致隐藏、销毁、涂去、毁损或伪造根据本节规定须保存的任何账册或记录，均属非法。

2.1.6　§616 官方记录的公众查阅；记录和信息的传输

（a）司法部长须以永久形式保留一份根据本分章提交的所有登记声明副

本,该副本须为公开纪录,并在司法部长所订明的合理时间及规例下,开放予公众查阅,该副本须按司法部长所订明的合理费用提供予每名申请人。司法部长可撤销任何外国委托代理人的登记声明和其他声明,该代理人的活动已不再具有根据本分章的规定需要登记的性质。

（b）司法部长应在收到本协议项下提交的每份登记声明的副本和本协议项下提交的每份修正版本或补充文件的副本后,立即将副本发送给国务卿,供其从美国外交关系的角度进行评论和使用。司法部长未能如此传送该副本不应成为阻碍根据本分章规定的起诉。

（c）司法部长有权向国会行政部门和委员会部门和机构提供他在管理本分章时获得的信息,包括本分章下的登记人姓名、声明或其部分副本,或根据本章提交的其他文件或信息。

2.1.7　§617 官员的责任

每个官员或履行官员职能的人,以及每个董事或履行董事职能的人, 非个人的外国委托代理人有义务在本法第 612 节（a）和（b）小节要求提交登记声明和补充声明时,促使该代理人执行并提交登记声明和补充声明,并有义务促使该代理人遵守本法第 614 节（a）和（b）和 615 节的所有要求以及本分章的所有其他要求。作为外国委托代理人的任何组织的解散不得解除任何官员、履行官员职能的人、任何董事或履行董事职能的人,须遵守本节规定的义务。如果外国委托人的任何此类代理人未能遵守本分章的任何要求,其每名官员或履行官员职能的人员、其每名董事或履行董事职能的人员将因此受到起诉。

2.1.8　§618 执行和处罚

（a）任何人如果:

（1）故意违反本章的任何规定或其下的任何规定;

（2）在任何登记声明或其补充文件或在根据本章的规定提交或提供给司法部长的任何其他文件中,故意对重要事实作出虚假陈述,或故意忽略其中要求陈述的任何重要事实,或故意忽略其中陈述所必需的重要事实或重要文件的副本, 以及随其提供的文件的副本,一经定罪,可处以不超过 10 000 美元的罚款或不超过 5 年的监禁,或两者兼施,但违反本法第 614 节（b）（e）或（f）款或本节（g）或（h）款的情况除外,应处罚不超过 5 000 美元的罚款或不超过 6 个月的监禁,或两者兼施。

（b）在本章规定的任何诉讼中，如果一个人被指控为外国委托人在美国境外的代理人，证明外国委托人的具体身份是允许的，但不是必须的。

（c）根据（美国法典第 8 编第 1221 节）《移民和国籍法》第 2 编第 4 章及其后条款，任何被判定违反或共谋违反本章任何规定或其下任何条例的外国人应被驱逐出境。

（d）已废除。

（e）尽管有任何时效规定或其他相反的规定，但若未能按照本法第 612（a）节或第 612（b）节的要求提交任何此类登记声明或补充声明，只要存在此类未能提交声明或补充声明，将被视为连续犯罪。

（f）当司法部长判定任何人从事或即将从事任何构成或将构成违反本章任何规定或根据本章发布的法规行为时，或当外国委托人的任何代理人不遵守本章或根据本章发布的法规时，或以其他方式违反本分章时，司法部长可以向适当的美国地方法院申请命令，禁止此类行为或禁止此类人员继续作为此类外国委托人的代理人，或者申请命令，要求其遵守本章节或其下任何适当规定。地区法院应具有发布临时或永久禁令、限制令或其认为合适的其他命令的管辖权和权力。

（g）如果司法部长确定登记声明不符合本章的要求或根据本章发布的法规，他应书面通知登记人，说明声明在哪些方面有缺陷。任何担任外国委托代理人在收到此类通知后 10 天或更长时间内未提交完全符合本章要求和据此发布的法规的修改登记声明，将违反本法规定。

（h）根据本章要求登记的任何外国委托代理人与该外国委托人签订任何明示或暗示的合同、协议或谅解是非法的，根据该合同、协议或谅解，该代理人的补偿、费用或其他报酬的金额或全部或部分付款取决于该代理人进行的任何政治活动的成功。

2.1.9 §619 法律的适用性

本章适用于数州、哥伦比亚特区、领土、运河区、岛屿领地以及现在或以后受美国民事或军事管辖的所有其他地方。

2.1.10 §620 规则与监管

司法部长可随时制定、规定、修改和撤销他认为执行本章规定所必需的规则、条例和表格。

2.1.11 §621 向国会报告

司法部长应每六个月向国会报告本章规定的管理情况,包括根据本章提交的登记,以及传播和分发的政治宣传的性质、来源和内容。

第 5 部分——经修订的《1938 年外国代理人登记法》的管理和实施

章节

法令：28 U.S.C. 509,510；第 1 节,248 号法令第 56 编,257(22 U.S.C. 620)；第 I 编,102 - 395 号公法,1828 号法令第 106 编,1831(22 U.S.C. 612 注释)。

资料来源：376 - 67 号命令,32 FR 6362,1967 年 4 月 22 日,除非另有说明。

2.2.1　§5.1 法案的管理和执行

（a）在司法部长的总体监督和指导下,由负责国家安全的司法部长助理指派、实施、处理和监督经修订的《1938 年外国代理人登记法》(22 U.S.C. 611—621)("法案")的管理和执行。

（b）主管国家安全的司法部长助理有权规定为执行本部分而需要的表格,除本部分规例所指的表格外,或者代替本部分规例所指的表格。

（c）可应要求免费从司法部国家安全局(Washington,DC 20530)获得法案、法案规定的规则、条例和表格副本以及与上述内容有关的信息。

[2865 - 2007 号命令,72 FR 10068,2007 年 3 月 7 日]

2.2.2　§5.2 法案适用情况的咨询

（a）概述。外国委托人的任何现有或潜在代理人,或者代理人律师,可要求负责国家安全的司法部长助理就任何目前预期活动、执行过程、支出、金钱或有价物品的接收或交易（特别是就该活动是否需要根据法案进行登记和披露），提供司法部根据法案执行的当前目的声明，或者根据法案任何规定被排除在覆盖范围之外或免于登记和披露的信息。

（b）不包括匿名、假设、非党派和事后审查申请。作为审查申请对象的整个交易必须未实际交易，而非假设交易，并且该交易涉及披露的代理人和委托人，而非匿名代理人和委托人。审查申请必须由交易一方或该方律师提交，且不得向不参与申请的一方提出申请。审查申请可能不仅仅涉及以往的活动。

（c）费用。根据§5.5，所有申请司法部当前执法目的说明的申请均必须支付申请费，且该等申请费不予退还。

（d）地址。审查申请必须以书面形式提交给司法部（Washington，DC 20530）负责国家安全的司法部长助理。

（e）内容。审查申请应包括具体内容，以及与实际活动、行为过程、支出、金钱或有价物品的接收或要求审查的交易有关的所有相关和重要信息。此类申请文件没有规定的格式，但每份申请文件必须包括：

（1）所涉代理人和外国委托人的身份；

（2）代理人为外国委托人或以外国委托人为利益方而进行的活动性质；

（3）与外国委托人的现有或拟议书面合同副本，或者各现有或拟议口头协议条款与条件的完整描述；

（4）要求豁免或排除的适用法律或法规基础。

（f）证明。如果申请方为个人，则审查申请必须由预计或当前代理人签署，或者如果申请方为非个人，则审查申请必须由申请方的高级职员、董事、履行高级职员或董事职能人员或律师代表的各申请方签署。

签署审查申请的各该等人员必须证明审查申请包含关于拟议行为的真实、正确和完整的披露信息。

（g）其他信息。各方应提供国家安全局此后可能要求的任何额外信息或文件，以便审查相关事项。应及时以书面形式确认任何口头提供的信息，并由签署初始审查申请的同一人签署，然后证明所申请信息为真实、正确且完整的披露信息。

（h）结果。提交审查申请后，国家安全局可酌情根据法案就拟议行为说明其当前执法目的；可拒绝说明其当前执行目的；或者，如果情况需要，可采取其认为适当的其他立场或其他行动。任何申请方均可随时撤回审查申请。但国家安全局仍可酌情向申请方提交此类意见。如果未能在收到审查申请、文件或信息后采取行动，无论是根据本程序还是采用其他方式提交，均不得据此以任何方式限制或阻止国家安全局在此后其认为适当的时间采取任何行动。国家安全局保留根据本程序或其他方式向其提交的任何审查申请、文件或信息的权利，以及将任何此类申请、文件或信息用于任何政府目的的权利。

（i）回应时间。国家安全局应在收到审查申请以及任何要求的补充资料和文件后 30 天内对任何审查申请做出回应。

（j）仅书面决策。申请方只能以负责国家安全的司法部长助理或其代表签署的书面《外国代理人登记法》审查函为根据。

（k）审查函效力。如果披露信息准确和完整，且披露信息仍然能够准确和完整地反映审查函发布之日后的情况，则申请方可将每份审查函作为根据。

（l）合规性。审查申请的提交及其未决情况不得以任何方式改变一方或多方遵守法案的责任。

（m）机密性。根据本节提出的申请提交书面材料应为机密信息，且在披露范围之外。

［1757 - 93 号命令，58 FR 37418，1993 年 7 月 12 日，经 2865 - 2007 号命令，72 FR 10068，2007 年 3 月 7 日修订］

2.2.3　§ 5.3 登记声明的留档

根据法案或本部分要求提交的所有声明、附件、修订内容和其他文件应采用一式三份的方式提交给登记机构。应将符合《联邦证据规则》（28 U.S.C.附录）第 1001（4）条要求的原始文件以及两份副本视为满足该要求。可亲自或通过邮件提交此类文件，并将在登记机构收到文件后视为已提交此类文件。

［376 - 67 号命令，32 FR 6362，1967 年 4 月 22 日，经 523 - 73 号命令，38 FR 18235，1973 年 7 月 9 日修订；1757 - 93 号命令，58 FR 37419，1993 年 7 月 12 日］

2.2.4　§ 5.4 时间计算

计算法案或本部分规则与条例中规定的任何时间段时，应将周日和节假日计算在内。

2.2.5 §5.5 登记费

（a）登记人应在根据§5.200提交初始登记声明和根据§5.203提交补充登记声明时支付登记费。可使用现金、支票或汇款单支付登记费，抬头为"FARA登记机构"。登记机构可酌情要求使用经证实的支票或美国邮政汇票支付费用。

（b）费用的支付应附有任何副本订购订单或信息申请，并应在副本或信息提供之前收取所有适用费用。付款方式包括现金、支票或汇款单，抬头为"FARA登记机构"。登记机构可酌情要求使用经证实的支票或美国邮政汇票支付费用。

（c）如果根据法案要求登记的任何个人向登记机构证明，其无经济能力支付全部费用，则应酌情免除全部或部分登记费。借助本条款受益的个人应在登记声明中提交一份符合《美国法典》第28编第1746节的声明，详细陈述《联邦上诉程序规则》表格4要求的信息（28 U.S.C.附录）。

（d）费用如下：

（1）根据§5.200提交的初始登记声明（包括一名外国委托人的附件A）：305.00美元；

（2）根据§5.203提交的补充登记声明：每名外国委托人305.00美元；

（3）§5.201（a）（1）项下的附件A：当前未在§5.200或§5.203中报告的每名外国委托人305.00美元；

（4）§5.201（a）（2）项下的附件B：不收费；

（5）§5.201项下的附件C和D（无表格）：不收费；

（6）§5.202项下的简短登记声明：不收费；

（7）§5.204项下的修订：不收费；

（8）§5.2项下的当前执行目的声明：每项审查申请96.00美元；

（9）§5.601项下的每15分钟搜索时间：4.00美元；

（10）根据§5.601，登记声明和补充、修订内容、附件、宣传报告、信息材料以及公共档案中包含的政治宣传和其他材料的副本：每份要求的材料每页50美分（0.50美元）；

（11）根据§5.601通过计算机制作的登记声明和补充、修订、附件、宣传报告、信息材料以及公共文件中包含的政治宣传和其他材料的副本，如磁带或打印件：制作副本的实际直接成本，包括可分摊工资成本；

（12）使用现有程序对记录进行计算机搜索：直接实际成本，包括因响应申请而搜索记录所耗费的操作时间的中央处理单元操作成本，以及可分配给搜索的人工工资成本。

（e）应由申请人承担登记机构以普通邮件以外任何方式递送任何文件的费用，收费标准应包括支付登记机构的费用。

（f）特此授权司法部长助理可随时调整本节规定的费用，以反映和收回根据法案管理登记机构的费用。

（g）根据本条款收取的费用将用于支持登记机构运作。

（h）尽管§5.3具有任何规定，但除非已支付根据法案要求提交的任何适用文件费用，否则不应视为已提交文件，除非本节第(c)段另有规定。

［1757-93号命令，58 FR 37419，1993年7月12日，经2674-2003号命令，68 FR 33630，2003年6月5日修订］

2.2.6 §5.100 术语定义

（a）在本部分中：

（1）"法案"是指经修订的《1938年外国代理人登记法》（22 U.S.C. 611-621）。

（2）"司法部长"是指美国司法部长。

（3）"司法部长助理"是指司法部负责国家安全的司法部长助理，地址：Washington，DC 20530。

（4）"国务卿"是指美国国务卿。

（5）"规则与条例"包括本部分条例和司法部长根据法案规定的所有其他规则与条例，以及本部分条例或负责国家安全的司法部长助理可能规定的所有登记表和相关说明。

（6）"登记人"是指根据法案第2(a)节和§5.3向登记机构提交登记声明的任何人员。

（7）除非另有规定，否则"外国委托人的代理人"是指根据法案要求登记的外国委托人的代理人。

（8）"外国委托人"包括由法案第1(b)节定义的外国委托人全部或大部分指导或间接监督、指导、控制、资助或补贴任何活动的人员。

（9）"初始声明"是指根据法案第2(a)节要求向司法部长提交的声明。

(10)"补充声明"是指根据法案第 2(b)节的规定，在提交初始声明后每隔 6 个月需要向司法部长提交的补充声明。

(11)"最终声明"是指在登记人的登记义务终止后，需要向司法部长提交的声明。

(12)"短期登记声明"是指登记人的某些合伙人、高级职员、董事、合伙人、员工和代理人需要提交的登记声明。

(b) 应将本法案中使用的"控制"一词或其任何变形词语视为包括直接或间接拥有或行使的权力，以决定个人政策或活动，无论是通过投票权所有权、合同还是其他方式。

(c) 应将本法案第 1(c)、1(o)、3(g)和 4(e)节中使用的"代理人"一词视为美国政府行政和立法部门的各单位，包括国会两院的委员会。

(d) 应将本法案第 1(c)、1(o)、3(g)和 4(e)节中使用的"高级职员"一词视为包括国会两院的议员和高级职员以及美国政府行政部门的高级职员。

(e) 应将本法案第 1(o)节中使用的"制定、通过或改变"一词视为包括任何旨在维护美国现行国内或外交政策的活动。其不包括对政府高级职员或员工就现行政策进行例行调查，或者在未考虑政策的情况下寻求行政行动。

(f) 应将法案第 1(o)和(p)节中使用的"美国国内或外交政策"一词视为与现有和拟议立法或一般立法行动；条约；行政协议、公告和命令；涉及或影响部门或机构政策的决策等有关。

[376－67 号命令，32 FR 6362，1967 年 4 月 22 日，经 523－73 号命令，38 FR 18235，1973 年 7 月 9 日修订；2674－2003 号命令，68 FR 33630，2003 年 6 月 5 日；2865－2007 号命令，72 FR 10068，2007 年 3 月 7 日]

2.2.7 §5.200 登记

(a) 根据法案，登记应提交初始声明以及§5.201 要求的所有附件，并应在要求登记的委托代理关系期间每隔 6 个月提交一份补充声明。

(b) 应在登记机构提供的表格保存初始声明。

(28 U.S.C. 509 和 510；5 U.S.C. 301)

[376－67 号命令，32 FR 6362，1967 年 4 月 22 日，经 960－81 号命令，46 FR 52355，1981 年 10 月 27 日修订；2674－2003 号命令，68 FR 33630，2003 年 6 月 5 日]

2.2.8　§5.201 附件

（a）登记人的各外国委托人均需要提交以下所述附件：

（1）附件 A：应按照登记机构提供的表格存档该附件，并应列出要求披露的各外国委托人信息。

（2）附件 B：应按照登记机构提供的表格存档该附件，并说明登记人与其每位外国委托人之间的协议，此类协议的性质和履行方法，以及登记人为外国委托人参与或即将参与的现有或拟议活动（包括政治活动）。

（b）如果附件 A 或 B 中所提供信息出现任何变更，则应在变更后 10 天内向登记机构报告。司法部长助理可能会要求提交新的附件。

（c）如果登记人为协会、公司、组织或任何其他个人组合，则应将以下文件作为附件 C 进行存档：

（1）登记人章程、公司章程或组织章程副本，以及公司章程及其修订内容的副本；

（2）与登记人的组织、权力和目的相关的所有其他文书或文件副本，以及所有口头协议的条款与条件声明。

（d）需要提交第（c）款所述的任何文件可在登记人向司法部长助理提出书面申请时放弃全部或部分本节第（1）款和第（2）款，并充分说明应给予此类放弃的理由。

（e）无论登记人在美国境内于何时收到或收取捐款、贷款、金钱或其他价值物品，并将其作为筹款活动的一部分且以其外国委托人或为受益方，则其应提交一份标题中提及的说明作为附件 D，详细说明收到或收取的金钱或物品价值，收到或收取这些金钱或有价值物品的人员姓名和地址，以及向外国委托人告知金额或有价值物品的描述，以及此等告知方式和时间。

（28 U.S.C. 509 和 510；5 U.S.C. 301）

［376－67 号命令，32 FR 6362，1967 年 4 月 22 日，经 523－73 号命令，38 FR 18235，1973 年 7 月 9 日修订；960－81 号命令，46 FR 52355，1981 年 10 月 27 日；2674－2003 号命令，68 FR 33630，2003 年 6 月 5 日］

2.2.9　§5.202 简短登记声明

（a）除本节第（b）、（c）和（d）款规定的情况外，登记人的各合伙人、高级职员、董事、合伙人、员工和代理人均需根据法案提交登记声明。除非司法部长助理另有明确指示，否则提交一份简短登记声明即可履行该义务。

（b）若登记人的合伙人、高级职员、董事、合伙人、员工或代理人不直接参与促进外国委托人利益的可登记活动，其无需提交简短登记声明。

（c）登记人的员工或代理人以秘书或相关或类似身份提供可促进外国委托人利益的服务，其无需提交简短登记声明。

（d）只要登记人的代理人为合伙企业、协会、公司或其他个人组合，且此类代理人不在本节第（b）款的豁免范围内，则只有直接参与促进登记人的外国委托人利益的活动合伙人、高级职员、董事、合伙人和员工需要提交一份简短登记声明。

（e）应在表格OBD-66中存档简短登记声明。如果发生任何会对提交声明的人员所提供的服务性质信息或其获得的补偿产生影响的变更，则应此类变更发生后10天内提交一份新的简短登记声明。无需将附件或补充声明存档至简短登记声明中。

（28 U.S.C. 509和510；5 U.S.C. 301）

［376-67号命令，32 FR 6362，1967年4月22日，经960-81号命令，46 FR 52355，1981年10月27日修订；2674-2003号命令，68 FR 33630，2003年6月5日］

2.2.10　§5.203 补充声明

（a）应在登记机构提供的表格保存补充声明。

（b）在代理关系期间，仍然需要每隔6个月提交一份补充声明，即使登记人在此期间未从事任何符合其外国委托人利益的活动。

（c）如果向司法部长助理提交的书面申请中已充分说明理由，则可延长提交补充声明的时间。

（28 U.S.C. 509和510；5 U.S.C. 301）

［376-67号命令，32 FR 6362，1967年4月22日，经960-81号命令，46 FR 52355，1981年10月27日修订；2674-2003号命令，68 FR 33630，2003年6月5日］

2.2.11　§5.204 修订

（a）必须根据司法部长助理要求修改其认为存在缺陷的初始声明、补充声明或最终声明。此类修改应按照登记机构提供的表格进行存档,并应确定需要修改的声明项目。

(b) 应通过修订对根据法案第 2(a)节第(3)(4)(6)和(9)条在初始或补充声明中提供的信息进行变更,除非司法部长助理认为根据第 2(b)节要求就此类变更发出通知即可。

(28 U.S.C. 509 和 510;5 U.S.C. 301)

[376 - 67 号命令,32 FR 6362,1967 年 4 月 22 日,经 960 - 81 号命令,46 FR 52355,1981 年 10 月 27 日修订;2674 - 2003 号命令,68 FR 33630,2003 年 6 月 5 日]

2.2.12　§5.205 登记终止

(a) 登记人应在其登记义务终止后 30 天内,于补充声明表格上向登记机构提交一份最终声明,说明任何过往声明未涵盖的代理关系的最后期限。

(b) 如果登记人已完全履行法案规定的所有义务,则根据法案进行的登记应在提交最终声明时终止。

(c) 尽管仍然与外国委托人存在代理关系,但代表每一名外国委托人的活动登记人仅限于根据法案第 3 节可获得豁免的活动登记人,且其可以提交最终声明。

(d) 如果发现登记人因死亡、残疾或解散而无法提交适当的表格来终止登记,或者如果继续登记无法满足法案要求,则可终止根据法案进行的登记。

(28 U.S.C. 509 和 510;5 U.S.C. 301)

[376 - 67 号命令,32 FR 6362,1967 年 4 月 22 日,经 523 - 73 号命令,38 FR 18235,1973 年 7 月 9 日修订;960 - 81 号命令,46 FR 52355,1981 年 10 月 27 日;1757 - 93 号命令,58 FR 37419,1993 年 7 月 12 日;2674 - 2003 号命令,68 FR 33630,2003 年 6 月 5 日]

2.2.13　§5.206 登记声明的语言和措辞

(a) 除非下一句另有规定,否则根据法案要求提交的每份声明、修订内容、附件或通知均应以英语提交。如果附有翻译人员翻译的真实、准确英文翻译件,并已获得公证人或法律授权其他人员的宣誓证明,则即使附件为外语,也可提交。

(b) 应打印根据法案要求提交的声明、修订内容、附件或通知,但如果此类手写文件字迹清晰，或者以登记机构可接受的电子格式予以提交，则可接受此类文件。

（c）如果通过复制过程制作的任何文件副本清晰且易读，则可以根据法案进行存档。

（d）应对各相关表格上的各项目做出回应，除非登记人在表格中另有明确指示。如果项目不适用或对项目的适当回应为"无"，则应对此做出明确声明。

［376-67 号命令，32 FR 6362，1967 年 4 月 22 日，经 2674-2003 号命令，68 FR 33630，2003 年 6 月 5 日修订］

2.2.14　§5.207 通过引用纳入信息

（a）每份初始、补充和最终声明均应为完整文件。不允许通过参考之前提交的声明来合并信息。

（b）表格中回复任何项目的空间不足时，应在该空间内指出参考完整的插入页，并在其上重新注明项目编号和查询并给出完整答案。不应使用小于整页尺寸的插页和附页。

2.2.15　§5.208 外国委托人的披露

代表 1 名以上外国委托人的登记人需在其根据法案提交的声明中列出根据法案第 3 节，其无权要求豁免的外国委托人。

2.2.16　§5.209 员工信息

登记人应在其根据法案提交的声明中仅列出因职责要求，而直接参与促进外国委托人利益活动的员工。

2.2.17　§5.210 登记人活动和支出信息中要求的详细额度

当声明需具有必要程度的特异性，以便对登记人为实现代理关系之目的而采取的各项重要步骤进行有意义的公开评价时，该声明在法案第 2(a) 节第 6 条和第 8 条的含义内属于"详细"声明。

2.2.18　§5.211 初始报表涵盖的 60 天期限

法案第 2(a) 节第 5、7 和 8 条中提及的 60 天期限应自登记人承担登记义务之时起计算,而非提交初始声明之时起计算。

2.2.19　§5.300 确立豁免可用性的责任负担

根据法案确立登记豁免可用性的责任应由要求豁免的人员承担。

2.2.20　§5.301 法案第3(a)节项下的豁免

(a) 只要外国政府的领事官员获得国务卿的正式承认,则无论是临时承认还是通过领事证书承认,均应视为根据法案第3(a)节获得正式认可。

(b) 法案第3(a)节针对正式委派的外交或领事官员的豁免具有个人性质,其范围不包括办公室、主管当局或其他实体。

2.2.21　§5.302 法案第3(b)和(c)节项下的豁免

法案第3(b)和(c)节规定的豁免不适用于其中所述的任何人,除非已向国务卿提交经全面签署并表明其在外国政府处的状态的《状态通知》(表格 D.S. 394)。

2.2.22　§5.303 国际组织认可人员可获得豁免

根据《国际组织豁免法》中所载规定,对于外国政府指定为其在国际组织中或派驻为代表的人员,除美国国民外,可免于根据法案进行登记,但前提条件是其已正式通知国务卿且国务卿接受此类人员作为代表、官员或员工,且此类人员只能从事已认可属于其官方职能范围内的活动。

2.2.23　§5.304 法案第3(d)和(e)节项下的豁免

(a) 第3(d)节中使用的术语"贸易或商业"应包括商品、服务或任何种类财产的交换、转让、购买或销售。

(b) 就法案第3(d)节而言,法案第1(c)节定义的旨在促进此类外国委托人的善意贸易或商业的外国委托人代理人活动应视为"私人"性质,且,只要这些活动不直接促进外国政府的公共或政治利益,则即使该等外国委托人属于外国政府或由其控制,亦如此。

(c) 就法案第3(d)(2)节而言,代表外国公司从事政治活动的人员,即使全部或部分属于外国政府,只要政治活动并非由外国政府或外国政党指导,且政治活动不直接促进外国政府或外国政党的公共或政治利益，也不会视为主要服务于外国利益（即，政治活动未直接促进外国公司的善意商业、工业或金融业务）。

（d）如果任何人为其外国委托人或其利益从事法案第 1(o)节所定义的政治活动，则法案第 3(e)节规定的豁免不适用于其中所述的任何人。

［376 - 67 号命令，32 FR 6362，1967 年 4 月 22 日，经 463 - 71 号命令，36 FR 12212，1971 年 6 月 29 日修订；2674 - 2003 号命令，68 FR 33630，2003 年 6 月 5 日］

2.2.24 §5.305 法案第 3(f)节项下的豁免

除非总统在《联邦公报》上公布，出于本节之目的指定其认为对美国国防至关重要的国防国家，否则法案第 3(f)节规定的豁免不适用。

2.2.25 §5.306 法案第 3(g)节项下的豁免

就法案第 3(g)条而言——

（a）除在司法程序、刑事或民事执法调查、调查或诉讼过程中，或者在法规或条例要求进行备案的机构诉讼过程中外，试图影响或说服机构人员或官员应仅包括与制定、采用或改变美国国内或外交政策或与外国政府或外国政党的政治或公共利益、政策或关系有关的影响或说服尝试；

（b）如果在美国政府机构中担任外国委托人法律代表的律师未以其他方式需要按照既定机构程序披露其委托人的身份，则必须按照法案的本节向当时委托其作为法律代表的各机构人员或官员进行此类披露。证明已做出所需披露的责任应由要求豁免的人员承担。

［376 - 67 号命令，32 FR 6362，1967 年 4 月 22 日，经 463 - 71 号命令，36 FR 12212，1971 年 6 月 29 日修订；2674 - 2003 号命令，68 FR 33630，2003 年 6 月 5 日］

2.2.26 §5.307 法案第 3(h)节项下的豁免

就法案第 3(h)节而言，根据《1995 年游说公开法》，2 U.S.C. 1601 及后续条款（LDA）进行登记的责任应由要求豁免的人员承担。司法部将接受根据 LDA 提交的正式执行的登记声明作为登记的初步证据。不论何种情况下，如果外国政府或外国政党是主要受益人，则不会承认第 3(h)节中的豁免。

2.2.27　§5.400 信息材料留档

（a）根据法案第 4(a)节要求向司法部长提交的信息材料应在信息材料开始传送后 48 小时内向登记机构提交。

（b）不论何时，根据法案第 4(a)节提交信息材料时，如果需要进一步传播相同材料，不得要求外国委托人的代理人向登记机构转交额外的副本。

（c）除非司法部长助理特别指示，否则登记人无需提交其代表外国委托人传播的电影副本，只需提交关于传播资料的月度报告。在此类情况下，该等登记人应向登记机构提交显示法案第 4(b)节所要求标签的电影胶片，或者证明所要求标签已成为电影一部分的宣誓书。

［376－67 号命令，32 FR 6362，1967 年 4 月 22 日，经 523－73 号命令，38 FR 18235，1973 年 7 月 9 日修订；568－74 号命令，39 FR 18646，1974 年 5 月 29 日；2674－2003 号命令，68 FR 33631，2003 年 6 月 5 日］

2.2.28　§5.402 信息材料贴标

（a）在本部分的含义范围内，只要信息材料在其开始处明显进行标记或盖章，并附有说明法案第 4(b)节所要求信息的声明，则视为信息材料贴有标签。

（b）根据法案第 4(b)节要求贴标签的信息材料以及印刷品形式的信息材料，应在此类材料的开头进行显著标记或盖章，并附上以其中使用的一种或多种语言发表的声明，说明法案第 4(b)节要求的此类信息。

（c）法案第 4(b)节要求贴标签但并非印刷品形式的信息材料应附上声明，说明法案第 4(b)节要求的此类信息。

（d）外国委托人的代理人通过电视或广播或安排通过电视或广播传送的信息材料，应通过合理调整的声明进行介绍，以向观众或听众传达法案第 4(b)节要求的此类信息。

（e）外国委托人的代理人在美国通过邮件或者州际或外国商业市场内的任何方式或手段传送或导致传送包含信息材料的静态或动态电影时，应在此类电影的开头插入合理调整的声明，以向观众传达法案第 4(b)节要求的此类信息。

（f）就法案第 4(e)节而言，必须在信息材料或信息请求之前或之后附上的声明应为书面形式。

［376－67 号命令，32 FR 6362，1967 年 4 月 22 日，经 2674－2003 号命令，68

FR 33631,2003 年 6 月 5 日修订]

2.2.29 §5.500 账簿和记录保存

（a）登记人应根据法案第 5 节中所载规定，保留和保存以下账簿和记录：

（1）所有外国委托人与所有其他人之间的，涉及登记人代表其任何外国委托人或为其利益而举行的活动的所有往来信件、备忘录、海底电报、电报、电传信息和其他书面通信。

（2）除外国委托人以外，往来于所有人员的涉及登记人的政治活动或登记人的任何外国委托人的政治活动的信件、备忘录、海底电报、电报、电传信息和其他书面通信。

（3）登记人与其任何外国委托人之间所有书面合同的原件。

（4）包含信息材料发送对象的姓名和地址的记录。

（5）与登记人代表其任何外国委托人的活动相关的所有簿记和其他财务记录，包括注销支票、银行对账单以及收入和支出记录，显示向登记人支付款项或从登记人处收到款项的所有人员的姓名和地址、此类支付或收到的具体金额，以及支付或收到各项目的日期。

（6）如果登记人属于公司、合伙企业、协会或其他个人组合，则还包括所有会议记录。

（7）此类账簿或记录将披露登记人所有员工和代理人的姓名和地址，包括不再担任此类员工或代理人的人员。

（8）适当反映需要登记的活动所需的其他账簿、记录和文件。

（b）本节第（a）款所列的账簿和记录应按照法案第 5 节中所载规定，以便于查阅和检查的方式保留和保存。

（c）登记人应在根据§5.205 终止其登记后，将本节第（a）款所列的账簿和记录保留和保存 3 年。

（d）向司法部长助理提供充分的书面理由后，可以允许登记人销毁支持其在申请销毁之日前 5 年或以上提交的初始或补充声明中所提供信息的账簿和记录。

［376-67 号命令，32 FR 6362，1967 年 4 月 22 日，经 2674-2003 号命令，68 FR 33631,2003 年 6 月 5 日修订］

2.2.30 §5.501 账簿和记录查阅

根据法案第 5 节，国家安全局和联邦调查局的官员有权检查§5.500（a）所列的账簿和记录。

[376 - 67 号命令,32 FR 6362,1967 年 4 月 22 日,经 523 - 73 号命令,38 FR 18235,1973 年 7 月 9 日修订;2865 - 2007 号命令,72 FR 10068,2007 年 3 月 7 日]

2.2.31 §5.600 公众查阅记录

根据法案第 4(a)节提交的登记声明、信息材料、传播报告和政治宣传副本应在正式工作日公布的营业时间内在登记机构供公众查阅。

[376 - 67 号命令,32 FR 6362,1967 年 4 月 22 日,经 2674 - 2003 号命令,68 FR 33631,2003 年 6 月 5 日修订]

2.2.32 §5.601 可用记录和信息的副本

(a) 支付§5.5 规定的费用后,可从登记机构获得登记声明及其补充材料、修正案、附件、信息材料、传播报告以及公共文档中包含的政治宣传和其他材料的副本。

(b) 向登记机构提出要求后,可获得关于登记声明和补充材料、修正案、附件、信息材料、传播报告以及公共文档中所含政治宣传和其他材料的副本费用,或者对这些材料的研究和信息,以及准备此类文件或信息所需时间的信息。费率规定见§5.5。

(c) 登记机构可酌情根据书面请求,通过使用现有程序对记录进行计算机搜索。向登记机构提出要求后,可获得关于进行此类计算机搜索的费用和进行此类计算机搜索所需时间的信息。计算机检索记录的书面请求应包括登记机构规定金额的保证金,该金额是登记机构对实际费用的估计。不得要求登记机构改变或开发进行搜索的程序。费率规定见§5.5。

[1757 - 93 号命令,58 FR 37420,1993 年 7 月 12 日,经 2674 - 2003 号命令,68 FR 33631,2003 年 6 月 5 日修订]

2.2.33 §5.800 10 天申报要求期限

如果对登记声明的修改不晚于期限的第 10 天投递到美国邮件,则应视为法案第 8(g)节规定的 10 天提交要求得到满足。

2.2.34 §5.801 10 天申报要求期限后的活动

根据法案第 8(g)节规定的缺陷通知,在 10 天期限内对其登记声明进行修改的登记人可以在此期限之后继续作为外国委托人的代理人，除非收到登记机构的不符合通知。

[376 - 67 号命令,32 FR 6362,1967 年 4 月 22 日,经 523 - 73 号命令,38 FR 18235,1973 年 7 月 9 日修订]

2.2.35 §5.1101 司法部长报告副本

司法部长向国会提交的《1938 年外国代理人登记法》报告副本,经修订后,应由登记机构向公众出售,收费不低于生产和分销的实际成本。

[1757 - 93 号命令,58 FR 37420,1993 年 7 月 12 日]

第 3 章

评　　述

3.1

此消彼长：经济自由主义与经济民族主义视角下美国外国投资国家安全审查法律制度研究 *

3.1.1 引言

经济民族主义和经济自由主义是一对相对的概念，在后危机时代的大背景下，单边主义、保护主义在全球化浪潮冲击下变得更加对立且激烈。在不断追求外国直接投资带来的经济利益最大化的同时，许多东道国对外国直接投资带来的潜在弊端和不利影响更加警惕，国家安全也受到了越来越多的关注。外国投资国家安全审查正是东道国为维护国家安全，对有危害或者危害之虞的外商投资进行审查，并通过禁止、附缓和协议等手段以化解对国家安全威胁的法律制度。然而，外国投资国家安全审查毕竟是对资本自由流动限制的一种措施。正如联合国贸发会在《世界投资报告》中指出："在应对经济危机和各自挑战的过程中，呈现增长趋势的国家干涉暗含着各国诉诸投资保护主义的风险。"①

美国作为全球最大外商投资东道国之一，其经济因外国投资产生了巨大的动能和活力，然而外资对美国企业的控制是否会对国家安全造成潜在危害一直是美国外国投资政策中"一个长期存在的争议话题"。② 自 20 世纪 70 年代设立以来，外国投资委员会（CFIUS）成为美国政府监测和化解外国投资者收购国内企业所引发国家安全问题的主要工具，其寻求在营造开放投资环境和保护国家安全间取得平衡。但名义上的寻求平衡并不意味着实践上天平两端之轻重一成

* 本节作者：陈睿毅、沈伟。

① UNCTAD. *World Investment Report 2013*. p. 92，27 Jun，2013，https://unctad.org/system/files/official-document/wir2013_en.pdf.

② Edward M. Graham and David M. Maechick. *US National Security and Foreign Direct Investment*. Washington，DC：Peterson Institute for International Economics，2006.

不变；相反，伴随国内外形势变化和随之产生的经济民族主义与经济自由主义的此消彼长，CFIUS对待外国投资所采取的立场也反复发生变化。与此同时，世界范围内外国直接投资额的逐年上升，并购交易复杂性的提高，外商投资内容、类型的不断更新等客观现实呼唤着审查范围、审查工作机制、审查流程、申报制度、监督实施和违规处理等相关法律制度的日臻完善。由于外国国家安全审查制度会增加外国投资者的非生产性成本，[①]如何在政策变动中寻求到一条内外改善的治理进路，不再屡次因莫须有的"安全担忧"而遭拒，也是矢志拓宽海外市场的外国企业所要检视之因素。

加入WTO 20多年来，中国的外国投资国家安全审查已形成以2019年颁布的《外商投资法》为框架、2020年出台的《外商投资安全审查办法》为填充、《外商投资准入特别管理措施（负面清单）》为补充所构成的较为先进的制度性安排。然而，无论是法律制度还是实务操作，世界各国对于外国投资国家安全审查争议很大，"闭门造车""黑箱作业""政治泛化"等指摘层出不穷，如何调和保护国家安全与投资自由化之间的冲突，避免走入投资保护主义和反全球化歧途，是所有开放国家都要面对的问题，我国亦概莫能外。考虑到美国的经济地位与政策的全球效应、改革趋势与危机的时间节点关系，以及成熟市场对我国企业治理、制度设计的"拔高效应"等因素，笔者认为对美国外国投资国家安全审查法律制度进行调研，结合他国在美投资法律攻防案例，以点带面分析我国海外收购的现实难题与治理思路，并完善我国的外国投资国家安全审查制度，一是更好指导我国企业对外投资，强化我国投资企业的合规性；二是能够抓住"后发优势"，厘清美国制度的优势和缺点，在我国立法时扬长避短。据此，本文聚焦美国外国投资国家安全审查现状，进而深入思考美国相关制度对我国立法部门的借鉴和对投资企业的参考价值，兼具理论与现实意义。

基于此，本文第二部分叙述美国外国投资国家安全审查法律法规的出台背景及发展沿革；第三部分重点讨论美国外国投资国家安全审查制度的实体性和程序性规定；第四部分讨论CFIUS审查史上若干法律战攻防对抗的案例，并分析所涉法律问题，探究中国投资者赴美投资合规性措施和困难破解之道、中国政府的应对之策；第五部分根据美国相关制度得失针对性提出对我国的立法建议。

---

① 李先腾：《后危机时代中企海外收购面临的安全审查困局及治理路径——以美国CFIUS监管机制为切入点》，《交大法学》2014年第2期，第109页。

3.1.2　美国外国投资国家安全审查法律制度出台背景及发展沿革

美国的外国投资政策始终与全球化的兴衰交织在一起。[①] 从全球化前夜默默无闻的"事实调查和报告工具"到全球化兴盛时期的"外资准入系统审查官",[②]再到逆全球化时代的"国家安全开创判断者与主动决策者",CFIUS 职能的扩大源于基于不同时代背景所形成的一系列法律赋权。经济全球化趋于深入,每一次经济自由主义与经济民族主义的博弈,都会导致 CFIUS 立法与执法立场的转变,对美国国内投资环境造成深刻影响。

3.1.2.1　萌芽期:20 世纪 80 年代中期前的安审制度

CFIUS 的历史可以追溯到一个多世纪以前。在美国进入第一次世界大战前夕,德国对美国化工等与战争有关行业的收购曾引发人们,对在美国投资的德国公司可能有超出正常商业运作秘密计划的担忧。国会随后通过《1917 年对敌贸易法》,赋予总统在战争和国家紧急状态期间审查任何涉及国家安全的交易,并在认为必要时控制或禁止此类交易等广泛权力。[③] 在大萧条和第二次世界大战(简称二战)期间,国际投资流量急剧下降。20 世纪五六十年代的繁荣时期,许多遭受二战破坏的国家正在重建其经济,因此与美国资金外流相比,外国对美国的投资很少,直至 1977 年,美国始终是资本净输出国。[④]

20 世纪 70 年代,由于美国石油价格的飙升,石油输出国组织(OPEC)成员国积累了大量的美元利润,而与此同时美国经济遭遇了滞胀,美元贬值。石油资源丰富的 OPEC 国家开始通过收购美国公司的方式将其美元储备投资于美国市场,人们担心这些公司会利用对美国实施石油禁运所获得的盈余来购买美国的关键资产,认为有必要对它们进行审查。[⑤] 由于缺乏专门处理外国直接投资国家安全问题的机制,且"劝阻国会不要颁布新的限制措施",[⑥]福特总统于 1975

① Cheng Bian. *National Security Review of Foreign Investment: A Comparative Legal Analysis of China, the United States and the European Union*. New York: Routledge, 2020.
② 参见美中关系全国委员会、荣鼎咨询:《双行道:中美双边直接投资 25 年全景图》,第 114 页。
③ Heath P. Tarbert. Modernizing CFIUS. *George Washington Law Review*, Vol.88, 2020, p.1482.
④ Edward M. Graham and David M. Maechick. *US National Security and Foreign Direct Investment*. Washington, DC: Peterson Institute for International Economics, 2006.
⑤ Jose E. Alvarez. Political Protectionism and United States International Investment Obligations in Conflict: The Hazards of Exon-Florio. *Virginia Journal of International Law*, Vol.30, No.1, 1989, pp.3-4.
⑥ U.S. Congress, House Committee on Government Operations, Subcommittee on Commerce, Consumer and Monetary Affairs. The Operations of Federal Agencies in Monitoring, Reporting on and Analyzing Foreign Investments in the United States. Hearings. 96th Cong., 1st sess., Part 3, July 30, 1979. Washington: GPO, 1979. pp.334-335. (Hereinafter cited as The Operations of Federal Agencies, part 3.)

年发布了第 11858 号行政命令，CFIUS 因而正式成立。1976 年《国际投资调查法案》更是通过立法明确赋予总统及美国行政部门收集"国际投资"信息，并使用这些投资信息向国会、行政机构和民众提供相关分析报告的权利。萌芽中的 CFIUS 是一个跨 6 个部门的机构，由财政部长主持，国务卿、国防部长、商务部长、总统经济事务助理和国际经济政策委员会主任（1980 年通过第 12188 号行政命令替换为经济顾问委员会主席，且新增美国贸易代表）组成，其工作职权和目的仅仅是监测外国投资对美国经济可能产生的影响，并协调美国外国投资政策的实施。[①] 具体来说，CFIUS 当时的有限权力包括安排编制外国在美投资趋势和重大发展的分析报告、指导外国政府就拟在美重大投资进行的先行磋商安排、对认为可能对美国国家利益产生重大影响的美国投资进行审查、考虑有关外国投资的新立法或规章建议。[②] 成立之初，CFIUS 确实在安全审查问题上有发言权，但它基本上保持了沉默。因职能模糊且缺乏执法权，CFIUS 在现实中无法阻止或取消交易，[③]是一个没有实质性审查权的机构。据统计，在成立后的头 5 年里，CFIUS 仅举行了 10 次会议；[④]在成立后的 10 余年，仅审查了 29 例外国投资。[⑤]

总体而言，二战后至 20 世纪 80 年代中期，尽管对外国直接投资的流入感到有些"不安"，但无论是卡特总统 1977 年"不偏向不反对在美国的外国投资"的正式声明，还是里根总统 1983 年"保持美国经济最大限度的外国投资开放"的政策目标，[⑥]美国对外国直接投资整体上持欢迎态度的，或者说对待外国投资的立场至少是中立的。全球化前夜，经济民族主义在与经济自由主义交锋情形下并未占据上风，国家安全审查制度尚未被频繁启动。

3.1.2.2 发展期：20 世纪 80 年代中期至 21 世纪前 10 年的安审制度

从 20 世纪 80 年代中期开始，随着信息技术革命的兴起，各种技术要素在高

---

① Executive Order 11858 of 7 May 1975, Foreign Investment in the United States, 40 FR 20263, 3 C.F. R., 1971 - 1975 Comp., p.990.

② The American Presidency Project. *Executive Order 11858—Foreign Investment in the United States*, https://www.presidency.ucsb.edu/documents/executive-order-11858-foreign-investment-the-united-states.

③ Joanna Rubin Travalini. Foreign Direct Investment in the United States: Achieving a Balance between National Economy Benefits and National Security Interests. *Northwestern Journal of International Law & Business*, Vol.29, 2009, pp.779,783 - 784.

④ House Committee on Government operations. *The Adequacy of the Federal Response to Foreign Investment in the United States*. Pub. L. No.96 - 1216, 94 Stat. 3701, 3710 (1980).

⑤ 135 CONG. REC. H902 (daily ed. Apr. 3, 1989) (statement of Rep. Wolf).

⑥ W. Robert Shearer. The Exon-Florio Amendment: Protectionist Legislation Susceptible to Abuse. *Houston Law Review*, Vol.30, 1993, pp.1729,1747.

新科技依托下,呈现出高强流动的特征,各国之间的依赖程度日益紧密。① 跨国公司在海外的快速扩张很大程度上使得全球外国直接投资井喷式增长。这一阶段经济自由主义作为时代主流,主导着美国对待外国投资的立场,而有关国家安全审查日渐清晰的法律制定,与其说是对外国投资的限制与约束,不如说是维护资本自由流动基础上对本国安全利益的微调与校正,其本质没有改变美国对待外国投资欢迎态度。

1.《埃克森-弗洛里奥修正案》

20 世纪 80 年代,伴随着日本经济的飞速发展和《广场协议》签署后日元的急剧升值,日本公司蜂拥进入美国市场寻求投资机会,导致美国的外国直接投资激增。② 富士通 1986 年试图收购飞兆半导体,对日本企业收购美国敏感行业企业的担忧促使国会将审查制度从单纯的监督转变为注重系统审查。③ 最终该收购案成为导火线,很大程度上推进了《埃克森-弗洛里奥修正案》的制定。

在《埃克森-弗洛里奥修正案》制定前,总统仅可根据《国际经济紧急权力法案》授权总统在紧急状态下对某些国家采取行动,然而没有任何法律赋予总统在某项特定交易威胁到国家安全,尤其是不符合宣布紧急状态条件的情况下,阻止外国收购某家美国公司或命令撤资的明确具体权力。④

为扭转 CFIUS 成立以来外国投资国安审查制度形同虚设的局面,国会于1988 年颁布了《埃克森-弗洛里奥修正案》作为 1950 年《国防生产法》第 721 节。《埃克森-弗洛里奥修正案》规定了外国投资国家安全的基本审查程序,其授权总统可以在未事先宣布紧急状态的情况下调查、暂停或阻止对国家安全构成威胁的外国合并、收购或接管等投资或者命令其撤资。⑤ 虽然《埃克森-弗洛里奥修正案》授予总统新的权力,但它也试图对这些权力施加合理的限制。总统只有在以下情况下才能暂停或禁止外国交易:① 有可信的证据表明,由于所涵盖交易而获得美国企业或其资产权益的外国人可能会采取威胁损害国家安全的行动;

---

① 陈辉庭:《经济全球化对国际法的挑战》,《中共福建省委党校学报》2011 年第 1 期,第 45 页。

② James K. Jackson. Congressional Research Service. RL33388, The Committee on Foreign Investment in the United States (CFIUS), 7(2020).

③ Xingxing Li. National Security Review in Foreign Investments: A Comparative and Critical Assessment on China and U.S. Laws and Practices. *Berkeley Business Law Journal*, Vol.13, 2016, pp.255, 261.

④ Yang Wang. Incorporating the Third Branch of Government into U.S. National Security Review of Foreign Investment. *Houston Journal of International Law*, Vol.38, 2016, pp.323, 329.

⑤ James K. Jackson. Congressional Research Service, RL33312, The Exon-Florio National Security Test for Foreign Investment (CFIUS), 3(2013).

②总统判断，除本修正案和《国际紧急经济权力法》外，没有其他美国法律为总统保护国家安全提供充分和适当的权力。在作出决定时，总统可以考虑各种因素，包括国内产业是否能够满足国防和安全要求。做出暂停或禁止交易决定后，总统应向国会提交书面报告。

《埃克森－弗洛里奥修正案》颁布 4 个月后，里根总统发布了第 12661 号行政命令，增加了司法部长和管理预算办公室主任为 CFIUS 成员，并将总统外国投资国家安全审查权下放给 CFIUS，这使得 CFIUS 实质上从一个信息收集工具变成了一个监管机构，只要其认为美国国家安全受到威胁，就可以向总统建议拒绝该外国投资。1991 年 11 月，财政部颁布了《埃克森－弗洛里奥修正案》的最终规定，并建立了自愿非正式磋商制度，同时对决定交易是否属于审查对象的"控制"要件做了定义。[1]

在 2018 年《外国投资风险审查现代化法案》(FIRRMA)颁布之前的 30 年中，由《埃克森－弗洛里奥修正案》形成的 CFIUS 审查流程大体上是一致的：① 与 CFIUS 进行自愿非正式磋商；② 开始正式程序中 30 天外商投资审查期；③ 在审查期间确定有危害国家安全之虞的，进入额外的 45 天调查期；④ 调查仍不能确定的，由总统在 15 天内做出接受、阻止或对合并施加条件的最终决定，并向国会提交书面报告(如图 3-1-1 所示)。

值得一提的是，《埃克森－弗洛里奥修正案》的制定过程可谓一波三折，反复修改，拉锯 3 年，才最终得以签署施行。首先，参议院与总统之间的博弈，埃克森参议员在富士通收购案发生后要求总统阻止交易，但里根总统以潜在威胁不紧急为由拒绝。旋即埃克森向国会提交立法提案，要求授权美国总统基于国家安全的考虑，直接阻止某些入境并购交易，而无需援引在特定专门领域对外国投资进行限制的《国际紧急经济权力法》。其次，政府内一些官员也质疑是否有必要在国家安全审查方面制定单独的专门法律，因为在敏感和战略部门，如能源、航空、航运和广播，以及反垄断措施、国防工业计划和敏感技术出口管制措施等方面的现有立法，已经足以监管美国的外国直接投资。[2] 这体现了当时美国很大一部分人的意见，他们认为该提案建议与美国长期以来宣称的开放的外国直接投资政策不一致。再次，朝野各界对所涵盖交易的争议，根据最初起草的条款，

① James K. Jackson. Congressional Research Service，RL33312，The Exon-Florio National Security Test for Foreign Investment (CFIUS)，No.6，2013.
② Cheng Bian. *National Security Review of Foreign Investment: A Comparative Legal Analysis of China, the United States and the European Union*. New York：Routledge，2020.

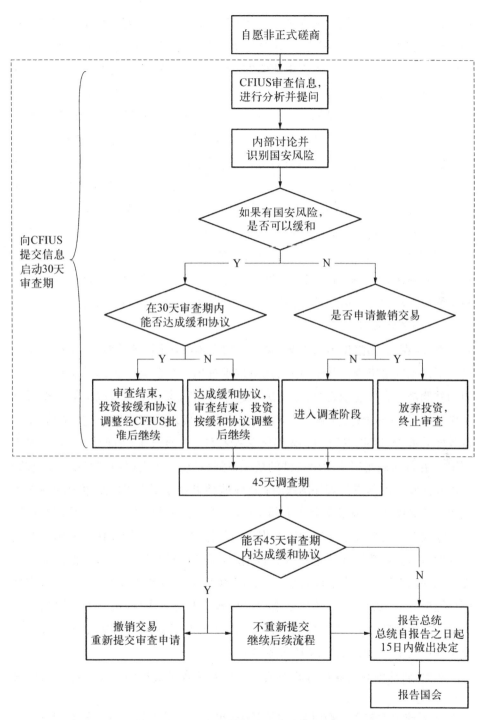

图 3-1-1 美国外国投资国家安全审查基本流程图(1988—2018 年)

该条款将考虑影响美国国家安全和基本商业的投资，而这超越传统国安审查中"国家安全"的军事、国防概念，而包括经济商业部分，政府反对这方面的建议，并最终成功地促使国会从该措施中删除"基本商业"一词，实质上缩小了总统在决定时必须考虑的因素，进而缩小总统自由裁量权。《埃克森-弗洛里奥修正案》较严苛限制"国家安全"定义的态度与日后2007年的《外商投资和国家安全法案》（FINSA）以及2018年的FIRRMA大相径庭，后两者事实上已将"基本商业"纳入"国家安全"范畴，且所涵盖交易有扩大适用之趋势。由是观之，20世纪80年代，在经济全球化的激励下，国会并不打算让《埃克森-弗洛里奥修正案》改变美国普遍开放的外国投资环境，也不打算直接阻止外国投资于那些被认为不符合国家安全利益的行业。此外，《埃克森-弗洛里奥修正案》强调的是对总统权力的限制，其严格限制总统启动审查的条件，法条行文中透露要识别风险更要注意审查尺度的强调，从而不给外国投资带来不合理负担，这更体现了全球化开始时的坚定开放立场，与20多年后经济民族主义兴起后的场景有着天壤之别。

2.《伯德修正案》

在《埃克森-弗洛里奥修正案》颁布后的5年内，CFIUS共对16宗投资交易进行了国家安全审查。其中，中国航空技术进出口总公司对美国马姆科制造公司的并购被老布什总统否决，成为美国建立外资国家安全制度以来第一个被勒令撤资的案件。[①] 国会普遍认为，主权国家及其代理机构或媒介的收购需要进行额外的审查，因此在《1993财年国防授权法》中通过了《伯德修正案》，要求CFIUS在同时满足以下两个要件的情况下强行进入45天以内调查期：① 收购人由外国政府控制或代表外国政府；② 收购结果是控制在美国从事州际商业的人而可能影响美国国家安全。不同于《埃克森-弗洛里奥修正案》中总统只在做出暂停或禁止交易决定才须向国会报告，《伯德修正案》要求CFIUS向国会提供总统做出"是否"暂停或禁止外国交易决定详细解释的书面报告，使得批准交易决定亦暴露在国会完全的监督之下，使CFIUS对国会更加负责。1993年，克林顿总统根据第12860号行政命令增加科技政策办公室主任、国家安全顾问和总统经济政策助理为CFIUS成员。2003年，小布什总统又通过第13286号行政命令增加国土安全部长为CFIUS成员。

然而，启动国有企业强行调查的第二个要件含义之理解引发了部分国会议

---

① 彭岳：《外资并购国家安全审查中的权限配置问题：中美之间的差异及启示》，《国际商务研究》2012年第4期，第55页。

员对 CFIUS 批准交易决定的怀疑。在随后几年，两者就 45 天调查期究竟是 CFIUS 自由裁量权还是强制性调查义务未能形成共识。迪拜世界港口公司收购英国半岛-东方航运公司案的争议，更使得这种分歧明朗化。该收购在达成缓和协议后，未进入 45 天调查期便在"不会危害国家安全"的结论下，得到了 CFIUS 的批准，但国会议员以迪拜世界港口公司由阿联酋政府所有为由，认为 CFIUS 未按照《伯德修正案》进行国有企业强行调查，很明显他们的逻辑起点在于认为"危害国家安全"是形容外国国企控制美国从事州际商业的人之描述性状态，凡是外国国企的在美直接投资都需要进行国有企业强行调查，进而主张 45 天调查期是 CFIUS 的强制性义务。而政府把"危害国家安全"作为启动国有企业强行调查的前提条件，而"危害国家安全"是政府的自由裁量空间，基于与迪拜世界港口公司谈判的安全缓和协议，该交易不会影响美国的国家安全，无需进入 45 天调查期。在持续不绝的争议中，迪拜世界港口公司最终妥协，调整收购计划，向第三方转售了美国港口的经营业务。①

事实上，国会议员和政府的出发点并不同，前者以"9·11"恐怖袭击为教训，着重担忧阿联酋公司可能获得美国有关港口的情报，危及国家安全，而政府则是在辩护投资确保安全的同时坚守投资自由化，力求公平公正的投资准入，如时任总统布什所言"我现在正努力执行外交政策，对世界人民说，'我们将公平对待你'"。② 讽刺的是，除了为让 CFIUS 执行自己提案和主张而一直在努力修改立法的国会议员们，多年后的政府亦贯彻起"美国优先"的政策，为外国投资者缓缓竖起了一堵"高墙"，国有企业和关键基础设施分别在 FINSA 和 FIRRMA 中完全成为强行调查启动的类型，外国国有企业无论其是否威胁国家安全、外国人只要控制包括海港在内的任何关键基础设施，CFIUS 都要启动 45 天以内的强行调查，且该期间内 CFIUS 不得提出任何建议、批准缓和协议或建议总统暂停或禁止投资。今非昔比，政府之态度变化成为美国经济自由主义转向经济民族主义的一个缩影。

《伯德修正案》也扩大了 CFIUS 的交易审查范围，在决定是否暂停或禁止一项对外交易时，其规定，CFIUS 可以考虑拟议或未决交易对向恐怖主义、导弹扩散或化学和生物武器扩散的任何国家销售军事货物、设备或技术的潜在影响。此外，CFIUS 可以考虑"拟议或未决交易对美国国家安全领域国际技术领导地位的潜在

---

① 王振华：《迪拜世界港口公司无奈调整收购计划》，http://finance. sina. com. cn/j/20060317/00002424130.shtml.

② Richard Simon. *Bush to Fight for Port Deal*, 22 Feb, 2006，https://www.latimes.com/archives/la-xpm-2006-feb-22-na-ports22-story.html.

影响"，而这或许就是之后"关键部门"外国投资国安审查的源头和雏形。

3.《外国投资和国家安全法》 2007年出台的FINSA是行政部门与国会对立妥协的结果，旨在继续保持对外国直接投资友好形象的同时，对可能给美国国家安全带来危害的外国投资持谨慎态度。[①] 因此，FINSA在程序严谨性和问责制方面均有所强化。该法正式将CFIUS确立为一个具有明确法律地位的政府实体，并将其结构和流程编成法典。

首先，FINSA变更了CFIUS的组成成员，参与审批表决过程的美国政府部门包括司法部、国土安全部、商务部、国防部、国务院和能源部，新增美国国家情报总监和劳工部部长为无表决权的当然成员，同时授权总统根据具体案件增加成员。[②] 根据FINSA规定，国家情报委员会被要求在20天内分析外国交易对国家安全构成的威胁，以便CFIUS能够依据情报意见采取相应对策。此外，除财政部长外，作为特定交易所属具体领域分管部门的CFIUS成员机构亦将发挥主导作用，负责谈判和监督缓和协议，以确保决策具有专业性。

其次，FINSA为审查和调查交易，特别是涉及外国政府或关键基础设施的交易制定了更严格的规则。国有企业、关键基础设施、能源资产和关键技术等对国家安全的影响成为CFIUS是否启动强行调查、总统是否做出暂停或禁止交易决定的考虑因素。FINSA还为CFIUS设立了执行缓和协议的具体权力，并且明确设置了"常青条款"，即如果CFIUS在事后发现一方"提交了虚假或误导性的重要信息"或"遗漏的重要信息"，其有权重新开始审查和调查已获批准的交易并撤销批准，即使已达成缓和协议。

再次，FINSA加强了国会监督。在不低于助理部长的级别上，财政部和牵头机构必须向国会证明，CFIUS在其得出的任何审查结论中"未解决的国家安全问题不再存在"，还必须应国会要求提供有关CFIUS已完成审批程序的外国并购和收购的机密简报。[③] 此外，FINSA要求CFIUS向国会提交一份年度报告，详细说明这一年中完成的所有审查和调查，包括对所有申请、调查、撤销、决

---

① Cheng Bian. *National Security Review of Foreign Investment: A Comparative Legal Analysis of China, the United States and the European Union.* New York: Routledge, 2020, p.102.

② 2008年，小布什总统根据执行第13456号行政命令又增加了美国贸易代表和科技政策办公室主任作为CFIUS成员。United States House Committee on Ways and Means, *Overview and Compilation of U.S. Trade Statutes, Part I of II (2010 Edition),* Washington DC: US Government Printing Office, 2011, p.191.

③ CFIUS. *Committee On Foreign Investment In The United States Annual Report To Congress Public Version (2008 Edition),* https://www.treasury.gov/resource-center/international/foreign-investment/Pages/cfius-reports.aspx.

定或行动的分析，以及 CFIUS 为保护美国国家安全所使用的方法。

　　FINSA 出台的时间点决定了它是处于十字路口的一部法律。2008 年金融危机的即将爆发、中国相较于西方的快速崛起，经济民族主义和经济自由主义之趋势即将走向"死亡交叉"，质变前夜的量变在逐渐积累，映射在了 FINSA 的条文之中。一是启动条件上，在 FINSA 出台前，只有 CFIUS 3 个以上成员认为确有必要时才启动国安审查，而在 FINSA 及财政部颁布《外国人合并、收购和接管规定》后，只要经一个有表决权的成员要求，就要启动国安审查。这实质意味着外国投资准入门槛的提高，国安审查启动的日益频繁加之"国家安全"定义的模糊使得"越来越多的外国投资者认为 CFIUS 程序是他们在美国投资的主要障碍"。① 二是在国有企业审查上，原先由《伯德修正案》所确立的有条件国企强行调查被修改成无条件强行审查，仅在财政部长或者副部长和牵头机构证明不存在国家安全威胁才可能存在例外，这实际上是通过建立个人责任制来防止CFIUS 以委员会集体名义频繁拒绝启动国有企业强行调查的可能性，而再次出现上述"迪拜世界港口公司收购英国半岛-东方航运公司案"之争议。②

　　3.1.2.3　变化期：后危机时代以《外国投资风险审查现代化法案》为核心的安审制度

　　一方面，2008 年全球金融危机后，原先的资本输出大国无力恢复对外投资，西方低迷疲软的经济状况使中企嗅到了商机，借助资本相对优势加快了海外扩张之步伐。另一方面，后危机时代全球秩序及监管变革如火如荼，监管者与被监管者在监管空间和监管主张上的主导权之争，改变了全球经济活动"去监管化"与"再监管"的格局。加强监管和审慎监管成为金融危机后的世界主流趋势，③各国民族主义和保护主义下之行政管制不断强化，在法律和政治层面影响到中国企业"出海"。在此背景下，美国国会两党和政府形成共识，视中国为"全面战略竞争对手"，试图通过规则"囚困"中国。可资参考的是，CFIUS 历史上曾对 5 项交易使用过总统禁令，其中 4 项投资方与中国相关④（如表 3-1-1 所示）。

---

① Harry L. Clark, Jonathan W. Ware. Limits on International Business in the Petroleum Sector: CFIUS Investment Screening, Economic Sanctions, Anti-Bribery Rules, and Other Measures. *Texas Journal of Oil, Gas and Energy Law*, Vol.6, 2010, pp.75, 86.

② Jason Cox. Regulation of Foreign Direct Investment After the Dubai Ports Controversy: Has the US Government Finally Figured Out How to Balance Foreign Threats to National Security Without Alienating Foreign Companies? *The Journal of Corporation Law*, Vol.34, 2008, pp.293, 306-307.

③ 李喜莲、邢会强：《金融危机与金融监管》，《法学杂志》2009 年第 5 期，第 13—14 页。

④ George Bush. *Order on the China National Aero-Technology Import and Export Corporation Divestiture of MAMCO Manufacturing, Incorporated*, 1 February 1990, https://www. （转下页）

表 3-1-1　总统做出禁止交易决定的外国投资情况（1988—2018 年）

收 购 方	被收购方	所属部门	所谓对美国国家安全威胁	总统决定时间（年）	总　统
中国航空技术进出口总公司	美国马姆科制造公司	飞机部件制造	收购方国有企业，很可能获得军事发动机技术	1990	老布什
Ralls 公司和三一集团	美国特纳能源控股公司	风力发电场	被收购方靠近军事设施	2012	奥巴马
福建宏芯基金及其德国子公司	德国爱思强公司美国业务	半导体	收购方可能会滥用被收购方掌握的敏感导弹防御系统技术	2016	奥巴马
中国私募基金凯桥资本	美国莱迪斯半导体公司	半导体	收购方为外国政府控制，被收购方涉及具有军事应用的技术	2017	特朗普
新加坡博通公司	美国高通公司	信息技术和通信	被收购方保持美国技术领先地位	2018	特朗普

　　参议院共和党党鞭约翰·科宁将中国作为假想敌，认为中国等潜在对手利用现有 CFIUS 审查流程中的漏洞，通过收购美国公司或其他投资方式有效削弱了美国的军事技术优势。损害了国家安全。他强力推动了 FIRRMA 的颁布和

（接上页）presidency. ucsb. edu/documents/order-the-china-national-aero-technology-import-and-export-corporation-divestiture-mamco; Barack Obama, The White House, Office of the Press Secretary. *Order Signed by the President Regarding the Acquisition of Four U. S. Wind Farm Project Companies by Ralls Corporation*, 28 September 2012, https://obamawhitehouse. archives.gov/the-press-office/2012/09/28/order-signed-president-regarding-acquisition-four-us-wind-farm-project-c; Barack Obama, The White House, Office of the Press Secretary. *Presidential Order Regarding the Proposed Acquisition of a Controlling Interest in Aixtron SE by Grand Chip Investment GMBH*, 2 December 2016, https://obamawhitehouse. archives. gov/the-press-office/2016/12/02/presidential-order-regarding-proposed-acquisition-controlling-interest; Donald J. Trump, The White House. *Order Regarding the Proposed Acquisition of Lattice Semiconductor Corporation by China Venture Capital Fund Corporation Limited*, 13 September 2017, https://trumpwhitehouse. archives. gov/presidential-actions/order-regarding-proposed-acquisition-lattice-semiconductor-corporation-china-venture-capital-fund-corporation-limited; Donald J. Trump, The White House. *Presidential Order Regarding the Proposed Takeover of Qualcomm Incorporated by Broadcom Limited*, 12 March 2018, https://trumpwhitehouse. archives. gov/presidential-actions/presidential-order-regarding-proposed-takeover-qualcomm-incorporated-broadcom-limited.

CFIUS 的改革,试图加强国家安全审查力度,将中国企业拒之门外,以应对"前所未有的世纪威胁"。[①] 在国会和政府所形成的共识之下,2018 年 8 月 13 日,特朗普总统签署了 FIRRMA,该法案扩大了 CFIUS 的管辖范围,以化解对外国利用某些传统上属于 CFIUS 管辖范围之外类型进行投资所造成国家安全威胁的担忧。其明确赋予 CFIUS 对主要涉及中国投资者特定类型的外国直接投资进行审查的新权力,包括房地产投资、通过私人股本进行少数股权投资、通过非控股的投资方式参与涉及"关键技术"或"关键基础设施",或"美国公民敏感性个人信息"投资、美中合资企业等渠道领域。CFIUS 还获得了更多的拨款、更全面的人员配备和更长的审查期,并正式规定了更彻底的实质性缓和协议披露。

随后,围绕 FIRRMA,财政部作为 CFIUS 的领导机构出台了相关配套法规和实施细则。首先是根据 FIRRMA 授权,财政部于 2018 年 10 月 10 日出台了部分执行 FIRRMA 法案的"试行计划",对"试行计划可管辖交易"的具体类别进行规定。即根据《北美产业分类体系》(NAICS)罗列了"试行计划"下受到监管的 27 项产业类别,并要求这些类别外国投资人无论是否取得控制权,只要是通过交易能够取得重要以及关键的非公开高科技信息,或者在该高科技企业占有董事席位,或者有权参与该高科技企业的业务策划、发展方向等决定,就必须强制向 CFIUS 进行申报,从而改变了试点项目生效以前所有的 CFIUS 所涵盖交易均自愿申报之情态。[②] 之后,财政部不断完善有关 CFIUS 管辖权和强制申报投资范围的规定。2020 年 2 月 13 日,美国财政部若干"新规"同时生效,包括细化 CFIUS 审查所涵盖交易内容、扩大强制性申报范围及规定外国人在美国从事某些房地产交易的审查程序。2020 年 10 月 15 日,《强制性申报规定最终规则》(简称《最终规则》)生效,其改变了"试行计划"和"新规"中强制申报的对象。具体而言,《最终规则》的重大修改包括两项,一是修改了强制申报条款的范围,引入"美国监管授权"和关键技术表决权两项内容以取代 NAICS 产业类别;二是修改了对"重大权益"的定义。拜登政府上台后,CFIUS 的改革并未停滞,而是继续向前推进,持续扩大 CFIUS 的管辖权。最新动向包括 2021 年 4 月,《2021 年军事设施和靶场保护法》提交参议院银行委员会审议,该法案要求 CFIUS 对得

---

① *Cornyn, Feinstein, Burr Introduce Bill to Strengthen the CFIUS Review Process, Safeguard National Security*, 22 Feb 2006, https://www.cornyn.senate.gov/content/news/cornyn-feinstein-burr-introduce-bill-strengthen-cfius-review-process-safeguard-national.

② 罗华、孙裕吉:《中国企业赴美投资——美国外国投资委员会(CFIUS)立法改革以及试行计划》,微信公众号"金杜研究院",2019 年 7 月 26 日。

到俄罗斯、中国、伊朗或朝鲜政府支持的外国房地产交易进行强制性审查；[①]5月，参议员马可·卢比奥和约翰·科宁提出了参议院 1745 号法案，要求涉及基因信息的任何投资交易都必须向 CFIUS 提交申请，并要求美国卫生与公众服务部参与咨询；[②]6月，《2021 年美国创新和竞争法案》在参议院获得通过，根据该法案第 3138 节，CFIUS 对某些外国赠与高等院校的礼物和与高等院校签订的合同有权进行审查。[③]

总而言之，现行 FIRRMA 及相关法规总体上具有对华针对性，同时由于其立法着重对关键技术、关键基础设施和个人敏感性数据等新兴领域的监管，其影响势必是深远的。

3.1.3 美国外国投资国家安全审查法律制度的框架及主要内容

现行 CFIUS 依据经修订的 1950 年《国防生产法》第 721 节、经修订的第 11858 号行政命令以及《联邦规则汇编》第 31 编第 8 章行使工作职权。其中，《国防生产法》第 72 节即历经《埃克森-弗洛里奥修正案》《伯德修正案》、FINSA、FIRRMA 四部法律增删而成；行政命令主要规定了 CFIUS 的组成成员及其职权、主持机构权力、总统决定、缓和协议达成；经修订的第 11858 号行政命令，总统授权财政部颁布执行《国防生产法》第 721 条的规则条例，这些法规被涵盖在了《联邦规则汇编》第 31 编第 8 章中，包括《关于外国人在美国进行某些投资的规定》(31 C.F.R. part 800)、《最终规则》(31 C.F.R. part 800)、《关于审查涉及外国人员和关键技术的某些交易的试点方案的决定和暂行规定》(31 C.F.R. part 801)以及《关于外国人员在美国从事某些房地产交易的规定》(31 C.F.R. part 802)等。此外，2020 年 10 月 15 日生效的《最终规则》中在"关键技术强制申报"中明确并细化了 FIRRMA 中以美国国务院《国际武器贸易条例》(ITAR)、美国商务部《出口管理条例》(EAR)、能源部管理协助某些外国原子能活动的条例、核监管委员会管理某些核设备和材料进出口的条例这四大出口管制标准为内容的"美国监管授权标准"来确定"关键技术"包含范围。

---

① Protecting Military Installations and Ranges Act of 2021 § 2(a)(2).

② Marco Rubio. *Rubio Introduces Bills to Counter Growing Threat of China's Collection of American's Genomic Data*, 20 May 2021. https://www.rubio.senate.gov/public/index.cfm/2021/5/rubio-introduces-bills-to-counter-growing-threat-of-china-s-collection-of-american-s-genomic-data.

③ 该法案尚待众议院通过和总统签署生效。See United States Innovation and Competition Act of 2021 § 3138 (2021).

3.1.3.1　实质性层面：审查的要件

1. 审查机构及其组成成员

如上所述 CFIUS 是根据第 11858 号行政命令设立的一个机构间机构，最初由福特总统于 1975 年 5 月颁布，现行职权为负责对涉及国家安全的拟议交易进行逐案审查。经历了组成成员变动沿革。根据 FIRRMA，其由美国 9 个部门和办公室的主要官员组成，即财政部长、国土安全部长、商务部长、国防部长、国务卿、司法部长、能源部长、劳工部长和国家情报总监。在上述 9 个部门和办公室中，劳工部长和国家情报局局长这两个部门和办公室在外国投资委员会中担任当然职务，然而在审查过程中没有表决权。同时，总统根据适当情况，一般或逐案确定任何其他行政部门、机构或办事处的负责人。[①] 此外，经第 13546 号行政命令修订后的第 11858 号行政命令亦以总统授权方式，将美国贸易代表和科技政策办公室主任列为 CFIUS 正式成员。此外，有 5 名其他机构官员在 CFIUS 中只担任观察员职务，并酌情参加外国投资委员会的活动并向总统报告，即管理和预算办公室主任、经济顾问委员会主席、负责国家安全事务的总统助理、负责国家安全事务的总统助理和负责国家安全事务的总统助理。[②]

2. 所涵盖交易

CFIUS 采用了"所涵盖交易"一词以形容其有权管辖的外国投资。在 FIRRMA 生效之前，CFIUS 只能审查会导致外商"控制"一家美国企业的兼并、收购。然而，最新 FIRRMA 及随后配套法规重新定义了"所涵盖交易"。现行 CFIUS 管辖包括三大交易类型：一是外国企业对美国企业取得实质性控制。二是投资项目涉及或毗邻敏感不动产。三是无论是否取得实质"控制"，只要是通过交易能够取得重要以及关键的非公开高科技信息，或者对董事会或类似业务管理机构的投票权或观察员权，或者参与除通过股份表决外企业使用、开发、收购或发布关键技术的实质性决策，任何在 TID 领域对与其非关联美国企业的投资，包括：① 产生、设计、测试、生产、制造或者开发关键技术（T, technology）；② 拥有、运营、制造、提供为关键基础设施或为其提供服务（I, infrastructure）；③ 保留、维护或搜集美国公民敏感的个人信息而可能威胁到美国国家安全（D, data）。外商投资者在美国企业中现有权益变动从而可能导致外商对该企业产生"控制"

---

① 50 U. S. Code §4565(k)(2).

② Executive Order 11858(as amended by Executive Order 13456) §3.

或从属其他所涵盖投资，及任何其他旨在规避 CFIUS 监管的交易、转让、协议、安排和构架亦会被 CFIUS 审查。[①]

第一，外国企业对美国企业取得实质性控制。从外商投资类型上说，"所涵盖交易"中明确的"1988 年 8 月 23 日之后任何由外商主导或者有外商参与的可以导致外商对美国企业产生'控制'的合并、收购和接管"[②]有三种情况。一是外国人的合并或收购导致实际控制一家美国企业，无论交易条款中预先规定的控制权安排如何；二是，外国人将美国企业的控制权转移给不同的外国人的合并或收购；三是，外国人的合并或收购导致控制一家外国公司的美国分公司或美国附属公司；四是，外国人与一家美国企业的合资企业，外国人可以控制该合资企业。[③]

从"控制"的解释上说，现行美国外国投资国家安全审查制度并未采用形式说，即并非只有外国投资所持股份超过 50% 才受 CFIUS 审查，而是实质判断外国投资是否对美国公司决策产生关键影响，如果是，则属于"控制"。[④] 根据《关于审查涉及外国人员和关键技术的某些交易的试点方案的决定和暂行规定》第800.208 节，"控制"一词是指直接或间接的权力，无论是否通过拥有实体中未偿表决权总权益的多数或占支配地位的少数、董事会成员、代理投票、特殊股份、合同安排、一致行动的正式或非正式安排或其他方式行使，决定、指导或决定影响实体的重要事项。[⑤]

[①] 50 U. S. Code §4565(a)(4)(B)(iv) and §4565(a)(4)(B)(v).

[②] 50 U. S. Code §4565(a)(4)(B)(i).

[③] 31 C.F.R. part 800. §800.301.

[④] 需要澄清的是，部分学者根据"导致外国人仅持有美国企业 10% 或以下的投票权权益的被动投资目的交易不属于所涵盖交易"[See 31 C.F.R. (2021 edition) part 800. §800.302(b) and §800.243, or See 31 C.F.R. (2008 edition) part 800. §800.302(b) and §800.223]之规则，认为实践中 CFIUS 以一种宽泛的方式解释"控制"，只要外国实体拥有一家美国公司 10% 以上的股份，就被视为获得"控制权"（甚至即使外国对美国实体的所有权低于 10%，也可能构成外国控制，除非证明该交易完全是出于被动投资的目的）。See Xingxing Li. National Security Review in Foreign Investments：A Comparative and Critical Assessment on China and U.S. Laws and Practices. *Berkeley Business Law Journal*，Vol.13，2016，pp.255，290.这种理解具有偏差，事实上混淆了兜底条款和"控制"标准。"持股 10%""被动投资"关涉 CFIUS 案件管辖的排除及例外情况，至多可作为实践经验和对案件现象之总结，而非"控制"的判断标准。在法规有具体对"控制"定义的前提下[See 31 C.F.R. (2021 edition) part 800. §800.208, or See 31 C.F.R. (2008 edition) part 800. §800.204]，不存在判例造法而将两者作为"控制"标准的可能。由于此前的 CFIUS 审查范围只有"控制标准"，符合"控制标准"就是"所涵盖交易"，在解释上将现象与标准混为一谈问题不大。然而，FIRRMA 的颁布将控制性交易和非控制性其他特定交易并列，将"10% 以上股份"和"控制权""所涵盖交易"都画等号就侵蚀了"非控制性其他特定交易"之内容，不符合 CFIUS 案件管辖之现实。

[⑤] 31 C.F.R. part 800. §800.208(a).

第二，外国企业投资项目涉及或毗邻敏感不动产。无论是否取得实质"控制"任何由外商购买、承租或许可的坐落在或者部分靠近某些机场、海港和美国政府其他具有国家安全敏感性财产及军事设施的私人或公共不动产。① 2020 年 2 月 13 日"新规"更是细化到以下诸方面：

（1）根据联邦航空管理局（FAA）的定义，规定受审查机场为主要客运和货运机场基于民用和军用飞机的数量和联合使用机场；

（2）区分不同距离以对应不同不动产交易审查对象，包括相关军事设施或其他设施或美国政府财产 1 英里范围内的区域为"近距离"，1—100 英里之间的区域为扩展范围，距离美国 12 海里以内为离岸范围；

（3）明确不动产交易中"所涵盖审查"之例外，如：① 澳大利亚、加拿大和英国这些位于"白名单"上国家的政府或个人之交易；② 城市化地区和城市群；③ 住房单位（即单套住房）；④ 外国人及其关联公司对该建筑物内的商业用房合计持有、出租或享有特许权的面积不超过该建筑物商业用房总面积、总住户的 10%；⑤ 原住民不动产交易。②

第三，关键技术。对关键技术的外国投资国家安全审查集中体现了美国垄断先进科技，维护其科技领先和供应链顶端地位的意图。随着科技的产业部门细化和对以中国为首的竞争对手的技术封锁逐渐加强，关键技术的定义和内容不断更新。从 FIRRMA 仅规定大致原则方向的《国际武器贸易条例》（ITAR）、美国商务部《出口管理条例》（EAR）、能源部管理协助某些外国原子能活动的条例、核监管委员会管理某些核设备和材料进出口的条例这四大出口管制技术和《出口管制改革法》（ECRA）项下规定的"新兴基础技术"，③到 2018 年 10 月"试行计划"罗列 27 项以 NAICS 产业类别为标准的技术，④再到 2020 年 2 月"新规"延续 27 项 NAICS 产业类别同时对"加密软件、产品、技术"进行豁免，⑤最终在 2020 年 10 月的《最终规则》确定通过引入"美国监管授权"和关键技术表决权两项内容，由 NAICS 产业类别转向出口管制许可要求以定义"关键技术"。

---

① 50 U. S. Code § 4565(a)(4)(B)(ii).
② 31 C.F.R. part 802. § 802.211－§ 802.216.
③ 50 U. S. Code § 4565(a)(6).
④ Farhad Jalinous, Karalyn Mildorf, Keith Schomig, Cristina Brayton-Lewis. *CFIUS: FIRRMA Pilot Program Mandates Notification for Certain Critical Technology Transactions*, 13 Oct 2018, https://www.whitecase.com/publications/alert/cfius-firrma-pilot-program-mandates-notification-certain-critical-technology.
⑤ 31 C.F.R. part 800. § 800.215.

虽然《最终规则》主要规定强制申报的相关事项，但根据体系解释，其中对"关键技术"的定义可运用于 CFIUS 整个审查制度。根据《最终规则》，关键技术不再考虑是否用于 NAICS 编码所指定的行业。取而代之的是，若美国企业生产、设计、测试、制造、装配或开发的关键技术向交易中的外国投资者或持有外国投资者权益的人进行出口、再出口，国内转让或再转让时，须得到"美国监管授权"（ITAR、EAR、能源部管理协助某些外国原子能活动的条例、核监管委员会管理某些核设备和材料进出口的条例）的，则交易内容属"关键技术"。

ECRA 指定的"新兴基础技术"亦被视为 FIRRMA 中所指的"关键技术"。直至今日，"新兴基础技术"一直缺乏明确定义，完整统一的新兴基础技术清单也遭遇"难产"。有批评认为"阻碍了 CFIUS 履行其职责的能力，需要美国国会进一步考虑新兴基础技术清单推迟的原因以及应对之策"。① 作为临时性替代措施，商务部工业和安全局（BIS）通过制定预先通知、临时清单、新的 ECCN 编码等方式频繁更新"关键技术"内涵。2020 年 1 月 6 日 BIS 发布了临时清单，将人工智能软件分析地理空间图像和点云的技术定义为一种对美国国家安全至关重要的新兴技术。② 6 月 17 日，BIS 再将 24 种易制毒化学品和一次性生物培育箱列为新兴科技。③ 10 月 5 日，BIS 出台新规，又新增了六项涉及数控、半导体、航空等对美国国家安全至关重要的新兴技术作为"关键技术"。④

第四，关键基础设施。CFIUS 被授权制定有关对拥有、制造、供应或服务关键基础设施的美国企业的投资规定，以指定可能对美国国家安全至关重要的关键基础设施（即对美国十分重要以至失效或破坏将对国家安全造成破坏性影响的实体或虚拟系统和资产）并施加限制。

① Emma Rafaelof, U. S.-China Economic and Security Review Commission, *Unfinished Business: Export Control and Foreign Investment Reforms*, 1.

② Bureau of Industry and Security, Commerce. *Addition of Software Specially Designed To Automate the Analysis of Geospatial Imagery to the Export Control Classification Number 0Y521 Series*, 6 Jan 2020, https://www. federalregister. gov/documents/2020/01/06/2019-27649/addition-of-software-specially-designed-to-automate-the-analysis-of-geospatial-imagery-to-the-export.

③ Bureau of Industry and Security, Commerce. *Implementation of the February 2020 Australia Group Intersessional Decisions: Addition of Certain Rigid-Walled*, *Single-Use Cultivation Chambers and Precursor Chemicals to the Commerce Control List*, 17 June 2020, https://www.federalregister.gov/documents/2020/06/1_7/2020-11625/implementation-of-the-february-2020-australia-group-intersessional-decisions-addition-of-certain.

④ Bureau of Industry and Security, Commerce. *Implementation of Certain New Controls on Emerging Technologies Agreed at Wassenaar Arrangement 2019 Plenary*, 5 Oct 2020, https://www. federalregister. gov/docum ents/2020/10/05/2020-18334/implementation-of-certain-new-controls-on-emerging-technologies-agreed-at-wassenaar-arrangement-2019.

2001 年的《爱国者法案》和 2002 年的《国土安全法案》是这一行动的先例，它们定义了关键行业和国土安全，并将这些行业的责任分配给各个联邦政府机构。FINSA 引用了这两项法案，并在关键行业和国土安全方面借用了它们的法条语言。"9·11"恐怖袭击后，国会通过并由布什总统签署了《2001 年美国爱国者法案》。在该法案中，国会为关键基础设施进行了定义，并确定了可能作为国家关键基础设施组成部分考虑的某些经济部门，包括电信、能源、金融服务、水、交通、网络和其他实体或虚拟对维持美国的国防、政府连续性、经济繁荣和生活质量至关重要的基础设施服务部门。① 次年，国会将《爱国者法案》中有关关键基础设施的条款纳入了 2002 年的《国土安全法案》。② 此外，《国土安全法案》将关键资源添加到关键基础设施（CI/KR）列表中，并将这些资源定义为"对经济和政府最低限度运作至关重要的公共或私人控制的资源"。③ 通过一系列指示，国土安全部确定了 17 个属于关键基础设施/关键资源定义范围内的经济部门，并将这些部门的主要责任分配给各个联邦部门和机构，这些部门和机构被称为部门特定机构（SSAs）。2008 年 3 月 3 日，国土安全部部长切尔托夫签署了一份内部备忘录，将关键制造业列为 CI/KR 名单上的第 18 个部门。2013 年，关键行业名单通过总统政策指令（PPD-21）进行了修改。该指令列出了 3 个战略当务之急，作为联邦政府加强关键基础设施安全和弹性的方法的驱动因素：① 完善和澄清整个联邦政府的职能关系，以促进全国团结一致的努力，加强关键基础设施的安全和韧性；② 通过确定联邦政府的基准数据和系统要求，实现有效的信息交流；③ 实现集成和分析功能，为关键基础设施的规划和运营决策提供信息。该指令将识别关键行业和协调各政府机构的主要职责分配给了国土安全部。该指令还为其他机构分配了职责，并指定了对美国基础设施至关重要的 16 个部门。在 FIRRMA（见表 3-1-2）下，"关键基础设施"一词适用于 28 个领域（如电信、能源和交通）以及特定的业务功能。④

① 　42 U.S.C. §5195c.
② 　6 U.S.C. §101(4).
③ 　6 U.S.C. §101(9).
④ 　28 个关键基础设施领域被确定为：① 互联网协议或电信服务；② 某些互联网交换点；③ 海底电缆系统；④ 海底电缆登陆系统；⑤ 潜艇登陆设施数据中心；⑥ 为国防部服务的卫星或卫星系统；⑦ 为重大国防采办项目制造或经营的工业资源；⑧ 根据 DX 优先级合同生产的任何工业资源；⑨ 任何制造特定特种金属、化学武器、碳制品、合金、钢板及其他规定材料；⑩ 由《国防生产法案》、工业基础基金、快速创新基金、制造技术计划、国防后勤防御计划或国防后勤机构激增与维持计划资助的任何工业资源；⑪ 电力储能系统；⑫ 任何与散装电气系统相连的任何电气存储系统；⑬ 军事设施的电能生产、输送、分配；⑭ 大功率系统使用的工业控制系统或者直接与军事设施配套的设施；⑮ 某些炼油厂；⑯ 若干原油储存设施；⑰ 部分 LNG 进出口码头或天然气地下储存设施；⑱ 具有系统重要性的　（转下页）

第五，敏感性个人信息。FIRRMA 实施后，敏感性个人信息保护得到了强化，外国投资设计若涉及可能被利用来威胁国家安全的敏感个人数据包括美国企业维护或收集的 10 类数据，则需要经 CFIUS 审查交易才可继续，包括：① 针对敏感人群，如美国政府人员，定制产品或服务；② 维护或收集超过 100 万人的个人资料；③ 有明确的目标维护或收集超过 100 万个人的数据作为其主要产品或服务的一部分。[①] 这些数据还包括财务、地理位置、健康状况等。财政部强调，起草这些参数是为了向企业申请审查提供尽可能多的清晰度和确定性。

现行外国投资国家安全审查制度还同时规定了不属于 CFIUS 管辖的交易类型。如 FIRRMA 明确豁免对外国投资人作为有限合伙人且基金全权由美国管理人管理，外国投资人不能直接或者间接控制基金的重大决策和接触重要非公开技术信息的基金投资项目的审查。[②] 再如财政部明确将几种类型的外国投资排除在"所涵盖交易"之外。首先是股票分割或按比例分配的股票股，但前提是不涉及控制权的变化；其次是仅出于被动投资的目的，由持有美国企业 10％以下已发行投票权的外国人进行的合并或收购；然后是外国人仅作为证券承销商收购证券；最后是为履行与忠诚、担保或意外伤害有关的保险合同义务而进行的收购。[③] 总之，绿地投资和间接投资可以免于国家安全审查。

3. 需考虑的因素

按照 FIRRMA，CFIUS 在审查期间应考虑到以下 11 个因素(参见表 3-1-2)。

(1) 满足预期国防需求的国内生产；

(2) 满足美国国防要求的国内工业的能力和容量；

(3) 为满足国家安全的要求，外国投资者对国内工业和商业活动的控制程度；

(4) 所涉交易对向被国务卿确定为支持恐怖主义的国家、或被国防部长确定为构成潜在区域军事威胁的国家、或被列入"核不扩散特别国家名单"的任何国家出售军事物资、设备或技术的潜在影响；

(5) 对美国国际技术领先地位的潜在影响；

(接上页)金融市场公用事业；⑲ 某些金融市场交易所；⑳ 重大服务提供者计划中的技术提供者；㉑ 任何被指定为国防部战略铁路走廊网络一部分的铁路线；㉒ 某些州际石油管道；㉓ 某些州际天然气管道；㉔ 州际石油、天然气管道使用的工业控制系统；㉕ 某些机场；㉖ 若干海上港口、码头；㉗ 公共供水系统；㉘ 公共供水系统或污水处理厂使用的工业控制系统。

① 31 C.F.R. part 800. § 800.241.

② 50 U. S. Code § 4565(a)(4)(D)(iv).

③ 31 C.F.R. part 800. § 800.302.

表 3-1-2　实质性层面 FIRRMA 对美国外国投资国家安全审查的修改(管辖)

改革内容	FIRRMA 生效前	FIRRMA 生效后	对中国投资人的影响
一、对 CFIUS 管辖权的扩展:FIRRMA 最具影响力的改革主要在于新法案对主要术语的定义,尤其是对主要受 CFIUS 审查的"交易"一词的定义。这些主要术语的定义又将 CFIUS 的管辖范围从"会导致外国人士控制美国公司的合并、收购和超半数收购交易",扩大至包括四类其他交易			目前 FIRRMA 对于 CFIUS 管辖权的扩展只是提供了一个大致的框架,具体扩展到什么程度需要 CFIUS 通过法规加以明确。如果不加限制地将所有这几类交易都纳入 CFIUS 审查的范围,每年 CFIUS 审查的交易可能数以万计。考虑到 CFIUS 据传在 2017 年收到 235 例申报的情况下已经出现的不堪重负的情况,CFIUS 通过法规将审查限定在特定的交易意内是势必必行的做法。所以,CFIUS 后续对这几类交易的具体审查范围如何界定,将是值得关注的重点。可以肯定的是,中国投资人对涉及"关键基础设施""关键技术"以及"敏感个人的敏感个人的
敏感不动产交易	目前法规并未明确 CFIUS 对不动产交易的管辖权。在实践中曾经出现过从国家安全角度出发,对不动产买卖交易进行审查,尤其是有敏感性居户任所或者靠近军事基地(如军事基地和训练地点)的不动产的买卖	CFIUS 对不动产买卖有明确的管辖权。此外,其辖区范围扩展到特定的房产租赁,赠与购买或其他不动产。包括"购买设施或其他不动产"在机场/港口内或利用使用,以及空置土地的买卖。毗邻美国军事设施或为外国人士提供收集情报的能力,或会将此类房产置于外国监视下,则此类交易在 CFIUS 审查范围内。特定城市区域的单一家庭住宅的交易不在管辖范围内。具体细则则有待 CFIUS 出台后续法规加以规定	
回避审查交易	CFIUS 的法规规定,CFIUS 对目的为规避 CFIUS 审查的交易有审查权	FIRRMA 将委员会的审查范围扩大至"其结构设计为或旨在回避或规避"CFIUS 审查的任何交易、转让、协议或安排。虽然 CFIUS 已经(通过法规)解释了其管辖范围包括意在避免审查的交易,但 FIRRMA 通过法令确认了其对回避审查交易的管辖权	
涉及关键基础设施、关键技术或敏感个人数据的"任何其他投资"	CFIUS 的管辖权被局限在收购控制权的投资内,控制的构成因素比较复杂;目前法规并未明确 CFIUS 对敏感个人	根据 FIRRMA 规定,与"关键技术"或"关键基础设施"相关,或是能维护或收集"美国公民敏感个人数据"的其他投资"均须接受 CFIUS 的审查。FIRRMA 将"受管辖交易"扩大至"其他投资",此类"其他投资",包括"非直接"投资。此类"其他投资",只要符合以下任一条件,即须接受审查。此类条件包括:在涉及关键基	

续 表

改革内容	FIRRMA 生效前	FIRRMA 生效后	对中国投资人的影响
	信息相关交易有管辖权。 实践中出现过 CFIUS 对可能导致外国人获取美国公民个人信息的交易进行审查的案例	础设施，关键技术或敏感个人数据的企业中，给予外国人士"在收购美国企业过程中获得重大非公开权……或提名权"或"任何权限""董事会成员席位，旁听，参与实质性决策过程的权利"除通过投资股份投票了大至了非控制性投资，但又将此扩展限制在了（几乎与惯常理解无异的）国家安全问题的范围内。譬如，FIRRMA 将"关键基础设施"定义为"对美国国家安全会造成不利影响的实体或虚拟系统与资产"；同时，根据定义，"关键技术"包括例如与军需物品，核设备，特定毒素与特定"新兴和基础技术"（将通过跨部门程序进一步定义）有关的多种特定技术；"关键技术"还包含了在"商业控制清单"中，"根据多边贸易体制——包括自国原因或"与国家安全，生化武器扩散或核不扩散或收集秘密个人数据所听有关的原因"而被控制的任何技术；对维护国家安全的方企业的投资，则只有当数据"可能被以威胁国家安全的方式滥用"时，才会被定义为受管辖交易	"数据"领域的投资，势必会受到影响，尤其是政府推动或资助的投资行为可能会受到 CFIUS 的严格审查。考虑到初创公司对于快速融资的要求，额外的审批程序可能会使中国投资人的投资丧失去吸引力
引发权益增加的外国投资	无明确法律法规	FIRRMA 对受管辖交易的定义还包括以下两种会导致受管辖交易的"外国人士在其投资的美国企业中的权利"产生变更的交易：（1）权益变更后，也属于 CFIUS 有权管辖的涵盖交易；（2）在对涉及"美国公民的敏感个人数据"的投资时，权益变更后达到 CFIUS 管辖标准的	

续　表

改　革　内　容	FIRRMA 生效前	FIRRMA 生效后	对中国投资人的影响
涉及破产的交易	无明确的法律法规，CFIUS 在实践中曾审查过从破产程序中衍生的交易	CFIUS 对破产程序中衍生的交易有明确的管辖权	
特殊的排除条款	无明确法律法规	旨在保护外国人士在"投资基金"中的间接投资具体来说，若投资基金全权由非外国的普通合伙人管理，与投资活动关联的咨询委员会成员均不具有控制基金投资决策或任何投资组合公司活动的能力，且非直接投资者并未因为咨询委员会成员身份而得以获取"重大非公开技术信息"（定义为对关键基础设施或关键技术的"认识、知识或理解"），则此类投资不构成 CFIUS 管辖范围内的"任何其他投资"。只要上述条件均得到满足，此类基金投资不构成 CFIUS 管辖范围内的"任何其他投资"简而言之，FIRRMA 并未过度扩展 CFIUS 对于基金非控制性投资的管辖范围	

（6）对美国关键基础设施的潜在国家安全影响；

（7）对美国关键技术的潜在国家安全影响；

（8）所涉交易是否由外国政府控制；

（9）转运或转移具有军事用途的技术的可能性；

（10）美国对能源和其他关键资源和材料的长期需求预测；

（11）总统或外国投资委员会在一般或逐案的基础上认为适当的任何其他因素。①

3.1.3.2　程序性层面：审查的流程

1. 申报通知前的咨询

在提交正式通知之前，"鼓励交易双方向 CFIUS 预先咨询"，并"在适当的情况下，向 CFIUS 提交通知草案或其他适当的文件"，以便"帮助 CFIUS 了解交易情况，以便在正式程序中的申报通知中纳入更多 CFIUS 所需要的补充信息"。② 这种通知前的咨询和通知草案需至少在提交自愿正式通知前 5 个工作日进行。此外，任何一方或多方在此阶段向 CFIUS 披露或提交的所有信息和文件材料将被视为随后提交的正式通知中一部分，并受到信息保密的保护。

关于通知前咨询和通知草案的内容，"CFIUS 不在此阶段就某项交易是否会引起国家安全问题或是否会被视为应予审查的所涵盖交易发表咨询意见"，相反 CFIUS 的通知前咨询涉及任何被认为与拟议交易本身或其国家安全影响有关的信息，包括实质性和程序性事项，因此这种非正式咨询使 CFIUS 成员能够在审查程序正式开始之前确定潜在问题。因此，无论是 CFIUS 成员还是双方大多情况下都很乐意在进入正式审查前预先经历此项非正式步骤。对 CFIUS 成员而言，非正式咨询程序为其审查交易增加了时间，相较正式程序中无论审查还是调查具有的严格时间限制，非正式咨询程序给了 CFIUS 成员更多的时间与参与交易的公司进行协商，以在后续阶段更好、更及时高效地解决潜在安全问题、制定成员认为合适的缓和协议奠定基础。对交易双方来说，事先咨询的保密性保护了他们的商业利益，消减了正式审查所造成的不利益，理由在于外国投资国家安全审查在大众印象中大多是负面或非市场中立的，一旦"遭遇"安全审查，尤其进入调查阶段，往往会造成市场的波动，对公司的股票价格产生负面影响。为尽可能缓解整体盈利之减损，交易双方更多倾向主动进行非正式咨询，尽量满足

---

① 50 U. S. Code § 4565(f).

② 31 C.F.R. part 800. § 800.501(g).

CFIUS 此阶段的明示与暗示，争取不进入正式审查，或即使进入审查，亦可尽快结束审查得出无风险结论，避免进入调查阶段造成股价之下跌和潜在成本的上升。

2. 申报通知

现行 CFIUS 的申报通知包括自愿申报和强制申报两种。自愿申报指任何所涵盖交易的任何一方或当事方可向 CFIUS 主席提交交易的书面通知（或声明书①），从而启动国家安全审查。强制申报目前仅针对外国国有企业"实质性利益"投资和"关键技术"的特定交易。

国有企业的强制申报以外国政府对收购某些美国企业的实体享有"实质性利益"为前提。"最终规则"以 49％ 为国有企业强制申报的边界，无论是国企本身，还是一主要由普通合伙人、管理股东或其他类似身份的实体负责管理、控制或协调，且外国政府持有该普通合伙人、管理股东或其他类似身份的主体 49％ 以上权益的实体，都被视为国有企业享有"实质性利益"，需要提交声明书强制进行申报。②

如前所述，《最终规则》生效后，强制申报语境下的"关键技术"和 CFIUS 所涵盖交易中的"关键技术"词义得到统一，都是四大出口管制标准为内容的"美国监管授权标准"所确定的受管制技术及 ECRA 项下规定的"新兴基础技术"。不过"关键技术"强制申报还需要外国投资者持有至少 25％ 直接或间接投票权益。若一非美国实体的经营活动主要由普通合伙人、管理股东或其他类似身份的主体负责管理、控制或协调，则亦应满足至少持有该普通合伙人、管理股东或其他类似身份的主体的 25％ 的权益。③

此外，《最终规则》项下关键技术强制申报的豁免不适用 EAR 或 ITAR 等出口管制规则本身项下的豁免，而依据在"最终规则"中特别列出的三种的许可例外情形确定，一是限制加密商品、软件和技术（ENC）；二是非受限制技术和软件（TSU）；三是战略贸易授权（STA，一般指特殊授权向美国某些盟国出口的情况）下特定许可例外。④

CFIUS 被要求在 30 天内对声明书或者 45 天内对书面通知作出回应。回

---

① FIRRMA 中增加了申报的简易程序，即在提交书面通知之外新增提交声明书（不超过 5 页）之选择。这种简易程序无论对自愿申报还是强制申报都适用。参见 50 U. S. Code § 4565(b)(1)(C)。

② 31 C.F.R. part 800. § 800.244.

③ 31 C.F.R. part 800. § 800.256.

④ 31 C.F.R. part 800. § 800.401.

应必须以四种方式之一形式进行：① 要求各方提交书面通知；② 通知双方，CFIUS 无法根据声明完成审查，交易双方可以提交通知，要求 CFIUS 书面通知其已完成与交易相关的所有行动；③ 通过代理通知对交易进行单方审查；或 ④ 通知双方 CFIUS 已完成其根据法规采取的行动。

3. 45 天审查

在收到自愿书面通知或单方面通知后，CFIUS 将启动 45 天的审查，从财政部长接受自愿书面通知之日开始，或从单方面启动审查之日开始，以"确定该交易对美国国家安全的影响"。① 如果美国 CFIUS 在初步审查过程中确定该交易是外国政府控制的交易，那么美国 CFIUS 将立即结束初步审查，并对该交易进行调查。② 从《伯德修正案》所确立的有条件国企强行调查，到 FINSA 无条件强行审查，仅在财政部长或者副部长和牵头机构证明不存在国家安全威胁才可能存在例外，再到 FIRRMA 连例外都被取消，体现了美国在经济民族主义影响下，对外国国企投资的提防。

在完成初步审查后，如果 CFIUS 确定拟议交易符合下列情况之一，则最迟在 45 天审查结束前开始调查，包括：① CFIUS 的一名成员（不包括当然成员）向财政部长建议，该交易有可能损害国家安全，而且威胁尚未得到缓和；② 牵头机构建议进行调查；③ CFIUS 确定，该交易将导致外国控制美国的关键基础设施。③ 如果通知的交易未满足启动调查的任何一项标准，那么整个审查过程已完成，拟议收购可以继续进行。

4. 45(+15) 天调查

一旦审查程序进入调查期，所涵盖交易将受到更全面、更严格的审查。在调查期间，美国 CFIUS 将更加注重审查三个事项。

首先，由任何外国人进行的或与任何外国人进行的交易是否会导致外国对美国企业的控制；其次，是否有可信的证据支持外国投资者对该美国企业行使控制权可能采取任何威胁损害国家安全的行动；最后，其他法律条款是否为保护美国国家安全提供了充分和适当的授权。

在特殊情况下，经牵头机构负责人签署的书面请求，CFIUS 主席可将调查延长 15 天。延长调查的请求必须特别说明需要主席延长调查的特殊情况。牵

---

① 50 U.S.C. § 4565(b)(1)(A)(i).
② See 50 U.S.C. § 4565(a)(4).
③ See 50 U.S.C. § 4565(b)(2)(B).

头机构负责人请求延长调查的权力不得委托给牵头机构副负责人(或同等人员)以外的任何人。如果主席根据本款延长了针对涵盖交易的调查,委员会应立即将延长通知交易各方。①

5. 总统决定

在下列情况下,调查结束或终止(当各方在调查期间撤回自愿通知时),美国CFIUS 将提交总统,要求总统作出最后决定:

(1) 美国 CFIUS 建议总统暂停或禁止交易。

(2) 美国 CFIUS 无法就是否暂停或禁止交易作出决定。

(3) CFIUS 要求总统作出最后的总统决定。

总统只有在确有"可信的证据"表明,行使控制权的外国投资者可能会采取损害国家安全行动,且总统认为其他法律条款没有为总统提供"充分和适当的权力"来保护美国的国家安全的情况下才可禁止某项受保护的交易。这种是否采取行动暂停或禁止拟议交易的总统决定需在 15 天内作出。为了落实和执行总统的决定,总统还可以指示司法部长在法院寻求适当的纠正,包括撤资。②

同时,美国法律明确规定,总统有关外国投资国家安全审查的决定和相关行动不受司法审查,③这实际上相当于总统(行政)的一裁终决。

6. 撤回和重新提交通知

已提交自愿通知的所涉交易的一方(或双方)可在美国 CFIUS 审查结束前的任何时候以书面形式要求撤回通知。这种请求应向财政部长提出,除非CFIUS 另有决定,否则原则上将予以批准。因 CFIUS 单方面主动介入而启动的审查,通知也可以撤回,但只能由最初提出通知的 CFIUS 备忘录(或成员)撤回。这种撤回应以书面形式提出申请,且仅在 CFIUS 批准后才会生效。当事人在上一次撤回后可以重新提交通知,只要在财政部长告知当事人并以书面形式规定批准撤回的时间范围内重新提交即可。④

投资人向美国 CFIUS 重新提交申请,具有重启法定时限的效果,而这给了CFIUS 拖延审查期限可乘之机。由于 CFIUS 很多情况下来不及在规定时间内审查完交易,要求交易方重新提交申请以重启法定期限是 CFIUS 惯常做法。据报道,在凯桥资本收购莱迪斯案中,CFIUS 两次要求当事人重新提交申请,使得

---

① See 31 C.F.R. part 800. § 800.507(e).

② See 50 U.S.C. § 4565(d).

③ See 50 U.S.C. § 4565(e).

④ See 31 C.F.R. part 800. § 800.509.

整个审查过程总共超过了 9 个月，才作出最终的总统决定。① 因此，CFIUS 审查的整体实际时间可能远远超过了法定时限，这使审查程序处于较难预测且悬而未决的状态。

7. 缓和协议或条件

CFIUS 或 CFIUS 的其他牵头机构有自由裁量权，可与拟议交易的各方"谈判、订立或强加和执行"任何协议或条件，以减少该交易对国家安全的威胁。为了行使这一权力，CFIUS 首先要进行基于风险的分析，以确定所涉及的国家安全风险，并提出"应对风险所需的合理措施"。②

一旦达成缓和协议或条件，牵头机构基于其专业知识，负责协商、修改、监督和执行该协议或条件。同时，CFIUS 负责"制定和商定评估遵守缓解协议或条件的标准"，并拟议交易严格遵循这种合规性。根据 CFIUS 自己的理解，缓解协议或条件应该是适当的，而且不应该给拟议交易的各方带来不必要的负担。如果美国 CFIUS 或牵头机构确定缓和协议没有得到遵守，可以采取包括使用禁令救济在内的手段纠正不遵守的情况。③

8. 国会监督

在完成审查后，财政部长和牵头机构负责人必须向国会转递一份经核证的通知。在完成调查后，财政部长和牵头机构负责人"在可行的情况下尽快"必须向国会转交一份经核证的书面报告。每份经核证的通知和报告应确认，在 CFIUS 作出决定时，不存在与所涵盖交易有关的未解决的国家安全问题。④

一方面，报告义务反映了国会试图对 CFIUS 决策过程施加更密切的国会监督。另一方面，为了避免国会的过度压力和干预，CFIUS 被要求在正式完成审查程序后，证明已批准交易不涉及国家安全问题。然而，单是报告要求在减少政治化方面是无效的，因为许多高度公开的收购仍然受到国会的反对和干预，最终导致这些交易失败。⑤

值得注意的是，除了全面涵盖报告期内所有通知、审查、调查、撤诉、总统决

---

① Jinsong Zhang, Wei Kao, Zhengyi Pan. *Trump Blocks His First CFIUS Deal — What Can We Learn from it?* 11 Oct 2017, https://www.kwm.com/en/knowledge/insights/trump-blocks-his-first-cfius-deal-what-can-we-learn-from-it-20171011.

② See 50 U.S.C. § 4565(l)(1).

③ See 50 U.S.C. § 4565(l)(3).

④ See 50 U.S.C. § 4565(b)(3).

⑤ Stephen K. Pudner. *Moving Forward from Dubai Ports World The Foreign Investment and National Security Act of 2007. Alabama Law Review*, Vol.59, 2008, pp.1277, 1292.

定和缓解措施的"具体、累积和趋势信息"外,年度报告中还应详细讨论所涵盖的交易对美国国家安全或关键基础设施的所有预期不利影响。①

9．"安全港条款"和"常青条款"

CFIUS 审查结果具有终局性,一般而言不能溯及既往重新审查已审查交易,与此相关的条文被称为"安全港条款"。换言之,在满足某些条件时,已经接受 CFIUS 审查的交易将获得豁免,不受 CFIUS 今后重新审理或重新审查。这些条件包括:① CFIUS 已书面通知一方(或各方),由自愿通知触发的某项交易不属于受保护的交易;② 已书面通知各方,CFIUS 已完成对其拟议交易的所有行动;③ 总统先前已宣布决定不对该交易行使任何权力。②

然而,FIRRMA 生效后,在"安全港条款"之外,又新增了"常青条款"事实上减损了"安全港条款"的效用,不可溯及既往更新为有条件溯及既往,即在任何一方在 CFIUS 审查期间提交了"虚假或误导性的重要信息",或"遗漏了重要信息",或者交易任何一方"故意地和重大地"违反了缓和协议或条件,而 CFIUS 确定没有其他补救措施或可用来处理这种违规行为的执法工具的条件下,美国总统或 CFIUS 可以重新启动对之前已被审查或调查的任何交易的审查,且无时效限制。③

"常青条款"是对既判力原则的超越,当交易的任何一方遗漏了重要信息时,CFIUS 就会重新启动之前审查过的交易。由于现行外国投资国家安全审查法律体系尚未明确规定何为实质性信息,也没有明确规定缔约双方遗漏实质性信息是故意行为还是疏忽行为。因此,即使投资者没有故意遗漏重要信息,也可能会受到 CFIUS 的反复审查。从这个意义上说,各方首先向 CFIUS 提交自愿通知的动机可能更少。此外,重新审查给中国企业在美国已完成投资带来更大的不确定性,这体现了对外国投资的不信任,是经济民族主义的一个缩影。

3.1.3.3　小结

总体上,美国现行外国投资国家安全审查形成了以 FIRRMA(见表 3-1-3)等法律为核心,行政命令为职权支撑,财政部法规为具体实施细则,出口管制法规为技术标准的多层次制度框架,在 CFIUS、各职能部门、总统、国会之前有效搭建起沟通合作之桥梁,并使外国投资国家安全审查法律制度与出口管制法律

---

① See 50 U.S.C. § 4565(m).

② See 31 C.F.R. part 800, § 800.701(a).

③ 50 U.S.C. § 4565(b)(1)(D)(ii), and 50 U.S.C. § 4565(b)(1)(D)(iii).

表3-1-3 程序性层面FIRRMA对美国外国投资国家安全审查的修改（流程及实施）

改革	内容	FIRRMA 生效前	FIRRMA 生效后	对中国投资人的影响
二、对CFIUS审查流程的改革	选择性申报：快速通道	交易双方自愿向CFIUS提交通知，CFIUS收到通知后对交易开始审查。只有当CFIUS认为交易对国家安全有潜在风险的情况下，有权强制要求提交通知。无选择性申报制或强制申报制	对想要获得CFIUS判定的交易方，FIRRMA将允许替代完整审查的一方以"申报"书代的书面通知的一类申报相较完整通知更短（即不超过五页），且FIRRMA要求CFIUS应在30天内对申报做出回复。根据FIRRMA规定，CFIUS可以选择通知申报方提交完整审查，宣布交易已通过审查，自行开展全面审查。因此，对于希望获得一个确认性CFIUS审查申报程序可以作为一个快速通道	强制性申报制推翻了目前CFIUS以自愿通知为原则的审查机制，意味着CFIUS在行使职权上将由被动转为主动。除去有政府背景的投资需强制申报外，CFIUS还可出台法规要求更多的交易进行强制申报。考虑到
	强制性申报：外国政府影响		对于其他类型申报人，FIRRMA要求他们以同等方式作出申报。特别是当是涉及外国主体的"实质性影响"投资，且此主体受外国政府重大"影响"时，此类交易必须向CFIUS提交申报。然而FIRRMA进一步规定，"少于10%的投票权"不会被视为美国企业中的"实质性权益"，因此不会引发强制申报。一旦交易触发了强制申报要求不受到外国政府影响的私有主体在	强制申报对投资人在商业上利益的潜在不利影响，例如规定利益豁免标准就显得尤为重要了。一些特定交易可能不得不针对这些标准，对交易的结构进行调整

续 表

改 革 内 容		FIRRMA 生效前	FIRRMA 生效后	对中国投资人的影响
二、对 CFIUS 审查流程的改革	强制性申报：外国政府影响		按照新规定进行交易申报时——鉴于委员会很可能要求强制性申报交易要面临更多（而非更少）的程序。进行强制性申报的交易双方也可选择提交完整书面通知，以取代申报	
	特殊的例外		在申报要求上，当可能受外国政府影响的交易方以"投资基金"为投资方式时，能享有 FIRRMA 提供的与上述将基金投资从"任何其他交易"类别中免除的条件类似——即基金须由非外国管理合伙人或同等级非外国人士全权管理，任何咨询委员会成员或无法取得任何重大非公开技术信息	
	申报费用与 CFIUS 基金	无	FIRRMA 还允许委员会设定并收取呈报费用，但其数额不能超过（1）交易价格的 1% 或（2）300 000 美元中较小的数额（申报费用不适用"选择性申报"）FIRRMA 还将为属基金委员会及其组成机构设置专属基金。该基金将（和呈报费用一同）被用于促进 CFIUS 各项工作	投资人交易成本上升

续 表

改 革 内 容	FIRRMA 生效前	FIRRMA 生效后	对中国投资人的影响
二、对CFIUS审查流程的改革 审查时间	审查时间一般在30天至90天。具体流程包括在30天的初期审查、45天的调查（如CFIUS认为有必要进行额外调查）、15天的总统审查（在CFIUS递交总统审查的情况下）	初期审查由30天延长至45天调查阶段在"特别情况"下可额外延长15天	大部分即时生效的条款只是将CFIUS目前已经在执行的内容确定下来。因此，在短期内不会对投资人有太多实质性的影响 同时，审查时间的延长和对申请材料的进一步要求，使得投资交易将面临更长冗长的审批流程。一方面增加交易成本，另一方面也降低了中国投资人对投资美国企业尤其是初创公司的吸引力
申请材料	虽然法律法规没有明确规定，CFIUS在实践中已经开始要求交易方提交相关的所有重要材料	CFIUS有权要求交易双方递交与交易相关的所有重要材料，包括股权收购买协议，合伙协议和其他补充协议以及关于知识产权转让的相关协议	
对通知的回复时间	CFIUS对于符合合规要求的通知必须"立即"告知交易双方（但未规定告知的具体时间）	CFIUS在交易双方递交通知/申报的10天内必须做出回复，即10天内必须接受递交的材料或提出意见	FIRRMA的本意是在表面上加快案件的审理速度。但在实践中可能会出现多轮回复影响审理进度的情况，具体效果有待观察
未申报交易		FIRRMA要求CFIUS建立内部程序，来识别交易方既未提交通知也未申报的交易。在此类交易的信息可"通过合理方式获取的"范围内，FIRRMA要求委员会识别这类交易	此项条款——尤其是将其与进一步向委员会提供经济及其他资源的条款一并考虑——似乎意指CFIUS会更为积极地监控未做申报的受管辖交易（并要求申报方提供书面通知或申报）

续　表

改　革　内　容		FIRRMA 生效前	FIRRMA 生效后	对中国投资人的影响
	扩展向国会报告的范围	CFIUS 只需提供汇总的统计数据	CFIUS 须在年度报告中列明其审查的每个交易的详细信息。例如，FIRRMA 要求委员会向国会就其评估交易的当事方、业务性质、委员会的审查与调查结果，做出更深入广泛的报告 FIRRMA 还要求 CFIUS 持续分析其经济与机构资源状况，以及委员会对其他资源的持续需求，并将结果向国会报告	值得注意的是，FIRRMA 还要求 CFIUS 每两年向国会提交一份有关中国对美投资的详细报告。这反映了一些早期法案对中国的关注。CFIUS 审查的透明度的增加，可能导致审查核准标准的上升和审批难度的加大
三、FIRRMA 的实施	信息共享	无	FIRRMA 呼吁总统协助盟友及其他伙伴国家设立与 CFIUS 相似的审查制度，并要求 CFIUS 建立与盟友和伙伴国家之间的正式的信息共享流程	投资人在其他国家的投资情况也将纳入 CFIUS 审查的考虑范围。目前美国、欧盟和日本已经就在外国投资的安全审查上加强合作协调和信息交流达成了一致意见
	司法审查	除非根据宪法提起诉讼，否则一般 CFIUS 的决定不可上诉	申报人可通过民事诉讼的方式，请求美国哥伦比亚特区联邦巡回上诉法院对 CFIUS 的决定进行司法审查。总统决定仍然不可上诉	

制度实现了联动。由于相关法条较为集中且整体框架逻辑清晰,美国外国投资国家安全审查法律制度俨然算得上外国投资者进行国家安全审查系统全面的"说明书"。无论是实质上的审查部门、所涵盖交易、审查所考虑因素,还是程序上的审查步骤,几乎所有流程上的问题都能在这一整套审查体系中寻找到答案。不过,由于中美争执的持续,美国外国投资国家安全审查制度一直在有针对性地更新,这给外国投资者带来了不确定性。就像强制申报规则中关键技术的定义,2018—2021 年变动了 4 次,甚至在 2020 年一年中就发布了最后规则(2 月)、拟议规则(5 月)、《最终规则》(10 月)。

3.1.4　美国外国投资国家安全审查进路及评价

全球经济秩序的变化以中国等新兴经济体的崛起和国有企业在全球经济中发挥更积极作用为标志。自 1975 年成立以来,CFIUS 一直面临着国家安全观念的转变和全球经济秩序的变化,从鼓励外国投资,到平衡外国投资和国家安全,再到保护国家安全为主,促进投资自由为辅,从天平的一端走向另一端。经济自由主义亦逐渐为经济民族主义在决策中所取代,甚至出现了泛化国家安全审查的现象,主要集中在审查存在歧视性、审查过程欠缺透明度、问责制偏于一端三个方面。

3.1.4.1　审查存在歧视性

自由裁量权并非漫无边际,限制自由裁量权的最直接措施就是设置裁量基准,给公权力施加禁止逾越的制度之约束。针对外资国安审查中易出现的偏私不公现象,确立非歧视自由裁量基准,将审查程序控制在基准之内,有助于保障外国投资者合法权益。构建外资国安审查上的非歧视自由裁量基准,可以借鉴WTO 基本原则,包括最惠国待遇和国民待遇等理念。事实上,作为一种外资准入措施,TRIMS、GATS、TRIPS 所确定的准入基准理应分别在货物贸易投资领域、服务贸易投资领域、知识产权投资领域得到适用。以 TRIMS 为例,其强调在制定规范或者具体执行有关引导、限制外资的行政行为时,成员方应避免这些措施造成扭曲贸易的后果,如第 2 条即要求不得采取不符国民待遇、一般禁止数量限制立场的投资措施。外资国安审查作为一种限制外资的行政许可措施,亦应将此作为控制货物贸易投资领域自由裁量的基准。一言以蔽之,非歧视自由裁量基准给外资国安审查划定了底线,除非真的攸关国家安全,否则对待外商与外商、外商与本国企业应一视同仁。然而,FIRRMA 明确在条文中写入英国、加拿大、澳大利亚不受"不动产交易"审查,在"关键技术"中为这些国家"开后门"。与之相对比的是立法过程中所透露出的对中国的提防和绞杀,连与英、加、澳尚不能同等对待,更不用说和美国本国企业一样。这背后体现的是立法目的的异化,传统的外国投资国安审查制度被认为是一项投资监管措施中守护国家安全的"最后一道防线",然而,"晚近以来各国的立法和执法实践表明,安审已越来越多地被东道国用于实现国家安全之外的其他目的,如规制市场准入、寻求对等开放、保护产业竞争力 实现国家战略目标等。东道国为投资自由作出的努力逐渐被其对于国家自由规制的追求所取代,安审目的异化正是这种价值取舍的直观表现"。[①]

3.1.4.2 审查过程欠缺透明度

国家安全审查会有很多信息涉及国家机密,因而对其公开程度没有特别高的要求,但这并不等于说就是没有要求,国家安全审查的证据甚至会对外国投资者产生影响的信息,还是要予以公开的。[②] 不可预测的程序对潜在的外国投资者来说意味着"抽奖",外国投资者无法事先察觉其潜在交易对国家安全的影响,不利于外国投资者积极主动参与到国家安全审查的过程中来,也不利于对外国投资者利益的保护和审查程序的高效进行。[③] 美国外国投资国家安全审查的过程中缺乏外国投资者的参与或信息沟通,难免给审查主体留下滥用的空间,自由裁量权也得不到应有的限制和监督。CFIUS 在整个国家安全审查过程中拥有很大的自主权,经济民族主义背景下,其"自由心证"加之为迎合国会和一般公众要求的心态,通常倾向于对风险扩大解释,选择性忽略与自己主张相悖的客观存在,使得形式性审查沦为实质性政治判断的"遮羞布"审查程序。不透明的决策程序容易造成对国家安全审查的过度执法,使得国家安全审查在外国投资者脑海中形成"闭门造车"和"黑箱操作"的错误印象,减损安全审查的公信力。

3.1.4.3 问责制偏于一端

不可否认,FIRRMA 实施后,CFIUS 有了更多的程序严谨性和问责制。例如,完成审查后向国会尽快转递经核证通知;完成调查后,财政部长和牵头机构负责人应尽快向国会转交一份经核证书面报告,向国会提交全面涵盖报告期内

① 漆彤、刘嫡琬:《外国投资国家安全审查制度的国际协调:必要性、可行性和合作路径》,《国际经济评论》2021 年第 4 期,第 144 页。

② 刘磊:《中国外国投资国家安全审查制度研究》,《江南社会学院学报》2016 年第 4 期,第 10 页。

③ Saha, Souvik. CFIUS Now Made in China: Dueling National Security Review Frameworks as a Countermeasure to Economic Espionage in the Age of Globalization. *Northwestern Journal of International Law & Business*, Vol.33, 2012, pp.201, 215.

所有通知、审查、调查、撤诉、总统决定和缓解措施的"具体、累积和趋势信息"，以及详细讨论所涵盖的交易对美国国家安全或关键基础设施的所有预期不利影响的年度报告；等等。① 然而，这些提交文件的对方都是国会，目的都是为了保证"在 CFIUS 作出决定时，不存在与所涵盖交易有关的未解决的国家安全问题"。② 偏向经济民族主义和维护国家安全一端意味着经济自由主义和保障投资者利益的缺失。在因"谢弗林尊重"原则③而维持 CFIUS 一裁终决的前提下，毫无诸如听证、表决制、对"黑箱操作"侵害外国投资者合法权益的审查行为追究其主要负责人责任等投资者保护措施意味着程序的非正当。

3.1.4.4　是否缺乏审查标准

很多学者对美国 CFIUS 审查机制缺乏整体性审查标准提出质疑，认为审查标准的缺乏会导致透明度的下降，应尽快确立审查标准。④ 然而，笔者不同意这种观点。为保持一定开放度以应对不断变化的国安挑战，审查标准模糊性具有一定的先天原因，美国现行的外资国家安全审查制度本就通过规定"需考虑的因素"，采取了学者所谓"抽象＋列举式""动态非穷尽式列举"形式，能够充分涵盖国家安全危险种类而不至于遗漏，亦不至于造成过分的不确定性阻碍外商投资的自由流动。如果过于教条，把外资国安审查从一个裁量性行政行为变成羁束性行政行为，使其本身丧失了张力和适用的生命力。

3.1.5　美国外国投资国家安全审查法律制度典型案例分析及中国政府和企业应对之策

政治因素是国家安全审查中一个必不可少的考虑因素，否则不可能出现不受 CFIUS 审查的例外国家（这事实上构成对非歧视的违反）。现实情况是，国家安全审查立法真正目的不是"保护国家安全免受最突出的威胁"，而是以保护主义的方式筛选不受欢迎的外国直接投资。如何应对政治泛化下的美国外国投资国家安全审查法律制度，需要中国政府和企业找到海外投资遭遇较大阻力的原

---

① See 50 U.S.C. § 4565(m).

② See 50 U.S.C. § 4565(b)(3).

③ 美国判例法所引申出的原则，大意是法院应对行政机关依据听证等特定程序作出的行政决定保持一定的谦抑性。

④ Xingxing Li. National Security Review in Foreign Investments: A Comparative and Critical Assessment on China and U.S. Laws and Practices. *Berkeley Business Law Journal*, Vol.13, 2016, pp.255, 283；李军：《外国投资安全审查中国家安全风险的判断》，《法律科学（西北政法大学学报）》2016 年第 4 期，第 190 页；甘培忠、王丹：《"国家安全"的审查标准研究——基于外国直接投资市场准入视角》，《法学杂志》2015 年第 5 期，第 38 页。

因。本部分通过分析中国企业对外直接投资的典型案例,总结中国企业海外直接投资受阻的主要原因,并提供一些应对之策。

3.1.5.1　监管私益理论下的中国企业投资现状：华为收购三叶案

监管私益理论认为,监管往往是为私人利益,包括产业集团和其他组织良好的利益集团的利益、政治家和监管官员的利益等服务的。[①] 商业利益的作祟引发了商业竞争的政治化。国外的政治阻力是中国企业海外投资最容易遭受的障碍,而"国家安全"则成为被利益集团监管俘获后惯用的理由。

华为是一家中国民营企业,是目前全球最大的网络电信设备及服务提供商。三叶是一家位于加州即将破产的小型服务器技术公司。2010 年 5 月,华为向三叶提出了价值 200 万美元的收购,双方并没有主动寻求 CFIUS 的批准,因为华为认为其已经获得了 BIS 的交易批准,且收购对象标的额并不大,三叶公司所拥有的云计算领域核心专利等技术亦已经在美国专利和商标局的专利申请中公布并可以不受限制地流通。然而,美国国防部却持相反的观点,指示 CFIUS 让华为就已完成的交易提交一份"通知"。[②] 经过长时间的审查和调查,美国外国投资委员会认为华为必须剥离收购三叶公司所获得的全部科技资产。2011 年 2 月,华为宣布,迫于美国政府的压力,将放弃收购计划。[③] 同年华为竞购摩托罗拉的移动网络基础设施部门失败,该部门被诺基亚西门子网络公司以低于华为报价的 12 亿美元收购。[④]

在 FIRRMA 及相关实施细则尚未出台的 2011 年,云计算尚未被列入"关键技术",且这一交易客观上并不会对美国国家安全造成威胁。据报道,2011 年华为收购三叶时,5 名美国众议员联名致信奥巴马政府宣称华为收购三叶案会损害美国的国家安全;CFIUS 随即通知华为撤回该项收购,事后发现这些议员背后被认为有着华为同行业竞争对手的影子。[⑤]

除了商业利益,"国家安全"背后的政治博弈亦是影响 CFIUS 决策的关键。

---

① [英] 科林·斯科特:《规制、治理与法律：前沿问题研究》,安永康译,宋华琳校,清华大学出版社 2018 年版,第 105 页。
② Scott M. Flicker, Dana M. Parsons. *Huawei CFIUS Redux: Now It Gets Interesting*, 31 Mar 2011, https://www.paulhastings.com/insights/client-alerts/huawei-cfius-redux-now-it-gets-interesting.
③ BBC News. *Huawei settles Motorola Solutions trade secrets dispute*, 14 Apr., 2011, https://www.bbc.com/news/business-13075620.
④ CKGSB Knowledge, 31 Mar 2011, https://english.ckgsb.edu.cn/knowledges/huawei-and-3leaf-what-went-wrong-chinese-telecoms-set-sights-on-strategic-foreign-assets.
⑤ 王碧珺:《中国企业海外直接投资缘何屡屡受阻》,http://finance.people.com.cn/BIG5/n/2013/0514/c1004-21472355.html.

字节跳动于 2017 年收购音乐短视频应用 Musical.ly，而 CFIUS 在 2019 年以涉及"个人敏感性数据"影响国家安全为由开始对这一交易进行事后调查。2020 年 8 月 14 日，根据 CFIUS 的建议，时任总统特朗普颁发总统令要求字节跳动在 11 月 12 日前必须出售或剥离 TikTok 美国业务，否则，美国总检察长可以强制关停或拍卖 TikTok 美国业务。① 很难说时任总统特朗普因大选而跟 TikTok 之间的龃龉和其对 TikTok 下达总统禁令毫无联系。根据监管私益理论，部门遵照总统意思行事对其本身利益最大，因此 CFIUS 做出的建议一定程度上折射出政治博弈对决策的影响。

不过，根据金杜对特朗普 2017 年就任以来 66 个与中国相关的交易的统计，尽管特朗普任期内的整体 CFIUS 审查通过率低于奥巴马任期，但问题主要集中在 TID 领域，虽然面临困难，但这些交易的通过率仍达 60％，好于大部分人的预想。除科技、金融服务和媒体三个领域之外，涉及中国投资者的其他行业交易的通过率基本达到 80％以上。② 因此 TID 以外优质资产的行业交易尚未受到经济民族主义的冲击，即使 TID 行业投资也无需过分紧张，只要企业运用策略得当，亦可以通过 CFIUS 的审查。

3.1.5.2　中国企业的防御对策：北方华创收购 Akrion 案

如上所述，CFIUS 加强审查并不意味着中国企业赴美投资毫无成功希望。一个可资借鉴的成功案例是 2018 年北方华创收购 Akrion 案。收购方北方华创是中国国企，收购对象又是一家涉及关键技术的美国企业，在双重困难叠加下，收购案在 CFIUS 的调查阶段通过评估得益于其先前评估、交易架构、申报审查设计三项要素的完善，而这也是本收购案给对美投资企业的启示。

首先，北方华创在综合评估政治、法律及商业风险的前提下慎重考虑，以尽量争取将与国家安全审查相关的风险在交易各方之间进行合理的分配。Akrion 生产半导体制品，但不生产半导体，③并不符合美国当时"关键技术"的定义，从而化解了 CFIUS 对高新技术转移的疑虑。因此，中企赴美投资应充分评估是否涉及政府合同、关键基础设施、关键技术、敏感信息等与国家安全审查相关的风险。

---

① 杨阳：《TikTok 再诉美国政府，挑战 CFIUS 总统令》，https://world. huanqiu. com/article/40eZhwFF9FU.
② 苏唐明、赵泱地：《CFIUS 60 秒速读：用数据说话，多少与中国相关的交易获得了 CFIUS 批准？》，微信公众号"金杜研究院"，2019 年 7 月 26 日。
③ Benjamin Horney. *CFIUS Approval Of Chip Deal Gives Hope To Foreign Cos*，30 Jan 2018，https://www.morganlewis.com/news/2018/01/cfius-approval-of-chip-deal-gives-hope-for-foreign-cos.

其次,北方华创通过设立美国子公司,由美国子公司发起收购,将国资占比尽量降低。[1] 尽管仍不可避免进入调查阶段,但精心设计的交易架构无论对于审查结果还是审查速度都有意义。因此,海外投资应在设计交易架构时充分考虑东道国国家安全因素。FIRRMA 对国有企业规定了更为严格的审查程序,先且不论美国采用"政府控制说"而非"职能说"混淆经营权和所有权以定义国有企业在市场中的地位,在国会因对外国国有企业固有成见而责成 CFIUS 特别调查的既定事实前提下,中国企业应考虑尽量通过市场化的企业或基金结构进行并购,主动剥离敏感资产(例如涉及军工或政府合同的业务),或者在东道国寻找合作伙伴联合行动等,以尽可能减少东道国政府的顾虑。[2]

再次,对于可能涉及东道国国家安全审查的交易,应提前制定计划,及时与审查机构积极沟通,向审查机构提供全面信息,或根据审查要求对交易计划进行必要调整。对于敏感程度高和知名度高的项目,考虑聘请具有影响力的特殊公关顾问,以说服当地政府。在很多项目中,中国企业对东道国国家安全问题的缺乏经验和"后知后觉"常常使问题变得更加棘手。[3]

3.1.5.3　减少损失与风险分配:Ralls 收购风力发电场案

即使上述对策方法依旧无法避免 CFIUS 对交易的否定,可以通过救济方式或者风险转移方式减少自己损失之承担。Ralls 公司是一家中资美国公司,在收购俄勒冈州 4 个风力发电场的所有权时,因这 4 个风力发电场靠近一个军事禁区,被 CFIUS 责令停止所有施工,将房产出售给美国外国投资委员会批准的买方,拆除房产上的所有设备,并销毁任何已完工的建筑。根据美国外国投资委员会的建议,奥巴马总统发布总统行政令解除了收购交易。随后,Ralls 公司对美国外国投资委员会和奥巴马总统提起诉讼。在上诉中,巡回法院以"美国外国投资委员会在作出行政决定前未事先通知"确认了 Ralls 公司的第五修正案正当程序索赔。最终 Ralls 公司和美国政府达成和解,结束了旷日持久的诉讼。

美国和中国一样,采取了"外资国安审查终局"的"一裁终决"模式,理论上根

---

① Trade Practitioner. *CFIUS Filing Cleared*:*Naura Technology Group Co.*,*Ltd.*(*China*)*and Akrion Systems LLC* (*US*), 18 Jan 2018, https://www.tradepractitioner.com/2018/01/cfius-filing-cleared-naura-technology-group-co-ltd-china-and-akrion-systems-llc-us.

② 徐萍、姚平、Thomas Harrison:《国家安全审查:警惕中国企业出海的暗礁》,微信公众号"金杜研究院",2016 年 11 月 1 日。

③ 徐萍、姚平、Thomas Harrison:《国家安全审查:警惕中国企业出海的暗礁》,微信公众号"金杜研究院",2016 年 11 月 1 日。

据"谢弗林尊重"，无法向法院或复议机关寻求实体上的救济。然而，Ralls 案的判决，恰恰验证外国投资者可通过诉讼得到程序上的保护，如在接受审查时未被CFIUS 告知：① 官方行动；② 决定所依据的非特定证据；③ 反驳证据的机会。①Ralls 案并未改变剥夺了外国投资者的重大财产利益的美国外国投资委员会或总统对国家安全风险的认定在司法上仍然是不可审查的。但从另一个侧面我们可以认识到，外资国安审查终局性，并不意味着排除所有救济之可能，当国家安全审查不符合正当程序原则时，法律法规并没有堵死诉讼的路径。因此，CFIUS经济民族主义思潮下的自由裁量权并非漫无边际，外国投资可以利用诉讼等方式"为权利而斗争"，"反守为攻"增加与 CFIUS 和解的筹码以减少巨额损失。

此外，事先约定风险分配亦可以避免投资失败而产生的巨额"分手费"问题。一是可以投资双方事前在合同中约定，如果收购失败交易各方分摊损失比例多少，以缓解收购方单方面承受与安全审查挂钩的违约费用之压力。二是可以通过保险等方式，将风险转移至保险公司，以第三方补偿交易方因审查被否定之风险所造成的损失。

3.1.5.4　中国政府的应对：海外投资管理者到服务者的主要职能转变

FIRRMA 虽并未明确提及中国，但该法案的主要提出者约翰·科宁在多个公开场合明确表示，该法案提出的背景是基于中国在美国大幅投资人工智能、自动驾驶汽车和互联网领域等新兴行业的趋势。② 美国通过 CFIUS 改革对中国等新兴经济体施压，其根本目的正逐渐异化为在与中国的激烈竞争中维持产业链顶端地位，迫使中国接受美国所安排的产业分工。通过行政监管方式，设置审查操作流程，给外国投资者设定约束性义务。从主体开放性来看，这种对国有企业、TID 投资的约束性规制，表面上适用于来自任何国家的外国投资者，实则专门指向后危机时代"弯道超车"的中国等新兴经济体；从标准的一致性来看，此等约束乃是就经济体制等问题"对华施紧箍咒"，且为中国量身定制与盟国不同的义务；从内容的稳定性来看，不断更新"关键技术"的清单，扩大外资限制投资所涵盖交易内容，给中国投资者带来了认识和实践上的障碍。

简言之，这种对华不公正约束性义务的设定至少存在两个不利影响：一是赴美投资更加困难。更多中资企业，尤其是有国资背景的中资企业，在美国投资

---

① Ralls Corp. v. Committee on Foreign Inv. in U.S., 758 F.3d 296(2014).

② 沈梦溪：《美国投资安全审查中的"国家偏见"：现状、历史和趋势》，《国际贸易》2018 年第 11 期，第45 页。

或扩大生产又被添了一重障碍,甚至可能产生一种"寒蝉效应",导致更多企业采取观望的态度,[①]亦会引发已在美国投资企业潜在担忧。因为 CFIUS 无论在投资开始前、过程中还是结束后都可以介入进行调查并宣布投资的暂停或终止。二是引发其他国家的效仿。随着中国企业全球化的发展,以美国为先导,包括法国、英国、德国在内的多个欧洲国家也纷纷加强了对中国企业对外投资的审查力度。

为应对挑战、防范风险,应加快转变我国政府对海外投资的职能,由母国监管者转为母国服务者,这既是"建设服务型政府"的集中体现,更是维护我国发展利益,保护中国企业合法权益的现实紧迫需求。具体而言,可行措施:一是推进中国《海外投资促进法》立法工作,将海外投资服务机制的组成部门、职能、服务内容规范化,使服务海外投资、促进跨境资本交互作为制度固定下来,增强中国企业"走出去"时的信心;二是减少对海外投资企业尤其是国有企业的行政干预,按照"竞争中性"原则削减不必要监管,避免引起商业因素以外的争议;三是加快构建海外投资保险制度,免除中国企业对外投资被 CFIUS 叫停造成损失的后顾之忧。

3.1.6　我国外国投资国家安全审查法律制度的构建刍议

2020 年 12 月 19 日,国家发改委与商务部共同颁布了《外商投资安全审查办法》(简称《审查办法》)。这是继 2019 年我国颁布《外商投资法》以来又一部有关对外开放领域的重要文件,其完善了《外商投资法》第 35 条"国家建立外商投资安全审查制度,对影响或者可能影响国家安全的外商投资进行安全审查。依法作出的安全审查决定为最终决定"之规定,将原先一个短短的条文扩展到具体实施细则,彰显了在经济全球化背景下国家对如何平衡促进投资自由化和保护国家安全的重视。《审查办法》规定了审查范围、审查工作机制、审查流程、申报制度、监督实施和违规处理等,[②]内容全面翔实,是新时代外国投资者和外资国安审查工作机制的行为准则和办事依据。

《审查办法》的原则性、概括性较强,内容仍较多地停留于形式流程,即通过确定外资国安审查的操作步骤来规范外资国安审查工作机制的权力,程序真正

---

① 向秀芳:《特朗普签署国防法案,限制外国投资法捆绑生效》,http://news.stcn.com/2018/0815/14444186.shtml.

② 中华人民共和国发展和改革委员会外资司:《国家发展改革委、商务部发布〈外商投资安全审查办法〉》,https://www.ndrc.gov.cn/xwdt/xwfb/202012/t20201219_1255023.html.

且独立之价值尚内秀其中，亟待进一步挖掘。纵览上下共 23 个条文，如何使国家安全概念和受管辖内容更加明晰，以防止外资国安审查制度实施中可能发生的任意操作；如何确立外资国安审查工作机制自由裁量权的合法与合理边界；如何切实保障外国投资者在外资国安审查过程中的合法权益等一系列问题，都期待我们透过现有条文文本及概念界定，借鉴美国外国投资国家安全审查法律制度的经验得失去诠释、回应和探索。

首先，笔者认为应加强与外国投资负面清单联动，以确定所涵盖交易之内容。目前的《审查办法》对外商投资安全审查工作机制的管辖对象规定过于原则，缺乏可操作性，属于第 4 条所说的"关系国家安全的重要农产品、重要能源和资源、重大装备制造、重要基础设施、重要运输服务、重要文化产品与服务、重要信息技术和互联网产品与服务、重要金融服务、关键技术以及其他重要领域"，这些都需要进一步清单的列举和澄清。考虑到出口管制清单也在制定中，且没必要和美国一样通过"美国监管授权"在分散的清单中定义，中国可以全面修订目前已有的《外商投资准入特别管理措施（负面清单）》，化繁为简，直接在该清单中考虑与国家安全审查内容的关联。同时，由于发展水平的不同和产业链的局限性，在美国严格限制外国投资的领域，如半导体，在中国或许反而是鼓励投资的领域。因此，未来中国在具体规定何为限制、禁止外国投资的项目时，需要结合国情和时代发展需求，具体判断确认审查的所涵盖交易，并平衡法的安定性和实效性，在适当时间更新清单。

其次，2021 年"两会"期间，李克强总理表示"继续让中国成为外商投资的重要目的地、世界的大市场"，①彰显了中国吸引外资深化开放之决心。加快对外开放更需要兼顾国家安全和投资自由化，应认识到美国法所缺少的透明度。外资国安审查在法律上属于行政许可范畴，为限制行政主体滥用自由裁量权，避免其恣意行使不正当剥夺外国投资者的合法权益，正当程序原则有适用的必要性和重要性。完善权责配置、公开决策程序、敞开沟通途径是我国外资国安审查制度仍需进一步完善的方向。为此，应运用法治化的思维和程序约束性，做到行政公开和听证，把公平直接作为衡量程序正当的标尺，确立非歧视自由裁量基准、引入监督问责制、加强与外国投资者交涉。

最后，无论是《审查办法》颁布前还是后，外国投资国家安全审查主要都是由

---

① 李克强：《十三届全国人大四次会议国务院总理李克强答中外记者问》，http://lianghui.people.com.cn/2021npc/n1/2021/0311/c437077-32049416.html.

中国审查机构主动介入而启动,外国投资者主动申报积极性并不太高,长此以往,随着外国对华投资逐渐增多,前期执法难度亦会增大,造成行政资源的紧张,同时会造成国安审查遗漏,使不应进入的投资进入国内,威胁国家安全。为解决此问题,一是要加强与工商登记机关联系,进行准入的对接;二是分流自愿申报和强制申报,以简易申报鼓励外国投资者的自愿申报。

笔者始终认为"修昔底德困境"是中美关系现状的最佳写照,[①]也是解释美国由经济自由主义转向经济民族主义的原因之一。随着对华强硬成为美国两党共识,外国投资亦被开辟成中美博弈的新战场,国家安全审查从单纯法律问题日趋政治化。为维持自身在经贸领域的领导地位,2018 年以来美国通过发动贸易战的形式向中国发难,投资领域除了立法上制定 FIRRMA,还在执法上频繁否定来自中国的对美投资;特朗普总统更是公然威胁美方会保留与中国完全"脱钩"的政策选项。拜登政府上台后,2021 年 10 月 4 日,美国贸易谈判代表戴琪发表对华贸易谈话,强调"对华关系与其说是脱钩,不如说是走向再挂钩",谋求与中国"持久地共存",但她同时宣称不会放弃准备好使用任何工具并展开新的工具"以改变双边动能的发展轨迹"。可见美国"维护其从实力出发的地位""对华长期战略竞争战略"并未实质改变,对华政策动员和布局更是加紧推进,但其承认无论是"脱钩"还是以邻为壑,都不现实且成本高昂。中美两国外国投资国家安全审查时均应遵循制度设立之初心,以维护国家安全,而非对外国投资设置不必要障碍为目标,"投资政策应设置开放、非歧视、透明和可预见的投资条件"。[②]

---

① 沈伟:《"修昔底德"逻辑和规则遏制与反遏制——中美贸易摩擦背后的深层次动因》,《人民论坛·学术前沿》2019 年第 1 期,第 47 页。

② 《二十国集团全球投资指导原则》,http://world.people.com.cn/n1/2016/0907/c1002-28696142.html.

3.2

美国外资国家安全审查制度的
变迁、修改及影响*
——以中美贸易摩擦为背景

3.2.1 美国外资国家安全审查制度的渊源

在美国早期经济建设并逐渐走向繁荣的过程中,外国资本在解决就业、增加税收、技术研发、扩大出口等方面均发挥了积极作用,[①]尤其是在 19 世纪下半叶,欧洲国家曾是美国推动第二次工业革命的重要资本和技术来源。然而,随着美国经济崛起,外资准入政策逐渐发生变化。外国投资既可能导致美国技术及知识产权的外泄,也可能使美国国内关键行业受到外国限制,进而对美国国家安全造成威胁。从 20 世纪早期开始,美国在积极吸引外资的同时,为防止外资垄断美国经济和高新技术外溢,开始构建外资并购安全审查制度,通过动用外资监管程序来消除国家安全风险,试图在自由开放的投资环境与美国国家安全之间寻求一种适当的平衡。

伴随着美国对国家安全威胁和经济发展需要的综合评估,美国整体的外资政策始终在吸引外资与监管外资之间徘徊。一方面,历届政府都采取各种措施吸引外资,比如发布积极友好的外资政策声明、优化营商环境、提供优惠补贴、为投资者提供政策指导、加强与潜在投资者的联系;[②]另一方面,美国又逐步形成

---

* 本节作者:沈伟。

① Franklin L. Lavin. Role of Foreign Investment in U. S. Economic Growth. *Peterson Institute for International Economics*,March 7,2007,转引自孙哲、石岩:《美国外资监管政治:机制变革及特点分析(1973—2013)》,《美国研究》2014 年第 3 期,第 39—40 页。

② 除克林顿政府外,美国自里根执政以来的国家元首均在任期内发表了积极友好的政策声明,而克林顿政府即便未发表此类声明,也在任期内试图推进多边投资协议以促进外资自由流动。有关自里根至奥巴马执政期间历届政府的外资促进措施,参见葛顺奇、王璐瑶:《美国对 FDI 监管政策的变化与措施》,《国际经济合作》2013 年第 4 期,第 8—10 页。

了一套以 CFIUS 为核心的外资监管体制,以应对潜在的安全风险。[①] 因此,美国外资政策的历史演进主要体现在对外资的监管部分,尤其是美国外资审查制度的建立和强化。这一制度的变迁过程大致可划分为三个阶段。

3.2.1.1 美国外资安全审查制度的萌芽阶段(1917—1973 年)

第一次世界大战(简称一战)期间,德国公司在美国进行大量直接投资,特别是在化学和制药产业的投资,鉴于这些产业在作战方面的重要性,美国国内开始担忧外资引发的国家安全风险,怀疑德国企业在美国投资有非经济因素的企图,对国家安全存在潜在威胁。在此背景下,国会于 1917 年通过了《与敌贸易法》(*Trading with the Enemy Act*,TWEA),该法第 5 条规定"必要时可以对任何涉及国家安全的交易行为进行调查,并有权采取管制、阻止等措施",授予总统在战争期间或国际紧急状态下处理与敌国的贸易关系以及没收和征用外商在美资产的权利。[②]

一战后,美国采取产业部门专门立法的方式,对无线电广播、通信、航运、海运、石油等特殊产业设置了外资准入限制。1920 年美国颁布《海运法》和《破产土地租赁法》,前者规定"外资不得进入美国海运领域、商事海运领域限制外国船舶注册",后者规定"美国土地矿产仅向美国公民及有意愿成为美国公民的人开放,并限制外资进入煤炭、磷酸盐等资源行业,除非美国企业享有对等待遇"。1926 年美国颁布《商业航空法》和《航空公司法》,限制外资进入美国航空领域;1934 年颁布《通信法》,限制外资进入美国广播领域;1940 年颁布《投资公司法》,规定"在美国从事商务的投资公司均需在美国证券交易委员会登记";1950 年颁布《国防产品法》,以此强化国防安全层面的外资安全审查力度。

二战结束后,美国企业依靠资金及技术优势在世界范围内进行并购,而当时很少有外国企业有实力在美国进行大规模投资,因此在这一时期,美国国内绝大多数产业领域均对外资开放,监管也相对宽松。[③]

3.2.1.2 美国外资安全审查制度的确立(1973—2001 年)

美国外资监管制度的确立始于 20 世纪 70 年代。彼时石油输出国组织

---

① 美国的外资监管体制包括三个部分:一是针对特定行业的外资准入限制;二是对外资进入作出特殊规定的联邦和地方法案,例如联邦能源法案(1965 年)和琼斯法案(1936 年)等;三是以 CFIUS 为首的外资监管部门对特定交易进行的安全审查。林乐、胡婷:《从 FIRRMA 看美国外资安全审查的新趋势》,《国际经济合作》2018 年第 8 期,第 12 页。
② 李巍、赵莉:《美国外资审查制度的变迁及其对中国的影响》,《国际展望》2019 年第 1 期,第 46 页。
③ 李巍、赵莉:《美国外资审查制度的变迁及其对中国的影响》,《国际展望》2019 年第 1 期,第 46 页。

(OPEC)通过提高油价赚得的美元大量投资于美国,在美国公众和媒体中引发了强烈不满,美国国内舆论纷纷将这些投资渲染为由外国政府操纵的、旨在攻击美国经济的政治行动。选民的抵触情绪通过国会立法体现在政策层面,国会议员纷纷提出议案,如 1974 年的《外国投资研究法》(*Foreign Investment Study Act*)和 1976 年的《国际投资调查法》(*International Investment Survey Act*),①要求对外资进行严格监管。② 行政部门对此也予以回应,例如 1975 年福特总统通过 11858 号行政令设立了作为外资安全审查核心机构的 CFIUS 这一跨部门委员会,由财政部长领衔,专门负责外资监管。《埃克森-弗洛里奥修正案》出台之前,CFIUS 职权有限,仅仅是一个政策咨询和信息收集机构。初期的 CFIUS 并不活跃,在 1975—1980 年仅召开了 10 次会议,③审查和批准功能并不明显,实际由财政部主导,其他部门参与并不深入,在实践中也较少严格执行审查法案。④ CFIUS 的成立和《埃克森—弗洛里奥修正案》的颁布标志着美国外资并购安全审查制度的确立。

20 世纪八九十年代,美国国会相继出台《埃克森-弗洛里奥修正案》《伯德修正案》等法案,对 CFIUS 的运作机制进行完善,标志着美国外资审查制度的逐步成型。20 世纪 80 年代的美国仍处于经济滞胀期,而当时的日本正经历着制造业的强势崛起,国际贸易和对外投资迅速增长,成为美国重要的经济竞争对手。⑤ 1985 年《广场协议》签订后,伴随着日本投资的大量涌入,日本掀起"投资美国"的热潮,美国国内的排日情绪和对 CFIUS 进行改革的呼声甚嚣尘上。1985—1989 年,日本最大的 20 宗海外收购中有 17 宗发生在美国,并购美国高新技术企业超过 200 家。1986 年,日本富士通计划收购美国军用电脑芯片供应

---

① 这两部法案的主要内容是要求总统以及商务部、财政部等行政部门搜集关于外国在美投资的信息并向国会汇报,一方面,旨在加强对外资活动的监测与追踪;另一方面,也意在深化国会在外资议题上的参与。

② Judith Miller. Foreign Investment in the U.S. Economy Arouses Congressional Concern: The Buying of America. *The Progressive*, May 1974, pp.42 - 44; Mina Gerowin. U.S. Regulation of Foreign Direct Investment: Current Development and the Congressional Response. *Virginia Journal of International Law*, Vol.15, No.3, 1975, pp.647 - 651,转引自吴其胜:《美国外资安全审查的政治化及其应对》,《美国问题研究》2013 年第 2 期,第 132 页。

③ Griffin Patrick. CFIUS in the Age of Chinese Investment. *Fordham Law Review*, Vol.85, No.4, 2017, p.1762,转引自李巍、赵莉:《美国外资审查制度的变迁及其对中国的影响》,《国际展望》2019 年第 1 期,第 47 页。

④ 翟东升、夏青:《美国投资保护主义的国际政治经济学分析——以 CFIUS 改革为案例》,《教学与研究》2009 年第 11 期,第 59 页。

⑤ 关于 20 世纪 80 年代日本对美投资,参见林进成:《略论 80 年代日本对美国的直接投资》,《亚太经济》1991 年第 2 期,第 21—25 页;陈继勇:《论 80 年代以来日本对美国直接投资的发展及特点》,《日本学刊》1992 年第 2 期,第 19—32 页。

商仙通半导体一案,被视为日本对美国国防工业独立性的重大威胁。1988 年,美国出台《埃克森-弗洛里奥修正案》(*The "Exon-Florio" Provision*),[①]授权美国总统中止或禁止任何威胁美国国家安全的外国收购、并购或接管从事州际贸易的美国公司的行为。里根总统随即通过 12661 号行政令将此权授予 CFIUS。至此,CFIUS 不再只是一个调研机构,而是开始掌握执行审查的实权。[②] 这是美国外资审查制度的一次重大强化。这一修正案确立外资并购安全审查本位制后,在 1992 年法国汤姆逊- CSV 公司与凯雷集团联合并购美国钢铁公司 LTV 的导弹及航空部门案中,CFIUS 指责具有法国政府背景的"汤姆逊- CSV 公司在收购中涉及导弹工业关键技术转移,如果收购成功将会对美国国家安全产生潜在威胁。"该案促使美国于 1993 年出台《伯德修正案》,增强对"外国政府控制"或"代表外国政府"的企业收购美国资产的安全审查力度,将具有外国政府背景的投资者纳入 CFIUS 审查范围,还将"外国政府控制的并购"与"外国私人投资者并购"进行区别监管,增加了主权财富基金和国有企业为主要投资主体的国家赴美投资的政治风险。

3.2.1.3　美国外资安全审查制度的成熟(2001—2017 年)

在《伯德修正案》之后,随着"泡沫经济"的破灭,日本经济陷入长期低迷,对美投资大幅减少。与此同时,美国在信息革命中抢占先机,重拾大国自信,美国外资监管经历了一个相对松缓期。《美国外资与国家安全法》明晰审查原则、标准、范围及程序,外资安全审查制度走向成熟。

2001 年"9·11"事件后,美国进一步加强对国有公司、关键技术、重要基础设施及能源产业收购的监管和审查力度,而港口、电信等基础设施及石油产业更成为外资并购的敏感行业。2006 年之后,来自中国和海湾国家的大额并购更是在美国激起了新一轮强化外资监管的呼声。[③] 例如,2006 年迪拜港口世界公司并购英国伦敦半岛东方航运公司案经 CFIUS 审查批准后,美国部分议员以"港口属于美国重要基础设施,将上述港口交给阿拉伯政府所属的企业经营,将会潜

---

① Amy S. Josselyn. National Security at All Costs: Why the CFIUS Review Process may have Overreached Its Purpose. *George Mason Law Review*, Vol.21, No.5, 2014, p.1351,转引自李巍、赵莉:《美国外资审查制度的变迁及其对中国的影响》,《国际展望》2019 年第 1 期,第 48 页。

② James K. Jackson. *The Committee on Foreign Investment in the United States* (CFIUS), CRS Report RL33388, July 3, 2018, pp.5 - 6,转引自李巍、赵莉:《美国外资审查制度的变迁及其对中国的影响》,《国际展望》2019 年第 1 期,第 48 页。

③ 争议最大的两个案件分别是 2005 年中海油收购美国石油公司优尼科(UNOCAL)和 2006 年阿联酋迪拜港口世界(DPW)收购英国航运公司(P&O)在美国六个港口的运营权。

在威胁美国国家安全和同盟关系"为由要求启动重审。美国公众和国会纷纷批评 CFIUS 在保障美国利益方面的失职，尽管当时布什政府仍希望维持开放友好的外资政策，但在舆论压力下还是作了妥协。[①] 2007 年美国颁布《外国投资与国家安全法》(*Foreign Investment and National Security Act*, FINSA)，次年又出台《外国人合并、收购和接管规定》，细化了美国外资国家安全审查的原则、范围、标准和程序。FINSA 及其细则拓展了国家安全在政治、经济和国防等领域的含义，对外资审查规则、范围和程序进行了更细致的修订，扩展了国家安全的范畴，强化了国会对该委员会的监督，[②]明确了参与审查的政府机构及其职责，在立法上赋予 CFIUS 审查外资并购案件并作出决定的权力，标志着美国外资安全审查制度走向成熟。

近年来，随着中国经济的快速增长，中美经贸关系逐渐从过去的合作互补走向更加明显的竞争状态，甚至成为双边关系的问题来源。从奥巴马政府推出"重返亚太"和"亚太再平衡"战略组合，并推动将中国排除在外的《跨太平洋伙伴关系协定》(TPP)谈判开始，美国对华经济战略已经走在了从"接触"向"防范"再到"遏制"转变的道路上。特朗普上任后，美国官方文件已多次指称中国为"战略竞争对手"，在保护主义、保守主义和本土主义思想指导下，美国对华经贸政策完成了重大转变。2017 年 11 月，美国明确否定中国的市场经济地位，中美经贸关系陷入紧张。[③] 从 2018 年 3 月 22 日美国发布针对中国知识产权问题的"301 调查"报告，到 4 月 17 日美国宣布对中兴通信实施出口管制，再到 7 月 6 日开始的中美"关税战"，[④]中美经贸冲突愈演愈烈。2018 年 8 月 13 日，美国完成了针对外国投资委员会 CFIUS 的立法改革程序，强化了针对中国对美投资的安全审查。[⑤]

3.2.2 美国外资国家安全审查制度的新近修改背景

随着中国在美国科技投资的日益增多，美国迫切需要保护自身的知识产权和尖端技术不被他国借助投资美国业务而轻易获取。于是，美国在 2018 年加速

---

① 李巍、赵莉：《美国外资审查制度的变迁及其对中国的影响》，《国际展望》2019 年第 1 期，第 49 页。
② 李巍、赵莉：《美国外资审查制度的变迁及其对中国的影响》，《国际展望》2019 年第 1 期，第 50 页。
③ 沈伟：《"竞争中性"原则下的国有企业竞争中性偏离和竞争中性化之困》，《上海经济研究》2019 年第 5 期。
④ 美国时间 2018 年 7 月 6 日 0 点 01 分(北京时间 6 日 12 点 01 分)起，美国开始对第一批清单上价值 340 亿美元中国产品加征 25% 的关税。作为反击，中国也于同日 12 点 01 分开始，对同等规模美国商品加征关税。转引自李巍、赵莉：《美国外资审查制度的变迁及其对中国的影响》，《国际展望》2019 年第 1 期，第 45 页。
⑤ 李巍、赵莉：《美国外资审查制度的变迁及其对中国的影响》，《国际展望》2019 年第 1 期，第 45 页。

完成了旨在加强外资监管的新立法。[①]

2018 年 8 月 13 日，新法案《外国投资风险审查现代化法案》（*Foreign Investment Risk Review Modernization Act*，FIRRMA）作为 2019 年《国防授权法案》（NDAA）的一部分，[②]由美国总统特朗普签署正式生效，该法案包含了对美国外资审查机制的诸多重大改革。[③] 作为中美贸易摩擦背景下生效的新法案，其修改背景值得分析。

3.2.2.1 经济背景

国际贸易理论认为，各国劳动生产率、要素禀赋和比较优势差异决定了国际分工，分工提升了专业化生产、规模经济效应和生产率，因此，国家作为一个整体可以从贸易中受益。但是，国际贸易具有极强的收入分配效应，贸易所得对出口部门有利，但使得进口部门受损。[④] 在国际贸易中美国整体受益，但是贸易的收入分配效应十分明显，美国的科技和金融在全球化中具有比较优势并因此受益，但不具备比较优势的制造业受损。

伴随外国投资的快速增长，美国政府对外国投资的态度日趋复杂：一方面，外国投资对于促进美国经济增长、增加政府税收和维持就业率；另一方面，外资并购美国优质资产造成高新技术转移、民族品牌消亡和高端制造业流失，孕育着潜在的战略和经济安全风险。因此，美国经贸政策充斥"经济民族主义"[⑤]色彩，秉承本国国家利益至上的保护主义立场。2018 年版美国国防战略报告提出，

---

① 2018 年 8 月 23 日特朗普在白宫就新法案举行圆桌讨论时，与会议员及官员就曾多次点名中国，直接称该法案是为了应对来自中国的威胁。除了对中国对美投资的担忧，此次立法改革还部分由于 CFIUS 审查效率的长期低下，尤其在特朗普上台后，由于重要岗位空缺、预算缩减导致许多日常工作滞后。李巍、赵莉：《美国外资审查制度的变迁及其对中国的影响》，《国际展望》2019 年第 1 期，第 55 页。

② 该议案由约翰·科宁和加利福尼亚州民主党参议员黛安·费恩斯坦于 2017 年 11 月 8 日共同提出。在草案提出后，参众两院就法案文本进行了多次磋商与修订，其间特朗普曾于 2018 年 6 月 26 日在白宫发表声明，对 FIRRMA 表示支持。FIRRMA 被列入《2019 财年国防授权法案》（NDAA）的第 17 章（从第 1701 条到第 1733 条）。李巍、赵莉：《美国外资审查制度的变迁及其对中国的影响》，《国际展望》2019 年第 1 期，第 55 页。

③ 贸易风险预警网：《参众两院联合出击助力美国投资审查改革》，2018 年 8 月 15 日，http://www.risk-info.com/article-3395-1.html，最后访问日期：2019 年 1 月 24 日。

④ 财联社：《中美贸易摩擦现状、趋势、对商业影响的影响及应对策略》，2018 年 9 月 19 日，https://www.xianjichina.com/news/details_84447.html，最后访问日期：2019 年 2 月 1 日。

⑤ 经济民族主义认为，现代民族国家仍是各种资源和财富分配的基本单位，在资源有限并且紧缺的世界体系中，全球竞争主要是国与国之间的经济竞争，个人和团体最大的现实福利单元在相当时期内是仍然是民族国家。基于这样的认识，经济民族主义主张国家应追求更多的超额利润当作最重要的政治目标之一。一般而言，它对激进的全球化观念持怀疑甚至否定的态度，认为不应该为抽象的世界福利而牺牲本国利益；相反，它往往认同一个民族国家经济地位的上升要以牺牲另一个民族国家经济为代价这样的残酷现实。

"国家间的战略竞争现在是美国国家安全的首要问题"，把中国定义为美国长期的"战略竞争对手"。这一报告还提出，经济安全是国家安全的基础，就是国家安全。①

2018 年中美贸易冲突体现出明显的全面性、战略性和持续性特征。此次中美贸易摩擦具有强烈的时代背景，其中固然有中国快速崛起时美国因其冷战思维而对中国进行抑制的因素，更重要的是美国在全球战略收缩的情况下自身的利益诉求。美国在中美贸易冲突中的主要经济诉求表现在：

一是关于贸易逆差，美国的核心诉求是实现所谓"公平贸易"，削减贸易逆差。现在中美贸易逆差按照美国的统计大约有将近 3 000 亿美元，按照中国统计是 2 000 多亿美元。② 近年美国政府、企业和民众在全面反思过去长期支持并主导的全球化对美国的影响以及美国受到的"不公平"待遇问题。其中，对中国货物贸易逆差占美国逆差来源的 46％，与 20 世纪 60 年代西欧、80 年代日本类似，由此中国成为美国转移国内矛盾的重要对象。美方认为中美贸易失衡和美国制造业衰落主要责任在于中方的重商主义，希望系统解决造成中美贸易逆差的深层次体制机制和结构性问题。③ 特朗普也提出目标，减少 1 000 亿美元的贸易逆差，改善美国的出口环境。④

二是希望在高端制造和高科技领域和服务贸易领域获得更多竞争优势，借此压制中国的发展。对美国而言，高科技服务贸易领域、高端制造业是未来发展的重点领域。中国在这些领域的快速发展给美国造成了压力和挑战。美国希望通过中美贸易摩擦打压中国，保持对中国的经济优势和创新优势。⑤

---

① 人民日报：《理性认识当前的中美贸易摩擦》，2018 年 8 月 29 日，http://cn.chinadaily.com.cn/2018-08/29/content_36841186.htm，最后访问日期：2019 年 7 月 1 日。

② 据中国海关总署统计，2017 年中美贸易顺差为创纪录的 2 758 亿美元，而美国商务部的统计为 3 759 亿美元。差异的原因包括统计方法、转口贸易、服务贸易。中国专家认为，现行的统计方法不适用于全球化生产时代。此外，贸易差额也与美方高技术对华出口管制有关。参见赵广彬：《中美贸易摩擦对中国经济和企业的影响》，https://www.pwccn.com/zh/research-and-insights/publications/china-us-trade.pdf，最后访问日期：2018 年 9 月 5 日。

③ 任泽平：《中美贸易摩擦再度升级：本质、应对和未来沙盘推演》，https://mp.weixin.qq.com/s?__biz=MjM5MjMxODAzMQ==&mid=2652677688&idx=1&sn=fa0674173e5d8f5c7071f2f73700ff38&chksm=bd4011188a37980ea3da3c03fd0b39b7bff687f5422c85fdf5270693dab32ad15c619440cd03&mpshare=1&scene=1&srcid=0918IlLV2DxC17cKK94xDkkt&pass_ticket=McdPOie8KGZrtUQBpg5r3c7Eu%2F%2BG0VSJtsOzPEbMUaWTTeOFL0QBtBXun3Lq3HYi♯rd，最后访问日期：2018 年 10 月 1 日。

④ 《社科院专家：解读中美贸易摩擦的演进脉络》，http://finance.eastmoney.com/news/1371,20180404853142249.html，最后访问日期：2018 年 4 月 19 日。

⑤ 《社科院专家：解读中美贸易摩擦的演进脉络》，http://finance.eastmoney.com/news/1371,20180404853142249.html，最后访问日期：2018 年 4 月 19 日。

三是重新振兴制造业。美国经济高度金融化和垄断化,制造业衰退。金融业是美国第一大产业,美国的金融垄断程度高。经济金融化是金融危机和"去工业化"的重要原因。美国制造业除了在国内保留部分高端产品或者高价值生产环节之外,其他大部分已经转移到新兴市场和发展中国家,形成了"去工业化"的过程。后果是导致大量制造业工人转移到金融、零售等行业,使得商品贸易逆差持续扩大。

3.2.2.2　政治背景

国家利益至上是美国内外政策的根本出发点。作为现有国际体系的主导国家,维护霸权地位牢不动摇是美国的根本国家利益。对中国崛起的担忧、中美实力对比变化和对自身安全的高度关切是影响美国重大经贸政策制定走向的重要因素,是美国对包括中国在内的外国投资频繁启动国家安全审查的主要原因。[①]

特朗普当选美国总统,积极推行"美国优先"的经贸政策,主要表现在以下几个方面:其一,经济上推行保护主义、本土主义。特朗普认为美国是全球化的受害者,北美自由贸易协定是"史上最大的盗窃",[②]跨太平洋伙伴关系协定是"掠夺美国"[③]的举措,要求美国跨国公司撤回本土,决定退出 TPP,甚至扬言要退出WTO,重谈全球贸易规则。其二,政治上信奉孤立主义和保守主义。以"购买美国货、雇用美国人"为执政准则,减少对盟国的长期军事义务和对外援助。其三,社会政策上采取排外主义和民粹主义,把美国的国内问题归因于外部因素,认为移民与美国本土居民争抢社会资源,要将 1 100 万非法移民驱逐出境,修建高墙以阻挡墨西哥移民,颁布"禁穆令"等。[④]

中美贸易在近年的冲突中,意识形态化是重要特征。[⑤] 美欧等发达国家以自身标准对各国进行评估和衡量,不承认中国的"市场经济地位",企图继续使用反倾销等贸易保护措施,遏制中国与他国开展贸易活动。例如 2018 年 10 月,美国、墨西哥、加拿大三国签订《美国-墨西哥-加拿大协定》(简称 USMCA)中规定的非市场经济条款,又称"毒丸条款",禁止与美国有自贸协定的贸易伙伴与非市

---

① 吕贤:《透视美国外资安全审查制度》,《中国领导科学》2018 年第 2 期,第 125 页。

② 凤凰财经:《特朗普强烈反对自由贸易美国经济恐开倒车》,http://finance.ifeng.com/a/20160705/14561674_0.shtml,最后访问日期: 2018 年 10 月 29 日。

③ 凤凰财经:《特朗普强烈反对自由贸易美国经济恐开倒车》,http://finance.ifeng.com/a/20160705/14561674_0.shtml,最后访问日期: 2018 年 10 月 29 日。

④ 李丹:《"去全球化":表现、原因与中国应对之策》,《中国人民大学学报》2017 年第 3 期。

⑤ 《美国外国投资委员会刻意歧视中国企业?》,http://business.sohu.com/a/258133706_788107,最后访问日期: 2018 年 10 月 23 日。

场经济国家签订自贸协定，表明了美国在中美贸易冲突期间联合其他贸易伙伴对中国形成围堵的态势，对中美经贸谈判和中国与其他贸易伙伴之间的自由贸易协定谈判形成围堵和遏制的态势。[①]

意识形态问题同样体现于美国外资国家安全审查制度。理论上，美国外资国家安全审查对象是"投资项目"，而非"投资者本身"。但在实践中，投资者的背景，尤其是国籍、企业所有权归属与股权构成、与母国政府的关系、高层管理人员背景等都是重要的审查因素。[②] CFIUS 历史上罕见的几次"总统否决案"几乎都是针对中国投资，包括中国航空技术进出口总公司对马姆科公司的收购、三一重工并购四个风能发电厂、[③]福建宏芯投资基金德国子公司并购德国爱思强（Aixtron）公司、[④]具有中资背景的峡谷桥资本公司并购美国莱迪斯半导体公司[⑤]等。[⑥] 这些案例体现出美国外资安全审查存在浓厚的意识形态歧视色彩。[⑦]

此外，"中国威胁论"升温也是此次美国修改外资国家安全审查制度的重要原因。"中国威胁论"的最原始雏形，始于 19 世纪后期的"排华浪潮"。此后，"中国威胁论"在美国和西方世界逐渐扩散开来。"中国威胁论"在这次中美贸易摩

---

① 沈伟：《"修昔底德"逻辑和规则遏制与反遏制——中美贸易摩擦背后的深层次动因》，《人民论坛·学术前沿》2019 年第 1 期，第 40 页。

② 张天行：《美国〈外国投资风险评估现代化法案〉下的监管变革：立法与应对》，《国际经济法学刊》2019 年第 2 期，第 111 页。

③ 2012 年 9 月，美国总统奥巴马根据海外投资委员会 CFIUS 的建议，以威胁国家安全为由，签发行政命令阻止三一集团关联企业——罗尔斯公司收购靠近美海军军事基地的四个风电场。2012 年，罗尔斯公司在美国哥伦比亚特区地区法院起诉 CFIUS 及总统令时，提出 5 项诉求，其中包括要求判定该总统令超越法定职权范围、违反法定正当程序及违宪剥夺其受法律平等保护的权利。但 2013 年 2 月，地方法院作出裁定，根据美国《1950 年国防生产法》721 节，法院无权对"越权"和"违反平等保护"的诉求进行司法审查。即便上诉之后，上诉法院也同样重申，总统所作的禁止威胁或损害国家安全的交易的决定不受司法审查。

④ 德国联邦经济部于 2016 年 9 月 8 日批准福建宏芯基金收购德国半导体制造商爱思强（Aixtron）。2016 年 10 月 24 日德国联邦经济部迫于美国方面的压力撤销了该批准，理由是美国情报部门认为，爱思强的技术也可用于卫星、雷达等军工产业。随后，美国外资投资委员会对此案发起调查，并于 2016 年 11 月 17 日宣布调查结果，调查结果认为，此收购案威胁美国国家安全，建议美国总统出面阻止。奥巴马于 2016 年 12 月 2 日宣发行政命令，采纳美国外资投资委员会的建议，禁止福建宏芯基金收购爱思强的美国业务。

⑤ 私募基金峡谷桥资本是一家专注于技术投资的中资私募股权公司，该公司于 2017 年计划斥资 13 亿美元收购美国芯片制造商莱迪斯半导体。美国政府认为，Canyon Bridge 有来自中国中央政府的资金支持，并且与中国的空间项目有间接联系，并且表达了对中国公司拥有美国本土关键技术的担忧。双方无法消除美国外商投资审查委员会（CFIUS）的担忧，该委员会把这笔 13 亿美元的交易交由特朗普作最终决定。最终，特朗普以反对涉及潜在军事应用技术的交易否决了这一交易。

⑥ 《美国外国投资委员会刻意歧视中国企业？》，http://business.sohu.com/a/258133706_788107，最后访问日期：2018 年 10 月 23 日。

⑦ 吕贤：《透视美国外资安全审查制度》，《中国领导科学》2018 年第 2 期，第 125 页。

擦中的主要表现是以 5G 技术为代表的技术和信息安全威胁。[①]《中国制造 2025》直接引发了美国国内对中国投资的担忧与警惕。[②] 美国多次公开指责中国这项产业政策,对该纲领确定的十大重点高科技产业耿耿于怀。在中国对美科技投资愈加频繁的背景下,美国担心中国将在科技创新和高端产业上赶超自身,而加强投资管制正是为了防止技术外流和打压中国科技企业。

3.2.2.3　法律制度背景

1. 法律发展的内在要求

此次制度修改是美国国内法政策化的内在要求,主要体现在三个方面。

一是试图解决法律规定模糊带来的不确定性。《2007 年外国投资与国家安全法》中关于外资并购安全审查范围的规定相对模糊,对于一些重要的概念诸如国家安全等没有具体的规定,因此美国投资委员会在外资并购安全审查方面仍然拥有较大的自由裁量权。

二是响应"美国优先"的政策导向。从 1988 年《埃克森-弗洛里奥修正案》到《伯德修正案》《国家安全战略报告》《2007 年外国投资与国家安全法》,美国外资并购安全审查制度实现了从单一的国防安全观,发展到国防安全与经济安全并重。[③] "美国优先"政策导向是保护美国经济利益。在全球经济增速放缓,美国霸主地位遭受挑战之时,外资安全审查制度的修改更加迫切地反映了对经济发展的促进和经济安全的保障作用。

三是试图解决法律协调性问题。《2007 年外国投资与国家安全法》中所体现的平衡原则遭到挑战。平衡原则是指正确处理吸引外资与国家安全之间的关系,做到既要让外国投资者对美国有信心,不影响吸引外资,又要求外资不得损害美国国家安全利益。2008 年美国财政部公布的《关于外国法人收购、兼并、接管的条例建议稿》是《2007 年外国投资与国家安全法》的实施细则,目的就是平衡吸引外资与国家安全的关系,解决国家安全与吸引外资观念上的冲突。[④] 特朗普上任后的政策进一步凸显了外资并购审查法律制度的滞后性和不协调性,修法也是对外资安全审查制度的重新审视。

---

① 沈伟、厉潇然:《中美贸易摩擦中的"强制技术转让"争议及其法理分析——以技术转让政策南北差异论为分析框架》,《国际法研究》2019 年第 6 期。
② 沈伟:《WTO 框架下的产业政策:规则约束和政策优化——基于"301 报告"及"中国制造 2025"的分析》,《上海对外经贸大学学报》2019 年第 4 期。
③ 孙效敏:《论美国外资并购安全审查制度变迁》,《国际观察》2009 年第 3 期,第 65 页。
④ 孙效敏:《论美国外资并购安全审查制度变迁》,《国际观察》2009 年第 3 期,第 65 页。

2. 制度改革的现实要求

随着外商赴美并购投资活动的急剧增长以及国家安全影响因素的复杂化，CFIUS 的机构设置与人员数量已经不能满足国家安全审查的需求。CFIUS 的重要岗位空缺、预算缩减，造成 CFIUS 审查拖沓、效率低下，FIRRMA 的出台是对改革 CFIUS、要求进一步扩大 CFIUS 审查职能和监管权力的直接回应。[①] 在实际操作中，CFIUS 呈现出以下特点。

第一，未通过审查的案件数量上升。美国财政部统计，往年因 CFIUS 审查并由于国家安全原因导致交易未能完成的数量均不超过 10 起，2015 年为 3 起，2016 年为 6 起（其中 1 项交易被总统予以否决，5 项被交易方主动放弃）。2017 年，因涉及美国国家安全原因导致交易未能完成的数量约为 20 起，较以往有显著增长。[②]

第二，撤回并重新申报案件增多。2015 年 CFIUS 年度报告数据显示，当年有 13 项申报由于涉及美国国家安全被交易双方主动撤回，其中有 9 项进行了再申报；2016 年撤回申报有 27 起，进行再申报的案件 15 起。[③]

据相关数据估计，2017 年主动撤回并再申报的交易数量较前两年继续增加。交易方撤回并再申报的动因也与往年有所不同。2017 年以前，由于审查程序最长 75 日的法定期限限制，一些案件在到达 75 日期限时 CFIUS 仍在与交易方谈判缓解协议。为了规避审查期限的限制，给缓解协议谈判争取时间，CFIUS 通常允许交易方通过撤回申报并重新向 CFIUS 提交申报的方式重新计算审查程序期限，而且此类案件通常最后会得到有条件批准。2017 年与以往的情况不同在于，撤回并重新申报案件的原因不同。2017 年 CFIUS 允许申请撤回并重新申报多是因为在审查接近 75 日期限时仍然没有进入协商缓解协议的阶段，交易方担心审限到期后 CFIUS 不经缓解协议谈判直接不予批准交易，或者建议美国总统阻止交易，因而主动向 CFIUS 提出撤回并重新申报的请求。不仅如此，2017 年多数此类提出撤回并重新申报的案件最终没有获得 CFIUS 的批准。

第三，总体案件数量上升，未通过审查的案件仍占极少数。2017 年外国赴美投资的总体申报案件数量也在大幅上升，CFIUS 否决的交易较往年有显著增

[①] 桂畅旎：《美外国投资国家安全审查制度的改革动向及对我国的影响》，https://www.sohu.com/a/213619522_731643，最后访问日期：2018 年 10 月 24 日。

[②] 君合法评：《美国国家安全审查制度 2017 年发展趋势及其对中国企业赴美投资的影响》，http://www.junhe.com/law-reviews/735，最后访问日期：2018 年 11 月 5 日。

[③] 君合法评：《美国国家安全审查制度 2017 年发展趋势及其对中国企业赴美投资的影响》，http://www.junhe.com/law-reviews/735，最后访问日期：2018 年 11 月 5 日。

长。CFIUS 在 2016 年审查 173 宗交易,创历史新高,2017 年全年 CFIUS 审查了约 250 件申报,比 2016 年增长了近 40%。① 大多数交易申报,包括来自中国的投资交易仍然被批准进行或者附条件进行。因 CFIUS 审查而未能完成的交易仍然占极少数,在 CFIUS 审查的全部项目中,近 1/10 会引发所谓国家安全顾虑。2016 年 173 个审查项目,有 17 个左右会受到委员会质疑,其中大多数都是可以通过采取一些补救措施来解决的,最终将有不多于 8 个项目会因 CFIUS 审查而被放弃。②

第四,CFIUS 审查程序有所变化。2017 年 CFIUS 审查周期普遍延长,主要表现为经历多轮审查的案件数量增多,以及单轮审查时间加长。审查周期的延长很大程度上可归咎于 CFIUS 的审查资源跟不上快速增长的审查工作量。仅 2017 年 CFIUS 审查工作量就相对 2016 年增长了约 40%,其中要求采取缓解措施的案件和不予批准的案件数量也增长了 30%—40%。

CFIUS 的审查资源短缺的直接后果除了审查周期延长以外,还导致需要 CFIUS 后续监管投入较大的缓解协议和附条件通过的交易在 2017 年度有了明显减少,特别是针对中国投资审查,出现了较多未经过缓解协议协商而直接不予批准的审查案例。③

3.2.3 美国外资国家安全审查制度的新近修改内容

3.2.3.1 实体规则

1. 扩大管辖权

FIRRMA 旨在弥合 CFIUS 目前能够审查的交易与目前无法审查存在潜在国家安全担忧的交易之间的差距。FIRRMA 条款特别针对中国某些投资所利用的缺口,担心中国交易通过交易结构绕过外国投资委员会。FIRRMA 扩大了 CFIUS 的管辖范围,④ 具体体现在以下方面。

---

① 第一财经:《CFIUS 审查:中资企业赴美投资首先得过这一关》,https://www.myzaker.com/article/ 596634611bc8e06d0b000011/,最后访问日期:2018 年 10 月 30 日。

② 第一财经:《CFIUS 审查:中资企业赴美投资首先得过这一关》,https://www.myzaker.com/article/ 596634611bc8e06d0b000011/,最后访问日期:2018 年 10 月 30 日。

③ 杜江、刘义婧:《美国国家安全审查制度 2017 年发展趋势及其对中国企业赴美投资的影响》,https:// baijiahao.baidu.com/s? id=1596140714871523418&wfr=spider&for=p,最后访问日期:2018 年 10 月 23 日。

④ Farhad Jalinous, Karalyn Mildorf, Keith Schomig, Stacia J. Sowerby. National security reviews 2018: United States. https://www.whitecase.com/publications/insight/national-security-reviews-2018- united-states.

（1）控制权。修改前，CFIUS的管辖权局限在收购控制权的投资项目；修改后，来自国外对涉及"关键技术"及"关键基础设施"的美国企业的非被动投资也受到CFIUS的管辖。在涉及上述领域的企业时，外国投资人在董事会上占有席位或者有董事会观察员权利、参与美国企业重大决策、有机会接触到机密技术信息，或除投资外与美国业务建立战略合作伙伴或其他重大财务关系的投资行为，都会被认定为非被动投资，可能受到CFIUS的审查。

（2）基金投资交易。FIRRMA法案明确了CFIUS对美国控制的投资基金投资的管辖权。FIRRMA法案规定外国人通过投资基金间接投资于美国关键基础设施、关键技术或个人数据业务，外国人（或外国人的指定人）投资基金后作为有限合伙人，或在上述的作为顾问委员会或委员，只要符合以下条件就不受CFIUS的审查。这些特定条件包括：① 基金的管理人为美国人或美国实体；② 外国有限合伙人对基金的投资和基金本身没有直接或间接的决策权和控制权（包括投资决策和管理合伙人的收入及回报）；③ 外国有限合伙人无权接触保密的技术信息。FIRRMA进一步规定，根据管理投资基金的协议条款，对适用于交易的潜在利益冲突，放弃分配限制或类似活动的放弃不构成"对投资决策的控制""基金或与基金投资实体有关的决定"，但须遵守委员会在法规中可能提供的例外情况。

（3）房地产交易。修改前，并未明确CFIUS对房地产交易的管辖权；修改后，CFIUS对房产买卖有明确的管辖权，管辖范围扩展到特定的房产租赁、赠与和许可使用，以及空置土地的买卖。由在美国拥有私人或公共房地产的外国人购买或租赁位于或将作为航空或海运港口的一部分；或接近美国军事设施或美国政府的另一设施或财产，而该设施或财产因与国家安全有关的原因而敏感；能够合理地向外国人提供收集有关在该等设施、设施或财产内进行的活动情报的能力；或者可能将国家安全活动暴露在外国监视的风险之下，都属于CFIUS的管辖范围。[①] 特定城市区域的单一家庭住宅的交易不在管辖范围内。

（4）涉及"关键基础设施""关键技术"和敏感性个人信息的交易。修改前，未明确CFIUS对"关键基础设施""关键技术"和敏感性个人信息相关交易有管辖权；修改后，CFIUS对涉及外国人对拥有、经营、制造、供应或服务"关键基础

[①] Farhad Jalinous, Karalyn Mildorf, Keith Schomig, Stacia J. Sowerby. National security reviews 2018: United States. https://www.whitecase.com/publications/insight/national-security-reviews-2018-united-states.

设施"的任何非附属美国企业的任何"其他投资";或生产、设计、试验、制造、制造或者开发一项或者多项"关键技术";或维护或者收集美国公民的敏感性个人资料,这些资料可能被利用,威胁国家安全的交易有明确的管辖权。①

(5)破产交易。修改前,美国外资国家安全审查制度无明确的法律法规。修改后,FIRRMA 法案赋予 CFIUS 审查破产交易权,CFIUS 对破产程序中衍生的交易有明确的管辖权。FIRRMA 还规定,CFIUS"应订立法规以澄清'涵盖交易'一词包括任何交易",而该等交易符合"根据破产程序或其他形式的无力偿债所产生"的定义。②

(6)试图规避 CFIUS 审查的交易。修改前,CFIUS 对目的为规避 CFIUS 审查的交易有审查权;修改后,CFIUS 对任何旨在规避美国外国投资委员会程序的任何其他交易、转让、协议或安排有明确管辖权。③

(7)外国投资人的权益变更。修改前,有关外国投资人的权益变更无明确法律法规;修改后,明确规定以下两种权益变更的情况也属于 CFIUS 有权管辖的涵盖交易:权益变更后导致美国企业收到外国投资人控制的;在对涉及"关键技术""关键基础设施"以及"美国公民的敏感性个人数据"的美国企业的投资时,权益变更后达到 CFIUS 管辖标准的。

2. 扩展向国会报告的范围

FIRRMA 体现了国会想继续积极参与外国投资审查的明显意图。例如,FIRRMA 要求委员会向国会就其评估交易的当事方、业务性质、委员会的审查与调查结果,作出更深入广泛的报告;FIRRMA 要求 CFIUS 持续分析其经济与机构资源状况,以及委员会对其他资源的持续需求,并将结果向国会报告;FIRRMA 要求 CFIUS 每两年向国会提交一份有关中国对美投资的详细报告,报告需按照类型、经济部门、政府投资情况以及"投资模式"对所有中国投资进行分析。

3. 扩大机构和总统授权

第一,FIRRMA 授权 CFIUS 可利用额外的工具来缓解国家安全风险,并从

① Farhad Jalinous, Karalyn Mildorf, Keith Schomig, Stacia J. Sowerby. National security reviews 2018: United States. https://www. whitecase. com/publications/insight/national-security-reviews-2018-united-states.
② 浙江境外投资:《美国国会通过里程碑式的 CFIUS 改革法案》,http://www.sohu.com/a/246597252_822816,最后访问日期:2018 年 10 月 29 日。
③ Farhad Jalinous, Karalyn Mildorf, Keith Schomig, Stacia J. Sowerby. National security reviews 2018: United States. https://www. whitecase. com/publications/insight/national-security-reviews-2018-united-states.

有效性、遵从性和可验证性等方面来监督执行风险缓解协定的实施与合规。第二，强化执法措施，要求 CFIUS 建立一项可审查未通知或未申报事项的机制。第三，FIRRMA 还授权总统可采取"任何适当的额外行动来应对国家安全威胁"，暗示总统除中止交易[①]外，还可采取与审查交易无关的行为，保持 CFIUS 的自由裁量权。第四，FIRRMA 限制司法审查对 CFIUS 和总统授权的影响。FIRRMA 对完善 CFIUS 本身的机构设置提出了改革要求，如授权 CFIUS 对审查征收申请费，设立 CFIUS 基金，完善招聘机制，尽快填补 CFIUS 人才缺口等。

4. 增强 CFIUS 的审查权

CFIUS 审查权的增强和审查范围的扩大体现在以下方面。

（1）授权 CFIUS 识别属于其管辖范围但没有提交简短通知或正式通知的交易。

（2）授予 CFIUS 中止交易权和司法审查豁免权。在审查期或调查期内即可暂停交易而无须获得总统指令，还可自行决定免除对某些交易的审查。在保留美国总统就 CFIUS 作出的决定具有司法审查豁免权的基础上，进一步确定 CFIUS 本身作出的决定和裁决享有司法审查豁免。投资者行使申诉权的空间变小。

（3）提高了"缓和协议"减缓的要求，即与国外投资者协商签订"缓和协议"或附加条件时，CFIUS 必须考虑"缓和协议"或条件的有效性、可遵守性及可监督性。对于已经自愿放弃的交易，CFIUS 同样有权对交易方实施缓解协议，以确保放弃交易的行为实质有效。[②]

（4）继续强调对国有资本的审查。FIRRMA 延续 FINSA 对国有企业和国有资本的严苛审查，一是给出涉及外国国有企业收购的具体要素，包括该国政府与美国的外交一致性、在多边反恐和核扩散以及出口限制方面的一致性等；二是要求计划并购美国敏感资产的外国投资者必须提交其在本国军队及政府部门服务的历史信息；三是此类安全审查获得批准之后将被持续跟踪，如每年检查安全协议执行情况，一旦外资并购交易被认为危及美国国家安全，相关企业将面临巨额罚款。

---

① 即只有美国总统才能正式阻止一项交易，这在美国外国投资委员会的历史上发生了 5 次。如果美国外国投资委员会认定存在无法解决的国家安全问题，它会建议各方放弃交易，或者建议设立一个总统集团，届时各方通常同意退出交易。Farhad Jalinous, Karalyn Mildorf, Keith Schomig, Stacia J. Sowerby. National security reviews 2018：United States. https://www.whitecase.com/publications/insight/national-security-reviews-2018-united-states.

② 李巍、赵莉：《美国外资审查制度的变迁及其对中国的影响》，《国际展望》2019 年第 1 期，第 56 页。

（5）扩大网络安全审查。为了应对网络安全新威胁，FIRRMA 第 3 节第 1 条第 14 款新增"恶意网络活动"概念，要求考虑交易是否会形成新的网络安全漏洞，是否会将美国公民的个人识别信息、基因信息、网络漏洞泄露给外国实体，是否会便利外国政府发动对美国的网络恶意行动。

FINSA 原先没有网络安全的相关内容，FIRRMA 把恶意网络活动纳入审查范围一方面是为了应对网络空间的新情况，防止国家和非国家行为体利用网络发动针对美国政治、经济和安全利益的颠覆活动；另一方面是特朗普政府推行强势网络安全政策的必然结果，表明网络安全已成为美国国家安全利益的关键因素。

5. 提高风险减缓标准和要求

FINSA 准许 CFIUS 与投资者磋商、签订或附加、实施任何协议或条件以减缓由交易造成的国家安全威胁。FIRRMA 第 16 节第 4 条第 2 款提高了风险减缓标准，禁止 CFIUS 签订减缓协议或附加条件，除非 CFIUS 确定该协议或条件可以解决交易所呈现的国家安全风险，同时必须考虑协议或条件的有效性、可遵守性及可监督性。FIRRMA 第 16 节第 7 条第 4 款进一步规定："如果 CFIUS 认定投资者未遵守已签订的减缓协议或附加条件，除对其进行民事罚款和单方启动审查外，还可以与其磋商行动计划以纠正不遵守减缓协议或附加条件的影响，可以要求其服从自对确定未遵守减缓协议或附加条件之日起、CFIUS 决定审查之日 5 年内任何受管辖交易的国家安全审查。"此外，CFIUS 还应防止独立实体监督减缓协议或附加条件执行产生的利益冲突，发展遵守减缓协议或附加条件的新方法，从而提高了风险减缓要求。

6. 新增"特别关注国家"

FIRRMA 第 3 节第 1 条第 4 款明确界定了"特别关注国家"，即对美国国家安全利益呈现明显威胁的国家，要求 CFIUS 对来自该类国家的投资加强审查；并在第 3 节第 1 条第 5 款中规定了国家安全审查的豁免标准，即美国是否与该投资者母国签订共同防御条约、签订涉及外国投资国家安全的多边协定、该投资者母国外国投资国家安全审查制度及其他 CFIUS 认为合适的标准，在针对中国、俄罗斯等被美国政府认为呈现出国家安全威胁国家的同时，以法律形式排除了其为在国防或外资政策上与美国合作的国家，例如欧盟、日本等。

7. 信息共享

FIRRMA 授权 CFIUS 在"以国家安全为目的并遵守适当保密及机密要求"

的范围内,与国内政府机构及作为美国盟友或合伙人的外国政府机构共享信息及国家安全分析。这体现了通过就已知威胁进行国际协商、以解决各方共同关心问题的这一趋势。FIRRMA 还指示 CFIUS 设立正式程序,以便美国与其盟友和合伙人进行"情报交流"。

3.2.3.2　程序规则

FIRRMA 的大多数实质性规定在新的执行条例制定之前不会生效。

1. 新增简化程序

CFIUS 还推出了一项试点计划,要求对涉及特定行业关键技术的美国公司的某些交易发出简短通知,要求对某些涉及某些行业关键技术的公司的某些外国投资(包括非控股投资)提交"申报"文件。① FIRRMA 指示 CFIUS 规定确定申报单要求的法规,但 CFIUS 必须确保声明作为简易的通知提交,其内容一般情况下不超过五页。

收到申报单后,CFIUS 可以要求交易各方提交书面通知,对交易进行单方面审查,书面通知当事人委员会已完成有关交易的所有审查,或通知当事人委员会无法仅根据申报单完成审查,并要求交易各方提交书面通知。委员会必须在收到申报单后 30 天内就申报单作出回应。

2. 强制申报

任何需申报交易的一方或多方可以通过向委员会主席提交交易的书面通知来启动 CFIUS 对交易的审查。申报原则以自愿申报为主,强制申报为辅。其中,当外国政府持有国外投资者 25% 以上的股份,且该国外投资者计划收购美国企业 25% 以上的股份时,需实施强制申报。在多数情况下,CFIUS 的审查表面上是一个自愿过程,但即使在一些"自愿"情况下,它实际上也是强制性的,例如,收购被清除的国防承包商。②

FIRRMA 要求在特定 交易中应向 CFIUS 提交强制申报。这些交易包括涉及外国政府持有"实质利益"的外国人收购某些涉及"关键基础设施""关键技术"或个人信息等相关类别的美国企业,并可能对国家安全造成威胁。FIRRMA 还授权 CFIUS 识别需要强制通知的额外交易,比如涉及关键技术公司的交易(即

---

① Farhad Jalinous, Karalyn Mildorf, Keith Schomig, Stacia J. Sowerby. National security reviews 2018: United States. https://www. whitecase. com/publications/insight/national-security-reviews-2018-united-states.

② Farhad Jalinous, Karalyn Mildorf, Keith Schomig, Stacia J. Sowerby. National security reviews 2018: United States. https://www. whitecase. com/publications/insight/national-security-reviews-2018-united-states.

非关键基础设施或美国公民的敏感性数据）。该试点计划规定，对涉及特定行业关键技术的企业进行控制和符合条件的非控制性外国投资，必须进行申报。当事人如不提交强制性声明，可受到最高金额的罚款。[①]

出于强制性申报的目的，"实质利益"由 CFIUS 法规定义。在制定这些规定时，CFIUS 必须考虑外国政府影响外国人行为的方式，包括通过董事会成员、所有者权益或股东权利。但是，FIRRMA 规定，不包括在"其他投资"类别的投资，或低于 10％投票权益的持股将不被视为"实质利益"。此外，通过私募股权基金进行的被动投资（即没有对基金重大事项决定权的财务投资）也不需要申报。

如果 CFIUS 确定外国人证明其投资不是由外国政府领导，且外国人有与 CFIUS 合作的历史，则法案授权 CFIUS 豁免投资人提交申报。另一方面，法案授权 CFIUS 建立一个流程，以识别需申报交易中合理可用但尚未提交通知或申报的信息。

根据 FIRRMA，CFIUS 可能不要求在交易完成前 45 天提交强制申报，FIRRMA 向 CFIUS 授权对未遵守强制申报要求的任何一方实施民事处罚。除非允许当事人更正重大错误或补充遗漏部分，否则 CFIUS 不得要求或建议撤销和重新提交强制性申报。

3. 生效日

鉴于 FIRRMA 较多规定的变化，许多规定并未立即生效。有关扩大的需申报交易范围、申报程序以及 CFIUS 就通知发表意见的截止日期的规定，在以下方面生效：① 2020 年 2 月 13 日（或法规规定，自 FIRRMA 颁布之日起 18 个月的日期）；② CFIUS 在联邦公报中公布管理新条款所需的法规、组织结构、人员和其他资源到位后 30 日。

尽管如此，对于 2018 年 8 月 13 日或之后启动的任何审查或调查，审查需申报交易的新期限立即生效。对于正在审查的交易，新的第二步调查时间表适用于目前开始调查的任何交易。

本法律修订中提及的其他立即生效的条款包括：① 在向 CFIUS 发出的通知中应包含附带协议；② 单方面审查和重新开始已完成审查；③ CFIUS 在审查

---

① Farhad Jalinous, Karalyn Mildorf, Keith Schomig, Stacia J. Sowerby. National security reviews 2018: United States. https://www.whitecase.com/publications/insight/national-security-reviews-2018-united-states.

需申报的交易时可以采取的临时行动；④ DC 巡回上诉法院①的司法审查。

只有在 CFIUS 制定和提供一般指导的规定时，申请费的规定才能生效。该法令还授权 CFIUS 在 2018 年 8 月 13 日以及此后 570 天（2020 年 3 月 5 日）之间执行一项或多项试点计划，以实施截至 2018 年 8 月 13 日尚未生效的任何权力机构的行动。试点项目可能不会开始，除非 CFIUS 在联邦纪事上公布试点计划范围和程序的 30 日后。

4. 其他程序

FIRRMA 同样修改了其他审查程序，包括申请材料、申请时间安排、申请费用、审查时间等：

（1）申请材料：CFIUS 有权要求交易双方递交与交易相关的所有重要材料，包括股权购买协议、合伙协议和其他补充协议，如关于知识产权转让的相关协议。在 FIRRMA 授权 CFIUS 要求递交的书面通知中，包括委员会制定法规中规定的任何合伙协议、完整协议或与交易相关的其他协议副本。

（2）申请和接受申请的时间安排：FIRRMA 要求 CFIUS 在正式提交之前的 10 个工作日内，就交易各方提交的通知草案提出意见，并要求 CFIUS 接受正式备案，从而在"起始时间"提交后 10 个工作日内开始审查。如果 CFIUS 确定提交的内容不完整，则必须向各方解释提交文件不完整的原因。为了适用 10 天的截止日期，各方必须约定交易是受 CFIUS 管辖的"需申报交易"。

（3）审查时间：FIRRMA 延长了审查时间限制，将初审审限从原来的 30 日修改为 45 日，保留了特定情况下的 45 日调查期，并授予 CFIUS 延长 30 日审限的权力，且在这一期间，CIFUS 或批准投资申请，或建议撤回投资申请，或将投资申请推入调查阶段。② 因此，在 FIRRMA 体系下，交易审查期限将从现规则下的 75 日延长到最多 120 日。

（4）申请费用：目前，与 CFIUS 的任何通知都没有相关的申请费。FIRRMA 授权 CFIUS 收取不超过交易价值 1% 的费用或 30 万美元（根据委员会规定的通货膨胀每年调整一次），以较少者为准。此外，FIRRMA 还设立了"美国基金外国投资委员会"的基金，由 CFIUS 主席管理，并授权在 2019 年至 2023 年的每个财政年度向该基金拨款 2 000 万美元，使委员会能够履行其职能。

---

① 指美国哥伦比亚特区联邦巡回上诉法院（引用时缩写为 D.C.Cir.），是美国的 13 个联邦上诉法院之一。

② 卢进勇、李小永、李思静：《欧美国家外资安全审查：趋势、内容与应对策略》，《国际经济合作》2018 年第 12 期，第 6 页。

从以上修改看,美国最新的外资审查机制在一定程度上收缩了外资开放空间,不利于国外投资者对美投资活动的开展。[①]

3.2.4　美国外资国家安全审查制度修改评价及影响

3.2.4.1　美国外资国家安全审查制度修改的评价

1. 外资准入国民待遇原则的例外

美国外资并购国家安全审查制度的实质是外资准入国民待遇原则的例外。尽管美国一直以实行自由开放的国际投资政策自居,但也是最早就外资并购国家安全审查规则进行专门立法的国家。自 20 世纪 70 年代初以来,美国的联邦和各州法律就开始对外资进行约束。

1976 年《国际投资调查法》与 1977 年《改善国内外投资申报法》对外国投资者施加了一般性申报义务,外国投资者有义务主动向政府主管机关申报其经济活动。1988 年《埃克森-弗洛里奥修正案》(*Exon-Florio Amendment*)是在对《1950 年国防产品法》第 721 节基础上修订颁布的,授权总统行使国家安全审查权,有权阻止任何威胁美国国家安全的并购交易。2007 年《外商投资与国家安全法案》(*Foreign Investment and National Security Act*,简称 FINSA)及 2008 年《关于外国人收购、兼并和接管的条例》(*Regulations on Mergers, Acquisitions and Takeovers by Foreign Persons*)修改了之前以《埃克森-弗洛里奥修正案》为核心的外资并购国家安全审查规范,对外资进入美国某些行业进行了全面限制,并对外资并购美国企业所涉及的国家安全问题提出了新的定义。

美国外资并购国家安全审查将审查对象定义为:"1988 年 8 月 23 日后拟进行或未完成的,外国人的任何兼并、收购或接管将致使在美国从事的跨州商业的任何实体被外国人控制的情形。"[②]此处"外国人"外延很广,包括外国公民、外国政府和外国实体,其中"由外国政府控制的交易"指任何导致美国企业被外国政府或受外国政府控制或代表外国政府的个人所控制的交易;"外国实体"可以是任何组织形式,无论依法成立还是实际存在,无论是中央或地方政府还是私人企业,均属于"实体"的范畴。

尽管美国外资并购国家安全审查制度的主旨在于排除外国人通过收购而控

---

① 卢进勇、李小永、李思静:《欧美国家外资安全审查:趋势、内容与应对策略》,《国际经济合作》2018 年第 12 期,第 6—7 页。

② 《美国外资并购国家安全审查制度内含悖论》,http://www.sohu.com/a/227362078_114731,最后访问日期：2018 年 10 月 31 日。

制美国企业可能造成的威胁国家安全的风险,但是审查对象仅限于"外国人",说明构建该制度的理论基础是外资准入国民待遇原则的例外。

2. 保留审查标准的模糊性以便扩张审查范围

FIRRMA 通过职权延伸和程序修订等方式显著扩大现有的安全审查工具箱来巩固行政审查的强势地位,其中适用更灵活的法律规定和措辞以实现模糊化立法是立法的重要特点和策略,为 CFIUS 行使宽泛的自由裁量权提供了立法依据和保障。

FIRRMA 保留原有定义的模糊性。虽然外国投资与国家安全法列出了外国投资委员会在审查外国投资时可能考虑的 10 个国家安全因素,但 FIRRAM 对于"国家安全"这一审查核心要素保持了其一贯模糊的态度,以此赋予 CFIUS 判断一项交易是否会对美国国家安全产生负面影响时拥有较大的自由裁量权。①

美国关于"国家安全"的定义是不断发展的。根据 2007 年《外商投资与国家安全法案》的规定,除了传统意义上的"国防安全"以外,"国家安全"还涵盖一切"如果遭破坏或受外国人控制将对美国的国家安全构成威胁的系统与资产",如银行、关键技术、基础设施等领域。外资并购若对美国在某些关键技术领域的世界领先地位构成威胁,或对美国本土就业造成负面影响,也可能被视为威胁美国国家安全。

美国对于"国家安全"概念的不确定性决定了国家安全审查标准的模糊性。从美国外资并购国家安全审查机制建立之初的《埃克森-弗洛里奥修正案》至最新的《审查指南》对"国家安全"都没有给出明确的定义,美国外国投资委员会曾多次公开拒绝有关对"国家安全"的含义作出界定的请求,显然是为了维护经济政策的灵活性和审查机关广泛的自由裁量空间,而且其对"国家安全"的考量因素从传统国防安全的解释逐步扩大到了关键技术、关键基础设施,特别是能源等领域,这种扩大外延的解释,容易使更多的交易纳入 CFIUS 审查和调查的范围。根据 CFIUS 公布的信息,其主要从两方面对国家安全进行评判:一是威胁性(threat)分析,即从外国投资方的角度入手,分析外国投资方是否有能力或意图危害美国国家安全;二是脆弱性(vulnerability)分析,即从被并购方的角度出发,分析被并购业务的特质是否会导致美国国家安全容易遭受危害。②

---

① 张天行:《美国〈外国投资风险评估现代化法案〉下的监管变革:立法与应对》,《国际经济法学刊》2019 年第 2 期,第 111 页。

② 张天行:《美国〈外国投资风险评估现代化法案〉下的监管变革:立法与应对》,《国际经济法学刊》2019 年第 2 期,第 111 页。

　　尽管国家安全审查标准的模糊性可以保证外国投资委员会对所有可能造成国家安全威胁的交易都有审查的权力,但也会使如何实现"美国绝对的开放外资政策与保护国家安全原则的统一"成为国家安全审查制度所需面临的挑战。

3.2.4.2　美国外资国家安全审查制度修改的影响

1. 对美国的影响

　　彼得森国际经济研究所主席亚当·S.保森(Adam S. Posen)从 2018 年美国的投资数据得出"特朗普的经济民族主义正自食其果"的结论:无论是外国还是美国本土的跨国公司对美国的净投资基本下降至 0。长此以往,美国收入增长、工作机会将受负面影响,并将削弱美国作为全球商业中心的地位。依据美国经济分析局的数据,2018 年第一季度美国外商直接投资数量跌落至 513 亿美元。但在 2016 年的同一时间段,该数字为 1 465 亿美元,而在 2017 年则为 897 亿美元。这一数字的下降主要原因并不在于中国,来自中国的投资始终只占很小的一部分,比如 2016 年来自中国的净投资为 45 亿美元,而在 2018 年同一时期美国对中国的投资超过了中国对美投资,但投资净外流的数量也只有 3 亿美元。因此,中国的投资对美国的影响实际并不大。

　　目前美国国会通过削减企业税、实行免税代码等安排刺激美国经济增长。然而这些举措并没有挽救美国的外商投资。鉴于美国发起的投资审查,外商投资的减少情有可原。[①]

2. 对中国的影响

　　第一,微观影响。据 2017 年 9 月 CFIUS 公布的 2015 年年度审议报告显示,2015 年 CFIUS 的审查交易数达 143 起,其中涉及中国企业的交易达 29 起,占比超过 20%,但是同期中国占美国 FDI 存量的比重只有不到 0.2%。[②] 自 1988 年美国国会通过法案赋予总统否决权以来,美国总统亲自下令阻止外国企业对美投资共 5 起,其中 4 起对象均为中国企业,另外 1 起虽然阻止的是新加坡博通公司对高通的收购,但终止的原因却是担心该收购使得高通丧失在 5G 无线技术上的领导地位,从而使得华为在该技术上获得主导地位提供便利。可见,从根本上终止交易的原因还是为了针对中国企业。

　　事实上,更多的中国企业在安全审查初期直接受到 CFIUS 劝退,或出于舆

---

① 《美国改革外商投资制度,目标直指中国》,http://wemedia.ifeng.com/73467482/wemedia.shtml,最后访问日期:2018 年 10 月 31 日。

② 王碧珺:《美国改革国家安全审查机制,中国投资遭遇特殊对待》,https://baijiahao.baidu.com/s?id=1611947885293916305&wfr=spider&for=pc,最后访问日期:2018 年 10 月 31 日。

论影响、无法接受 CFIUS 的缓解条件，为了避免审查导致的潜在损失不得不主动撤回并购要约。①

此次美国外资国家安全审查制度的修改对中国的具体影响主要体现在 CFIUS 管辖权的扩张及审查流程的变化两方面。

一方面，如前文所述，审查标准的模糊性为 CFIUS 行使管辖权及其扩张提供了立法保障。目前 FIRRMA 对于 CFIUS 管辖权的扩展只是提供了大致的框架，需要 CFIUS 通过法规加以明确。如果不加限制地将所有这些交易都纳入审查范围，每年 CFIUS 审查的交易可能数以万计。由于 CFIUS 在 2017 年收到 235 例申报的情况下已经出现不堪重负的情况，CFIUS 有必要通过法规将审查限定在特定的交易内。所以，CFIUS 后续对这几类交易的具体审查范围如何界定值得重点关注。中国对涉及"关键技术、关键基础设施"以及"美国公民的敏感性个人数据领域"等方面的投资，势必会受到影响，尤其是政府推动或资助的投资行为可能受到 CFIUS 的严格审查。另外，考虑到初创公司对于快速融资的要求，额外的审批程序可能会使中国投资人的投资失去吸引力。

在审查投资类型方面，美国在对外安全审查中，将"少数股权投资"与"非主动投资"，以及一些涉及技术转让与知识产权的合资行为，也包括于安全审查范围之列。② 目前，美国外资国家安全委员会对中国案件的审查数量已居第一位（2015 年为 29 件）。美国外资安全审查改革，不仅降低并购审查门槛，而且扩大至资产和其他投资等，涉及中国企业的交易事项也将随之增加。此外，国家安全审查对国有企业和国家控制实体的关注，必然会使中国国有企业在美国投资活动受到更多审查和限制。③

另一方面，针对 CFUIS 审查流程的变化主要体现在以下方面。

（1）审查时间与申请材料：大部分即刻生效的条款只是将 CFIUS 目前已经正在执行的内部实践通过立法的方式明文确定下来。因此，在短期内不会对投资人有太多实质性的影响。同时，审查时间的延长和对申请材料的进一步要求，使得投资交易面临更加冗长的审批流程。一方面增加交易成本，另一方面降低了中国投资人的投资对美国企业尤其是初创公司的投资欲望。

---

① 王碧珺：《美国改革国家安全审查机制，中国投资遭遇特殊对待》，https://baijiahao.baidu.com/s?id=1611947885293916305&wfr=spider&for=pc，最后访问日期：2018 年 10 月 31 日。
② 邢勃：《欧美外资安全审查趋严对我国企业海外投资的警示》，《对外经贸实务》2019 年第 5 期，第 45 页。
③ 刘栩畅：《美英外资安全审查趋势及对我国影响分析》，《中国经贸导刊》2018 年第 33 期，第 32 页。

（2）简易申报制和强制申报制：强制审批制推翻了目前 CFIUS 以自愿通知为原则的审查机制，CFIUS 在行使职权上将由被动转为主动。除去有政府背景的投资需强制申报外，CFIUS 还可出台法规要求更多的交易进行强制申报。考虑到强制申报对投资人在商业上的潜在不利影响，例外规定和豁免的标准就显得尤为重要。一些特定交易可能不得不针对这些标准，对交易的结构进行调整。

（3）对通知的回复时间：FIRRMA 的本意是在表面上加快案件的审理速度。但在实践中可能会出现多轮回复，影响审理进度。

（4）申请费用：投资人交易成本（包括时间成本和潜在利益）上升。

（5）向国会提交的年度报告：CFIUS 审查的透明度的增加，可能导致审核标准的上升和审批难度的加大。[1]

虽然考虑到外资威胁国家安全的可能性，并进行相关审查是东道国正常考量和正当权利，但审查一般极不透明，容易沦为投资保护主义的工具。即使在国家安全审查法律体系已臻完整的美国，由于在实际操作过程中并未对 CFIUS 的审查标准和实际审查内容有进一步的个案细节公开的透明度要求，外界无从得知 CFIUS 是否真实地考虑对美国国家安全的影响且从何种因素或指标对交易进行选择和甄别。同时，"一案一议"意味着不排除 CFIUS 对于每次交易有不同的评判因素和标准。[2]

第二，宏观影响。FIRRMA 新增了"涉及有战略目的的特别关注国家"的表述直指中国。新法案新增了专门针对中国投资报告的部分，要求从法案生效起至 2026 年，CFIUS 应当每两年提交一份关于中国在美投资情况的报告。报告需根据投资价值、行业、是否来自中国政府投资等因素，对所有交易进行分类；汇报由中国政府投资购买的企业名单，中国在美直接投资企业及附属机构的数量、员工总数和估值等信息；并考察投资是否符合中国制造 2025 计划目标，以及中国在美直接投资与其他国家之间的对比。[3]

FIRRMA 对中美经贸关系的影响会是深远的。一是赴美投资将更加困难。此次 FIRRMA 改革有意堵住中方经常利用的"空子"，使得赴美投资企业面临更为复杂的审查程序。二是安全审查有可能成为对中国企业强硬施压的工具。

[1] 《中国投资人们，川普新签署的美国国家安全审查法案将产生这些重大影响》，http://www.vccoo.com/v/ie75h8，最后访问日期：2019 年 6 月 24 日。
[2] 《美国改革国家安全审查机制，中国投资遭遇特殊对待》，https://baijiahao.baidu.com/s?id=1611947885293916305&wfr=spider&for=pc，最后访问日期：2018 年 10 月 31 日。
[3] 《美国改革国家安全审查机制，中国投资遭遇特殊对待》，https://baijiahao.baidu.com/s?id=1611947885293916305&wfr=spider&for=pc，最后访问日期：2018 年 10 月 31 日。

CFIUS 的组成部门例如国防部、情报部门、执法部门以及国会对来自中国的投资存在偏见、怀有戒心。三是引发其他国家的效仿。随着中国企业全球化的发展，以美国为先导，包括法国、英国、德国在内的多个欧洲国家也加强了对我国企业投资的审查力度。

3.2.5 应对美国外资国家安全审查制度修改的建议

3.2.5.1 继续扩大开放

外资国家安全审查制度本质上是一把双刃剑，"缺位"可能威胁到国家安全，"越位"则可能影响国际资本流动和投资贸易便利化的大趋势。因此，寻找"对外开放"和"国家安全"的平衡点，是大国外资国家安全审查制度设计的出发点和落脚点。

无论是美国对华贸易战还是对华投资限制，均与 20 世纪 80 年代美日经贸摩擦的情形类似，本质上都是美国应对他国经济崛起的战略回应，具有历史必然性、长期性与复杂性。目前美国已经先后通过关税壁垒、投资壁垒及出口管制对中美之间的商品、资本及技术的流动施加了诸多限制，[①]而且可能未来在金融领域对中国"采取措施"。[②]

3.2.5.2 加强法案解读并寻求应对策略

此次法案规定的投资审查范围已经扩大到一些明显针对中国企业的领域，如关键技术、关键基础设施行业和政府投资，在这种情况下，继续实行以往的对外投资战略必将受阻，我国企业应及时"刹车换道"。因此，对外投资企业应该加强对法案内容的全面评估和理解，及时更新对美国安全审查制度的认识和了解，确定出 CFIUS 审查的敏感外国投资主体和敏感产业清单，减少对美投资的阻力。国家相关部门可以出台指导性政策，按照投资主体和并购对象所在行业，分别给予投资者不同级别的敏感预警，帮助企业尽可能避开 CFIUS 监管"雷区"，提高赴美投资的可行性。

1. 针对管辖权范围的变化

在项目筛选时，应对收购公司及相关资产进行尽职调查。比如，目标公司的项目是否关系到美国的重大基础设施建设；目标公司是否与美国安全部门或美国政府有业务来往；目标公司持有的资产附近是否有美国军事设施等。若发现

---

① 李巍、赵莉：《美国外资审查制度的变迁及其对中国的影响》，《国际展望》2019 年第 1 期，第 69 页。

② 《2018 贸易战最新消息：美国开辟第二战场中国如何应对》，http://www.zhicheng.com/n/20180828/221063.html，最后访问日期：2018 年 10 月 31 日。

目标公司有上述可能面临 CFIUS 审查的情形,并不意味着就不能对其进行收购,若买方不看重技术或资产,可与卖方沟通剥离相关技术与资产,使其独立于目标公司;若签订协议后被 CFIUS 审查,也可考虑积极与 CFIUS 达成和解措施(mitigation measures),签订协议后收购。和解措施包括但不限于:确保 CFIUS 指定的人能够使用相关的核心技术;成立公司安全委员会、独立会计,确保任命的人员、相关的技术或设施的使用合法合规;对公司未来涉及敏感技术或信息的合同与业务进行指导等。与 CFIUS 达成协议后,该收购可以继续进行,但后续的运营会受到协议的限制。

2. 针对审查流程的变化

FIRRMA 只是为 CFIUS 的改革提供了大致框架,大多数重要条款有待 CFIUS 通过出台后续的法规加以明确。

通过聘请经验丰富的美国专业律师,帮助投资人在各方面更好地应对 FIRRMA 带来的合规风险,包括预测可能受限的投资交易以及时调整投资方向和投资战略,对目前潜在的投资交易(尤其是一些之前被认定为被动投资的交易)从 CFIUS 合规的角度进行评估,及时调整特定交易的投资结构以避免 CFIUS 的申报风险、协助准备和修改交易相关的法律文件以更好地满足 CFIUS 的审查要求。

3. 充分利用 CFIUS 审查的例外条款规避审查

CFIUS 及 FIRRMA 中规定了不少例外条款不需要接受 CFIUS 审查,比如航空承运投资、一般居民住房投资等。考虑到国家安全,CFIUS 着重审查该投资是否有外国政府控股的因素。如果该外国实体投资美国且该实体是由外国政府实质控制的,则 CFIUS 要求强制申报审查。如果投资主体并非外国政府控制,或投资主体仅仅为财务投资人(即投资主体在投资目标公司或项目公司中仅仅是财务投资者的角色,而没有决定性的股权投票权或者重大决策权的),则美国政府可能不认为该企业是外国人控制,即使审查也有通过的法律依据。根据 FIRRMA 对于"实质利益"的定义,如果投资主体的股东是政府性质的主体,且超过 10% 的股权,则可被美国政府视为外国政府控制,需要强制申报。此外,该投资为"其他投资"类别的,则需要被强制申报。因此,如果需要规避 CFIUS 强制申报审查,政府相关主体对投资主体的控股可设计小于 10% 的股权。同时,也要关注未来 CFIUS 出台的行政法规中对"其他投资"的定义,在投资前尽量避开定义中的相关交易。如果投资主体不是由外国政府领导,且与 CFIUS 有合作的历史，则法案授权 CFIUS 豁免投资人提交申报。

3.2.5.3　借鉴他国应对经验

积极借鉴别国赴美投资经验，应对美国安全审查"歧视性"待遇。20 世纪 80 年代，日本对美投资快速增加，引起美国政府的密切关注，CFIUS 开始对日本企业的并购投资进行严格审查，防止产业竞争力受日本企业威胁。当前，我国对美投资也面临类似情况。可以借鉴日本避免经贸摩擦、促进双向开放等手段缓解美国"紧张"情绪。日本企业与美国当地经济深度融合，带动了美国原材料、中间产品、服务的出口，是一条可借鉴的经验。我国企业可以围绕非敏感领域进行战略投资，利用中国资本为美国增加就业。

3.2.5.4　加强企业公司治理

企业应认真研究审批通过先例，增加投资的成功把握。此次法案延续了对政府投资者的高度关注，并增加了对投资者的背景调查。因此，中国企业投资美国应当尽量避开这些关键性行业，投资其他行业，如医疗行业等。同时，企业在进入战略新兴产业时要注意剥离与美国政府有关的敏感技术和敏感产品，以获得美国政府的信任。[1] 为减少投资的监管阻力，应减少政府对企业的行政干预，在赴美投资时，主动剥离相关资产。[2]

企业在与卖方签订投资协议中应当明确 CFIUS 审查的风险承担。由于 CFIUS 审查时间较长，能否通过审查具有较大的不确定性。考虑到企业的法律成本、时间成本等问题，中国企业在投资美国目标公司或项目前应充分做好 CFIUS 的调查，在与卖方的投资意向书或投资协议中明确 CFIUS 审查的风险，充分考虑在双方同意放弃审查撤销合同或交易的情形，或未能通过审查的情形下，设置合同撤销订金返还或风险共担等条款，以保护中国投资者。

投资企业应保存投资者信用记录，加强信息披露，积极完善企业治理结构，提高企业的透明度。具体来说，投资企业可以通过吸收外资、民间资本等方式组建合资公司，降低国有资本在投资企业中的股权比重，以淡化投资企业的政府背景，使资本运作更加科学化、透明化、市场化，提高外资审查通过的成功率。[3] 同时，中国企业在海外投资时需保持审慎态度并备好预案，合规经营，利用法律武

---

① 林乐、胡婷：《从 FIRRMA 看美国外资安全审查的新趋势》，《国际经济合作》2018 年第 8 期，第 15 页。
② 杜雨潇：《美收紧外资安全审查给我国企业对美投资带来挑战》，《中国外资》2018 年第 19 期，第 40 页。
③ 卢进勇、李小永、李思静：《欧美国家外资安全审查：趋势、内容与应对策略》，《国际经济合作》2018 年第 12 期，第 4 页。

器保障自身的合法权益。要增加 CFIUS 审查的通过率,企业可以灵活选择投资策略,如在投资方式上优先选择绿地投资而非并购,综合考虑被动投资、少数股权投资或逐步进行的小规模投资,在投资时机上尽量避开选举等政治敏感期,在没有把握时考虑事先剥离敏感业务或资产。

企业要加强与美国社会的接触,积极开展与美国地方政府、媒体、研究机构等的沟通和交流,通过介绍企业的投资动机和做法、宣传给当地带来的好处等方式,争取地方政府与议员对中国投资活动的支持,表达合理诉求、塑造企业良好形象。相对于联邦政府对美国国家安全与全球科技竞争优势的优先考量,各州政府更关注外资对当地税收与就业的贡献,因此普遍欢迎外来投资。可以有针对性地巩固与这些选区国会议员的关系,合法利用美国国内的游说制度,缓解中企赴美投资的阻力。

3.2.5.5　推动双边投资协定谈判

推动重启中美双边投资协定谈判(BIT),在国际法层面为双边投资关系的良性发展开拓新的渠道。自特朗普上任以来,中美 BIT 谈判再次被搁置。

在美国外资审查日益严格的形势下,中国政府可以向美方要求重启 BIT 谈判,在谈判中要求美国明确"国家安全"概念,致力于在 BIT 框架下减缓美国外资审查制度对中国企业的钳制,并解决其他利益分歧。

由于全球多边投资规则的缺失,除了依靠双边投资协定外,许多多边和区域自贸协定中包含了投资条款,比如目前美日欧韩越等经济体都在积极推进双边、多边自贸协定或经济伙伴关系协定的谈判,这些贸易协定中都包括大量投资条款。面对这一背景,中国需要采取双管齐下的措施,一方面,以 2018 年 11 月刚签署的中国—新加坡《自由贸易协定升级议定书》为样板,加速构建中国的高水平自贸区网络,以弱化对美国市场包括出口市场和投资市场的依赖,并在国际经贸新规则的制定中争取话语权;另一方面,积极参与 WTO 改革进程,为改革方案建言献策,团结欧盟,调动其他发展中国家的积极性,共同推动 WTO 改革,使WTO 能够在跨国投资中发挥更大的作用。

面对愈演愈烈的中美经贸纷争,在适当采取反制措施的同时,应当尽量避免冲突升级乃至经济脱钩的局面,致力于通过协商谈判解决分歧,将分歧和摩擦管控在一定范围之内。[①]

---

① 李巍、赵莉:《美国外资审查制度的变迁及其对中国的影响》,《国际展望》2019 年第 1 期,第 68—70 页。

欧盟外商直接投资审查条例之后：
背景、规则和应对*
——以中美贸易摩擦为背景

2019 年 3 月 19 日,欧盟议会和欧洲理事会的第 2019/452 号条例通过了《欧盟外商直接投资审查条例》,决定对在欧盟的外商直接投资实行统一审查,进一步加强对国家公共安全的控制,对于我国企业今后对欧盟成员国进行直接投资形成更多限制。

根据商务部 2018 年发布的中国对外投资发展报告,中国 2017 年对欧投资呈现高速发展的态势,对欧盟直接投资高达 102.7 亿美元。[①] 考虑到对欧盟成员国进行直接投资所涉的中国企业数量巨大、所涉投资额高昂,该条例的颁布将对中国企业的对欧投资产生重大影响。此外,在"一带一路"与欧盟欧亚互联互通战略对接的背景下,中国企业与欧盟各成员国之间的联系更为密切,如何在条例出台后进一步推进中欧的合作与共赢对双方都至关重要。

本节将首先对当前中国企业对欧直接投资概况进行分析,以便了解《欧盟外商直接投资审查条例》对中资企业产生影响的方式与广度。同时,通过对典型性案例的分析,具体剖析条例颁布前欧盟各国对中国企业在该国直接投资的限制,进而分析条例所产生的影响。本节将对欧盟外商直接投资审查制度的背景和规则进行分析,比较欧盟外商直接投资审查制度与美国外资并购国家安全审查制度的相关规定,讨论美国模式与欧盟直接投资审查制度的评估方法在内容机制方面的相同与区别之处。本节最后进一步探讨欧盟新审查框架下中国企业面临的法律风险,从中国投资者的视角提出应对性建议。

---

* 本节作者:沈伟、田弋滢。

① 中国商务部数据:《2018 年度中国对外投资发展报告》,中华人民共和国商务部网站,http://images.mofcom.gov.cn/fec/201901/20190128155348158.pdf,最后访问日期:2019 年 5 月 28 日。

3.3.1　当前中国企业对欧盟直接投资概况

3.3.1.1　外商直接投资的概念

1. 外商直接投资的含义

根据经济合作与发展组织的《经合组织外国直接投资基准定义》，直接投资是经济领域的居民进行的跨境投资，目的是建立持久的利益关系。投资者的动机是与被投资企业建立战略性的长期关系，从而保证直接投资者对企业管理的影响。[①] 总而言之，外商直接投资是一个经济体的居民在另一个经济体获得企业的控制权或经营管理权限并以获取长期利益为目的的投资。[②]

2. 直接投资的模式

直接投资的形式主要是取得他国企业的具有实际影响作用的股权，即直接的投资关系，主要模式包括以经营为目的并购、收购国外企业或与境内投资者新设合营企业，在国外新设立子公司、分公司、工厂等，参与东道国设置的投资项目等。[③] 后者一般不属于国家安全审查的范围。

3.3.1.2　中国对欧盟直接投资总体形势

1. 中国企业直接投资流量与存量

2018 年 9 月，商务部与国家外汇管理局以及国家统计局联合发布的《2017 年度中国对外直接投资统计公报》显示，2017 年中国对欧投资呈现高速增长态势，高达 102.7 亿美元，是多年以来投资流量最大的一年，也是首次突破 100 亿美元。截至 2017 年年底，中国对欧盟投资的存量达到 860.1 亿美元（见图 3 - 3 - 1）。[④]

2017 年全球直接投资流量较前一年减少 23％。[⑤] 在这种背景下，中国企业当年对欧盟直接投资的流量却呈高速增长，说明欧盟在经济复苏后市场重现活力，在我国"一带一路"倡议的推动下，吸引大量的中国企业投资。

2. 中国企业直接投资地区分布

从投资目的国来看，2017 年中国企业对欧盟国家投资最多的依次为德国、

① 经济合作与发展组织：《经合组织外国直接投资基准定义（第四版）》，经济合作与发展组织网站，http://www.oecd.org/investment/fdibenchmarkdefinition.htm，最后访问日期：2019 年 5 月 28 日。

② 余劲松：《国际投资法》，法律出版社 2003 年版，第 1 页。

③ 余劲松：《国际投资法》，法律出版社 2003 年版，第 2 页。

④ 中国商务部、国家外汇管理局、国家统计局数据：《2017 年度中国对外直接投资统计公报》，中华人民共和国商务部网站，http://hzs.mofcom.gov.cn/article/date/201809/20180902791492.shtml，最后访问日期：2019 年 5 月 28 日。

⑤ United Nations Conference on Trade and Development. 2019 World investment report. UNCTAD website, Page 2, UNCTAD, https://unctad.org/en/PublicationsLibrary/wir2018_en.pdf.

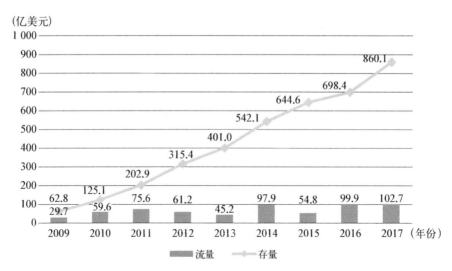

图 3-3-1 中国企业对欧盟直接投资流量与存量(2009—2017 年)

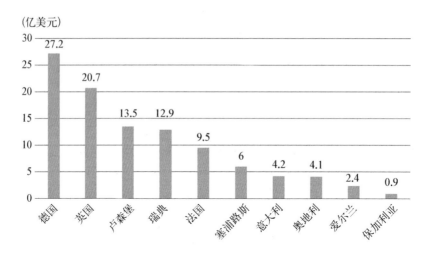

图 3-3-2 2017 年中国企业对欧盟直接投资流量流向最多的十个国家

英国、卢森堡和瑞典(见图 3-3-2)。①

　　德国作为全球制造业大国,在机械制造、汽车、能源等行业都吸引了大量的中国企业进行并购,成为在欧盟国家中中国直接投资流量流向最多的国家。中国企业通过对德国企业的投资并购,可以显著提高自身的制造水平与技术水平,

---

① 中国商务部、国家外汇管理局、国家统计局数据:《2017 年度中国对外直接投资统计公报》,中华人民共和国商务部网站,http://hzs.mofcom.gov.cn/article/date/201809/20180902791492.shtml,最后访问日期: 2019 年 5 月 28 日。

从而实现自身利益。[①]

卢森堡凭借在金融、物流等领域的优势地位和开放的经济政策也成为中国企业投资的优先考虑选项。包括中国银行、中国工商银行、中国建设银行在内的六家中国大型银行都把欧洲总部设立在卢森堡。[②]

瑞典吸引中国企业投资的原因主要是技术及资源优势。在技术领域,瑞典的信息通信技术产业高度发达,吸引了中兴与华为在瑞典的投资;其汽车制造技术也在全球领先,吸引了吉利集团对沃尔沃汽车公司的投资;同时丰富的矿产资源也吸引了中国五矿进出口公司对北欧金属矿产有限公司的投资。[③]

3. 中国企业直接投资行业分布

从行业分布来看,2017 年中国直接投资流量流向最多的行业为制造业、租赁和商业、服务业、批发及零售业等(见图 3-3-3)。[④]

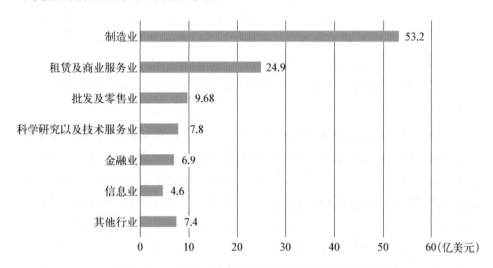

图 3-3-3　2017 年中国对欧盟直接投资流量行业分布

① 商务部国际贸易经济合作研究院、中国驻卢森堡大使馆经济商务参赞处、商务部对外投资和经济合作司:《对外投资合作国别(地区)指南 德国(2018 年版)》,中华人民共和国商务部网站,http://www.mofcom.gov.cn/dl/gbdqzn/upload/deguo.pdf,最后访问日期:2019 年 5 月 28 日。

② 商务部国际贸易经济合作研究院、中国驻卢森堡大使馆经济商务参赞处、商务部对外投资和经济合作司:《对外投资合作国别(地区)指南 卢森堡(2018 年版)》,中华人民共和国商务部网站,http://www.mofcom.gov.cn/dl/gbdqzn/upload/lusenbao.pdf,最后访问日期:2019 年 5 月 28 日。

③ 商务部国际贸易经济合作研究院、中国驻卢森堡大使馆经济商务参赞处、商务部对外投资和经济合作司:《对外投资合作国别(地区)指南 瑞典(2018 年版)》,中华人民共和国商务部网站,http://www.mofcom.gov.cn/dl/gbdqzn/upload/ruidian.pdf,最后访问日期:2019 年 5 月 28 日。

④ 中国商务部、国家外汇管理局、国家统计局数据:《2017 年度中国对外直接投资统计公报》,中华人民共和国商务部网站,http://hzs.mofcom.gov.cn/article/date/201809/20180902791492.shtml,最后访问日期:2019 年 5 月 28 日。

制造业在中国企业对欧盟直接投资中超过半数，可见制造业是中国企业投资欧盟的直接选择。高技术含量的制造业是欧盟吸引投资的关键因素，收购、并购高精尖的欧盟制造企业能够增强企业的技术水平与开发能力，从而持续推动企业的发展。

4. 中国企业直接投资政策环境

(1) 现行欧盟主要国家外商投资的政策。目前欧盟主要国家对来自境外的投资的态度都是在保证国家安全的基础上促进资本自由流动。

第一，德国对外商投资的政策。德国的《对外经济法》确立了对外经济活动的自由性。除了在法律明确规定的特殊情况下如放任该活动将会对德国造成显著不良后果之外，德国政府不干预企业对外经济来往。在投资领域，外国投资者在德国境内投资与本国居民投资的要求并无显著差别，外国投资者可以自由选择投资行业、投资方式等。就市场准入条件而言，法律明确禁止境内外投资者投资的产业有武器生产、核电站及核垃圾处理行业；①需要事先批准的行业包括银行、保险业、拍卖行、酒店餐饮业、租车业等。德国境内与境外的投资者在其他行业享有相同的投资权限，法律允许境内外投资者无需经过事先批准就能进行投资。②

当境外投资者投资特殊领域的额度超过一定比例时，就会受到德国政府的安全监管。特别是近年来随着德国经济的复苏及其他国家对德国投资的增多，德国政府于 2018 年 12 月修改了《对外经济条例》，加强了对外商投资的监管。在修改前，当非欧盟投资者获得德国公司达到 25% 投票权时，德国联邦经济和能源部就有权进行审查，当交易对公共安全和公共秩序构成威胁时，德国联邦经济和能源部就有权禁止继续该交易。在修改后，当投资构成"关键交易"时，这一投票权的门槛降低至 10%。关键交易包括军事业务，云计算服务，以及能源、水、电信、金融、保险、公共卫生以及传媒等关键基础设施领域的业务。

与德国已有的较为成熟且严苛的安全审查机制相比，欧盟外商直接投资审查制度的启动没有明确标准，规定较为宽泛，启动机关的自由裁量权也比较大。德国具体规定了在涉及关键领域的关键交易时，一旦收购的投票权比例达到 10%，德国联邦经济和能源部就有权进行审查，制度的确定性较强。由于德国是

---

① 德国《和平利用核能及核能风险保护法》。

② 商务部国际贸易经济合作研究院、中国驻卢森堡大使馆经济商务参赞处、商务部对外投资和经济合作司：《对外投资合作国别(地区)指南 德国(2018 年版)》，中华人民共和国商务部网站，http://www.mofcom.gov.cn/dl/gbdqzn/upload/deguo.pdf，最后访问日期：2019 年 5 月 28 日。

在 2018 年更新《对外经济条例》，所以所涉及的"关键基础领域"范围也有所扩大，这一点与欧盟的外商直接投资审查制度是一致的。

第二，卢森堡对外商投资的政策。针对投资领域的准入条件，境内外企业的待遇相同。除了投资金融、保险、旅行社、餐饮、货运、博彩等行业均需经过政府事先审批之外，境内外投资者可自由进入其他行业。政府鼓励外商投资汽车配件、电子商务、物流、传媒、信息通信等领域。法律并没有明文规定外资投资比例。如果境外投资者欲获得被投资企业 1/3 以上的投票权时，应该通过公开收购的方式进行，并获得卢森堡金融监管委员会（CSSF）的同意，委员会有权对收购的价格作出调整。

除金融方面的监管以外，卢森堡并未设置安全审查机制。在欧盟的外商直接审查制度实施后，出于对欧盟统一安全与共同利益的考量，卢森堡需要建立自身的安全审查机制并及时通报欧盟委员会。

第三，瑞典对外商投资的政策。除了军事、航空、采矿、林业、出版、银行和保险等国家战略领域受到严格控制，境内外投资者需获得许可证才能进入以外，其他行业均无需事先批准就能向投资者开放。外国投资者不能拥有船舶企业、飞机企业以及信用信息企业，也不得持有银行和军事工厂的股份。根据《外国接管瑞典企业法》，当外国投资者购买瑞典现有企业的股权比例将要达到 10%、40%、50% 时，必须先咨询工会以获得员工的同意。如果员工不同意，则工业部需要将国家代表安排到该企业的董事会中。

除了投资银行保险等领域需要通过瑞典金融监管局的审查以外，瑞典政府对外商投资并未设置其他安全审查规定。与卢森堡一样，在欧盟的外商直接审查制度实施后，瑞典也需及时建立起自身的安全审查机制。

从一些欧盟主要国家的外商投资法来看，针对投资领域，在不违反欧盟统一政策时，每个成员国可以自行决定外国投资准入的领域与条件，大部分国家准许投资者自由投资除关键领域外的行业，而投资关键领域需经政府事先批准。投资方式和投资额度也由各国自行决定，大部分国家并未对投资比例加以限制，但会规定超过一定比例时的附加条件，如超过一定比例需要经过有关部门的同意或需经过该企业员工的同意等。

目前，奥地利、丹麦、立陶宛、拉脱维亚、德国、意大利、波兰、葡萄牙、英国及法国已经建立了国家安全审查机制，其他国家也有计划建立相应的安全审查机制。然而各国制定的安全审查机制在审查时间、启动原因、审查内容等方面并不一致。

（2）中国与欧盟之间的投资协定。中国自 1982 年与瑞典签订双边投资协定以来至今，已经和除爱尔兰以外的其他 27 个欧盟成员国签订了双边投资协定。双边投资协定的核心是"缔约各方应始终保证公平合理地对待缔约另一方投资者的投资"，①包含了投资定义、最惠国待遇、征收的条件及对征收的补偿、争端解决机制等内容。中国与欧盟国家在出现投资争议时也未有统一的争端解决方式，导致争端解决的程序愈加复杂且无规律可循。②

在中欧不断推动经贸合作的背景下，中国与欧盟之间的双边投资协定谈判也在不断加速。2019 年 4 月 9 日在布鲁塞尔举行的第 21 届欧盟-中国峰会上，李克强总理提出将加速中欧投资条约的谈判，在 2019—2020 年年底前签署中欧双边投资协定，保证双方企业的投资均受到平等对待。目前双方针对投资保护以及投资自由化的部分条款已经达成一致，将进一步对市场准入清单进行实质性谈判。该协定出台后将取代原有的我国与各欧盟成员国之间分别签订的双边投资协定，中国企业在欧投资可以受到更高标准的保护。③

3.3.1.3 中国企业对欧盟直接投资典型案例

近年来，中国企业对欧盟直接投资的重大成功案例不断涌现，其中包括 2017 年中国国家电网以 3.2 亿欧元的价格购买了希腊国家电网公司 24％的股权，④2017 年中远海运港口有限公司以 2 亿欧元的价格购买了西班牙诺特姆港口公司 51％的股权，⑤2016 年中国化工以 71 亿欧元价格收购了意大利倍耐力轮胎制造商 26.2％的股权，⑥2016 年中远集团收购了希腊 Piraeus 港口 51％的股权。⑦

同时，有不少中国企业对欧盟直接投资宣告失败。2018 年，中国烟台台海集团收购德国莱菲尔德公司（Leifeld）的交易遭到德国政府反对。莱菲尔德位于北莱茵-威斯特法伦州，是汽车、航空航天和核工业高强度金属的主要生产制造

---

① 《中华人民共和国政府和瑞典王国政府关于相互保护投资的协定》第 2 条第 1 款："缔约各方应始终保证公平合理地对待缔约另一方投资者的投资。"

② 陶立峰：《中欧 BIT 谈判中投资者与国家争端解决的模式选择》，《法学》2017 年第 10 期，第 149 页。

③ 第二十次中国欧盟领导人会晤：《第二十次中国欧盟领导人会晤联合声明（全文）》，中华人民共和国中央人民政府网站，http://www.gov.cn/xinwen/2018-07/16/content_5306805.htm，最后访问日期：2019 年 5 月 28 日。

④ 郭立文：《国家电网公司成功入股希腊国家电网公司》，《国家电网报》2017 年 6 月 22 日，第 1 版。

⑤ 汪立业：《中远海运收购西班牙港口公司》，《国际商报》2017 年 6 月 15 日，第 A6 版。

⑥ 王尚斋：《中化集团控股意大利轮胎公司倍耐力》，《石油商报》2015 年 3 月 25 日，第 10 版。

⑦ 陈占杰、刘咏秋：《中远海运购入希腊最大港口多数股权》，《新华每日电讯》2016 年 4 月 10 日，第 3 版。

商之一。虽然烟台台海集团在最后主动表示撤回其要求,而非由德国政府直接禁止交易,但德国政府在投票中决定授权德国经济部阻止该收购,否决权的理由是该交易将会对国家安全造成威胁。① 此前在 2017 年烟台台海集团收购破产的杜伊斯堡管道生产公司(Duisburg Tubes Production)时,德国政府批准了该项交易并颁发了德国经济部和能源部的许可证书,杜伊斯堡管道生产公司专门用于开发和制造用于核工业的精密锆管。德国政府在同样的中国企业收购不同关键领域的企业时表现出了不同的态度,缺乏对"威胁国家安全"法律标准的界定,存在主观决定的可能性,使得中国企业难以控制和预见投资风险。

同时,中国企业在欧盟成员国的投资也有间接被成员国政府阻止的情况,例如在 2018 年中国国家电网公司收购德国最大的输电公司 50 赫兹公司(50Hertz)20%股权的交易中,因为根据当时的法律在非欧盟投资者获得德国公司至少 25%投票权时,德国联邦经济和能源部才有权进行审查,因此德国政府不能直接介入。最终交易未能成功的原因是 50Hertz 的股东比利时输电系统公司 Elia System Operator 宣布对这 20%的股权行使优先购买权,随后立即将股权出售给德国国有银行德国复兴信贷银行(KfW)。德国复兴信贷银行在声明中表示,它代表德国联邦政府进行了该项交易,此次交易产生的任何利益和风险都归联邦政府所有,德国复兴信贷银行对该交易不承担任何企业或战略责任。② 在本案中,德国政府根据法律无法通过直接监管的方式阻止该交易,因此通过要求其股东行使优先购买权并间接收购该股份的方式阻止了中国企业的投资。德国政府通过立法的方式将关键领域的监管门槛从外国投资者取得 25%以上投票权降低至取得 10%以上投票权,以便收紧对关键领域的控制。

3.3.1.4 中国企业对欧盟直接投资存在的主要问题

1. 欧盟各成员国市场差异性强

中国本身的经济环境与欧盟存在极大的差异,相较于本国投资者或欧盟内部投资者,中国投资者在对欧盟市场的认知上存在相对劣势的地位。欧盟内部成员国经济的发展不平衡性,造成投资不同国家的企业面临的市场环境有显著差异,直接影响该企业的后续发展。中国企业作出决策时能够获取的有效信息有限,具有投资风险。根据欧盟立法的相关规定各成员国可以决定自己的投资

---

① 佚名:《德国首次启用外商投资法阻止中资收购德国机械企业》,《贸易风险预警》2018 年第 15 期,第 30 页。

② Michael Marray. Germany Blocks Investment by China. *The Asset*, August 1, 2018, https://www.theasset.com/europe/34804/germany-blocks-investment-by-chinas-state-grid-in-50hertz.

管理政策、法律政策和税收政策，中国企业选择及投资时可能会遇到未能预见的困难。

2. 安全审查框架下的投资准入风险

目前奥地利、丹麦、立陶宛、拉脱维亚、德国、意大利、波兰、葡萄牙、英国及法国已经建立了国家安全审查机制，各国制定的安全审查机制在审查时间、启动原因、审查内容等方面有所差异。

在审查机制下，许多中国企业的直接投资常被欧盟各成员国政府叫停，例如中国电网收购比利时电网伊安蒂斯（Eandis）公司失败，中国企业的投资因受到欧盟成员国政府的直接监管而被禁止交易，甚至在该国法律先前未有明确规定的情况下，中国企业的投资也可能间接被该国政府阻止，使得中国企业难以预见投资风险。

2018 年德国经济部和能源部对外资共发起 78 起安全审查，其中针对中国投资者的有 27 起，占比超过 1/3。[①] 除了因为中国企业投资数量大以外，各欧盟成员国政府对中国企业的准入审查相较于其他前来投资的非欧盟投资者的审查更为严苛。受"中国威胁论"的影响，许多成员国担忧中国投资将会威胁欧盟的安全和公共秩序，要求限制中国企业对欧盟各成员国关键领域行业的投资，包括制造业、科学研究以及技术服务业、金融业、信息业等。

在各国的安全审查和准入限制造成部分中国企业对欧盟成员国投资交易失败时，这些交易的损失最终会由中国企业承担。许多中国企业在交易时的相关法律文件中未明确交易失败后的责任承担分配问题，导致自身需承担交易失败所造成的损失，付出高额代价。

3. 中欧法律及经济环境差异性

在欧盟生产和营商的经营成本较高，中国企业在欧经营利润薄弱，这主要是因为欧盟的劳动力成本较高。第一，欧洲人口较少，导致劳动力供求关系较为紧张，劳动力价格一直保持在较高的水平。2017 年，欧盟的平均劳动力单位成本是每小时 26.8 欧元。[②] 在北欧等高福利国家，劳动力成本更高。各成员国针对劳动者的福利政策，比如保证劳动者每年有较长的带薪休假，也无形中增加了企业的经营成本。中国国际贸易促进委员会发布的《欧盟投资环境报告》显示，有

---

① 王曼：《希望欧盟重视中国企业投资诉求》，《中国贸易报》2019 年 4 月 25 日，第 A7 版。
② 商务部国际贸易经济合作研究院、中国驻卢森堡大使馆经济商务参赞处、商务部对外投资和经济合作司：《对外投资合作国别（地区）指南 欧盟（2018 年版）》，中华人民共和国商务部网站，http://www.mofcom.gov.cn/dl/gbdqzn/upload/oumeng.pdf，最后访问日期：2019 年 5 月 28 日。

近 74％的在欧盟投资的中国企业表示欧盟的劳动力费用过高给企业经营造成了较大困难。[①] 第二，中国较低成本的劳动力进入欧盟受到限制。欧盟各成员国都有严格控制劳工的政策，除鼓励引进高科技高素质人才以外，出于保护本国及欧盟内部公民就业岗位的需要，对廉价劳工关上了大门。中国企业很难在欧盟境内开展劳务合作，降低劳动力成本。

同时，欧盟的企业税负较重。中国国际贸易促进委员会发布的《欧盟投资环境报告》显示，有近 40％的企业认为税负过高给企业对欧盟经营造成了困难。[②]以 2017 年中国企业对欧盟投资流量最大的国家德国为例，德国企业的名义税负达到 31％，实际税负也达到了 28.2％。[③] 这样的高成本对于企业经营来说是不小的压力。

还有不少企业遭受贸易壁垒冲击，其中最多的是行业技术标准壁垒。尽管从政策上来看欧盟对外资承诺的开放程度高，但依然存在大量隐形的壁垒，造成在欧投资的中国企业销售产品较为困难，企业经营受到明显障碍。

总而言之，相较于中国市场而言，欧盟市场税负较高、劳动力昂贵，且内部市场较小，在欧洲经营与在国内经营有显著差别，给企业造成巨大挑战。

4. 欧洲对中国企业投资抱有怀疑态度

近年来，中国提出了"一带一路"倡议，加大了对"一带一路"沿线国家和地区的投资。例如，中国意图开辟一条陆上通往印度洋的道路（即中巴经济走廊），既降低自己对马来半岛和印度尼西亚苏门答腊岛之间的海上要塞——马六甲海峡的依赖，又有利于提振巴基斯坦经济。[④] 中国政府一直尝试借助营造最温和的安全环境来增强国际影响力，以避免冲突发生。作为一种符合"软实力"逻辑的说法，"一带一路"倡议既符合这种策略，也符合实现中华民族伟大复兴的"中国梦"的需要。自该倡议被首次提出起，中国就将其作为对外政策的核心。从经济方面考虑，通过该倡议，中国可以将自身巨大的制造业产能移转至海外以降低成本。[⑤]

---

① 孙韶华：《贸促会研究院：中企赴欧投资受限领域增加》，《经济参考报》2019 年 4 月 24 日，第 A3 版。

② 王曼：《希望欧盟重视中国企业投资诉求》，《中国贸易报》2019 年 4 月 25 日，第 A7 版。

③ Christoph Spengel, Friedrich Heinemann & Felix Kretz. Germany Loses Out in US Tax Reform. *ZEW- Leibniz Centre for European Economic Research*, December 13, 2017, https://www.zew.de/en/presse/pressearchiv/deutschland-ist-der-verlierer-der-us-steuerreform/.

④ Farhan Bokhari. China Urges Pakistan to Give Army Role in Silk Road Project. *Financial Times*, 22 July 2016, p.5.

⑤ 据估计，中国的煤炭行业每年将有 33 亿吨的产能过剩。铝、炼油和化工行业的产能过剩不仅对中国构成威胁，也对国际市场构成威胁。中国产业产能过剩的产出可能导致全球价格暴跌并损害中国在全球市场的竞争对手。Gluts for punishment. *The Economist*, 9 April 2016, http://www.economist.com/news/business/21696552-chinas-industrial-excess-goes-beyond-steel-gluts-punishment.

"一带一路"倡议还扩大了中国在周边国家的经济和政治影响力，缓解国内经济增长过度依赖基础设施投资的现状。不过，对于中国出口关键行业过剩产能的计划，欧盟却表示担忧，并已采取多项措施以保护本国产业。①

众所周知，就对外直接投资（FDI）而言，中国的投资重心往往放在道路建设和资源开采上，较少关注技术引进。但是，近年来这一情况有所转变，中国投资者不再执着于对商品和资源的获取，还渴望获得西方的品牌和技术。同时，他们对海外资产的需求经久不衰。一场由中国主导的企业跨国并购浪潮席卷了全球。② 2016 年中国投资者完成了近 1 000 亿美元的跨境并购交易，几乎是 2015 年（610 亿美元）的近两倍。在过去 5 年里，中国跨境交易份额一直保持在 6％左右的增长速度，约占全球 GDP 的 15％。③ 中国在"一带一路"沿线国家的对外直接投资额也急剧上升。例如，2015 年中国针对"一带一路"沿线国家对外直接投资的增长量是中国对外投资增长量的两倍。2015 年中国发布的新工程项目合同中，44％都是与"一带一路"沿线国家签订的。④ 2013—2017 年，中国对"一带一路"国家的对外投资达到 820 亿美元。中国投资者在 2017 年对"一带一路"的 57 个国家投资流量达到 201.7 亿美元，同比增长 31.5％，占同期中国对外直接投资流量的 12.7％。截至 2017 年年末，中国对"一带一路"国家直接投资存量为 1 543.98 亿美元，占中国对外直接投资存量的 8.5％。⑤

有些人将"一带一路"倡议视为是中国对美国一度推进的以美国为中心的区域贸易协定，特别是跨太平洋伙伴协定（TPP）和跨大西洋贸易与投资伙伴协定的回应甚至是挑战。美国作为这两个协定的主导者，希望同亚洲和欧洲盟友一道，组成经济联盟来围堵中国。在这层意义上，TPP 的支持者坚称，TPP 既是贸易协定，也是地缘战略协定。"一带一路"倡议与之截然相反。该倡议虽以中国为核心，却给予亚洲国家和欧洲国家同等待遇。这种安排的背后，寄托了中国希冀促进亚太区域贸易自由化的目标，而绝非旨在推行地缘政治。

一些外国智库通过大数据对 130 多个国家和地区在 2017 年 5 月—2018 年

---

① Alun John. Europe Back on Chinese Investors' Radar, Says Official. *South China Morning Post*, 15 July 2016, p.B1.

② 总体而言，亚洲国家在其他地区的兼并和收购数量几乎翻了一番。Don Weinland & Jennifer Hughes. Asia Overtakes US in Value of Outbound Deals. *Financial Times*, 20 July 2016, p.16.

③ Money Bags. *The Economist*, 2 April, 2016, p.61.

④ Our Bulldozers, Our Rules. *The Economist*, 2 July, 2016, http://www.economist.com/news/china/21701505-chinas-foreign-policy-could-reshape-good-part-world-economy-our-bulldozers-our-rules.

⑤ 商务部：《中国对外投资发展报告 2018 年》，第 93 页。

4月的新闻报道进行定量分析得出结论,全球对"一带一路"倡议整体反响积极。[①] 根据莱顿大学发布的报告,没有证据显示中国在欧洲"一带一路"投资是为了获得政治影响力。莱顿大学的研究通过评估匈塞铁路、希腊比雷埃夫斯港、建广资本收购荷兰恩智浦半导体业务和中粮集团收购尼德拉4个案例,探讨了中国对欧洲技术和基础设施的投资与中国在欧洲政治影响力的联系。报告指出,欧洲对中国投资的怀疑过于草率并且有误导性,没有证据显示这些项目是为了换取政治或外交利益,也没有证据表明中国通过这些项目分裂并控制欧盟,或者通过产业政策威胁欧洲的经济竞争力;相反,这些项目都有确凿的商业基础。[②]

总之,欧盟国家对"一带一路"倡议为代表的中国对外直接投资抱有喜忧参半的心态也是中国企业需要面对的现实状况。

3.3.2　欧盟外商直接投资审查制度

3.3.2.1　欧盟外商直接投资审查制度的形成背景及原因

2009年12月1日《里斯本条约》生效,外商直接投资被纳入欧盟共同贸易政策的范围,但欧盟此后并未采取进一步的实际措施。2017年,德国、法国、意大利联名向欧盟委员会提出请求,要求将外商投资纳入欧盟审查范围。[③] 当年9月,欧盟委员会主席提了"建立欧盟外资审查新框架"的提案,启动了欧盟建立外商直接投资审查制度的进程。[④] 2019年3月19日,欧盟议会和欧洲理事会的第2019/452号条例通过了《欧盟外商直接投资审查条例》,决定对外商直接投资实行欧盟层面的统一审查,条例于2019年4月10日生效,于2020年10月正式实施。

---

① Alicia Garcia Herrero & Jianwei Xu. Countries' Perceptions of China's Belt and Road Initiative: A Big Data. Bruegal Working Paper, Issue 1.

② Matt Ferchen, Frank N. Pieke, Frans-Paul van der Putten, Tianmu Hong and Jurriaan de Blecourt. Assessing China's Influence in Europe through Investments in Technology and Infrastructure: Four Cases, Leiden Asia Centre 2018, www. leidenasiacentre. nl;德国联邦政府官网,https://www. bmwi. de/Redaktion/DE/Downloads/E/eckpunktepapier-proposals-for-ensuring-an-improved-level-playing-field-in-trade-and-investment. pdf? __blob=publicationFile&v=4,最后访问日期: 2019年5月28日。

③ 德国联邦政府官网,https://www. bmwi. de/Redaktion/DE/Downloads/E/eckpunktepapier-proposals-for-ensuring-an-improved-level-playing-field-in-trade-and-investment. pdf? __blob = publicationFile&v=4,最后访问日期: 2019年5月28日。

④ European Commission. Proposal for a Regulation of The European Parliament and of The Council-Establishing a Framework for Screening of Foreign Direct Investments into the European Union SWD (2017) 297 final, Brussels 13. 9. 2017 COM (2017) 487 final. European Commission, https://ec. europa. eu/info/law/better-regulation/initiatives/com-2017-487_en.

1. 欧盟外商直接投资审查制度形成背景

(1) 经济背景。自 2017 年以来，欧盟经济继续复苏，创下过去 10 年全球金融危机以来的最大发展势头。由于经济复苏，欧盟也吸引了大量的外国投资，2017 年全球各国对欧盟直接投资的流量达 524 亿美元。[①]

但是，欧盟经济复苏仍然存在不稳定因素，一些隐藏的弊病和危险性仍然会限制欧盟经济的健康、持续发展。欧盟的内部发展非常不平衡，欧盟成员国的经济和社会发展水平差异很大，深化外国直接投资安全审查的分歧较大。[②] 同时，全球经济活动也对欧盟市场产生重要影响，2017 美国公司的大规模净撤资，撤回了近 2 740 亿欧元的净外商直接投资。[③]

(2) 政治背景。欧盟各成员国对于制定统一的欧盟外商直接投资审查制度的态度并不一致。德国、法国、意大利联名向欧盟委员会提出请求，要求将外商投资纳入欧盟审查范围。北欧等国则反对任何影响资本自由流动的举措，芬兰贸易部长曾表示这些计划不可能有实际效果，但有可能导致贸易战的爆发。[④]部分南欧国家，如西班牙、希腊，还没有完全从债务危机中缓和过来，对资金的需求较大，不希望在欧盟层面加以限制。中东欧国家自身就没有设立外商直接投资审查制度，由于经济发展较缓慢一直寻求外国投资基础设施建设，促进当地经济发展。显然，除了经济发展较快、企业技术较高的德、法等国，欧盟其他国家普遍不希望建立统一的欧盟外商直接投资审查制度。

2. 欧盟外商直接投资审查制度的成因

(1) 中国企业在欧洲投资并购潮流。近年来全球直接投资流量较往年有下降的趋势，而中国企业对欧盟直接投资却呈高速增长，带动了欧盟经济的发展并为欧盟成员国提供了大量就业岗位。但是，中国企业对欧盟核心和关键产业的投资却引起了许多欧盟成员国的警惕。早在 2011 年鑫茂集团试图以 10 亿欧元投向荷兰电缆公司 Draka 时，因其远高于欧洲竞争对手的报价而引起欧盟对于

---

① United Nations Conference on Trade and Development. 2019 World Investment Report. UNCTAD, https://unctad.org/en/PublicationsLibrary/wir2018_en.pdf.

② 商务部国际贸易经济合作研究院、中国驻卢森堡大使馆经济商务参赞处、商务部对外投资和经济合作司：《对外投资合作国别(地区)指南 欧盟(2018 年版)》，中华人民共和国商务部网站，http://www.mofcom.gov.cn/dl/gbdqzn/upload/oumeng.pdf，最后访问日期：2019 年 5 月 28 日。

③ Eurostat. Quality Report on Balance and Payments (BOP), International Trade in Services (ITS) and Foreign Direct Investment Statistics (FDI) DATA 2017. Eurostat, https://ec.europa.eu/eurostat/web/products-statistical-reports/-/KS-FT-18-010? inheritRedirect = true&-redirect = %2Feurostat%2Fpublications%2Fstatistical-reports.

④ Jim Brunsden. EU Plan to Curb Chinese Takeovers Risks "Trade War". *Financial Times*, September 17, 2017, https://www.ft.com/content/c0b3bdf0-9b94-11e7-9a86-4d5a475ba4c5.

高科技公司被中国国有企业收购的警惕性,欧洲内部市场委员 Michel Barnier
和欧洲工业专员 Antonio Tajani 在致欧盟委员会主席 José Manuel Barroso 的
信中呼吁调查对欧盟市场的外国投资。①

　　第一欧洲企业失去技术等竞争优势。中国企业对欧盟的投资将使得欧洲企
业失去竞争优势。部分中国企业通过海外投资的方式寻求获取各行各业的先进
技术,因为相较于从头开发获取技术更久的时间与更大的经济成本,直接购买拥
有技术的项目公司要更为经济。技术对于提高中国企业生产力和提升全球价值
链至关重要,欧洲企业在中国企业获取先进技术后将失去技术优势。中国企业
通过海外并购投资树立品牌,如吉利集团购买沃尔沃就取得了良好效果。同收
购技术型企业的原因一样,相较于重新培养品牌,直接投资已培育出良好口碑的
目标公司更为经济高效。但对欧洲企业而言,外国投资收购可能使这些企业的
资产剥离,欧洲公司原有的品牌和声誉将被赋予中国制造的产品。②

　　一些分析者称该现象为“逆向马可波罗效应”,就像马可波罗去了中国并带
回了先进技术一样,当前中国企业来到了欧洲而获得大量无形资产等。③ 中国
制造 2025 计划也说明中国正朝着产业科技化的方向发展。中国企业主要依靠
投资欧洲以提升自己的技术水平和商业能力,但能够给欧洲企业带来的创新商
业实践和技术较少,反而会侵蚀现存的欧洲企业。

　　许多对外进行投资的中国企业是国有企业,在中国国家资金的扶持下企业
能够获得更多的资源,提升自身企业的实力并且开发新市场。在此种情况下,欧
洲企业感到竞争压力,原先占据的市场可能被中国投资的企业所占据。因此
2017 年欧洲竞争委员玛格丽特·维斯塔格在安布罗塞蒂论坛上表示,有必要对
破坏竞争的政府补贴进行处理,需要限制由他国政府补贴扶持的投资,从而保证
公平竞争。④

　　第二“安全与公共秩序威胁”隐忧。对中国投资将会威胁欧盟的安全和公共
秩序的担忧主要源于中国企业对欧盟投资的主要产业属于各成员国关键领域的

①　Ian Wishart, Jennifer Rankin. Call to Investigate Foreign Investment in EU Market. POLITICO,
　　https://www.politico.eu/article/call-to-investigate-foreign-investment-in-eu-market/.

②　Sophie Meunier Brian Burgoon and Wade Jacoby. The Politics of Hosting Chinese Investment in
　　Europe — An Introduction. *Asia Europe Journal*, Vol.12 No.1 - 2, 2014, pp.116, 119.

③　Rebecca Valli. Italian Entrepreneurs Turn to Chinese for Help. *Voice of America*, Vol.14, 2012.

④　Margrethe Vestager. Making the Most of Europe's Strengths. Ambrosetti Forum 2017, European
　　Commission, https://ec.europa.eu/commission/commissioners/2014-2019/vestager/announcements/
　　making-most-europes-strengths_en.

行业，包括制造业、科学研究以及技术服务业、金融业、信息业等。许多成员国希望防止针对这些关键领域的外国直接投资，因为它可能威胁到经济和国家安全。[①]

与此同时，中国的国情与欧盟国家对中国的认知也使得欧盟国家与企业深感威胁。德国智库认为，中国的投资引发了特殊的担忧，是中国的政治地位、迅速发展的军事力量、独特的政治制度，国家在经济中的所有权和其他特征共同造成的，中国对某些军民两用的技术的收购将给欧盟造成安全隐患。[②] 欧洲议会认为，中国的现有体制使得法治、透明性和公平竞争等原则难以有效落实，政府对出口监管不力，对知识产权的保护也存在不足，应当限制中国企业投资基础设施如核设施以及军民两用项目等。[③]

（2）美国等发达国家投资政策收紧。近年来，包括美国在内的主要国家纷纷收紧了外资审查政策。从中国企业投资美国实际情况看，在近 10 年，许多中国企业例如中海油、华为、三一风场等在美国的投资由于美国政府的国家安全审查而告停。近期的案例包括 2018 年 1 月蚂蚁金服以 12 亿美元收购美国速汇金公司的交易被美国相关监管机构叫停，蚂蚁金服还因此支付了 3 000 万美元的违约金，可见美国对中国企业投资的监管范围和监管影响已经进一步扩展和显现。[④] 相较于欧盟各成员国而言，美国的外资审查制度建立较早，实际涉及的交易案例也更多，为欧盟建立直接投资审查制度提供了范本。同时，美国在面对近年来中国投资者在美国投资给本国企业带来竞争压力以及给美国带来安全与公共秩序"威胁"时也作出了相应的回应，使得面对同样困扰的欧盟有了借鉴的蓝本。[⑤]

其他发达国家例如澳大利亚在 2015 年颁布了《外国收购与接管法 2015 年修正案》，虽然将必须申报审批的门槛从外国投资者取得 15％以上投资实质性

① Sophie Meunier. Divide and conquer? China and the cacophony of foreign investment rules in the EU. *Journal of European Public Policy*，Vol.21，No.7，2014，p.996.

② Thilo Hanemann and Mikko Huotari. Record Flows and Growing Imbalances. *Chinese Investment in Europe in 2016*. 2016，p.6.

③ European Parliament. Foreign Direct Investment Screening：A Debate in Light of China-EU FDI Flows. Briefing May 2017. http://www. europarl. europa. eu/RegData/etudes/BRIE/2017/603941/EPRS_BRI(2017)603941_EN.pdf.

④ Louise Lucas，Don Weinland &. Shawn Donnan. Data take centre stage as Ant Financial fails in MoneyGram bid. *Financial Times*，Jan 4，2018，https://www.ft.com/content/fd22dd9c-f06d-11e7-b220-857e26d1aca4.

⑤ 沈伟：《美国外资国家安全审查制度的变迁、修改及影响——以近期中美贸易摩擦为背景》，《武汉科技大学学报》2019 年第 5 期。

的利益提高至持有 20% 以上的利益,但是同时该法把所有意图在澳大利亚投资国有基础设施的外国私人投资者都纳入了监管审查的范围。[①] 日本财务省开始制订新的事先审查标准,将保护敏感信息、保护与安全有关的行业等纳入监管信息保护的范围之中。[②] 加拿大于 2005 年出台了《加拿大投资法修正案》,建立了外资并购国家安全制度。2009 年 3 月,加拿大联邦政府通过了加拿大投资法的重大修订案,基于国家安全,审查制度包含了一项广泛的国家安全测试,允许部长审查加拿大的投资提案。和其他国家的国家安全审查制度一样,加拿大立法对"国家安全"的含义没有确切表述,存在着国家安全审查政治化的可能性。[③]

包括美国在内的发达国家收紧外资审查政策对推动欧盟建立外商直接投资审查制度的影响主要表现在以下两个方面。

首先,各国投资政策的收紧给欧盟的经济发展带来了压力。当其他国家正为欧洲公司的直接投资设置障碍或者仅在某些歧视性条件下允许此类投资时,欧洲公司却成为其他国家战略性产业政策的一部分。这会引起欧洲公司的不满,在无法要求其他国家不设置直接投资障碍时,只能转而要求本国及欧盟收紧外资审查政策,限制其他国家的企业进入欧盟市场从而保证自身的竞争力。

其次,各国投资政策的收紧为欧盟确立投资审查制度提供了参考。这些发达国家制定的安全审查机制旨在帮助欧盟实现在保证国家安全的基础上"促进资本自由流动"。这些国家的安全审查机制为欧盟立法采取何种审查方式、涉及哪些行业、哪些人员等提供了重要帮助。

3.3.2.2　欧盟外商直接投资审查制度主要内容

1. 欧盟外商直接投资审查制度涵盖的范围

在《欧盟外商直接投资审查条例》中,外商直接投资被定义为外国投资者以任何形式进行的投资,该投资旨在建立或维持外国投资者与其投资所在的企业之间的持久和直接联系,以便在成员国进行经济活动,该投资包括能够有效参与管理或控制公司经营活动的投资。[④]

与之前所提到的经合组织等都采用的"一个经济体的居民在另一个经济体

---

① 梁咏、叶戈:《澳大利亚对外资的国家安全审查机制研究——以中国企业投资为视角》,《国际贸易法论丛》2017 年第 7 期,第 191 页。

② 石岩:《欧盟外资监管改革:动因、阻力及困局》,《欧洲研究》2018 年第 1 期,第 122 页。

③ Oliver Borgers, et al. Foreign Investment Screening under Canada's Investment Canada Act. http://www.cba.org/cba/cle/PDF/COMP10_Borgers_paper.pdf.

④ Regulation (EU) 2019/452 of the European Parliament and of the Council of 19 March 2019 establishing a framework for the screening of foreign direct investments into the Union: Article 2(1).

获得企业的控制权或经营管理权限以获取长期利益为目的的投资"①标准相比，《欧盟外商直接投资审查条例》对外商直接投资的定义所涵盖的范围更广。即使外国投资者的投资并购行为不会使该投资者获得一般意义上的控制权，该投资者也可能因为直接参与公司活动而被认定符合外商直接投资标准，这意味着更多的外国投资者的投资将被纳入审查范畴之中。

2. 欧盟外商直接投资审查制度考虑因素

在确定外国直接投资是否可能会影响到欧盟的安全或者公共秩序时，部分行业将受到成员国和欧盟委员会的重点关注。这些领域包括但不限于关键基础设施领域，无论是实体的如能源、运输、航空航天、国防、土地和房地产领域，或者是无实体的如传媒、信息传输与储存、金融基础领域等；欧洲理事会第 428/2009(15)号条例第 2 条第一点定义的关键技术和双重用途物项，包括人工智能、机器人、半导体、网络安全、纳米技术、生物技术等，以及关键输入品，包括能源、原材料、能源安全及对敏感信息的访问，包括对个人数据的访问、媒体的自由和多元化。②

以上绝大部分领域与前文提到的各个国家设置的进入需经批准或与安全审查的"关键领域"相一致。考虑到每个欧盟成员国的核心关键领域存在差异，可能只涉及一部分《欧盟外商直接投资审查条例》所规定的行业，该条例部分整合了关键行业的信息，补充了各成员国现有审查所涉行业的局限性，为各国未来制定完善审查机制提供了参考准则，从而更全方位地保护其内部安全与公共秩序。比如随着科技的进步及立法的发展，许多当初各成员国制定相关法律法规时未考虑到和未预见到的关键领域可以被纳入监管的范围，如个人信息保护因通用数据保护条例的出台而吸引了欧盟新的关注。从行业看，较之各国原有的外商投资法规，《欧盟外商直接投资审查条例》将启发各成员国更多的行业系统纳入审查的范畴中。

此外，《欧盟外商直接投资审查条例》还表明，在确定外国直接投资是否可能影响担保或公共秩序时，会员国和委员会也可特别考虑投资者是否有较高的威胁欧盟安全与公共秩序的可能性存在。这包括外国投资者是否由第三国政府（包括国家机构或武装部队）直接或间接控制，包括通过所有权结构控制或重大

---

① 余劲松：《国际投资法》，法律出版社 2003 年版，第 1 页。

② Regulation (EU) 2019/452 of the European Parliament and of the Council of 19 March 2019 establishing a framework for the screening of foreign direct investments into the Union: Article 4 - 1.

资金控制;该外国投资者是否曾经参与过威胁成员国安全或公共秩序的活动;该外国投资者是否存在从事非法或犯罪活动的严重风险。[①]

需要注意的是,审查制度强调了由第三国政府直接或间接控制的企业将被视为有较高的威胁欧盟安全与公共秩序的可能性。这一条主要是针对中国国有企业在欧盟投资而制定的,国企投资欧盟企业将会面临更多审查和限制。

3. 欧盟外商直接投资审查制度的机制

根据《欧盟外商直接投资审查条例》,欧盟对外商直接投资的审查主要机制如下。

(1) 保留成员国内部机制与最终决定权。《欧盟外商直接投资审查条例》保留了各成员国的审查机制。根据条例,成员国可维持、修改或新设安全机制,以安全或公共秩序为由筛选在其领土上的外国直接投资。[②] 同时,成员国内部是否对某一投资进行审查的权限也完全归属于该成员国。其第 1 条明确指出,本法规中的任何内容均不应限制每个成员国决定是否在本法规框架内筛选特定的外国直接投资。[③]

(2) 成员国有信息公开义务。各成员国在建立自身的安全审查机制的同时,需要与欧盟委员会及其他欧盟国家建立合作机制。成员国应当在 2019 年 5 月 10 日前将现有的筛选机制通知委员会,当成员国新通过任何筛选机制或对现有筛选机制作出任何修改时,应在 30 天内通知欧盟委员会。每年会员国还应该向委员会提交一份包括上一年该成员国境内的外国直接投资的汇总的年度报告。[④]

为了确保合作机制的有效性,确保所有成员国在本条例范围内的外国直接投资的最低信息和协调也很重要。成员国应提供其进行审查的外国直接投资的信息。相关信息应包括诸如外国投资者的所有权结构以及计划或已完成投资的融资等方面,包括可能的有关第三国授予的补贴的信息。会员国应尽力提供准确、全面和可靠的信息。[⑤]

---

① Regulation (EU) 2019/452 of the European Parliament and of the Council of 19 March 2019 establishing a framework for the screening of foreign direct investments into the Union: Article 4 - 2.

② Regulation (EU) 2019/452 of the European Parliament and of the Council of 19 March 2019 establishing a framework for the screening of foreign direct investments into the Union: Article 3.

③ Regulation (EU) 2019/452 of the European Parliament and of the Council of 19 March 2019 establishing a framework for the screening of foreign direct investments into the Union: Article 1(3).

④ Regulation (EU) 2019/452 of the European Parliament and of the Council of 19 March 2019 establishing a framework for the screening of foreign direct investments into the Union: Article 5.

⑤ Regulation (EU) 2019/452 of the European Parliament and of the Council of 19 March 2019 establishing a framework for the screening of foreign direct investments into the Union (23).

（3）其他成员国及欧盟委员会有权向投资所涉国提出建议。如果成员国认为另一成员国计划或完成的外国直接投资可能会影响其自身安全或公共秩序，或者具有与该外国直接投资有关的相关信息，它可以向该另一成员国提供意见。提供意见的成员国应同时将这些意见发送给委员会，委员会应通知相关成员国。①

同时，欧盟委员会也被赋予了对具体投资项目进行审查筛选的职能。在维护欧盟安全与公共利益的基础上，欧盟委员会认为某一投资可能会影响有关欧盟利益的关键项目时，可以对该投资实施或计划实施的国家提出意见。有关欧盟利益的关键项目包括涉及大量欧盟资金或大比例股权的项目、涉及欧盟法律覆盖的关键基础设施领域、关键科技领域、或对安全与公共秩序有关键影响的领域，同时还包括欧洲 GNSS 计划、卫星计划、跨欧洲电信运输能源电信网络计划、欧盟地平线 2020 计划、欧洲国防工业发展计划等影响欧盟利益的项目和计划。欧盟委员会无权直接否决交易，成员国仍享有最终决定权，但成员国需要"最大限度地考虑"欧盟委员会的意见。

该制度安排一方面加强了成员国之间、成员国与欧盟之间有关外国投资者投资信息的流动，使得发现潜在的威胁安全和公共利益的因素的可能性上升，保护欧盟安全与公共秩序。另一方面，这也有可能使得投资者的商业敏感信息更容易被透露，加剧投资者的交易风险。

3.3.2.3　欧盟外商直接投资审查制度与美国外资并购国家安全审查制度比较

1. 欧盟制度与美国制度起因的比较

基于对外国投资可能导致的国家安全与公共利益的威胁以及不公平竞争，作为全球主要经济体以及主要投资流入地的欧盟与美国一直致力于加强对外国投资者直接投资的监管。美国的安全审查制度为欧盟确立投资审查制度的设立提供了参考。美国的安全审查制度确立较早也较为完善，相关案例也较为丰富，通过分析比较两者的异同可以帮助理解目前还缺乏实施案例的欧盟安全审查制度的目的和意义。通过分析两者的共性可以看出目前主要经济体对于外来投资的接纳程度，以及总体而言受到严苛监管的行业分布，从而为企业进行投资决策提供相关依据。

虽然目前双方政策和监管的新趋势趋同，但事实上也存在一定差异。已经

---

① Regulation（EU）2019/452 of the European Parliament and of the Council of 19 March 2019 establishing a framework for the screening of foreign direct investments into the Union：Article 6，7.

对美国安全审查机制较为熟悉的投资者可以在理解两者制度差异后对在欧盟的投资形势作出初步判断。在理解欧盟与美国安全审查机制的基础上,更好地理解欧盟与欧盟各成员国层面对于安全审查制度的审查权力分配,从而关注到欧盟安全审查制度的独特性。

2. 美国外资并购国家安全审查制度

美国外资并购国家安全审查制度最早起源于 1917 年的《与敌贸易法》,授权总统可在紧急情况或战时没收、征收征用外国投资者在美国的财产。美国外资并购国家安全审查制度真正成型是在 20 世纪七八十年代。福特总统在 1975 年通过 11858 号行政令,成立了外国投资委员会(Committee on Foreign Investment in the United States,CFIUS)。外国投资委员会的主要职责是分析外国投资在美国的发展趋势,指导外国投资者在美国进行投资并审查这些外国投资对美国国家安全的影响。但在早期,外国投资委员会的职责范围和影响力均较为有限,更多的只是作为调研和咨询机构存在,并无法行使实质性有强制力的职权。[1]

20 世纪 80 年代,日本经济迅速发展,对美国直接投资越来越多。日本富士通集团计划对美国军用芯片供应商的收购引起了美国政府对国家安全的担忧,1988 年美国国会通过了《埃克森-弗洛里奥修正案》,内容包括总统可以在一定条件下要求取消外国投资者对美国企业的收购、并购计划,在交易完成时也可以要求外国投资者收回投资。里根总统随后通过了 12661 号行政令,授权美国外国投资委员会负责执行外资安全审查,同时建立了外国投资者的自愿申报体制和正式审查的程序。[2] 1990 年因为中国航空技术总公司计划收购美国航空制造商 MAMCO,引发了美国政府对以本国政府为背景的外国投资者的投资安全性的担忧。为此 1992 年国会通过了《伯德修正案》,授权外国投资委员会审查有外国政府背景的投资者。[3] 美国外资并购国际安全审查制度真正成熟是 2007 年《外国投资与国家安全法》[4]的颁布。该法的颁布扩大了国家安全的概念范畴,完善了对外资审查的程序,规范并严格确立了外资审查的标准,并首次引入了违反该制度的民事责任。美国在 2018 年通过了《外国投资风险审查现代化法案》,

---

① 李先腾:《后危机时代中企海外收购面临的安全审查困局及治理路径——以美国 CFIUS 监管机制为切入点》,《交大法学》2015 年第 4 期。
② 邵沙平、王小承:《美国外资并购国家安全审查制度探析——兼论中国外资并购国家安全审查制度的构建》,《法学家》2008 年第 3 期,第 155 页。
③ 孙效敏:《论美国外资并购安全审查制度变迁》,《国际观察》2009 年第 3 期,第 67 页。
④ 美国国会网站:https://www.congress.gov/110/plaws/publ49/PLAW-110publ49.pdf。

在《外国投资与国家安全法》的基础上通过扩大对外资管辖的范围，增强了外国投资委员会的权限，进一步加强了对外资的监控。[①]

（1）美国外资并购国家安全审查制度涉及的范围。《外国投资与国家安全法》规定，受管辖的交易类型包括任何导致或可能导致外国法人控制美国企业的投资。[②] 2008 年美国颁布的《关于外国人兼并、收购和接管的管理条例》规定，当外国投资者所购、所转换或所代理的美国企业的证券构成控股数量，也属于受管辖交易。受管辖交易受到委员会的审查，企业应当向委员会提供交易信息。[③]

不受管辖的交易类型包括租赁、资产收购、借贷交易、被动投资、股权转让、投票权转让等不涉及美国企业控制权转让的投资。不受管辖的交易可以自愿决定是否向外国投资委员会通知相关交易情况，但是如果该交易可能影响美国国家安全，委员会如果判断其应当受到管辖，则交易各方应当向委员会提供该交易的信息。在对这些交易审查时，如果发现该投资由外国政府控制，或将会使得外国投资者控制美国的或美国境内关键基础设施等情况，则委员会需进行为期 45 天的调查，调查该投资是否会损害美国的"国家安全"。[④]

《外国投资风险审查现代化法案》扩大了受管辖的投资的范围，部分被动投资、非控制性的投资也被纳入了接受审查的范围。外国投资者购买、租借敏感军事设施旁的房地产时必须提交信息接受委员会的审查；外国公民获取董事会成员资格或其他除投票权外的决策权从而能够获取美国企业所持有的关键非公开技术信息、美国公民个人信息时，也必须将相关信息提交给委员会接受审查；其他旨在规避外国投资委员会的审查的投资也将纳入必须接受审查的范畴中。[⑤]

（2）美国外资并购国家安全审查制度考虑的因素。外国投资委员会进行安全审查时需要考虑的核心要素就是投资是否会"威胁国家安全"。然而，相关法律中并不存在"国家安全"的明确定义，仅规定了一些审理中需要考虑的因素，[⑥]给外国投资委员会一定的裁量空间。

西奥多·H. 莫兰（Theodore H. Moran）在对外国投资委员会审查的案例进

---

① 束珊：《美国外国投资国家安全审查制度改革及中国的应对策略》，《对外经贸》2018 年第 10 期，第 25 页。

② The Foreign Investment and National Security Act of 2007，Section 2.

③ Regulations Pertaining to Mergers，Acquisitions and Takeovers by Foreign Persons，31CFR Part 800，Sec.800. 207.

④ The Foreign Investment and National Security Act of 2007，Section 2.

⑤ National Defense Authorization Act for Fiscal Year 2019，Sec. 1703.

⑥ The Foreign Investment and National Security Act of 2007，Section 4.

行分析后,认为可将"威胁国家安全"定义为三种不同的模型:第一个威胁来自敏感技术可能泄露给将会出售此技术或部署此技术的外国企业,从而伤害美国国民利益。此时为了评估威胁的程度,需要首先计算如果针对美国部署此技术将对美国造成的损害,其次需要看该种技术是否在市场上存在可替代性。如果可以替代的技术大量存在,则外国投资委员会将不会阻止该项交易;第二个威胁来自外国投资者可能独立地或在其本国政府的指令下,在需提供产出时延迟、否认或设置条件;第三个威胁来自收购美国公司可能允许外国公司及其本国政府渗透美国公司的系统,对美进行监视。①

(3) 美国外资并购国家安全审查机制。美国外资并购国家安全审查制度的机制分为自愿申报和强制审查。

属于自愿申报的交易可以自愿决定是否向外国投资委员会出具书面通知,要求审查。一般来说许多企业都会及时提交材料,从而可以避免交易进行中的投资被禁止,造成大量的时间和金钱成本的浪费。在企业提交材料后就进入了为期 30 天的审查阶段。

在对这些交易审查时,如果发现不会影响美国的国家安全,则会通知相关方不会进入调查程序。如果发现外国投资委员会该投资由外国政府控制,或将会使得外国投资者控制美国的或美国境内关键基础设施等情况,则委员会需进一步进行为期 45 天的调查。调查结束后,由外国投资委员会将调查报告提交给总统,并且提出关于是否批准该交易的建议,在各方未能就交易与否达成一致态度时可由各方说明理由,由总统进行裁决。总统必须在 15 天内作出决定,并同时将结果告知国会。②

3. 欧盟制度与美国制度差异

欧盟外商直接投资审查制度与美国外资并购国家安全审查制度都是出于维护自身安全的需要,对外国投资者在本国的交易进行审查,然而两者本身仍存在着如下差异。

首先,两者的审查范围不同。虽然两者的目的都是公共安全,但是从实际审查可涉及的领域而言,美国政府对"国家安全"的定义更为宽泛,使得外国投资委员会的自由裁量权更大。

① Theodore H. Moran. CFIUS and national Security: Challenges for the United States, Opportunities for the European Union. *Peterson Institute for International Economics*, Vol.19, 2017.
② The Foreign Investment and National Security Act of 2007, Section 2.

《欧洲联盟运行条约》第 346 条规定："任何成员国可采取其认为必要的措施，以保护与武器、弹药和战争物资的生产或贸易有关的其安全的基本利益。"第 65 条规定："本法第 63 条不得妨害成员国采取以公共政策或公共安全为理由的合理措施。"只从这两条来看审查的范围，将包括一切可能使公共安全落空的交易。然而，根据该条约第 63 条"在本章规定的框架内，禁止对会员国之间以及会员国与第三国之间资本流动的所有限制"确立的"自由流动规则"，以及欧盟联邦法院的实际判例中显示的石油、通信等行业不能被直接认定为关键领域，不能直接根据接触该项业务就认定投资者影响了"公共安全"。因此，发生在某些领域的案例要进行安全审查，应当符合比例原则的要求，即通过该投资将对社会造成足够威胁，而投资者需证明自己符合公共利益且能够维护公共安全。①

这一规定限制了成员国运用欧洲外商直接投资审查条例来维持本国的公共安全的范围。对比美国的外资并购国家安全审查制度，美国"国家安全"有明确定义，仅规定了一些审理中需要考虑的因素，②给外国投资委员会一定的裁量空间，也可以在必要时将更多的企业纳入审查范畴。

其次，两者的审查机构权限不同。美国的联邦政府拥有公共事务和国防安全的专属管辖权，但在欧盟框架中，维护安全与公共秩序属于各成员国的职责。

因此，美国外国投资委员会在调查完成后可提请总统裁决是否批准该交易。同时，根据新的 FIRRMA，特定产业领域的所有外国投资交易方在满足特定条件的情况下必须将交易提交审查，违者将接受强制处罚。③ 可以看出，美国外国投资委员会权限较大，可最大限度地发挥自身能动性对相关企业的投资予以审查调查，从而维护美国的"国家安全"。

然而对于《欧盟外商直接投资审查条例》而言，欧盟委员会无权直接否决交易，成员国仍享有最终决定权，成员国需要"最大限度地考虑"欧盟委员会的意见。同时，当前成员国对该条例的态度本就不统一，例如南欧成员国就对该条例表达了不满，这就使得部分成员国配合的程度有所下降，成员国往往依赖于自身来实现"安全与公共秩序"，欧盟委员会能够起到的作用有限。

4. 欧盟制度与美国制度比较结论

美国外资并购国家安全审查制度也为欧盟确立本区域投资审查制度提供了

---

① European Parliament. Foreign Direct Investment Screening: A Debate in Light of China-EU FDI Flows. *Briefing*, May 2017, pp.4 - 5.
② The Foreign Investment and National Security Act of 2007, Section 4.
③ National Defense Authorization Act for Fiscal Year 2019, Sec. 1706.

借鉴。两种制度都加强了对外来投资者的监管,关键基础设施领域例如能源、运输、航空航天、国防、土地和房地产领域、金融基础领域等均受到政府相关部门监管。但其中存在的不协调的单方面措施可能会容易导致保护主义,增加合规成本和驱逐外资流入,破坏市场并破坏全球经济。[①]

总而言之,在欧盟外商直接投资框架下,基于维护"安全与公共秩序"目的,审查范围受到"自由流动规则"的限缩,欧盟委员会不享有直接否决交易的权限,成员国仍享有最终决定权。欧盟外商直接投资审查制度相较于美国外资并购国家安全审查制度没有那么严苛,管理机制也更为松散,相比较而言对企业的影响也较少一些。

3.3.2.4　欧盟外商直接投资审查制度的评析

要评价一个国家采取的外商直接投资管控制度,则要从该制度是否能够有效地防控相关风险,同时能保持吸引外商投资,从而保证区域内经济安全稳定发展的角度探讨。除此之外,考虑到欧盟委员会与欧盟各成员国的关系的特殊性,还要关注该制度是否有效调和了欧盟层面与成员国层面的审查权力分配问题。

1. 欧盟外商直接投资审查制度的共同风险防控性与"自由流动性"

欧盟委员会在条例中明确规定外国的直接投资属于共同商业政策领域。"共同商业政策"原则的根据是《欧洲联盟运行条约》第 207 条的规定:"共同商业政策应以统一原则为基础,特别是需要考虑关税税率的变化,与货物和服务贸易有关的关税和贸易协定的缔结,以及知识产权、外国直接投资的商业方面,贸易自由化措施的统一,出口政策和保护贸易的措施,例如在倾销或补贴时采取的措施。共同的商业政策应在联盟外部行动的原则和目标的范围内进行。欧洲议会和理事会根据一般立法程序的规定,采取措施确定实施共同商业政策的框架。"

《欧洲联盟运行条约》的第 63 条"在本章规定的框架内,禁止对会员国之间以及会员国与第三国之间资本流动的所有限制"确立了"自由流动规则"。尽管第 64 条规定"第 63 条的资本的自由流动规定不妨碍向成员国与涉及直接投资的第三国资本流动采取任何限制",但这一自由流动的后退措施却未被该条例确立为立法基础。

欧盟委员会未在条例中就如何平衡"自由流动规则"与"共同商业政策"的问

---

① Yin Wei. The Regulatory Responses of the EU and US Towards Sovereign Investment: Issues, Directions, and Implications on Chinese State Capitalism? *Society of International Economic Law (SIEL)*, 2018.

题做出比较明确的解释。要如何协调这两项原则的竞和关系，需要欧洲法院在未来加以释明。一种可能的解决方案是解释欧盟内部市场上资本流动时使用资本自由流动规则，包括"内部资金流动，外国对欧盟投资和欧盟资本外流"。欧盟内部市场以外的直接投资则属于共同政策范围内的外国直接投资。也就是说，"资本自由流动的规则可用于保护、促进和管理欧盟内部市场的内部和外部流动。共同商业政策的直接投资规则旨在扩大和保护欧盟在海外的投资活动"。在此情形下可以从法律层面协调"自由流动规则"与"共同商业政策"之间的关系。① 相较于以"共同商业政策"为法律基础而言，以第 64 条的"资本自由流动的后退政策"作为法律基础才能保证安全审查的权限归属于成员国本身，而非属于欧盟，否则将使成员国的安全审查政策处于真空状态。当前，欧盟外商直接审查制度的法律基础与其实际立法目的以及内容不相符合，需要进一步修正。

从实践角度看，要评价欧盟外商直接投资制度是否实现其立法目的则要看其在运行过程中是否能够真正平衡风险防控与资本自由流动的关系。一方面，欧盟外商直接投资审查制度相较于美国外资并购国家安全审查制度没有那么严苛，相比较而言对企业的影响也较少，一定程度上保证了"资本的自由流动"。但是，另一方面，欧盟委员会掌握了与外国投资者本国缔结条约的权力，由于所涉欧盟成员国较多，欧盟委员会的谈判可能进程缓慢，成员国失去了谈判权而难以与投资者的母国进行直接的利益交换，这在贯穿共同的商业政策的同时有可能在很大程度上影响了各国资本的自由流动，甚至有可能导致欧盟委员会滥用其安全审查的权力，与立法目的背道而驰。②

2. 欧盟外商直接投资审查制度的调和性

在条例通过前，各成员国对于制定统一的欧盟外商直接投资审查制度的态度就不完全一致。除了经济发展较快、企业技术水平较高的德国、法国等国家之外，欧盟其他国家普遍不希望建立统一的欧盟外商直接投资制度。

因此，在条例的制定上欧盟委员会就不同成员国的不同诉求进行了部分妥协。欧盟委员会没有最终决定权，投资是否通过的最终决定权仍归属于被投资的成员国。即使其他成员国对该投资是否会影响公共秩序和安全存在意见，在通过欧盟委员会向该成员国提出后是否接受仍由该成员国自行决定。

虽然从欧盟的角度来看，现行的制度设计未能真正实现"用一个声音说话"，

---

① 叶斌：《欧盟外资安全审查立法草案及其法律基础的适当性》，《欧洲研究》2018 年第 5 期，第 42 页。
② 石岩：《欧盟外资监管改革：动因、阻力及困局》，《欧洲研究》2018 年第 1 期，第 133 页。

可能未达到欧盟机构和德国、法国的提议初衷。但对于其他成员国而言,该制度确立了"成员国为主、欧盟机构为辅,以加强协调代替统一权威",[①]保证了各成员国的自主权和自身利益不受侵犯,是现行条件下能够做出的较为优化的制度安排。

3.3.3　中国企业面临的法律风险及应对

3.3.3.1　中国企业面临的法律风险

1.中国企业对欧盟投资准入受到限制

中国企业对欧盟投资的主要产业属于各成员国关键领域的行业,包括制造业、科学研究以及技术服务业、金融业、信息业等。在此背景下,此类投资的审查将会花费更多的时间,欧盟各成员国也可能会提高准入标准。审查框架下欧盟各成员国防范"敏感技术外流"的意识将增强,中国投资者投资技术型行业也许面临更多困难。

国企投资欧盟企业可能面临更多审查和限制,欧盟各成员国政府担忧允许外国企业投资可能导致该企业及其本国政府渗透欧盟国家的系统。尚未制定本国安全审查政策的国家可能会对他国国有企业纳入限制投资的监管范围,已经制定的国家有可能据此进一步完善其安全政策,各国未颁布相关政策或未实际限制交易的,欧盟委员会有可能会对该投资实施或计划实施的国家提出意见建议其停止交易。

2.中国企业对欧盟投资不确定性增强

(1)交易不确定性增强。在新的审查框架下,各成员国可以维持、修改或新设安全审查机制,以安全或公共秩序为由筛选在其领土内的外国直接投资。各国在条例要求下修改或新设安全机制将会使得投资丧失确定性,譬如交易双方在投资磋商阶段根据既有的安全审查机制进行规划,但此时一旦新的安全审查机制出台后可能使交易直接无法继续。虽然各国的安全审查机制从颁布到正式生效都间隔相当长一段时间,但这仍然会使得很多原先在计划中的投资面临无法继续的风险。

同时,欧盟委员会认为某一投资可能会影响有关欧盟利益的关键项目时,欧盟委员会可以对该投资实施或计划实施的国家提出意见。外国投资者投资时可能主要参考该成员国自身的安全审查机制,此时欧盟委员会引入欧盟层面的机

---

① 石岩:《欧盟外资监管改革:动因、阻力及困局》,《欧洲研究》2018 年第 1 期,第 134 页。

制会造成外国投资者缺乏相应的准备与认识。虽然欧盟委员会并不能直接实际性否决该投资项目，但欧盟委员会的意见可能很大程度上将对成员国评估产生影响。

在投资完成后，欧盟与成员国对该外商投资也不会直接排除审查。这就意味着即使双方已经完成交易，交易也有可能因为不通过安全投资审查被强制取消。这将明显增强交易的不确定性，给投资带来巨大风险。[①]

（2）交易成本上升。在欧盟的外商直接投资审查制度下，各成员国与委员会启动的安全审查在造成部分中国企业对欧盟成员国投资交易失败的同时，这些交易的损失很有可能将由中国企业承担。如果在交易时的相关法律文件中未明确交易失败后的责任承担分配问题，导致自身需承担交易失败所造成的损失，付出高额代价。即使交易最终未失败，一旦审查的时间过长，则交易的目的可能无法实现，资金流动也受到限制。中国企业有可能会因为审查时间的拖延而错过关键机会，失去占据市场的良好时机，无法在欧盟市场竞争甚至是立足。欧盟安全审查的不确定性使得投资的风险提高，交易成本上升。

（3）交易安全受到威胁。在欧盟新的外商直接投资审查制度下，由于成员国之间关于外国投资者投资的信息交流相较于以前更为密切，商业信息泄露的可能性大大提高。商业信息的泄露将给竞争者可乘之机，从而导致中国企业的经营活动受到严重威胁。由于该审查条例刚刚出台，对于成员国之间信息怎样沟通仍不明确，制度的不稳定性更是提高了这一经营风险。

3.3.3.2　审查框架下对中国企业的建议

1. 交易前进行全面风险评估

在准备进行交易或甚至准备寻找交易开始，中国企业就应该详细了解成员国的安全审查政策与欧盟的安全审查政策。投资者应当明确自身的投资方向与投资领域，并排查是否属于将被监管的关键领域。在这一阶段企业可以寻找相关专业法律机构开展尽职调查，对企业未来对欧盟成员国投资的法律风险予以阐述并提供部分风险防控措施的建议。

尤其是国有企业对外投资和投资者涉及基础行业、信息行业、技术行业的投资时，因为此类投资受到安全审查较为严苛，存在的风险也就越大，此类投资者应当在市场调查基础上参照类似交易被取消或被允许的情况，需进行再三评估，

[①] 王清华、施程、孙小梅：《欧盟新的外商直接投资国家安全审查规则》，《人民法治》2019 年第 8 期，第 74 页。

尽可能全面地认识到存在的法律风险。

2. 交易时在协议中设置"风险负担条款"

进入交易阶段时,中方投资者应当主张在双方的股权转让协议中写明股权价格、股权转让方式等因素,在当前《欧盟外商直接投资审查条例》的背景下同时建议中方投资者设定"风险负担条款"。"该风险负担条款"主要指,如果双方的交易被欧盟成员国宣告失败,或者被欧盟委员会提供反面意见,中国投资者可以直接退出交易,无需承担任何赔偿责任,也无需对相关的损失负责。这一条款的设置有利于中国投资者在投资中最大限度地保护自己,避免因交易受到欧盟委员会或成员国的阻止还需承受大额损失,从而降低一部分风险。[①]

即使双方已经完成交易,交易也有可能因为不通过安全投资审查被强制取消。股权转让协议也需要对该种情形作出安排,明确救济方式与责任分配,从而最大限度防范交易后风险。

3.3.4 结语

中国企业在欧盟掀起的投资并购潮使得欧洲企业产生失去竞争优势的忧虑,欧盟成员国也有不同程度的"安全与公共秩序威胁"隐忧。同时,美国和其他主要国家投资政策收紧不仅给欧盟的经济发展带来了压力,而且为欧盟确立投资审查制度提供了参考。

美国外资并购国家安全审查制度是欧盟建立投资审查制度的蓝本。相较于美国外资并购国家安全审查制度而言,在欧盟外商直接投资框架下,基于维护"安全与公共秩序"目的的审查范围受到"资本自由流动"规则的限缩,欧盟委员会不享有直接否决交易的权限,对企业的影响也可能相对较小。

从立法看,现阶段的欧盟外商直接投资审查制度仍存在法律基础不明确、成员国不享有与投资者母国的谈判权等问题,可能导致欧盟委员会滥用其安全审查的权力,与立法目的背道而驰。从欧盟层面与成员国层面的审查权力分配角度看,现行的制度设计未能真正实现"用一个声音说话",可能未达到欧盟机构和德国法国的提议初衷。对于其他成员国而言,该制度坚持了"加强协调代替统一权威",保证了各成员国的自主权和自身利益不受侵犯,仍是现行条件下能够做出的较为合理的可被接受的制度安排。

中国企业对欧盟的直接投资流量与存量都相当高,主要流向德国、瑞典、卢

---

① 章少辉、张一凡:《欧盟外资审查制度对中国投资的影响》,《中国外资》2018 年第 15 期,第 40 页。

森堡等国家,流向行业主要为制造业、租赁及商业服务业、批发及零售业等。在《欧盟外商直接投资审查条例》颁布前就存在许多中国企业对欧盟直接投资因政府直接或间接监管而宣告失败的案例。在安全审查制度设立之后,中国企业对欧盟投资准入会受到进一步限制,中国企业对欧盟投资的不确定性因素增多。中国企业需在交易前进行全面的风险评估,同时在交易协议中设置"风险负担条款",最大限度地防范交易风险。

在当前逆全球化背景下,美国与欧盟采取的本质上相同但是具体规则有所不同的保护国家安全的路径和方式值得思考。总体而言,两者的目的异曲同工,都是通过制度设计和国内立法强化贸易和投资保护主义,使得保护主义披上法律的合法外衣。两者通过的时间也非常接近,说明两者有相似的立法背景。换言之,中美贸易摩擦的背景或许也是欧盟通过条例的背景。欧盟对条例的立法明显有美国因素。欧盟加强外资安全审查的做法,在评估方法、流程设计和法理依据等方面追随美国,也是美国试图在国家安全审查问题上拉拢和影响盟国的结果。[1] 经济逆全球化的一个重要表现就是单边主义,国际规则让位于国内立法,国内立法域外管辖效力获得强化,损害了全球化所需要的国际规则和机制。单边主义和保护主义在逆全球化的背景下与以前的表现形式有所不同,更多地通过国内法而非政策的方式得到合理化,以便占领道德高地,为霸凌和压制他国提供国内法依据,这也向其他国家提出了法律挑战。

---

[1]　漆彤、汤梓奕：《美国〈2018 年外国投资风险审查现代化法案〉介评》,《经贸法律评论》2019 年第 3 期。

正当程序视角下我国外资国安审查及其优化进路 *

外商投资国家安全审查(简称外资国安审查)指东道国为维护国家安全,审查有危害或者危害之虞的外商投资,并通过禁止、增加附加条件等手段以化解威胁的法律制度。正当程序原则是指权力的运行必须遵循正当的方式与步骤。① 在经济全球化背景下,促进投资自由化和保护国家安全犹如"车之两轮鸟之双翼",是外资国安审查制度所联结的两端。2009 年,为规范东道国外资国安审查行为,限制其自由裁量权,消除内国相关法规模糊性,经济合作与发展组织在《东道国国家安全投资政策指南》中倡导"透明度原则",通过披露决策行动、征求投资者意见、严格时限等措施,在保护国家机密信息同时,维护投资者合法权益。② 这是正当程序原则适用于东道国对外国直接投资行使规制权的例证。正当程序强调外资国安审查的监管目标和做法应具有可预测性,体现了正当程序原则的制度价值。我国《外商投资安全审查办法》(简称《审查办法》)制定与实施是法治化要求,正当程序的适用是应有之义。

本节从外资国安审查法律属性和正当程序原则的普适性出发,探讨正当程序原则在外资国安审查中的可适用价值,分析我国外资国安审查制度现状,并试图将正当程序原则建构其中,使其内容能够成为优化我国外资国安审查制度适用的一剂良药。

3.4.1 问题的提出

2020 年 12 月 19 日,国家发改委与商务部共同颁布了《审查办法》。这是继

---

* 本节作者:陈睿毅、沈伟。
① 周佑勇:《行政法基本原则研究》,法律出版社 2019 年版,第 212 页。
② OECD. Guidelines for Recipient Country Investment Policies Relating to National Security, OECD. ORG (May 25, 2009), www.oecd.org/investment/investment-policy/43384486.pdf.

2019 年我国颁布《外商投资法》以来又一部有关对外开放领域的重要文件，完善了《外商投资法》第 35 条"国家建立外商投资安全审查制度，对影响或者可能影响国家安全的外商投资进行安全审查。依法作出的安全审查决定为最终决定"之规定，将原先一个短短的条文扩展到具体实施细则，彰显了经济全球化背景下国家对平衡促进投资自由化和保护国家安全的重视。《审查办法》规定了审查范围、工作机制、审查流程、申报制度、监督实施和违规处理等，①内容全面翔实，是新时代外资国安审查工作机制和外国投资者的行为准则和办事依据。

《审查办法》的原则性、概括性较强，内容仍较多地停留于形式流程，即通过确定外资国安审查的操作步骤来规范外资国安审查工作机制的行政权力，程序正义价值尚内秀其中，亟待进一步挖掘。纵览上下共 23 个条文，如何使国家安全概念更加明晰，以防止外资国安审查制度在实施中可能的任性；如何确立外资国安审查工作机制自由裁量权的合法与合理边界；以及如何切实保障外国投资者在外资国安审查过程中的合法权益等一系列问题，都需要现有条文的诠释和回应。"程序的正义，意味着程序不是权力的附庸，而是制约专横权力的屏障"。② 外资国安审查不是"开放倒退"。③ 在里程碑式《审查办法》已付诸实施的今日，应尽具象化程序法治思维，推进外资国安审核在实践中完善，既保护我国政治、经济、产业、国防等总体安全，又保护外国投资者正当权利，④避免将不确定性和不可预测性交由广大外国投资者承受而打击其投资积极性，干扰我国扩大对外开放的步伐，进而在中美脱钩中处于被动，影响构建国内国际双循环的新发展格局。

3.4.2　我国外资国安审查法律属性与正当程序原则可适用价值

外资国安审查本质上是公权力对于财产自由流动的限制，通过禁止或者增加附加条件措施对外国投资者的财产权、根据投资合同所产生的可预期利益和投资自由施加不利影响。正当程序原则是在公权力主体干涉当事人权利的场合

---

① 中华人民共和国发展和改革委员会外资司：《国家发展改革委、商务部发布〈外商投资安全审查办法〉》，https://www.ndrc.gov.cn/xwdt/xwfb/202 012/t20201219_1255023.html.
② 蒋秋明：《程序正义与法治》，《学海》1998 年第 6 期，第 86 页。
③ 顾阳：《"外资安全审查导致开放倒退"是误读》，《经济日报》2020 年 12 月 25 日，第 3 版；陈岱松、蔡丽楠：《外资安全审查不是"开放倒退"》，《法人》2021 年第 2 期，第 14 页。
④ Xingxing Li. National Security Review in Foreign Investments: A Comparative and Critical Assessment on China and U.S. Laws and Practices. *Berkeley Business Law Journal*, Vol.13, 2016, pp.255 - 256.

下适用的行为准则,两者具有形式上的契合性(相关性)和实质上的可适用性(重要性)。

3.4.2.1 我国外资国安审查的行政许可属性

从形式上说,《行政许可法》第 2 条规定:"行政许可,是指行政机关根据公民、法人或者其他组织的申请,经依法审查,准予其从事特定活动的行为。"依此,行政许可具有三个构成要件:当事人须申请;申请许可内容须授权;行政机关须审查。

按照《审查办法》,外资国安审查流程为:首先,影响或者可能影响国家安全的特定类型外商投资应主动向外资国安审查工作机制办公室申报;其次,工作机制办公室决定是否启动外资国安审查,如作出不需要审查决定的,当事人可以实施投资;再次,工作机制办公室进行一般审查,如认为申报的外商投资不影响国家安全的,应当作出通过安全审查的决定;接着,如一般审查认为影响或者可能影响国家安全的,应当启动特别审查,如经特别审查发现申报的外商投资不影响国家安全的,作出通过安全审查的决定,例如影响国家安全则作出禁止投资的决定,通过附加条件能够消除对国家安全的影响,且当事人书面承诺接受附加条件的,可以作出附加条件通过安全审查的决定,并在决定中列明附加条件。申报、决定是否启动审查、一般审查、特别审查、决定允许或禁止投资,这一系列流程明显符合行政许可的三要件,具备行政许可的形式。

从实质上说,行政许可是赋权和解禁的统一。存在法律禁止事项是行政许可之前提,进行审核批准是行政许可之手段,赋予实施原禁止事项资格是行政许可之目的。为维护国家安全、主权、发展等利益或者社会公共秩序善良风俗,国家通过设置禁止事项封堵隔绝外来冲击,作为"防火墙"前置性地对项目进行审查、对风险进行控制,从而对是否予以外资准入作出裁量。设置外资国安审查是对投资自由进行一定程度的审查和限制,从而兼顾对外开放和政治、经济、产业、国防等整体安全。因此,外商国安审查属于典型的行政许可,受到作为公权力行使基本原则之一的正当程序原则的调整。

3.4.2.2 正当程序原则的普适性

正当程序原则是实现法治的必然要求,对自由、公平、权利保障等目标的追求是正当程序原则的应有之义。在法治国家,正当程序原则不仅是裁判合法性的准绳,更是衡量所有公权力行使合法性、合理性、公平性的尺度之一。为了走出自由主义范式中形式法危机所造成的人与人之间事实上的不平等和福利国家中的实质法危机所造成的国家公权力主体家长主义之困境，哈贝马斯更是提出"交往行为理论"和"程序主义法律范式"，试图通过不同主体之间的互动，形成透明性商谈性意见，促进人们与公权力主体沟通，相互理解协调各方以使公权力形成意志作出决定，化解公权力和私人自由间的矛盾。① 由是观之，诸如当事人参与、过程公开等正当程序之设计有助于划定公权力运行的合法性、正当性、公平性的边界，抑制权力恣意行使，保护私人主体的自由和正当权益。

正当程序原则在各部门法领域有广泛的适用空间，基于不同的国情和历史背景，具体内涵难免会有所不同。但是，正当程序原则的普适性决定了其实质均为"着眼于权力行为的过程，确定程序标准来控制权力"；②其特点均是通过适当设计权力行为程序，使得相对人与权力行使主体在过程中发生"交涉"，充分保障决定程序法律结果的法律主体行使权力的正当性，以维护相对人的正当权益；其根本目的都是达到实体正义和程序正义的动态平衡。③

3.4.2.3　正当程序原则在外资国安审查中的可适用性

裁量性行政行为与羁束性行政行为相对，是指行政主体在面对同一案件事实时，可以采取不同做法，作出不同决定的行政行为。裁量性行为包括两种，一是决定裁量，二是选择裁量。前者是指行政主体可以决定采取措施，也可以决定不采取措施；后者是指行政主体可以作出此决定，也可以作出彼决定。

事实上，外资国安审查中既包含了决定裁量，亦包含选择裁量。当外国投资者申报时，工作机制办公室根据《审查办法》第 4 条和外商投资负面清单判断该外国投资是否属于审查范围，以确定是否进行后续审查，这属于根据法律规定作出行政决定，很少有自由裁量权的羁束性行政行为。然而，与之相对照，当进入审查后，工作机制办公室便"大权在握"，由于"影响国家安全"非确定性概念，许可外商投资与否全凭行政主体的事实理解和经验分析，权力运行空间巨大，这属于裁量性行政行为中的决定裁量。其中，不透明的决策程序容易造成对外资国安审查的任意执法，偏私歧视的主体心态会导致相似案件不同判断，不听取外国投资者意见会导致外资国安审查的滥用和操纵。当最终特殊审查认定外国投资影响国家安全后，工作机制办公室根据具体投资情况作出禁止投资或者附加条

---

① Jurgen Habermas. Morality and Ethical Life: Does Hegel's Critique of Kant Apply to Discourse Ethics? *Northwestern University Law Review*，Vol.83，1988 - 1989，p.38.
② 孙笑侠：《程序的法理（第二版）》，社会科学文献出版社 2017 年版，第 252 页。
③ 陈瑞华：《走向综合性程序价值理论——贝勒斯程序正义理论述评》，《中国社会科学》1999 年第 6 期，第 126 页。

件投资的决定,这属于裁量性行政行为中的选择裁量,如果只要附加条件即可保护国家安全却采纳禁止投资决定,外商投资者的投资自由就会被剥夺。因此,为防止工作机制办公室在审查中滥用自由裁量权,正当程序原则有广阔的适用天地和必要性。

给相对人带来利益的行政行为是授益性行政行为,给相对人带来不利益的行政行为是负担性行政行为。在外资国安审查中,既有通过外资国安审查给予投资许可的授益性行政行为,又有未通过外资国安审查"在被禁止交易同时强制要求其放弃对于已获得的股权或资产的所有权"的负担性行政行为。[①] 无论是授益性行政行为还是负担性行政行为,当事人的营业自由、财产权等正当利益都受其影响。

营业自由是指当事人自主选择自己所从事事业的自由,包括选择交易对象、确定交易内容、决定交易方式等。如果出于政治原因,一国审查主体以外资国安审查为工具,在外国投资者面前无理由地树立起投资壁垒,则外国投资者的营业自由将无法得到充分保证。同理,若审查决定恣意地作出,在给予许可的同时,给本不该附加条件的投资施加附加条件,则会使外国投资者徒增交易成本,甚至导致投资失败,这亦不合理地剥夺了外国投资者确定交易内容的自由,是对营业自由的不当影响。公法上的财产权指取得和拥有财产的一般性权利,[②]如果外资国安审查遭到滥用,即使《审查办法》第 8 条规定审查期间不允许进行投资,但那些基于合理信赖为投资做准备的前期投入会化为泡影,外国投资者亦难免会顾虑自己的财产权或许仍处于不稳定的状态之中。由是观之,为保障外国投资者的合法权益,增强外国投资者对我国投资的信心,正当程序原则引入兼具受益性和负担性行政行为色彩的外资国安审查具有现实意义。

3.4.3　我国外资国安审查制度的现状及问题

尽管《审查办法》2020 年底出台,其实施效果尚待时日检验,但不可否认的是,仔细分析其文本,在权责配置、程序细化、沟通途径等方面仍有着较大完善空间。此外,"新冠疫情的暴发使投资和贸易保护主义在全球甚嚣尘上,世界上许多国家各自为营,对外资安全的审查更为严格,外资政策趋紧",[③]域外日益泛政治化的外资国安审查似乎亦代表着一种趋势,然而作为负责任大国的我国不应

---

① 黄洁琼:《论比例原则在外资国家安全审查中适用》,《河北法学》2020 年第 10 期,第 158 页。

② ［日］芦部信喜:《宪法(第六版)》,［日］高桥和之补订,林来梵、凌维慈、龙绚丽译,清华大学出版社 2018 年版,第 183 页。

③ 赵蓓文:《全球外资安全审查新趋势及其对中国的影响》,《世界经济研究》2020 年第 6 期,第 8 页。

随之起舞。

3.4.3.1 权责配置的清晰度

首先,应着力化解因审查机制牵头机构采取"双头制"造成权责不清而导致的矛盾。2011年《国务院办公厅关于建立外国投资者并购境内企业安全审查制度的通知》规定"联席会议在国务院领导下,由发展改革委、商务部牵头,根据外资并购所涉及的行业和领域,会同相关部门开展并购安全审查",确立了我国外资国安审查牵头机构的"双头制";2020年的《审查办法》没有改变这种模式,"只不过办公室设在发改委,发改委是主场,商务部客场作战"。[①] 然而,"双头制"的牵头机构设置和后续审查活动中尚未明晰的职责分工会引发推诿,致使程序的不当拖延,从而导致外国投资者合法权益的损害。权责配置模糊之现状呼唤强化商务部和发改委本身职权,优化二者在外资国安审查机制内的权责分工。商务部多从优化营商环境、国民待遇等角度考虑,发改委多从经济安全、产业安全和"总体国家安全观"等方面斟酌,事实上这本身亦体现了平衡投资自由化和国家安全的制度构思。

其次,其他部门在外资国安审查中是否发挥作用难以看出。《审查办法》仅提到两大牵头机构,参与联系机构的其他部门并未涉及,外国投资者难以了解其他部门介入外资国安审查的门槛和程序,[②]亦不知道它们在外资国安审查工作机制办公室发挥什么作用,怎样发挥作用。程序公开性不足导致外资国安审查程序可预测性不充分,对外国投资者具有一定的消极作用。

3.4.3.2 决策程序的透明度

中国的外资国安审查自2011年开始正式独立运作,但该制度的执行情况却鲜有披露。"永辉超市收购中百集团案"是独立发展时期唯一的国安审查已知案例。永辉超市是一家在中国成立的外商投资企业,中百集团是武汉市国资委下一家零售公司。2019年,国家发改委宣布对永辉超市收购中百集团进行国安特别审查。不过,在国家发改委做出国安审查决定前,永辉超市就主动放弃了收购。[③] 该案引发了众多议论与质疑。有学者指出,永辉仅要求收购中百40％的股份,且没有公开证据表明永辉希望谋求对目标公司的实际控制权,不符合

---

① 漆彤:《快评:〈外商投资安全审查办法〉出台》,微信公众号"国际经济法评论",2020年12月19日。
② 孙南申、彭岳:《外资并购国家安全审查制度的立法改进与完善措施》,《学海》2014年第3期,第147页。
③ Ding Yi. *Yonghui Drops Plans to Increase Stake in Chinese Retailer After National Security Probe*, https://www.caixinglobal.com/2019-12-17/yonghui-drops-plans-to-increase-stake-in-chinese-retailer-after-national-security-probe-101495178.html.

2011 年两份文件规定的国安审查启动条件,且此次合并只涉及两家经营超市的零售企业,不属于国安审查的行业范围。"正是因为审查主体违背了正当程序原则,未依据文件要求,错误启动审查程序,且决策程序'秘密化',所以延误了收购进程,耽误了收购的最佳时期"。① 2015 年的《外国投资法(草案征求意见稿)》确实要求商务部编制并公布部门指南和年度报告,但随着草案的失效,审查过程仍然欠缺透明度。工作机制办公室如何作出决定? 要不要表决? 决定理由是否公开? 这一连串问题仍有待解决。② 外资国安审查会有很多信息涉及国家机密,因而对其公开程度没有特别高的要求,但这并不等于说没有一定要求,国家安全审查的标准、证据甚至会对外国投资者产生影响的信息,仍应予以公开。③

不可预测的程序对潜在的外国投资者来说意味着"抽奖",外国投资者无法事先察觉其潜在交易对国家安全的影响,不利于对外国投资者利益的保护和审查程序的高效进行。④ 不透明的决策程序易造成外资国安审查的过度执法,使其在外国投资者脑海中先入为主地形成"闭门造车"的错误印象。⑤

3.4.3.3　沟通途径的充分性

投资者保护机制包括事前咨询机制、事中参与机制和事后救济机制。《审查办法》第 5 条建立了事前咨询机制,外国投资者在外资国安审查申报前,可以就相关问题咨询外资国安审查工作机制办公室。然而,事中参与机制却在《审查办法》中只字未见。"兼听则明,偏听则暗"。如果外资国安审查的过程中缺乏外国投资者的参与或信息沟通,难免给审查主体留下滥用的空间,自由裁量权亦得不到应有的限制和监督。

不少学者认为,《外商投资法》规定"依法作出的安全审查决定为最终决定"即断绝了因对于审查决定不服而提起行政复议、诉讼等事后救济措施的路径,呼

---

① Cheng Bian. *National Security Review of Foreign Investment: A Comparative Legal Analysis of China, the United States and the European Union*. Routledge, 2020, p.80.

② Mo Zhang. Change of Regulatory Scheme: China's New Foreign Investment Law and Reshaped Legal Landscape. *UCLA Pacific Basin Law Journal*, Vol.37, 2020, pp.179, 212.漆彤:《快评:〈外商投资安全审查办法〉出台》,微信公众号"国际经济法评论",2020 年 12 月 19 日;黄翔:《关于我国国家安全审查制度完善之思考》,《国际贸易》2016 年第 6 期,第 61 页。

③ 刘磊:《中国外国投资国家安全审查制度研究》,《江南社会学院学报》2016 年第 4 期,第 10 页。

④ Saha, Souvik. CFIUS Now Made in China: Dueling National Security Review Frameworks as a Countermeasure to Economic Espionage in the Age of Globalization. *Northwestern Journal of International Law & Business*, Vol.33, 2012, pp.201, 215.

⑤ Cheng Bian. *National Security Review of Foreign Investment: A Comparative Legal Analysis of China, the United States and the European Union*. Routledge, 2020, p.81.

吁尽快建立起司法审查机制。① 然而，强调投资者保护并不意味着非得建立司法审查机制。首先，我国外资国安审查制度规定对审查决定不可复议上诉有其合理性。一是因为涉及国家安全这种专业性强且与政治牵连颇深的问题，法院难以解决且不应解决；二是正如美国"谢弗林尊重"原则，法院应对行政机关依据听证等特定程序作出的行政决定保持一定的谦抑性。② 其次，允许对外资国安审查司法审查并非国际通例。美国等诸多国家都和中国一样，采取了"外资国安审查终局"的模式，那些持"应建立司法审查"的学者往往会以美国 Ralls 案作为他们的论点，可事实上，Ralls 案的判决，实质上是裁定外国投资者应得到程序上的保护，如被告知：① 官方行动；② 决定所依据的非特定证据；③ 反驳证据的机会。③ Ralls 案并未改变剥夺外国投资者重大财产利益的美国外国投资委员会或总统对国家安全风险认定原则上的司法不可审查性。

另一个侧面，外资国安审查终局性，并不意味着排除所有诉讼、复议之可能，当外资国安审查不符合正当程序原则时，法律法规并没有堵死诉讼、复议的路径。《外商投资法》第 26 条规定："外商投资企业或者其投资者认为行政机关及其工作人员的行政行为侵犯其合法权益的，可以通过外商投资企业投诉工作机制申请协调解决。外商投资企业或者其投资者认为行政机关及其工作人员的行政行为侵犯其合法权益的，除依照前款规定通过外商投资企业投诉工作机制申请协调解决外，还可以依法申请行政复议、提起行政诉讼。"这一条款是对外国投资者一般性的救济，如何衔接外资国安审查和一般救济方法，给外国投资者增加一次被重新审查、增进和有关部门交流的机会，提供缓解矛盾的可能性比设置司法审查更为可行，"法院缺乏足够的信息和认知能力来处理外资国安审查争议，即使赋予法院以最终决定权，其象征意义也大于实际功效"。④

---

① 漆彤：《论外商投资国家安全审查决定的司法审查》，《武汉大学学报（哲学社会科学版）》2020 年第 3 期，第 141 页；刘惠明、徐文婕：《中美外商投资国家安全审查制度比较——兼论〈中华人民共和国外商投资法〉的完善》，《长江论坛》2020 年第 3 期，第 99 页；李首阳：《安全审查决定的救济措施探究》，《安徽警官职业学院学报》2019 年第 5 期，第 32 页。
② Chevron U.S.A., Inc. v. Natural Resources Defense Council, Inc., 467 U.S. 837 (1984).
③ 案件大致情况：Ralls 公司是一家中资美国公司，在收购俄勒冈州四个风力发电场的所有权时，因这四个风力发电场靠近一个军事禁区，被美国外国投资委员会责令停止所有施工，将房产出售给美国外国投资委员会批准的买方，拆除房产上的所有设备，并销毁任何已完工的建筑。根据美国外国投资委员会的建议，奥巴马总统发布总统行政令解除了收购交易。随后，Ralls 公司对美国外国投资委员会和奥巴马总统提起诉讼，在上诉中，巡回法院以"美国外国投资委员会在作出行政决定前未事先通知"确认了 Ralls 公司的第五修正案正当程序索赔。最终 Ralls 公司和美国政府达成和解，结束了旷日持久的诉讼。See Ralls Corp. v. Committee on Foreign Inv. in U.S., 758 F.3d 296 (2014).
④ 孙南申、彭岳：《外资并购国家安全审查制度的立法改进与完善措施》，《学海》2014 年第 3 期，第 149 页。

我国现有外资国安审查制度中,投资者保护机制缺乏仅指事中参与机制缺乏。然而,这是最不可或缺的投资者保护机制,在因"谢弗林尊重"原则而维持外资国安审查工作机制一裁终决的前提下,无诸如听证、表决制等与投资者互动沟通成分,直接影响到外国投资者听证等程序性权利和投资自由等实体性权益是否被剥夺。

3.4.3.4　审查标准的开放性

综观《审查办法》,并未出现与《外国投资法(草案征求意见稿)》类似的"审查考查因素"等字词。换言之,《审查办法》没有对外资国安审查的审查标准进行规定,即审查标准具有"开放性"。很多学者认为,正是由于审查标准的开放性导致了我国外资国安审查制度的不透明和难以预测。^① 然而,笔者不同意这种观点。国家安全的概念不是静止的;相反,它是随着时代的发展而不断变化的,保持审查标准的开放性便于实践灵活操作。同时,个案评估是世界各国普遍采取的外资国安审查模式,代表了一种实事求是、与时俱进的治理态度。如果用一个静态的准则去人为划定一个标准,一是容易被时代淘汰,为了防止淘汰,审查标准一定要有兜底条款,而兜底条款通常包罗万象,必然是模糊表述的,最终还是要回到"难以预测"上。人为划定标准没有意义;二是过于教条,把外资国安审查从一个裁量性行政行为变成羁束性行政行为,使其本身丧失了张力和适用的生命力。因此,笔者认为,审查标准开放性并非我国外资国安审查之不足。

从 2003 年至今,外资国安审查在近 20 年的发展历程中,法治化是"主旋律",从初始没有规则到繁多粗浅,再到"定于一法",制度日趋成熟。同时,必须承认在实践执法中,审查主体的程序意识尚有很大提升空间。现有外资国安审查制度仍应在程序上有所完善,包括权责配置需完善、决策程序要透明、沟通途径应打开。否则,决策机构混乱会导致程序的拖延和可预测性不够;决策程序秘密易引发对外资国安审查的任意执法;投资者保护机制中事中参与机制的缺乏会影响外国投资者听证的程序权利和投资自由等实体权利。同时,审查有时会受到部分行业或者群体利益的不当影响。为挣脱某些狭隘的部门、行业或者个人"政治"利益的桎梏,实现效率和公正以及维护国家整体、长远的安全和利益,通过法治化的思维和正当程序约束性显得尤为重要。

---

① Xingxing Li. National Security Review in Foreign Investments: A Comparative and Critical Assessment on China and U.S. Laws and Practices. *Berkeley Business Law Journal*, Vol.13, 2016, pp.255, 283；李军:《外国投资安全审查中国家安全风险的判断》,《法律科学(西北政法大学学报)》2016 年第 4 期,第 190 页;甘培忠、王丹:《"国家安全"的审查标准研究——基于外国直接投资市场准入视角》,《法学杂志》2015 年第 5 期,第 38 页。

3.4.4　正当程序原则适用于我国外资国安审查的制度建构

正当程序原则在保障人权和自由、维护私有财产、维系民主法治社会等方面都发挥着重要作用。[①]"程序是实现法治的基石",[②]为了弥补前述现有外资国安审查制度在程序上存在的缺漏,正当程序原则应该在我国外资国安审查制度中得以建构。

3.4.4.1　正当程序原则的横纵具体维度

正当程序原则脱胎于英国"自然公正"(natural justice)原则,随后"自然公正"原则传入美国,经宪法第5、14修正案和判例确认,正当程序原则走向成熟,并从原先仅仅一项司法原则成为宪法和行政法领域的重要原则。20世纪以来,大陆法系国家纷纷引入正当程序原则。随着我国依法治国进程的持续推进和理论与实践界的不懈努力,正当程序原则也成为我国公法领域的一项基本原则。[③]

在纵向维度上,正当程序原则具有偏私排除、公开透明、公众参与三大具体内容。[④]从法律主体角度来看,客观中立的立场是正当程序的基础,公权力机关同一情况平等对待是作出公正决定、合理结果的前提。从公权力行为进度角度来看,明白公开的程序结果是正当程序的重点,透明可知贯穿事前事中事后全过程是规范自由裁量、自主决策的必需手段。从公权力主体与当事人关系角度来看,通达顺畅的沟通机制是正当程序原则的要求,赋予当事人参与公权力决定过程的民主权利是最小化阻碍与浪费、最大化效果与支持、实现合理化的应有之义。

正当程序原则不仅能注重于程序本身,也可直接着眼于当事人的合法权益。作为美国宪政制度上一项历史悠久的基本原则,自麦迪逊将"非经正当法律程序,不得剥夺任何人的生命、自由或财产"写入宪法第5修正案开始,正当程序原则就在保障人权和自由、维护私有财产、维系民主法治社会发挥了重要作用。在判例的推动下,美国逐步确立了对正当程序原则的二分法。故在横向维度上,正

[①]　许春晖:《正当程序:滥用程序权的判断标准》,《法学评论》2019年第2期,第59页。
[②]　季卫东:《程序是实现法治的基石》,《法制资讯》2010年第9期,第10页。
[③]　季卫东:《法律程序的意义:对中国法制建设的另一种思考》,《中国社会科学》1993年第1期,第86—87页;周佑勇:《行政法的正当程序原则》,《中国社会科学》2004年第4期,第115—116页;朱淑娣、周诚:《国际经济行政法基本原则:平等保护与正当程序》,《北方法学》2011年第5期,第101页。
[④]　季卫东:《程序比较论》,《比较法研究》1993年第1期,第12页;汪进元《论宪法的正当程序原则》,《法学研究》2001年第2期,第51页;周佑勇:《行政法基本原则研究(第二版)》,法律出版社2019年版,第220页。

当程序原则可区分程序性与实体性,程序性正当程序着眼于"事",考察法律如何在过程中实施和执行,而实质性的正当程序着眼于"人",考察法律将对谁产生影响以及将产生什么影响。①

将程序与实质二分,分别与正当程序原则的三项基本内容相结合,共同编织正当程序原则的"经纬网",构建具有中国特色、与国际接轨的外资国安审查制度,体系更加严密,结构更加完整,更能在赋予程序性权利的传统基础上,实现对外国投资者合法权益的直接保护,达到程序正义和实体正义的动态平衡,统筹兼顾国家安全和投资自由。

3.4.4.2 程序性规则

程序性规则建构,是从公权力实施过程出发,要求公权力主体行使权力在对生命、自由或财产造成不利影响时,方式程序符合基本的公平,包括给予当事人听证权、对待决案件的知情权、根据有关情况在沉默或者争辩间作出抉择的自由以及在相应的公权力主体陈明其抉择事由的权利。在外资国安审查中分别形成类案检索机制、行政公开、听证程序三大程序,保障程序本身的正当性,确保程序正义。同时,"利益均衡测试"亦可被用作衡量现有程序正当程度的标准,为改进审查程序提供依据。

1. 建立类案检索机制

偏私排除在程序上要求审查主体在审查中排除一系列不合理限制措施,不带歧视地对待每个外国投资者,让外资国安审查回归审查本身。面对产业领域类似,投资风险相当,投资水平相近的外商投资,审查主体应该相似行使自由裁量权,做出相近的处理决定。而类案检索机制正是一种约束"同案不同裁"的措施,通过"搜索-比较-预警-决定"四步骤过滤歧视、排除偏私。首先,审查主体在审查具体外商投资做出初步审查意见的同时,被课以进行类案搜寻和分析之职责;其次,根据个案中的外资国安审查考量因素,发掘个案与类案之间关联,比较个案与类案的相同之处,同时考察不同之处避免机械行政;再次,若初步审查意见与先前类案决定差异过大,则触发重审预警;最后,在充分完成上述三部分后,做出最终是否许可或是否附加条件的审查决定。笔者认为,类案检索机制能够最大限度避免出于诸如外国投资者母国与东道国外交关系不佳、对本国产业过度保护等歧视性目的,②以"国家安全"审查为借口做出不公正决定。

---

① Peter Strauss. *Due Process*, https://www.law.cornell.edu/wex/due_process.
② 王东光:《国家安全审查:政治法律化与法律政治化》,《中外法学》2016年第5期,第1304页。

2. 公开审查过程和结果并说明裁量理由

公开透明在程序上意味着外国投资者和公众对于审查主体、审查内容、审查流程、审查结果等事项具有知情权，审查主体亦有义务充分且主动地向外国投资者和公众公开这些信息。尽管外资国安审查不可避免地涉及国家安全，然而就在国家安全外围的其他一切信息而言，审查主体不能以"国家安全"为由拒绝向相对人或公众公开。审查主体公开主要是明确外资国安审查工作机制办公室的职权，包括牵头机构"双头制"下发改委、商务部职权的划分，其他部门在工作机制办公室的作用，以及牵头机构和其他部门工作的衔接等。审查内容公开则是指尽管因审查标准开放性，不事先在立法中确立审查考虑因素具有合理性，但在审查过程中决定个案投资是否批准的理由和依据应该公开。审查流程公开强调审查的每一步骤必须公开透明，包括决定是否进行国安审查、一般审查、特殊审查。审查结果公开要求审查主体在审查结束后及时告知外国投资者是否批准或是否附加条件并说明决定理由，此外，还应通过组织查阅等方式向普通公众包括潜在外国投资者公开，便于他们了解外资国安审查，为日后参与对华投资及外资国安审查汲取经验。

3. 设置听证程序

程序上的公众参与原则离不开听证制度，外资国安审查作为行政许可的一种表现形式，亦应在许可决定作出前，给予外国投资者充分的解释、辩护机会，吸收他们的合理意见。听证程序在外资国安审查中的建构应包括审查与决定职权分离、提前告知、充分参与（陈述申辩举证质证）、笔录核实等内容。[①] 审查与决定职权分离是听证程序对外资国安审查工作机制办公室职权划分的要求，案件调查人员要和主持听证做出决定的人员相分离，避免"既当追诉员又当裁判员"的程序不公正，同时听证程序中回避原则也是这项内容之延伸。[②] 在听证开始前，审查主体应提前告知外国投资者听证的时间地点以及案件调查人员的初步审查意见，给予外国投资者完善准备的合理期限。听证开始后，听证主持人应该充分听取案件调查人员和外国投资者双方主张，尤其应当保障外国投资者有效行使陈述、辩论、举证、质证等程序性权利。听证结束后，听证主持人将制作听证笔记交双方核实，认为笔录有错误的，则可要求补正。[③]

---

① 赵锋：《行政法上正当程序原则的理解与适用——于某诉北京大学撤销博士学位决定案》，《中国应用法学》2018 年第 4 期，第 190 页。
② 周佑勇：《行政法基本原则研究（第二版）》，法律出版社 2019 年版，第 231 页。
③ 吕新建：《行政法视域下的正当程序原则探析》，《河北法学》2011 年第 11 期，第 169—170 页。

4. 采用"利益均衡测试"确定程序边界

以上根据程序性制度所建构出的类案检索机制、行政公开、听证程序是审查中为实现正当程序原则所必备的程序。然而,类案检索"个类案同裁"应该"同"到什么程度、公开审查的尺度如何把握、听证应该设置到什么程度又是自由裁量的问题,为避免裁量失当,笔者认为可以借鉴美国法由"马修斯诉埃尔德里奇案"判例所确立的"利益均衡测试",即为了确定现有公权力行使程序方式的正当性,法院必须考虑:① 受公权力行为影响所涉及的私人利益;② 现有程序下公权力行为错误剥夺该私人利益所可能产生的风险,以及若采取替代措施所产生程序保障的可能价值;③ 现有程序下政府履行职能所产生的利益,包括所涉及的职能以及附加或替代程序要求将带来的行政成本和财政负担。[①] "利益均衡测试"没有强调个人利益必须服从公共利益,亦没有过分保障个人利益而不成比例地牺牲整体经济性和效率,而是通过计算来平衡个人利益和公共利益,[②] 既体现了以人为本和对个体的尊重,又维护服务了大局,达到动态平衡,更具有先进性。[③]因此,当审查主体在进行国安审查时,应该将"利益均衡测试"作为自己行使权力的程序标准。具体而言,首先应该计算外国投资者的投资成本和在取得行政许可后合理的可预期收益多少;其次应在过程中时刻检视在现有审查程序下做出错误审查决定的可能性,及时调整程序措施,赋予外商投资者更多的程序保障,并计算这种替代性程序措施所带来的保障是否充分,判断是否还需再调整;[④]最后,还要计算国安审查程序设置的成本,及禁止投资或者有附加条件投资保护国家安全所带来的价值,以实现国家安全这一公共利益和外商投资者投资自由这一个人利益平衡的最优解。

3.4.4.3 实质性规则

实质性制度建构旨在弥补程序性制度建构在保护当事人实体权利上的不足,不同于程序性制度对于权力行使的过程方式正当性之强调,实质性制度要求权力行使本身和作为权力行使依据的法律即要公平合理,从而有效地实现对当事人生命、自由和财产权利的直接保障。实质性正当程序原则所体现出的公平

---

① Mathews v. Eldridge, 424 U.S. 319 (1976).

② Marc A. Bernstein. Mathews v. Eldridge Reviewed: A Fair Test on Balance. *Georgetown Law Journal*, Vol.67, 1979, p.1407.

③ 石肖雪:《正当程序的衡量标准——马休斯诉埃尔德里奇案》,《苏州大学学报(法学版)》2017 年第 3 期,第 141 页。

④ 沈伟、林大山:《外国投资者合法期待在新能源补贴政策中的适用、矛盾及对策——以西班牙光伏投资仲裁案为例》,《上海商学院学报》2021 年第 1 期,第 94 页。

价值可以直接作为衡量程序正当的一把标尺，在实质性制度项下引入正当程序的三项基本内容，可以建构出确立非歧视自由裁量基准、引入监督问责制、加强与外国投资者交涉三大要求。

1. 确立非歧视自由裁量基准

自由裁量权并非漫无边际，限制自由裁量权的最直接措施就是设置裁量基准，给公权力施加禁止逾越的制度之约束。针对外资国安审查中易出现的偏私不公现象，确立非歧视自由裁量基准，将审查程序控制在基准之内，有助于保障外国投资者合法权益。构建外资国安审查上的非歧视自由裁量基准，可以借鉴WTO基本原则，包括最惠国待遇和国民待遇等理念。事实上，作为一种外资准入措施，TRIMS、GATS、TRIPS所确定的准入基准理应分别在与货物贸易有关的投资领域、服务贸易有关的投资领域、与贸易有关的知识产权投资领域得到适用。以TRIMS为例，其强调在制定规范或者具体执行有关引导、限制外资的行政行为时，成员方应避免这些措施造成扭曲贸易的后果，如第2条即要求不得采取不符国民待遇、一般禁止数量限制立场的投资措施。同时，根据DS512专家组报告，安全例外条款不是WTO成员完全自决的条款，WTO争端解决机构可以进行审查。换言之，虽然安全利益具有国家的特殊性，但国家应当遵循善意履行的义务，善意地解释和适用安全例外。① 外资国安审查作为一种限制外资的行政许可措施，亦应将此作为控制货物贸易投资领域自由裁量的基准。一言以蔽之，非歧视自由裁量基准给外资国安审查划定了底线，除非真的攸关国家安全，否则对待外商与外商、外商与本国企业应一视同仁。

2. 引入监督问责制

当外资国安审查"闭门造车"时，审查过程便充满秘密性，审查主体也就有了恣意滥权的可能。在程序中应引入监督问责制，对"黑箱操作"侵害外国投资者合法权益的审查行为追究其主要负责人责任，倒逼其程序公开，采用包括表决制、咨询其他部门意见、编制年度审查报告等一系列措施，确保程序规范行使。同时，在审查过程中，当审查程序不透明或有侵害外国投资者之虞时，外国投资者有权向审查主体提出质疑并进行监督，审查主体有义务答复并进行改正。在审查结果发生后，外国投资者及其他相关主体有提出查阅案卷和进行舆论监督的权利。

---

① WTO, DS512：Russia-Measures Concerning Traffic in Transit，https://www.wto.org/english/tratop_e/dispu_e/cases_e/ds512_e.htm.

3. 加强与外国投资者交涉

在外资国安审查过程中,外国投资者的缺位给了审查主体居高临下不作为、滥作为的可乘之机。以工作机制办公室各部门互相推诿为例,其逻辑原因在于缺少外国投资者的参与,各部门缺少处理问题的动力,面对职权划分的不明和国家安全判断的复杂性,审查主体很难一鼓作气高效做出审查决定而导致程序拖延,进而增加外国投资者的投资成本,降低可预期收益。现代社会,权力与其说是一种强制,不如说更应该是服务。尽管外资国安审查仍属于"高权行政"范畴,然而"相互信任是服务与合作的观念基础",[①]审查主体应加强与外国投资者交涉,相互沟通促进理解,避免误会,在事实认定法律适用上达成共识,改进个案审查程序,增进信任,确保外国投资者直接受到公平对待,以获得其长久的支持,增加其在中国投资的积极性。

综上,把正当程序原则建构于外资国安审查中,将程序性规则和实体性规则二分,分别引入偏私排除、公开透明、公众参与三项正当程序原则的基本内容,编织出完整严密的正当程序"经纬网",使外资国安审查更能系统全面地实现投资自由和维护国家安全之平衡。(见表 3 - 4 - 1)

表 3 - 4 - 1　正当程序原则在我国外资国安审查中制度建构

	偏 私 排 除	公 开 透 明	公 众 参 与
程序性规则 ("利益均衡测试")	建立类案检索机制	公开审查过程和结果 并说明裁量理由	设置听证程序
实质性规则 ("公平价值")	确立非歧视自由裁量 基准	引入监督问责制	加强与外国投资者 交涉

3.4.5　结语

加入 WTO 以来激荡二十多年,中国经济取得举世瞩目的成就,外商直接投资日趋活跃。2020 年,中国超越美国,成为世界第一大外资流入国。[②] 2021 年"两会"期间,李克强总理更是表示"继续让中国成为外商投资的重要目的地、世

---

① 叶必丰:《行政法的人文精神》,湖北人民出版社 1999 年版,第 220 页。

② 孔德晨:《中国成为世界第一大外资流入国,这个"第一"是如何做到的?》,https://m.gmw.cn/baijia/2021-03/23/1302183540.html.

界的大市场,"彰显了我国吸引外资深化开放之决心。[①] 中国外资国安审查近二十年的发展历程中,制度日趋成熟,然而实践中审查主体的程序意识尚有很大提升空间。不同于从微观出发仅针对部分问题小修小补的"头痛医头脚痛医脚",在外资国安审查中建构正当程序原则有利于从根本上破解现有制度下存在的问题,更具综合性,有助于在美国频繁运用实体清单、投资禁令等方式制裁我国的当下,[②]展现中国政府对外开放姿态,尽可能打消外国投资者顾虑,在中美"战略竞争"中化被动为主动,扩大我国非对称性优势以避免经济脱钩。

① 李克强:《十三届全国人大四次会议国务院总理李克强答中外记者问》,http://lianghui.people.com.cn/2021npc/n1/2021/0311/c437077-32049416.html.

② Lists of Parties of Concern, https://www.bis.doc.gov/index.php/policy-guidance/lists-of-parties-of-concern.

3.5

外国代理人登记的规则与实践：
美国制度述评及其启示 *

3.5.1　美国在外国代理人登记方面的法律简介

3.5.1.1　基本概述

美国在外国代理人登记方面的法律为《外国代理人登记法》(*Foreign Agents Registration Act of 1938*,简称 FARA)。

美国司法部官方网站关于 FARA 的页面显示,FARA 为美国于 1938 年通过的一项法案,该法案要求从事政治活动或法律规定的其他活动的外国委托人的特定代理人定期公开披露其与外国委托人的关系,以及活动、收入和支持前述活动的支出。根据官方描述,该法案是"识别外国在美国的影响力和应对国家安全威胁的重要工具",其核心目的为"通过确保美国的政府和公众了解旨在影响美国公众舆论、政策和法律的外国代理人的某些信息的来源,进而促进对这些信息的知情评估,从而提高美国境内外国影响的透明度。"该法的执行由美国国家安全局(NSD)反情报和出口管制科(CES)的 FARA 小组负责。① FARA 所指涉的"外国代理人",系在美国境内从事"政治活动"的主体,而此处的政治活动泛指包括旨在对任何美国的政府官员或公众在其对内或对外政策方面产生影响,或者对外国政府或外国政党的政治或公共利益产生影响的活动。②

FARA 的主体由两部分内容组成:一为《美国法典》Title 22 第 611 部分及以下(22 U.S.C. § 611 et seq.),一为 Judicial Administration Title 28 C.F.R.第

---

① FARA Home, U.S. DEP'T OF JUSTICE, NAT. SEC. DIV., https://www.justice.gov/nsd-fara,最后访问日期:2021 年 8 月 13 日。

② FARA, 22 U.S.C. § 611 (c); FARA Frequently Asked Questions, U.S. DEP'T OF JUSTICE, NAT. SEC. DIV., https://www.justice.gov/nsd-fara/fara-frequently-asked-questions,最后访问日期:2021 年 10 月 29 日。

5 部分及以下(Title 28 C.F.R. Part 5,即司法部发布有关如何实施该法案的法规),其中《美国法典》Title 22 第 611 部分及以下为 FARA 的主体内容。①

3.5.1.2 制度目的

不同于日后被广泛应用于意识形态对抗,FARA 于出台之初所针对的,是第二次世界大战前以德国法西斯为主的政治力量主导的政治宣传(propaganda)的激增。②

1938 年,美国众议院的非美国活动委员会对后大萧条时代的法西斯主义和共产主义宣传活动进行了大规模的调查,调查结论是这些政治宣传活动冲击了美国民主政府形式的基本原则。为了反击这种颠覆性攻击,美国国会于 1938 年通过了《外国代理人登记法》以聚焦为外国政府进行政治宣传的美国外国代理人。1942 年,国会又对该法案进行了包括增加序言在内的修订,以扩大该法案的规制范围,③实现法案内容的扩大适用。

包括前述修订在内,FARA 先后经历了 8 次修订,其中最为重要的一次修订于 1966 年完成。该次修订将代表商业利益在美国进行的游说活动纳入了 FARA 的规制范围,FARA 也从对抗政治宣传的工具转变为进行"对外国代理人复杂(sophisticated)游说活动的现代监管控制"之工具,并将用以保护"政府决策过程"。④ 这在笔者看来进一步明确了 FARA 本身具有的"指哪打哪"属性。本文将以 FARA 针对日本实体的监管为视角对 FARA 的扩大化适用进行分析。

3.5.1.3 FARA 扩大化适用——以 20 世纪 90 年代针对日本实体游说的监管为视角⑤

美国学者指出,FARA 之登记数据所涵盖的时间跨度涵盖了许多重要的世界性事件,跨越了整个 20 世纪下半叶,其中包括冷战、日本作为经济大国的崛

---

① FARA Legal Authority, U.S. DEP'T OF JUSTICE, NAT. SEC. DIV., https://www.justice.gov/nsd-fara/legal-authority,最后访问日期：2021 年 8 月 13 日。

② Samantha Laufer. A Difference in Approach: Comparing the US Foreign Agents Registration Act with Other Laws Targeting Internationally Funded Civil Society. *INT'l J. NOT-fOR-PROFIT L*, Vol.19, No.5, 2017.

③ David L. Simiele. Disclosure under the Foreign Agents Registration Act of 1938. *W. Res. L. REV.*, Vol.14, 1963, p.579.

④ Charles Lawson. Shining the Spotlight of Pitiless Publicity on Foreign Lobbyists Evaluating the Impact of the Lobbying Disclosure Act of 1995 on the Foreign Agents Registration Act. *VAND. J. Transnat'l L*, Vol.29, 1996, p.1151.

⑤ Mark B. Baker. Updating the Foreign Agents Registration Act to Meet the Current Economic Threat to National Security. *TEX. INT'l L. J.*, Vol.25, 1990, p.23.

起、苏联解体、亚洲和拉丁美洲的民主化、"9·11"事件和恐怖主义的盛行以及中国作为美国竞争对手的崛起等。毫无疑问，现阶段 FARA 监管的重点必然聚焦于中国实体，这是中美竞争作为国际政治大背景日趋白热化下的必然；但是当前基于 FARA 针对中国实体的监管案例寥寥，尚不明晰。鉴于中国被美国舆论视为"下一个日本"由来已久，[①] 以史为鉴，中国实体将面临的监管挑战及危害性亦可略见一斑。

美国的政治学者认为，FARA 能够追踪各外国实体在一段时间内的游说活动，并将说明外国委托人如何以及何时试图影响美国的政策制定过程。[②] 这是美国学界对于 FARA 作用的期待，但是这种期待却因在对日本实体之外国代理人行为进行监管时暴露出的缺陷而可能落空；而这一缺陷的暴露又引致美国官方对 FARA 监管的进一步强化。

20 世纪 90 年代，尽管许多外国对美国的国会和行政机构进行游说以期提升其经济利益，但修改 FARA 的动力主要来自针对日本实体的游说监管。美国欲强化 FARA 作用以加强对日本游说活动监管，主要存在三个原因。

首先，日本引发了雇用大量前美国政府高级官员作为说客的趋势，外国实体（不论官方与否）聘请前政府高级官员代表其利益进行游说的做法在 20 世纪 70 年代后期开始迅速扩大，导致了各种游说活动下"美国待价而沽"现象的出现，[③] 这些强有力的游说者使外国利益挤占了本国利益在政府决策过程中的生存空间，"显著危害联邦政策与立法的完整性"。

其次，日本实体游说在整体规模与资金投入方面十分强势——日本在华盛顿拥有最强大的游说机构，且自 1982 年起日本实体在美国的游说支出比任何其他国家都多，对日本实体游说在这方面的描述与美国反应式政治中心（Center for Responsive Politics）在 2020 年年度分析中对中国在外国代理人活动中投入的描述相近。[④]

最后，在东芝子公司"东芝机械"向苏联出售多边安全控制协调委员会（COCOM）禁止出口的、用于制造潜艇螺旋桨的机床后，美国国会意图对东芝公

①　The Next Japans, The ECONOMIST, July 30, 1988, at 13, col. 1.

②　Hye Young You. Foreign Agents Registration Act: a user's guide. *Int Groups Adv*, Vol.9, 2020, p. 302.

③　Michael I. Spak. America for Sale: When Well-Connected Former Federal Officials Peddle Their Influence to the Highest Foreign Bidder: A Statutory Analysis and Proposals for Reform of the Foreign Agents Registration Act and the Ethics in Government Act, *KY. L.J.*, Vol.78, 1989, p.237.

④　https://www.opensecrets.org/fara/countries/223? cycle＝2020，最后访问日期：2021 年 8 月 29 日。

司实施禁止进口其产品的制裁。而东芝美国公司（Toshiba America）在对国会进行游说时，作为一家美国公司，其雇用的律师和游说者无需登记为外国代理人，且包括惠普、通用、霍尼韦尔等与东芝存在较多业务往来的各行业巨头在内的许多美国公司也都因担心产品供应发生问题而支持东芝公司的各种游说活动。① 最终，这些游说活动使落地的"制裁"仅限于对美国政府采购东芝产品的限制，这一结果相较制裁的出发点显得无关痛痒。

尽管 20 世纪 60 年代的修订活动已经是美国立法机关对于"外国游说者"代理人活动进行规制以保护本国政策不受游说影响的回应，②来自日本实体的积极游说活动仍使人们意识到 FARA 执法上的不足之处，包括对于必须登记者和可得豁免者缺乏明确界限等漏洞。1995 年，美国制定了《游说披露法》（Lobbying Disclosure Act of 1995，简称 LDA），在 FARA 的基础上加强对于游说活动的监管。具体而言，LDA 对于 FARA 的改变体现在不同的方面，既包括对游说活动监管加强的改变，也存在削弱 FARA 管辖权限（jurisdiction）的更新。例如，在监管加强方面，基于扩大游说披露范围的根本目的，LDA 取缔了FARA 对于代表外国公司进行游说的律师的豁免，强化了对于外国代理人游说活动的披露要求；再如，LDA 对 FARA 的一些滞后性措辞进行了修正，例如将"政治活动"的定义修改为"从事者认为会或将会以某种方式影响（政策）的任何活动"，脱离了"政治宣传"这样具有鲜明时代色彩的定义框桎。同时，LDA 对于FARA 也有所削弱，例如基于对全球化竞争时代背景的考虑，LDA 限制了FARA 在要求外国公司进行登记方面的管辖权限，不过这一改变就在日本实体"猖狂"的背景下收到了来自美国司法部的质疑，认为其有损对外国干预美国内政行为的严格审查；LDA 还注重简化 FARA 的登记程序及要求，以期通过这种"让步"来改善外国代理人对 FARA 登记要求的遵守状况，例如其免除了对已在国会山登记为说客的外国代理人的披露要求。③

值得中国注意的是，在此基础上，早有媒体指出中国成为"下一个日本"的潜

---

① Toshiba Corp. Paid Lobbyists Millions to Soften Sanctions, L.A. Times, Oct. 13, 1988，§ IV, at 1, col. 5.

② Michael I. Spak, America for Sale: When Well-Connected Former Federal Officials Peddle Their Influence to the Highest Foreign Bidder: A Statutory Analysis and Proposals for Reform of the Foreign Agents Registration Act and the Ethics in Government Act, KY. L.J., Vol.78, 1989, p.237.

③ Charles Lawson. Shining the Spotlight of Pitiless Publicity on Foreign Lobbyists Evaluating the Impact of the Lobbying Disclosure Act of 1995 on the Foreign Agents Registration Act, VAND. J. Transnat'l L., Vol.29, 1996, p.1151.

力巨大。① 早在 1990 年,美国学者就呼吁国会应当认识到全球经济形势的变化并认识到国际贸易是国家安全的组成部分,且 20 世纪的最后 10 年将"以美日之间的竞争而不是美苏之间的对抗为标志",②美国对外国实体乃至盟友国家实体实施 FARA 监管绝非新闻,而当前正与美国在全领域展开竞争的中国必将成为 FARA 监管的头号目标。以史为鉴,结合当前美国证监会收紧审查标准的市场导向、③研究机构对中国在外国代理人投入的分析④以及自特朗普政府执政时期以来美国官方的制裁活动,在当前和今后,美国必然将以更加灵活且与时俱进的监管工具和配套规范,对中国实体实施较日本实体在 90 年代遭遇的监管力度有过之而无不及的 FARA 监管。

3.5.1.4　FARA 执法近况

美国司法部对于执行 FARA 的态度于近年发生转变。时任美国国家安全局(NSD)局长 John Demers 于 2019 年任命 Brandon Van Grack 作为 FARA 小组负责人时表示,美国司法部原来只将 FARA 的执行视为司法部承担的行政义务和监管义务,但其自当时起就会日益成为司法部执法内容中的优先事项。⑤管见以为,这是 FARA 部门执法状态由被动执法转向主动执法的信号。作为中国官方最重要的境外实体之一,中国全球电视网(CGTN)便是自 2019 年起被认定为"试图影响美国政策的媒体"而依美国司法部要求在美登记为外国代理人,新华社也于 2021 年 5 月进行了相关登记;⑥如此一来,两家中国媒体的所有行为必然都将与其"外国代理人"的标签存在关联,在美活动将受到事实上的限制。

如前所述,FARA 的内容要求从事政治活动或法律规定的其他活动的外国委托人的特定代理人定期公开披露其与外国委托人的关系,以及活动、收入和支

---

① 　The Next Japans, Tits ECONOMIST, July 30, 1988, at 13, col. 1.

② 　Though Rich, Japan Is Poor in Many Elements of Global Leadership, Wall St. J., Jan. 30, 1989, at AS, col. 4 (southwest ed.) (quoting Ding Xinghao, director of American studies at Shanghai's Institute of International Studies); Mark B. Baker. Updating the Foreign Agents Registration Act to Meet the Current Economic Threat to National Security, *TEX. INT'l L. J.*, Vol.25, 1990, p.23.

③ 　Echo Wang. EXCLUSIVE SEC gives Chinese companies new requirements for U.S. IPO disclosures, https://www. reuters. com/business/finance/exclusive-sec-gives-chinese-companies-new-requirements-us-ipo-disclosures-2021-08-23/,最后访问日期:2021 年 9 月 2 日。

④ 　https://www.opensecrets.org/fara/countries/223? cycle=2020,最后访问日期:2021 年 9 月 2 日。

⑤ 　Erica Orden, DOJ appoints ex-Mueller prosecutor to run foreign influence unit, https://edition.cnn.com/2019/03/06/politics/doj-foreign-agents-registration-act-mueller-prosecutor/index. html,最后访问日期:2021 年 10 月 9 日。

⑥ 　法里瓦尔:《〈外国代理人登记法〉文件显示:电视占北京在美宣传影响活动开支大头》,https://www. voachinese. com/a/china-tv-network-accounts-for-bulk-of-beijing-influence-spending-in-us-20210511/5887417.html,最后访问日期:2021 年 10 月 9 日。

持前述活动的支出，这些登记内容均供公众查阅。① 作为媒体的新华社与CGTN本应享有的新闻自由，这是美国标榜的言论自由之重要组成部分，而这一重要的基本权利却被美国官方通过 FARA 登记制度实质性地限制——被贴上"外国代理人"标签的媒体之报道会被公众以何种眼光看待？答案不言而喻。我们完全有理由相信，任何依 FARA 登记为外国代理人的外国个体所从事的活动都可能被标签化，进而掣肘外国实体的所有在美活动。

据分析，造成这种转变的原因包括来自美国国会多次提出相关议案造成的压力、美国司法部监察长（DOJ Inspector General）报告指出 FARA 执法情况需改进、具有高关注度的与 FARA 相关诉讼案件的起诉及案件最终的和解结案之结果。② 有学者认为，除非能有效提高违法成本，使违反相关法律造成的后果能够对违法者形成威慑，否则这些个体从事的政治腐败活动不会停止，这也体现出了学界中存在对于 FARA 执行情况的不满的声音。③ FARA 监管尺度的收紧是当前该制度执行的发展趋势，是前述原因共同作用下的必然结果。

3.5.2 美国如何实施 FARA 的具体介绍

3.5.2.1 重要概念的范围界定与判断标准

1. 外国委托人的范围界定与判断标准

简而言之，任何以官方或非官方身份在美国境内委托代理人进行游说活动的自然人、法人或非法人组织，都可以被界定为 FARA 所指涉的"外国代理人"。具体而言，FARA 所指涉的外国委托人包括以下主体。

（1）外国政府是指对美国以外的任何国家或该国任何地区，行使事实上或法律上的主权政治管辖权的任何个人或团体及其任何分支，以及任何被直接或间接授予这种事实上或法律上的主权权力或职能的任何团体或机构，还包括一国境内被认为行使政府权力的任何反对派别或机构，而不论其是否得到美国的承认。④

---

① FARA Home. U.S. DEP'T OF JUSTICE, NAT. SEC. DIV., https://www.justice.gov/nsd-fara，最后访问日期：2021 年 8 月 13 日。

② DOJ NATIONAL SECURITY DIVISION ANNOUNCES SIGNIFICANT APPOINTMENT AND SHIFT ON FARA ENFORCEMENT, https://fara.us/2019/03/foreign-agents-registration-act-2/，最后访问日期：2021 年 8 月 16 日。

③ Arie J. Lipinski. The Foreign Agents Registration Act Comes to Light amidst Probe into Russian Election Meddling: An Effort to Crack Down on Foreign Lobbyists or a Sign of Corruption (December 20, 2017), https://ssrn.com/abstract=3132611 or http://dx.doi.org/10.2139/ssrn.3132611.

④ FARA, 22 U.S.C. §611(e).

（2）外国政党是指在美国以外的国家的，以建立、管理、控制或者获得管理或控制所在国政府或其分支机构为目标或目的，或者以促进或影响所在国政府或其分支机构的政治或公共上的利益、政策或关系为目标或目的，或者完全或部分地参与前述相关活动的任何组织、其他社团或其单位或分支机构。①

（3）美国境外的个体，是指在美国境内定居且为美国公民的个体以外的其他个体，或者是根据美国或者受美国管辖的任何州或其他地方的法律组织或创建的、主要营业地在美国境内的非个体。还有根据外国法律组织的或主要营业地在外国的合伙企业、协会、公司、组织或其他社团。②

2. 外国委托人的代理人的范围界定与判断标准

FARA 所指涉的外国代理人不问其具体身份、代理活动占全部活动比例、代理活动类型、与委托人建立联系方式、联系的直接与否等形式要件，而是关注代理人与委托人之间的实质关系，即当二者存在指示与委托的关系时，不问其中具体形式，代理人便为 FARA 所指涉的外国代理人，这对于通过法律上的多层架构等设置规避 FARA 监管的情形进行了封堵。

（1）一般情况下，FARA 所指涉的外国委托人的代理人包括：① 作为外国委托人的代理人、代表、雇员，或者以任何其他身份外观根据外国委托人或其全部或主要活动由外国委托人直接或间接监督、指导、控制、资助或补贴的人的命令、要求、指示或控制行事的人，以及直接或通过任何其他人（a）于美国境内为外国委托人或为其利益从事政治活动；（b）于美国境内为外国委托人或为其利益作为其公关顾问、③宣传代理、④信息服务雇员⑤或政治顾问⑥进行活动；（c）于美国境内为外国委托人或为了该外国委托人的利益募集、收集、支付或发放捐款、贷款、金钱或其他有价物；（d）于美国境内在美国政府的任何机构或官员面

---

① FARA, 22 U. S. C. §611(f).
② FARA, 22 U. S. C. §611(b).
③ 公关顾问是指直接或间接以向委托人提供信息、建议，或通过其他方式，在与该委托人存在政治上或公共上之利益、决策或其他利害关系的公共关系事项中，代表该委托人的人。参见 FARA, 22 U. S. C. §611 (g).
④ 宣传雇员是指直接或间接从事出版或传播任何种类的口头、视觉、图形、书面或图片信息或事项的人，前述出版或传播包括通过广告、书籍、期刊、报纸、讲座、广播、电影等方式进行的出版活动。参见 FARA, 22 U. S. C. §611(h)。
⑤ 信息服务雇员是指提供、传播或出版有关美国以外的任何国家、外国政府、外国政党，以及根据外国法律组建或主要营业地在外国的合伙企业、协会、公司、组织或其他社团的政治、工业、就业、经济、社会、文化或其他利好、优势、事实或条件的说明、描述、信息或数据的人。参见 FARA, 22 U. S. C. §611(i)。
⑥ 政治顾问是指向他人提供有关美国的对内或对外政策，或有关美国关于外国或外国政党的政治上或公共上之利益、政策或其他利害关系的信息或建议作为参考的人。参见 FARA, 22 U. S. C. §611(p)。

前代表外国委托人利益。② 任何同意、承诺、声称或意图作为前述定义的外国委托人之代理人进行活动，或者作为或自认为是（无论是否根据合同关系）前述定义的外国委托人之代理人的人。①

（2）例外，即 FARA 所指涉的外国委托人的代理人不包括：① 根据美国或受美国管辖的任何州或其他地方的法律组织的任何新闻或媒体服务机构或相关协会。② 符合 Title 39 U. S. C. § 3611 关于美国邮政信息存档出版物的规定并在美国出版的任何报纸、杂志、期刊或其他出版物，其仅凭真实的新闻或新闻业活动来征集或接受广告、订阅或其他补偿，只要该公司有 80% 以上的受益人为美国公民、管理者与董事（如适用）亦为美国公民，且其非由美国人拥有、指导、监督、控制、补贴或资助，其决策也非由属于前述"外国委托人"②或本节所述"外国委托人的代理人"的人决定的。③

3. 政治活动的范围界定与判断标准

FARA 所指涉的政治活动，包括其从事者认为该活动将会影响、打算以任何方式影响美国政府的任何机构或官员、美国境内的任何部分公众的任何活动。此处的"影响"，包括影响涉及制定、通过或改变美国的对内或对外政策，或影响涉及外国政府、外国政党的在政治上或公共上的利益、政策或其他利害关系的活动。

3.5.2.2　FARA 的管理和执行

1. 负责管理及审查事项的机构

负责 FARA 法案所指涉的外国代理人登记工作的机构，为美国国家安全局（NSD）内反情报和出口管制科（CES）下设的 FARA 小组（FARA Unit）。

FARA 小组是美国司法部国家安全局的一部分，负责具体的管理和执行 FARA 工作。FARA 小组向外国代理人登记者和潜在登记者提供支持、引导和援助，并处理登记文件和信息资料，以向公众提供这些材料。FARA 小组还负责调查违反 FARA 的情况，审查档案缺陷，并检查登记者的账簿和记录。FARA 小组向公众提供登记信息和披露，以知会公众外国代理人在美国境内的活动。④

---

① FARA, 22 U. S. C. § 611(c).
② 第二章第（一）部分第 1 节。
③ FARA, 22 U. S. C. § 611(d).
④ FARA Frequently Asked Questions, U.S. DEP'T OF JUSTICE, NAT. SEC. DIV., https://www.justice.gov/nsd-fara/fara-frequently-asked-questions，最后访问日期：2021 年 8 月 13 日。

FARA 小组设置于美国国家安全局内,可见作为其工作内容的管理与执行 FARA 工作都是涉及国家安全外国代理人登记事项,此外并未检索到存在另设 的"涉及其国家安全的外国代理人的审查机构"的相关记载。

2. FARA 的管理和执行

(1) 审查要点:作为外国委托人的代理人,除非存在允许豁免登记的情形, 否则需要按照以下要求向司法部长提交一份真实完整的登记声明及其补充文 件,其中应包括以下重要内容:

第一,关于登记人的基本信息。包括姓名(或名称)、身份、组成成员、管理 者、章程、宗旨、主要营业地址和在美国或其他地方的所有其他营业地址,以及所 有驻地(如适用);关于登记人业务性质的全面说明,登记人雇员的完整名单和关 于每个雇员工作性质的说明,登记人正在为其行事、设想或意图行事或已承诺为 其行事的每个外国委托人的名称和地址。[①]

第二,关于委托人的基本信息和登记人与委托人之间的关系。包括每个外 国委托人从事的业务或其他活动的性质,该外国委托人在多大程度上受外国政 府、外国政党或任何其他外国委托人的监督、指导、拥有、控制、资助或补贴,每份 外国委托人与代理人之间协议、条款和条件或登记人成为外国委托人的代理人 的所有情况,以及登记人作为外国委托人的代理人为每个外国委托人从事或将 从事的现有和拟议活动,包括对属于政治活动的所有此类活动的详细说明。[②]

第三,关于登记人与委托人之间的具体往来。包括登记人在过去 60 天内从 每个外国委托人处收到的捐款、收入、金钱或有价物(如适用)的性质和数额,以 及无论是作为补偿或支付或其他名义的每笔此类付款的形式、时间以及接受 者;[③]关于登记人为自己或外国委托人以外的任何其他人,正在为其进行、设想 或意图为其进行或已承诺为其进行的任何活动的详细说明,这些活动属于需要 进行登记的活动,且其包括属于政治活动的任何此类活动。[④]

第四,关于登记人的开销。登记人在过去 60 天内为推进需登记活动或与之 有关的活动而花费或处置的资金和其他有价物的详细说明,这些活动包括由登 记人作为外国委托人的代理人、或为他本人、或任何其他人进行的,或与他成为 外国委托人的代理人有关的任何活动,以及说明他在过去 60 天内为任何政治职

---

① 　FARA, 22 U. S. C. §612(a)(1)-(3).
② 　FARA, 22 U. S. C. §612(a)(4).
③ 　FARA, 22 U. S. C. §612(a)(5).
④ 　FARA, 22 U. S. C. §612(a)(6).

位的选举、或为挑选任何政治职位的候选人而举行的初选、大会或核心小组会议而提供的任何金钱或其他有价物品的捐助的详细说明。①

第五，作为审查要点的兜底，登记的内容还包括司法部长在适当考虑国家安全和公共利益的情况下，可以不时要求代理人提供与外国代理人登记有关的其他声明、信息或文件，以及必要的进一步陈述和进一步的文件副本，以使登记声明及其补充文件中的陈述以及随附的文件副本不产生误导性。②

（2）信息材料的归档和标记。在笔者看来，该部分内容能够对代理人的行为进行实质性的限制。具体而言，该制度能够通过对代理人身份在各种场合的强制披露为其贴上"外国代理人"这一标签，且要求外国代理人的几乎所有行为向官方进行备案后方可进行，这会对行为主体的行为及效果造成实质影响，例如公信力与舆论评价降低等。

第一，在美国境内且为外国代理人，并且根据本节第（1）部分①项需要登记，其为该外国委托人或外国委托人的利益，通过美国邮政或通过任何州际代理机构或外国服务商或工具，以印刷品或其他合理且合适的形式传送任何信息材料，或者他认为或打算将材料在两个或更多的人之间传播或传阅，应在开始传送后48小时内，向司法部长提交两份副本。③

第二，若前述①项所指涉的材料需要在其中明确说明这些材料是由代理人代表外国委托人分发的，并且需要向美国司法部备案。④

第三，在美国境内，任何根据FARA规定必须登记的外国代理人，为外国委托人或外国委托人之利益向任何政府机构或官员（包括国会两院的议员或委员会）传送、转达或提供任何政治宣传，或为该外国委托人或其利益向任何此类机构或官员要求提供与政治或公共利益有关的任何信息或建议，都需要在该宣传或请求的前面或后面附有真实准确的声明，表明该人根据FARA登记为该外国委托人的代理人。⑤

（3）账簿和记录的保存。根据FARA登记的外国委托人的每个代理人在担任代理人期间，应按照司法部长在考虑国家安全和公共利益的情况下通过条例规定的、对执行FARA必要或适当的商业和会计惯例，保留和保存有关其所

---

① FARA, 22 U. S. C. § 612(a)(8).
② FARA, 22 U. S. C. § 612(a)(10)-(11).
③ FARA, 22 U. S. C. § 614(a).
④ FARA, 22 U. S. C. § 614(b).
⑤ FARA, 22 U. S. C. § 614(e).

有活动的账簿和其他记录,并应在代理人身份终止后保存三年。① 笔者认为这一要求也对于认定代理人与委托人之间的实质联系提供了便利,这主要体现在两个方面:第一,代理人与委托人的资金流向能够体现代理人与委托人之间的财务往来,以确认他们的实质联系;第二,代理人的资金流向也能够用以确定代理人所从事的具体活动,以确认代理人是否根据委托人之指示从事特定活动。

（3）审查手段与审查流程。首先,每个成为外国委托人代理人的人都应在此后的 10 天内向司法部长提交一式两份的登记声明,内容包括真实完整的登记声明及其补充文件,并以司法部长规定的形式宣誓。② 其次,外国委托人的代理人在成为该代理人的第十天后,提交登记声明的义务应逐日延续,这种身份的终止不应解除该代理人在担任外国委托人代理人期间提交登记声明的义务。③ 再次,已提交前述登记表④的外国委托人的每个代理人,应在提交后的每 6 个月期满后的 30 天内,以司法部长规定的表格向司法部长提交一份宣誓后的补充文件,其中应列出司法部长在适当考虑国家安全和公共利益后认为有必要使本节所要求的信息在该期间准确、完整和最新的事实,以说明前 6 个月的情况。对于根据本节第（1）部分提供的信息,登记人应在发生变化后的 10 天内向司法部长发出通知。如果司法部长在充分考虑到国家安全和公共利益的情况下,认为为了实现外国代理人登记法之目的而有必要,即可以在任何特定的情况下要求登记人更频繁地提交有关所有或特定信息项目的登记声明的补充文件。⑤

（4）处罚措施。FARA 对故意违反披露义务、虚假陈述等行为规定了罚金、徒刑、驱逐、禁止担任代理人之禁止令等处罚措施,且赋予执法部门极大的裁量权以对其认为违反 FARA 的代理人实施制裁,其适用范围存在宽泛且专断之嫌。基于前述分析,由于 FARA 监管主要着眼于登记人与外国实体的实质关联,以中国实体中广泛设立党组织的特点,将各类与中国实体存在关联的登记人认定为外国代理人对于 FARA 监管制度是轻而易举的,这些登记人可能因被贴上外国代理人标签而在进行相关活动时举步维艰;同时,美国司法部可基于自身判断认定登记人在 FARA 中的违法情况且有权向法院申请禁止登记人以代理

---

① FARA, 22 U. S. C. § 615.
② FARA, 22 U. S. C. § 612(a).
③ FARA, 22 U. S. C. § 612(a).
④ 即 FARA, 22 U. S. C. § 612(a)要求之登记表,见本节第(1)部分。
⑤ FARA, 22 U. S. C. § 612(b).

人身份进行活动；而一旦登记人被禁止以代理人身份活动，登记人在美的任何活动都将可能因被认定为违法的、未经登记的外国代理活动而招致更多诉累，难以进行。

第一，故意违反 FARA 的任何规定或其下的任何条例，或在任何登记声明或其补充文件中、或在根据本分章规定向总检察长提交或提供的任何其他文件中，故意对重要事实作出虚假陈述，或故意遗漏任何需要在其中说明的重要事实，或故意遗漏可使其中陈述和提供文件副本不产生误导的必要重要事实或重要文件的副本，一经定罪将被处以 1 万美元以下的罚款或 5 年以内的监禁，或两者并处，但如果违反信息材料的归档和标记相关规定等规定，将被单处或并处5 000美元以下的罚款或 6 个月以内的监禁。①

第二，任何外国人如果被判定违反或共谋违反本分章的任何规定或任何条例，应根据《移民和国籍法》第二章(8 U.S.C.A. s 1221 et seq)的规定被驱逐。②

第三，未能按照前述要求③提交任何登记声明或补充文件，只要这种情况存在，就应被视为持续犯罪，而不受任何时效或其他法规的限制。④

第四，当司法部长认为任何人从事或即将从事任何构成或将构成违反FARA 中的任何规定或据此颁布的条例的行为时，或当外国委托人的代理人未能遵守 FARA 中的任何规定或据此颁布的条例，或以其他方式违反 FARA 中的规定，司法部长可向相应的美国地区法院申请作出禁止此类行为或禁止此人继续担任该外国委托人的代理人的命令，或申请作出要求其遵守 FARA 中的相应规定或相关法规的命令；地区法院应具有管辖权并有权发布临时或永久禁令、限制令或其认为适当的其他命令。⑤

第五，如果司法部长确定一份登记声明不符合 FARA 的要求或根据 FARA发布的条例，他应以书面形式通知登记人并说明其在哪些方面存在缺陷，作为外国委托人代理人的任何人在收到该通知后 10 天内如果没有提交完全符合FARA 和相关法规要求的修正后登记声明，属于违法。⑥

第六，根据 FARA 登记的外国委托人的代理人，如果与该外国委托人签订任何明示或暗示的合同、协议或备忘录，并根据这些文件该代理人的补偿、费用

---

① FARA, 22 U. S. C. §618(a).
② FARA, 22 U. S. C. §618(c).
③ 即FARA, 22 U. S. C. §612(a)-(b)之登记要求，见本节第(1)部分。
④ FARA, 22 U. S. C. §618(e).
⑤ FARA, 22 U. S. C. §618(f).
⑥ FARA, 22 U. S. C. §618(g).

或其他报酬的数额或价格全部或部分取决于该代理人开展的任何政治活动的成功与否,则为非法。[1]

(5) 豁免事项。并非任何外国代理人都必须履行 FARA 登记义务,因为该法案中也规定了能够获得豁免的特定代理人及活动领域。如果外国委托人的代理人或者其活动属于下列豁免内容之一,则该代理人可免于履行 FARA 的登记义务:① 外交官员和外交人员;② 某些不是美国公民,且不属于公关顾问、宣传雇员或信息服务雇员的登记外国官员;③ 参加善意的商业活动和其他并非主要为外国利益服务的活动;④ 人道主义筹款;⑤ 宗教、学术、学术、艺术或科学活动;⑥ 与保卫对美国国防至关重要的外国政府有关的某些活动;⑦ 在任何法院、法律或美国政府机构面前为被披露的外国委托人作法律代表;⑧ 根据《游说披露法》适当登记的各方(在外国政府或外国政党是主要受益者的情况下,这一豁免不会被承认)。[2]

3.5.3　FARA 代表性案例及分析

3.5.3.1　中国新华社、中国全球电视网被命令登记为外国代理人[3]

2018 年,随着特朗普政府的美国官员在各种针对中国的政策中采取强硬立场,美国司法部也命令两家中国媒体机构新华社和中国全球电视网(China Global Television Network,简称 CGTN)登记为外国代理人。美国司法部的这项命令是在中美贸易摩擦不断升级之际发布的,中国在 2018 年 9 月 18 日宣布将对美国前一日公布的、针对价值 2 000 亿美元的中国商品的关税政策做出反击后,美国司法部于同日即宣布了这项命令。CGTN 在 2019 年执行了这项要求,而新华社于 2021 年 5 月开始执行。[4]

在美国情报部门将两家俄罗斯媒体描述为俄罗斯政府干预 2016 年美国总统大选的实际参与者后,美国检察官就开始对一些外国媒体集团进行审查,但是

---

① FARA, 22 U. S. C. §618(h).
② FARA, 22 U. S. C. §613; 28 C.F.R. §5.300 - §5.307; FARA Frequently Asked Questions, U.S. DEP'T OF JUSTICE, NAT. SEC. DIV., https://www.justice.gov/nsd-fara/fara-frequently-asked-questions,最后访问日期: 2021 年 8 月 13 日。
③ Kate O'Keeffe, Aruna Viswanatha. Justice Department Has Ordered Key Chinese State Media Firms to Register as Foreign Agents, https://www.wsj.com/articles/justice-department-has-ordered-key-chinese-state-media-firms-to-register-as-foreign-agents-1537296756,最后访问日期: 2021 年 8 月 15 日。
④ 法里瓦尔:《〈外国代理人登记法〉文件显示:电视占北京在美宣传影响活动开支大头》, https://www.voachinese.com/a/china-tv-network-accounts-for-bulk-of-beijing-influence-spending-in-us-2021 0511/5887417.html,最后访问日期: 2021 年 8 月 29 日。

在此背景下中国的国家媒体也并没有被指控从事此类活动。不过在俄罗斯媒体RT决定登记为外国代理人以避免遭到美国政府根据FARA进行的起诉后，仅经过不到一年时间，两家中国媒体就被美国司法部命令登记为外国代理人。[①]有媒体认为这是一种正常的管理行为而非针对性行为，因为属于韩国、日本和加拿大的广播公司和出版单位也在不同时间点根据FARA登记为外国代理人。[②]

美国反应式政治中心（Center for Responsive Politics）整理了2020年的FARA申报文件，其分析认为CGTN（分析中称其为"CCTV美国分支"）作为"外国代理人"在2020年为其美国业务投入了50 244 312美元，占中国政府官方为影响美国公共舆论和政策而投入的总金额56 108 186美元的近80%；次高者为《中国日报》，投入金额为5 013 667美元。[③]2019年，有美国媒体指出，把中国电视播放业务的开支算在内，中国在影响美国公共舆论方面投入的资金超过很多其他任何国家。进入美国的中国媒体被美国官方认定为"外国代理人"，已经无可避免，因为任何在美国进行的针对媒体的业务投入都将被认定为"为影响美国公共舆论和政策"而进行的投入，这一实质关联显然难以抹去，"外国代理人"的标签也就无法去除。

3.5.3.2 美国司法部起诉8名中国参与"猎狐行动"人员[④]

2014年7月22日，中国公安部正式启动"猎狐"专项行动，旨在追捕外逃经济犯罪、贪腐犯罪嫌疑人。2020年10月28日，8人被控在一起行动中为中国工作，美国政府认为"该行动涉及恐吓信和使用夜视镜监视及胁迫一个中国人家庭回国"。此案8名被告被控合谋担任外国政府的非法代理人，代理活动未登记且未向司法部长报告。美国纽约东区的一名代理检察官指出"这个案例直接涉及外国势力在美国土地上执行单方面行动"，而这一行为是违法的。[⑤]司法部负责国家安全

① John Bowden. DOJ orders two Chinese state-run media organizations to register as foreign agents，https://thehill.com/policy/national-security/407274-doj-orders-two-chinese-state-run-media-organizations-to-register-as，最后访问日期：2021年8月15日。

② Joshua R. Fattal. FARA on Facebook：Modernizing the Foreign Agents Registration Act to Address Propagandists on Social Media，21 N.Y.U. J. Legis. & PUB. POL'y 903（2019）；Mike Eckel, U.S. Justice Department Says Intelligence Report Spurred FARA Requirement For RT，https://www.rferl.org/a/russia-rt-fara-intelligence-report-us-justice-department/28931638.html，最后访问日期：2021年9月1日。

③ https://www.opensecrets.org/fara/countries/223? cycle=2020，最后访问日期：2021年8月29日。

④ Reuters Staff：《美国起诉八名参与中国"猎狐行动"人员 逮捕其中五人》，https://www.reuters.com/article/us-china-legal-action-1029-idCNKBS27E0ED，最后访问日期：2021年10月10日。

⑤ Reuters Staff：《美国起诉八名参与中国"猎狐行动"人员 逮捕其中五人》，https://www.reuters.com/article/us-china-legal-action-1029-idCNKBS27E0ED，最后访问日期：2021年10月10日。

事务的助理司法部长更是直言这一指控是对"猎狐行动"的否定,并声称这是对于这类行动的警告,因为该行动"不是开展国际执法活动的既定方式",而美国正是在"中方拒绝通过传统法律渠道解决这些案件"的情况下对所谓受到影响的人提供保护。①

笔者认为,美方在采取指责中国行动本身不合法、行动针对对象需要保护这一立场的同时,却选择通过 FARA 登记制度对相关行动进行监管,并指控行为人作为"外国代理人"未向主管部门进行报备这一程序问题,而未就行动本身的所谓的实质违法性进行指控,是一种由结果倒推原因的做法。同时,这也体现了在 FARA 监管尺度收紧而 FARA 披露义务又存在兜底性要求的背景下,违反 FARA 登记要求将作为一种"口袋"指控,能够对于任何与中国存在实质关联的主体产生影响。

3.5.3.3　美国众议院自然资源委员会要求自然资源保护委员会(NRDC)登记为中国代理人②

在 2018 年的夏季和秋季,由共和党控制的美国众议院自然资源委员会(House Committee on Natural Resources)对 4 个气候和资源倡导组织发起了基于 FARA 的调查,而其中包括一项针对自然资源保护委员会(Natural Resources Defense Council,统称为 NRDC)的调查。NRDC 是一个非营利组织,该组织致力于借助科学家、律师和政策宣传者的专业知识让公众参与"确保所有人对空气、水和野生环境的权利"的环保活动。NRDC 此前曾公开批评众议院自然资源委员会主席的环境记录。

在 2018 年 6 月自然资源委员会给 NRDC 主席的一封信中,该委员会表示其认为 NRDC 正在与环境问题有关的方面"协助中国的(公共形象)观念管理活动",且"以可能不利于美国的方式(进行协助活动)",因此 NRDC 必须登记为外国代理人。自然资源委员会还认为,NRDC 为了获得来自中国的财政支持、政府决策者的支持以及签证,就必然会满足中国对其施加的条件,这些条件包括推广亲中观点和阻止会损害中国全球形象的研究或宣传的进行,而 NRDC 受制于这些条件。委员会写道,NRDC"貌似(在其活动中)实行自我审查和具有偏向性的

---

① MICHAEL S. SCHMIDT. U. S. Charges 8 in Plot to Harass Chinese Dissidents, https://www.nytimes.com/2020/10/28/us/politics/china-harassment-fugitives.html, 最后访问日期: 2021 年 10 月 10 日。

② Monica Romero. How Far Will FARA Go? The Foreign Agents Registration Act and the Criminalization of Global Human Rights Advocacy, *Washington Law Review*, Vol.96, 2021, p.695.

问题选择，而且其通常会避免批评中国官员"，但在美国的宣传活动中却显得很有对抗性。自然资源委员会要求 NRDC 提供证据以证明其已据 FARA 进行登记，若尚未登记的话则应进行登记。

有美国学者指出，委员会的信中提供了几个例子作为声称 NRDC 对中国的环境政策过于宽松的依据，但没有提供任何证据证明中国政府指示或要求 NRDC 采取任何行动，也没有证明 NRDC 遵从了这些要求，而似乎只是为了强调代理关系的存在而称"NRDC 的领导层经常与中国和中国共产党的高级官员会面"。① 尽管这一要求并无直接法律效力而是一种基于政治立场分歧的攻击，且相关调查在民主党取得众议院多数党地位后即告终结，但是在没有直接证据的情况下，美国国会的相关委员会即可认定 NRDC 正在从事 FARA 列明的"政治活动"并命令其根据 FARA 进行登记，FARA 登记制度作为政治对抗工具的本质暴露无遗。

3.5.3.4　林英因担任中国代理人且未登记被判有罪②

林英(音，Ying Lin)在 2002—2016 年在中国国际航空公司担任职务。2019 年，林英被指控担任中国的代理人，其根据中国常驻联合国代表团军官的指示进行活动，且未根据其所从事的代理事项向美国司法部长登记为外国代理人。

林英被指控，滥用职权，帮助实施了借助从肯尼迪国际机场到中国的航班运输包裹之活动，并违反了美国运输安全管理局(Transportation Security Administration)的规定。具体而言，林英将这些包裹作为无人陪伴的行李置于飞往中国的航空公司航班上，或者以乘坐这些航班的其他乘客的名义托运包裹。美国司法部称：作为回报，林英从中国驻纽约使团和中国驻纽约领事馆得到了利益，包括免税购买价值数万美元的酒类、香烟和电子设备等。此外，林英还鼓励其他航空公司员

---

① Nick Robinson. Foreign Agents in an Interconnected World: FARA and the Weaponization of Transparency, *DUKE L. J.*, Vol.69, 2020, p.1075.

② United States v. Ying Lin, No. 15CR601S2DLI, 2018 WL 5113139 (E. D. N. Y. Oct. 19, 2018). https://1-next-westlaw-com. ezproxy. cityu. edu. hk/Document/I4abf6d10d5e011e8a1b0e6625e646f8f/ View/FullText. html? navigationPath = Search% 2Fv1% 2Fresults% 2Fnavigation% 2Fi0ad6ad3e00 00017ccfe2b055f6c7f563%3Fppcid%3D6e1cc79a29084ea18dc27da938fcf00e%26Nav%3DCASE%26fr agmentIdentifier%3DI4abf6d10d5e011e8a1b0e6625e646f8f%26parentRank%3D0%26startIndex%3D 101%26contextData%3D%2528sc. Search%2529%26transitionType%3DSearchItem&listSource = Search&listPageSource=fcd0bb1398b1d6f7297a5ec33b3216bc&list=CASE&rank=119&sessionSco peId=171f4917aa13bd4f13e6dbc454a30ab8a8b84d99758257d5957ccb4d47d8a2b1&ppcid=6e1cc79a29 084ea18dc27da938fcf00e&originationContext=Search%20Result&transitionType=SearchItem&con textData=%28sc.Search%29.

工协助中国有关人员,并指示这些员工作为中国公司的雇员应当主要效力于中国。美国检察官多诺休(Donoghue)认为林英"作为中国政府代理人的行为,帮助了中国逃避美国执法部门对他们从纽约寄往北京的包裹的审查";美国助理司法部长约翰·C.德莫斯(John C. Demers)将此案件称作"中国政府利用在美经商的中国公司员工从事非法活动的一个鲜明例子"。①

有学者指出,本案是美国针对外国代理人活动缺乏透明度而进行的起诉有所增加的一个体现。这种缺乏透明度主要包括代理人代表外国委托人或政府进行活动而未根据《外国代理人登记法》进行登记或者没有知会司法部长,例如美国特别检察官穆勒就此类事项基于对美国大选舞弊的调查前后共提起了七项与FARA 有关的起诉,②这个数字相当于联邦检察官在 1966—2017 年提起的FARA 指控的总和。与此同时,学者还认为对林英的起诉活动也说明了美国方面针对中国及其代理人在 FARA 执法方面关注度的提高。③ 中国实体无疑已经成为 FARA 监管的重点对象。

3.5.3.5　埃利·布罗德案④

埃利·布罗德(Elliot Broid)是美国前总统特朗普的前筹款人,2020 年他被指控收受了马来西亚金融家刘特佐(Jho Low)的 900 万美元,并作为刘特佐的代理人而未登记,违反了 FARA 的规定。刘特佐被美国政府指控策划了游说美国政府放弃针对马来西亚发展局(Malaysia Development Berhad)欺诈案调查的活动。埃利·布罗德为刘特佐所做的努力包括试图软化特朗普政府对马来西亚发展局欺诈案的立场,具体行为则包括推动白宫办公厅主任安排美国总统与马来西亚总理打高尔夫球一事。白宫办公厅主任也因在贪污案中发挥的作用而受

---

① Former Manager for International Airline Pleads Guilty to Acting as an Agent of the Chinese Government, Defendant Placed Packages on Flights from JFK Airport to Beijing at the Direction of Military Officers Assigned to the Chinese Mission to the United Nations, https://www.justice.gov/opa/pr/former-manager-international-airline-pleads-guilty-acting-agent-chinese-government,最后访问日期: 2021 年 9 月 2 日。

② Zephyr Teachout. How Mueller revived a law that protects us all against foreign money, WASH. POST, Apr. 21, 2019.基于穆勒的调查活动被起诉的人员包括特朗普竞选团队负责人 Paul Manafort、前美国国家安全顾问 Michael Flynn、Manafort 的商业合作伙伴 Rick Gates、前奥巴马政府顾问 Gregory Craig 等。

③ Bruce Zagaris. Transparency and Foreign Agency Registration, *IELR*, Vol.35, 2019, p.175.

④ Elliott Broidy Pleads Guilty for Back-Channel Lobbying Campaign to Drop 1MDB Investigation and Remove a Chinese Foreign National, U.S. DEP'T OF JUSTICE, Office of Public Affair, https://www.justice.gov/opa/pr/elliott-broidy-pleads-guilty-back-channel-lobbying-campaign-drop-1mdb-investigation-and,最后访问日期: 2021 年 8 月 15 日;Criminal Enforcement Summaries, https://fara.us/criminal-enforcement-summaries/,最后访问日期: 2021 年 8 月 15 日。

到调查。

针对代理人身份的指控通常与政治活动关联，但是总统赦免制度的存在能够对 FARA 的适用进行限制，这将是突破 FARA 监管恣意适用的重要方向之一。

3.5.3.6 德裔美国人职业联盟等组织及其成员被指控违反 FARA①

德裔美国人职业联盟、其子公司 DAB 娱乐度假村以及该联盟的 27 名个人成员因共谋违反 FARA 和《通知法》而被起诉。起诉书称，该联盟在美国 12 个城市设有分会，与德国劳工阵线（该联盟向其汇出会费）、纳粹青年组织、德国公共启蒙和宣传部、德国旅游管理局、德国铁路信息办公室以及试图对居住在国外的德国人进行政治控制的"澳大利亚人民联盟"（VDA）有官方联系。

起诉书明确指出，该联盟通过以下方式实施其计划：① 出版赞扬纳粹主义的文件，并敦促其读者帮助美国远离战争，目的是欺骗美国人民，直到他们可能向德国的敌人提供的任何帮助都为时已晚；② 以文学、电影和讲座形式分发大量宣传品；③ 招募德裔技术工人并为其返回德国提供财政援助；④ 在财政上帮助某些人在德国的学校接受国家社会主义战术培训；⑤ 用密码与德国联系并接受德国指示；⑥ 在德国劳工阵线提供的援助下，在新泽西州庞普顿湖建立并装备相关设施，用于传播宣传、进行国家社会主义教育、发展其青年组织并吸引新成员；⑦ 通过伪装成一个兄弟会和娱乐协会来掩盖其作为德国政府代理人的真相；⑧ 为德国政府使用之目的筹集资金。

当案件进入审判阶段时，被告被指控阴谋违反《通知法》的罪名被驳回，8 名被告的案件被分割开来。其中，3 名被告因当时在德国而未接受审判；在其余接受审判的人中，包括两个组织在内的 9 名被告被判定为共谋违反 FARA，4 名被告被法官判决无罪，5 名被告被陪审团宣告无罪，另有 3 名被告陪审团无法对其判决。经上诉程序后，各被告的罪名被确认。

该案件体现了对 FARA 于出台之初的主要立法宗旨的贯彻。FARA 登记制度几经修改，但其作为一项政治对抗工具的属性是一以贯之的，随时间流变不居的是美国官方着眼的对手和维护的利益。若中国在大多数领域与美国展开竞争，结合前述针对"外国委托人"的界定，中国实体在美国开展的任何活动都存在

---

① Report of the Attorney General to the Congress of the UNITED STATES on the Administration of the Foreign Agents Registration act of 1938, as Amended, for the Period from JUNE 28, 1942 to December 31, 1944, p.540.

为 FARA 登记制度所监管之虞。

3.5.4　借鉴参考及建议

3.5.4.1　对中国实体在美活动的建议

1. 活动方式

如前所述,FARA 监管的活动为"政治活动",具体为包括其从事者认为该活动将会影响、或打算以任何方式影响美国政府的任何机构或官员,或美国境内的任何部分公众的任何活动。此处的"影响",包括影响涉及制定、通过或改变美国的对内或对外政策,或影响涉及外国政府、外国政党的在政治上或公共上的利益、政策或其他利害关系的活动。显而易见,美国司法部对于行为主体是否实施"政治活动"实际上并无明确标准,十分宽泛。但是,关涉 FARA 的实体或者美国民众可以通过电子邮件的方式与美国司法部取得联系,向其提出关于 FARA 具体执行过程的问题;而美国司法部会定期就咨询进行复核、研判及答疑,说明存在疑问的主体行为是否存在需登记之情形等情况,并定期将相关的"决定书"向公众公开。[1]

基于此,针对中国实体的在美活动,笔者建议:① 与采取相关行动前可先行向美国司法部进行咨询,以确认主体活动是否需要进行 FARA 登记,避免违法开展相关活动;② 在目前公开的咨询答复中,尽管多数情况下只有纯粹的商业活动——例如商业实体开展金融、行政管理等活动,会被 FARA 小组认为无需进行登记,但也并非所有涉及影响官方决策的活动都会被视作 FARA 下指称的"政治活动"。例如,FARA 小组就认为"一家美国公共关系公司被一家私营外国公司的美国子公司聘用,以寻求针对来自该外国的产品的国家安全关税减免"这一情形并不属于 FARA 中的政治活动,尽管这显然属于试图法案中定义的"对美国对外政策进行影响的活动";[2]③ 若存在实质关联,不论存续与否,都必须向美国司法部进行登记,以避免遭遇起诉而遭受调查,届时任何行为都将暴露在监管之下而难以转圜;④ 若基于特定原因无法登记为外国代理人,则应将主体之存续目的设置为 FARA, 22 U. S. C. §613 中规定的豁免事项之一,例如从事学术或艺术活动等,或者避免与关联国内实体的直接往来,这种往来包括但

---

[1]　Letters of Determination, https://www.justice.gov/nsd-fara/letters-determination, 最后访问日期:2021 年 10 月 30 日。

[2]　https://fara.us/advisory-opinions/, 最后访问日期:2021 年 10 月 10 日。

不限于人员、资金、指示等方面。

2. 法律救济

首先，若面临作为外国代理人而未登记的指控，应当首先进行登记，登记义务与行为人的存续与否并无关联，是一种针对行为的持续性义务；其次，充分利用司法部答复，可将司法部的答复中存在被 FARA 小组认定为无需登记的相近行为作为抗辩理由；再次，FARA 法案中存在豁免事项（FARA，22 U. S. C. §613），行为主体可就自身存续目的属于豁免事项之一进行抗辩。

3.5.4.2　对中国相关立法的建议

当前，中国在外国代理人方面的相近立法为《中华人民共和国境外非政府组织境内活动管理法》，要求境外非政府组织在中国境内开展活动者需依法登记设立代表机构，或开展临时活动者需依法备案。相较于 FARA，笔者认为该法着眼于境外非政府组织与其境内活动的直接关联和形式关联，以及针对境外非政府组织境内活动本身的一些程序性管理，却忽视了更隐蔽、更实际的境外组织可能独立的该组织之外的境内代理人，以及代理人与境外实体之间的指示、资金往来等实质关联。境外组织完全可以通过多层架构等形式避免与境内主体产生形式联系，避免实施该法所规制的"境外非政府组织境内活动"，从而绕开该法律的规制。

1. 立法需明确对监管对象的概念界定

FARA 中存在大量的概念界定内容，既包括外国委托人、外国代理人等基本概念，也包括对于如政治顾问、公关顾问、宣传雇员等细化的代理人身份之定义。但是 FARA 对于这些概念的定义过于宽泛为学界所诟病。例如，学界就有意见认为 FARA 中对于"政治顾问"一词的宽泛定义使其适用上的混乱加剧并导致了 FARA 的执行力度不足，该术语过于宽泛的定义可能导致比国会最初设想的更大范围的当事方需要进行登记，这可能引起对 FARA 的适用范围认知上的混淆，这种混淆很可能又会导致这些当事方在登记上的不合规行为。[①]

因此，需要在立法时对于境外实体委托人、境外实体代理人及其具体身份类型以及委托人与代理人之间的实质联系等概念以列举的方式具体化（如有必要可增设兜底条款），从而使执法机关能够进一步对具体的监管对象予以明

---

① Charles Lawson. Shining the Spotlight of Pitiless Publicity on Foreign Lobbyists Evaluating the Impact of the Lobbying Disclosure Act of 1995 on the Foreign Agents Registration Act, *VAND. J. Transnat'l L.*, Vol.29, 1996，p.1151.

确,在保证对境外实体代理人的监管范围清晰、到位的前提下,以此降低执法机构的执法成本,避免监管范围的盲目扩大化并造成执法资源浪费,同时又能精确地对收受境外利益或者与境外实体存在其他实质性联系的行为主体进行监管。

2. 避免外国代理人污名化

如前所述,FARA 于订立之初是为了对抗德国纳粹等外国势力在美国进行的政治宣传而生,这就导致了 FARA 本身作为一项法案以及外国代理人登记一事天生带有"反颠覆"色彩,甚至还导致了外国代理人的污名化。据此,美国学者 Michael I. Spak 指出,现有的潜在外国代理人登记者由于担心 FARA 仍然与其反颠覆的起源有关,作为外国代理人的登记行为可能会为他们招致污名,因此不敢进行外国代理人登记。[①]

近年来,民粹主义思潮在许多国家已经成为影响这些国家对外政策方向的重要因素,[②]也有学者指出情绪性民族主义最终会不可避免地走向衰弱。[③] 因此,虽然对代表境外实体利益的代理人进行管控是该法的主要立法目的,但是立法者在起草与境外实体代理人登记相关的法律时,在不造成执法困难的前提下,应尽量避免使境外势力、境外实体委托人、境外实体代理人等概念及境外实体代理人登记活动污名化,例如避免建立该法律与颠覆、犯罪等内涵的直接关联,以及以"代表"这样的中性词汇来指称法律中指涉的境外实体代理人,这可能将有助于相关法律遵守率的提升。[④]

3. 立法应对登记的豁免对象及豁免事项进行严格限制

FARA 中规定了数项可获得豁免登记待遇的外国代理人及其所从事的代理事项,但是这些豁免事项在 FARA 的司法实践中存在被滥用的情况。例如,美国国会于 1966 年修订 FARA 时将对于代理外国客户在法院或政府机构进行诉讼活动的律师之豁免加入了法案中,且仅仅是意在对参与诉讼活动的外国代理律师予以豁免,而不包括"试图影响或说服政府机构人员或官员而非参与既定

---

① Michael I. Spak. America for Sale: When Well-Connected Former Federal Officials Peddle Their Influence to the Highest Foreign Bidder—A Statutory Analysis and Proposals for Reform of the Foreign Agents Registration Act and the Ethics in Government Act, *KY. L.J.*, Vol.78, 1989, p.237.

② 吴宇、吴志成:《全球化的深化与民粹主义的复兴》,《国际政治研究》2017 年第 1 期,第 52—65 页;李靖堃:《民粹主义对世界政治秩序的新挑战》,《人民论坛》2018 年第 5 期,第 16—18 页。

③ 郑永年:《中国崛起不可承受之错》,中信出版社 2016 年版。

④ Charles Lawson. Shining the Spotlight of Pitiless Publicity on Foreign Lobbyists Evaluating the Impact of the Lobbying Disclosure Act of 1995 on the Foreign Agents Registration Act. *VAND. J. Transnat'l L.*, Vol.29, 1996, p.1151.

程序中"的人。① 然而这一豁免规则被"严重滥用"，根据美国国会报告，许多美国律师公然无视 FARA 的登记要求而只在百分之三十的时间里就相关事项进行了充分报告。②

美国参议院议员 Heinz 于 1988 年及 1989 年两次提出对于豁免事项的改革提案，但最终这些提案都未能获准成为法律的一部分，③改革艰难。因此，立法者在立法过程中就应当对境外实体代理人登记的豁免对象及豁免事项予以详细的说明和具体化描述，在豁免情形与非豁免情形之间划清界限，以此对豁免对象及豁免事项进行严格限制，在为从事特定事项的人群提供便利的同时注重防止相关制度被滥用。

4. 赋予执法机关以充足的执法权力

一些美国评论家认为，FARA 无法得到充分遵守的情况在较大程度上应当归咎于 FARA 执法者的低下执法能力。在 FARA 执法情况中，有关机构的执法权力尤其是调查权限十分有限，甚至有学者一针见血地指出如果不扩大执法权力，"对法律的任何其他修正都将是徒劳的"。可以在设计制度时，立法者对于 FARA 执法机构所应当具备的执法权限认知不明，过于保守的授权妨碍了 FARA 发挥其应有的作用，甚至成为 FARA 最大的掣肘之处。

立法者应当赋予境外实体代理人登记执法机关以充足的权力，以实现对境外实体及其代理人的充分管制。尽管随着权限的增加，执法机关的运营成本可能会上升，但是增加任何费用都可以被更多的工作人员所能收取的更多罚款所抵消，从而实现在不增加运作成本的前提下提升境外实体代理人登记执法机关的执法效果。

---

① Mark B. Baker. Updating the Foreign Agents Registration Act to Meet the Current Economic Threat to National Security. *TEX. INT'l L. J.*, Vol.25, 1990, p.23.

② 134 Cong. Rec. S14, 933 (daily ed. Oct. 6, 1988).

③ Philip J. Perry. Recently Proposed Reforms to the Foreign Agents Registration Act, *CORNELL INT'l L.J.*, Vol.23, 1990, p.133; Mark B. Baker. Updating the Foreign Agents Registration Act to Meet the Current Economic Threat to National Security, *TEX. INT'l L. J.*, Vol.25, 1990, p.23.

参 考 文 献

一、英文文献

Alun John. Europe Back on Chinese Investors' Radar, Says Official. *South China Morning Post*, 15 July, 2016.

Alvarez E. Jose. Political Protectionism and United States International Investment Obligations in Conflict: The Hazards of Exon-Florio. *Virginia Journal of International Law*, Vol.30, 1989.

Arturo Bris and Christos Cabolis. The Value of Investor Protection: Firm Evidence from Cross-Border Mergers. *The Review of Financial Studies*, Vol. 21, 2008.

Baker Mark B. Updating the Foreign Agents Registration Act to Meet the Current Economic Threat to National Security. *TEX. INT'l L. J.*, Vol.25, No.23, 1990.

Bokhari Farhan. China Urges Pakistan to Give Army Role in Silk Road Project. *Financial Times*, 22 July, 2016.

Buchanan James M. A Contractarian Paradigm For Applying Economics. *American Economic Review*, Vol.65, No.2, 1975.

Burgoon Sophie, Brian Meunier and Wade Jacoby. The Politics of Hosting Chinese Investment in Europe —— An Introduction. *Asia Europe Journal*, Vol.12, No.1 - 2, 2014.

Bushman Robert, Joseph Piotroski and Abbie Smith. What Determines Corporate Transparency? *Journal of Accounting Research*, Vol.42, 2004.

Clark Harry L. and Jonathan W. Ware. Limits on International Business in the Petroleum Sector: CFIUS Investment Screening, Economic Sanctions, Anti-

Bribery Rules and Other Measures. *Texas Journal of Oil, Gas and Energy Law*, Vol.6, 2010.

Clarkson Max E. A Stakeholder Framework for Analyzing and Evaluating Corporate Social Performance. *Academy of Management Review*, Vol. 20, 1995.

Cox Jason. Regulation of Foreign Direct Investment After the Dubai Ports Controversy: Has the US Government Finally Figured Out How to Balance Foreign Threats to National Security Without Alienating Foreign Companies? *The Journal of Corporation Law*, Vol.34, 2008.

European Parliament. Foreign Direct Investment Screening: A Debate in Light of China-EU FDI Flows. *Briefing May*, 2017.

Fattal Joshua R. FARA on Facebook: Modernizing the Foreign Agents Registration Act to Address Propagandists on Social Media. *N.Y.U. J. Legis. & PUB. POL'Y*, Vol.21, 2019.

Gerowin Mina. U. S. Regulation of Foreign Direct Investment: Current Development and the Congressional Response. *Virginia Journal of International Law*, Vol.15, No.3, 1975.

Habermas Jurgen. Morality and Ethical Life: Does Hegel's Critique of Kant Apply to Discourse Ethics? *Northwestern University Law Review*, Vol. 83, 1988-1989.

Hanemann Thilo and Mikko Huotari. Record Flows and Growing Imbalances. *Chinese Investment in Europe*, 2016.

Herrero Alicia Garcia and Jianwei Xu. Countries' Perceptions of China's Belt and Road Initiative: A Big Data. *Bruegal Working Paper*, Feb., 2019.

Jackson James K. The Committee on Foreign Investment in the United States (CFIUS). *CRS Report RL33388*, July 3, 2018.

Josselyn Amy S. National Security at All Costs: Why the CFIUS Review Process may have Overreached Its Purpose. *George Mason Law Review*, Vol. 21, No.5, 2014.

Klein Benjamin and Keith Leffler. The Role of Market Forces in Assuring Contractual Performance. *Journal of Political Economy*, Vol.89, 1981.

Laufer Samantha. A Difference in Approach: Comparing the US Foreign Agents Registration Act with Other Laws Targeting Internationally Funded Civil Society. *INT'l J. NOT-fOR-PROFIT L.*, Vol.19, No.5, 2017.

Lavin Franklin L. Role of Foreign Investment in U. S. Economic Growth. *Peterson Institute for International Economics*, March 7, 2007.

Lawson Charles. Shining the Spotlight of Pitiless Publicity on Foreign Lobbyists Evaluating the Impact of the Lobbying Disclosure Act of 1995 on the Foreign Agents Registration Act. *VAND. J. Transnat'l L.*, Vol.29, 1996.

Li Xingxing. National Security Review in Foreign Investments: A Comparative and Critical Assessment on China and U. S. Laws and Practices. *Berkeley Business Law Journal*, Vol.13, 2016.

Martynova Marina and Luc Renneboog. Spillover of Corporate Governance Standards in Cross-border Mergers and Acquisitions. *Journal of Corporate Finance*, Vol.14, 2008.

Miller Judith. Foreign Investment in the U.S. Economy Arouses Congressional Concern: The Buying of America. *The Progressive*, May 1974.

Moran Theodore H. CFIUS and national Security: Challenges for the United States, Opportunities for the European Union. *Peterson Institute for International Economics*, Vol.19, 2017.

Griffin Patrick. CFIUS in the Age of Chinese Investment. *Fordham Law Review*, Vol.85, No.4, 2017.

Perry Philip J. Recently Proposed Reforms to the Foreign Agents Registration Act. *CORNELL INT'l L.J.*, Vol.23, 1990.

Pudner Stephen K. Moving Forward from Dubai Ports World the Foreign Investment and National Security Act of 2007. *Alabama Law Review*, Vol.59, 2008.

Robinson Nick. Foreign Agents in an Interconnected World: FARA and the Weaponization of Transparency. *DUKE L. J.*, Vol.69, 2020.

Romero Monica. How Far Will FARA Go? The Foreign Agents Registration Act and the Criminalization of Global Human Rights Advocacy. *Washington Law Review*, Vol.96, 2021.

Rosen Daniel H. and Thilo Hanemann. The Rise in Chinese Overseas Investment and What It Means for American Businesses. *China Business Review*, Vol.39, 2012.

Saha Souvik. CFIUS Now Made in China: Dueling National Security Review Frameworks as a Countermeasure to Economic Espionage in the Age of Globalization. *Northwestern Journal of International Law & Business*, Vol.33, 2012.

Sakoui Anousha and David Gelles. M&A: A New Bottleneck. *Financial Times*, August 27, 2013.

Shearer W. Robert. The Exon-Florio Amendment: Protectionist Legislation Susceptible to Abuse. *Houston Law Review*, Vol.30, 1993.

Shen Wei. Book Review: Corporate Governance: Principles, Policies and Practices by Bob Tricker. *International Journal of Corporate Governance*, Vol.2, 2010.

Simiele David L. Disclosure under the Foreign Agents Registration Act of 1938, as Amended. *W. Res. L. REV.*, Vol.14, 1963.

Sophie Meunier. Divide and Conquer? China and the Cacophony of Foreign Investment Rules in the EU. *Journal of European Public Policy*, Vol.21, No.7, 2014.

Spak Michael I. America for Sale: When Well-Connected Former Federal Officials Peddle Their Influence to the Highest Foreign Bidder: A Statutory Analysis and Proposals for Reform of the Foreign Agents Registration Act and the Ethics in Government Act. *Kentucky L. J.*, Vol.78, 1989.

Heath Tarbert P. Modernizing CFIUS. *George Washington Law Review*, Vol.88, 2020.

Travalini Joanna Rubin. Foreign Direct Investment in the United States: Achieving a Balance between National Economy Benefits and National Security Interests. *Northwestern Journal of International Law & Business*, Vol.29, 2009.

Valli Rebecca. Italian Entrepreneurs Turn to Chinese for Help. *Voice of America*, No.14, 2012.

Wang Yang. Incorporating the Third Branch of Government into U.S. National Security Review of Foreign Investment. *Houston Journal of International Law*，Vol.38，2016.

Wei Yin. The Regulatory Responses of the EU and US Towards Sovereign Investment：Issues，Directions and Implications on Chinese State Capitalism? *Society of International Economic Law*（SIEL），2018.

You Hye Young. Foreign Agents Registration Act：a User's Guide. *Int Groups Adv*，Vol.9，2020.

Zagaris Bruce. Transparency and Foreign Agency Registration. *IELR*，Vol.35，2019.

Zhang Mo. Change of Regulatory Scheme：China's New Foreign Investment Law and Reshaped Legal Landscape. *UCLA Pacific Basin Law Journal*，Vol.37，2020.

二、中文文献

(一) 译著

［美］理查德·波斯纳：《法律的经济分析》(第七版)，蒋兆康译，法律出版社 2012 年版。

［美］乔治·斯蒂纳、约翰·斯蒂纳：《企业、政府与社会》(第八版)，张志强等译，华夏出版社 2002 年版。

［英］菲利普·伍德：《国际金融的法律与实务》，姜立勇等译，法律出版社 2011 年版。

［英］科林·斯科特：《规制、治理与法律：前沿问题研究》，安永康译，宋华琳校，清华大学出版社 2018 年版。

［日］芦部信喜：《宪法》(第六版)，［日］高桥和之补订，林来梵、凌维慈、龙绚丽译，清华大学出版社 2018 年版。

(二) 专著

何力：《中国海外投资战略与法律对策》，对外经济贸易大学出版社 2009 年版。

孙笑侠：《程序的法理》(第二版)，社会科学文献出版社 2017 年版。

王小琼：《西方国家外资并购国家安全审查制度的最新发展及其启示——兼论开放经济条件下我国外资并购安全审查制度的构建》，湖北人民出版社 2010

年版。

叶必丰：《行政法的人文精神》，湖北人民出版社 1999 年版。

余劲松：《国际投资法》，法律出版社 2003 年版。

张五常：《经济解释：张五常经济论文选》，商务印书馆 2002 年版。

郑永年：《中国崛起不可承受之错》，中信出版社 2016 年版。

周佑勇：《行政法基本原则研究》（第二版），法律出版社 2019 年版。

（三）期刊

陈岱松、蔡丽楠：《外资安全审查不是"开放倒退"》，《法人》2021 年第 2 期。

陈辉庭：《经济全球化对国际法的挑战》，《中共福建省委党校学报》2011 年第 1 期。

陈继勇：《论 80 年代以来日本对美国直接投资的发展及特点》，《日本学刊》1992 年第 2 期。

陈瑞华：《走向综合性程序价值理论：贝勒斯程序正义理论述评》，《中国社会科学》1999 年第 6 期。

翟东升、夏青：《美国投资保护主义的国际政治经济学分析：以 CFIUS 改革为案例》，《教学与研究》2009 年第 11 期。

杜雨潇：《美收紧外资安全审查给我国企业对美投资带来挑战》，《中国外资》2018 年第 19 期。

甘培忠、王丹：《"国家安全"的审查标准研究：基于外国直接投资市场准入视角》，《法学杂志》2015 年第 5 期。

高雷、宋顺林：《公司治理与公司透明度》，《金融研究》2007 年第 11 期。

葛顺奇、王璐瑶：《美国对 FDI 监管政策的变化与措施》，《国际经济合作》2013 年第 4 期。

顾阳：《"外资安全审查导致开放倒退"是误读》，《经济日报》2020 年 12 月 25 日，第 3 版。

郭纪文：《国家电网公司成功入股希腊国家电网公司》，《国家电网报》2017 年 6 月 22 日，第 1 版。

黄洁琼：《论比例原则在外资国家安全审查中适用》，《河北法学》2020 年第 10 期。

黄翔：《关于我国国家安全审查制度完善之思考》，《国际贸易》2016 年第 6 期。

季卫东：《程序比较论》，《比较法研究》1993 年第 1 期。

季卫东：《程序是实现法治的基石》，《法制资讯》2010 年第 9 期。

季卫东：《法律程序的意义：对中国法制建设的另一种思考》，《中国社会科学》1993 年第 1 期。

蒋秋明：《程序正义与法治》，《学海》1998 年第 6 期。

李丹：《"去全球化"：表现、原因与中国应对之策》，《中国人民大学学报》2017 年第 3 期。

李靖堃：《民粹主义对世界政治秩序的新挑战》，《人民论坛》2018 年第 5 期。

李军：《外国投资安全审查中国家安全风险的判断》，《法律科学（西北政法大学学报）》2016 年第 4 期。

李首阳：《安全审查决定的救济措施探究》，《安徽警官职业学院学报》2019 年第 5 期。

李巍、赵莉：《美国外资审查制度的变迁及其对中国的影响》，《国际展望》2019 年第 1 期。

李喜莲、邢会强：《金融危机与金融监管》，《法学杂志》2009 年第 5 期。

李先腾：《后危机时代中企海外收购面临的安全审查困局及治理路径：以美国 CFIUS 监管机制为切入点》，《交大法学》2014 年第 2 期。

梁咏、叶戈：《澳大利亚对外资的国家安全审查机制研究：以中国企业投资为视角》，《国际贸易法论丛》2017 年第 7 期。

林进成：《略论 80 年代日本对美国的直接投资》，《亚太经济》1991 年第 2 期。

林乐、胡婷：《从 FIRRMA 看美国外资安全审查的新趋势》，《国际经济合作》2018 年第 8 期。

刘惠明、徐文婕：《中美外商投资国家安全审查制度比较：兼论〈中华人民共和国外商投资法〉的完善》，《长江论坛》2020 年第 3 期。

刘磊：《中国外国投资国家安全审查制度研究》，《江南社会学院学报》2016 年第 4 期。

刘栩畅：《美英外资安全审查趋势及对我国影响分析》，《中国经贸导刊》2018 年第 33 期。

卢进勇、李小永、李思静：《欧美国家外资安全审查：趋势、内容与应对策略》，《国际经济合作》2018 年第 12 期。

罗培新：《美国金融监管的法律与政策困局之反思》，《中国法学》2009 年第 3 期。

吕贤：《透视美国外资安全审查制度》，《中国领导科学》2018 年第 2 期。

吕新建：《行政法视域下的正当程序原则探析》，《河北法学》2011 年第 11 期。

彭岳：《外资并购国家安全审查中的权限配置问题：中美之间的差异及启示》，《国际商务研究》2012 年第 4 期。

漆彤、刘嫡琬：《外国投资国家安全审查制度的国际协调：必要性、可行性和合作路径》，《国际经济评论》2021 年第 4 期。

漆彤、汤梓奕：《美国〈2018 年外国投资风险审查现代化法案〉介评》，《经贸法律评论》2019 年第 3 期。

漆彤：《论外商投资国家安全审查决定的司法审查》，《武汉大学学报（哲学社会科学版）》2020 年第 3 期。

邵沙平、王小承：《美国外资并购国家安全审查制度探析：兼论中国外资并购国家安全审查制度的构建》，《法学家》2008 年第 3 期。

沈梦溪：《美国投资安全审查中的"国家偏见"：现状、历史和趋势》，《国际贸易》2018 年第 11 期。

沈伟、厉潇然：《中美贸易摩擦中的"强制技术转让"争议及其法理分析：以技术转让政策南北差异论为分析框架》，《国际法研究》2019 年第 6 期。

沈伟、林大山：《外国投资者合法期待在新能源补贴政策中的适用、矛盾及对策：以西班牙光伏投资仲裁案为例》，《上海商学院学报》2021 年第 1 期。

沈伟：《"竞争中性"原则下的国有企业竞争中性偏离和竞争中性化之困》，《上海经济研究》2019 年第 5 期。

沈伟：《"修昔底德"逻辑和规则遏制与反遏制：中美贸易摩擦背后的深层次动因》，《人民论坛·学术前沿》2019 年第 1 期。

沈伟：《"这一次并不一样"：特集导读》，《交大法学》2013 年第 3 期。

沈伟：《WTO 框架下的产业政策：规则约束和政策优化：基于"301 报告"及"中国制造 2025"的分析》，《上海对外经贸大学学报》2019 年第 4 期。

沈伟：《美国外资国家安全审查制度的变迁、修改及影响：以近期中美贸易摩擦为背景》，《武汉科技大学学报》2019 年第 5 期。

石肖雪：《正当程序的衡量标准：马休斯诉埃尔德里奇案》，《苏州大学学报（法学版）》2017 年第 3 期。

石岩：《欧盟外资监管改革：动因、阻力及困局》，《欧洲研究》2018 年第 1 期。

束珊：《美国外国投资国家安全审查制度改革及中国的应对策略》，《对外经贸》2018 年第 10 期。

孙南申、彭岳：《外资并购国家安全审查制度的立法改进与完善措施》，《学海》2014 年第 3 期。

孙韶华：《贸促会研究院：中企赴欧投资受限领域增加》，《经济参考报》2019 年 4 月 24 日，第 A3 版。

孙效敏：《论美国外资并购安全审查制度变迁》，《国际观察》2009 年第 3 期。

孙哲、石岩：《美国外资监管政治：机制变革及特点分析(1973—2013)》，《美国研究》2014 年第 3 期。

陶立峰：《中欧 BIT 谈判中投资者与国家争端解决的模式选择》，《法学》2017 年第 10 期。

汪进元：《论宪法的正当程序原则》，《法学研究》2001 年第 2 期。

汪名立：《中远海运收购西班牙港口公司》，《国际商报》2017 年 6 月 15 日，第 A6 版。

王碧珺：《中国企业海外直接投资缘何屡屡受阻》，《经济参考报》2013 年 5 月 14 日，第 5 版。

王东光：《国家安全审查：政治法律化与法律政治化》，《中外法学》2016 年第 5 期。

王曼：《希望欧盟重视中国企业投资诉求》，《中国贸易报》2019 年 4 月 25 日，第 A7 版。

王清华、施理、孙小梅：《欧盟新的外商直接投资国家安全审查规则》，《人民法治》2019 年第 8 期。

王尚斋：《中化集团控股意大利轮胎公司倍耐力》，《石油商报》2015 年 3 月 25 日，第 10 版。

王小琼、何焰：《美国外资并购国家安全审查立法的新发展及其启示：兼论〈中华人民共和国反垄断法〉第 31 条的实施》，《法商研究》2008 年第 6 期。

吴其胜：《美国外资安全审查的政治化及其应对》，《美国问题研究》2013 年第 2 期。

吴宇、吴志成：《全球化的深化与民粹主义的复兴》，《国际政治研究》2017 年第 1 期。

邢勃：《欧美外资安全审查趋严对我国企业海外投资的警示》，《对外经贸实务》2019 年第 5 期。

徐晓东、张天西：《公司治理、自由现金流与非效率投资》，《财经研究》2009 年第

10 期。

许春晖：《正当程序：滥用程序权的判断标准》，《法学评论》2019 年第 2 期。

叶斌：《欧盟外资安全审查立法草案及其法律基础的适当性》，《欧洲研究》2018 年第 5 期。

佚名：《德国首次启用外商投资法阻止中资收购德国机械企业》，《贸易风险预警》2018 年第 15 期。

虞政平：《构建中国多元化公司治理结构新模式》，《中外法学》2008 年第 1 期。

张天行：《美国〈外国投资风险评估现代化法案〉下的监管变革：立法与应对》，《国际经济法学刊》2019 年第 2 期。

张宗新、季雷：《公司购并利益相关者的利益均衡吗?》，《经济研究》2003 年第 6 期。

章少辉、张一凡：《欧盟外资审查制度对中国投资的影响》，《中国外资》2018 年第 15 期。

赵蓓文：《全球外资安全审查新趋势及其对中国的影响》，《世界经济研究》2020 年第 6 期。

赵锋：《行政法上正当程序原则的理解与适用：于某诉北京大学撤销博士学位决定案》，《中国应用法学》2018 年第 4 期。

周佑勇：《行政法的正当程序原则》，《中国社会科学》2004 年第 4 期。

朱淑娣、周诚：《国际经济行政法基本原则：平等保护与正当程序》，《北方法学》2011 年第 5 期。

朱彤、李磊：《利益分配,公共选择与贸易摩擦：演化博弈的视角》，《国际经贸探索》2008 年第 6 期。

索　引

后　记

本书的翻译工作由李况然、靳思远和苏可桢承担，我校对了部分翻译。苏可桢和陈睿毅在排版定稿阶段又校对了一遍排版稿。

感谢本书五篇述评文章作者的智识贡献。

感谢汪娜编辑对本书出版的支持。感谢朱琳珺美术编辑的封面设计和沈亦喜贡献的画作"鸽子和大树"，画作寄托了我们的期许——和平和发展仍应是我们这个时代的主旋律。

本书所涉的美国"二法"尽管常被我们批评是"笼统、概括，有利于执法部门扩张性解释和自由裁量"，但"二法"的立法自成体系，规模也很宏大，包括立法和执法部门的行政解释在内的文字近百万，足见立法的体系性。这一点值得我们在涉外立法中借鉴。这是我在排版校对时的一点体会，也是本书结集出版的初衷。

沈　伟

2023 年 7 月 30 日

"涉外法治论丛"已出版书目